OS LUGARES DA MARINHAGEM

Universidade Estadual de Campinas

Reitor
Antonio José de Almeida Meirelles

Coordenadora Geral da Universidade
Maria Luiza Moretti

Conselho Editorial

Presidente
Edwiges Maria Morato

Carlos Raul Etulain – Cicero Romão Resende de Araujo
Dirce Djanira Pacheco e Zan – Frederico Augusto Garcia Fernandes
Iara Beleli – Marco Aurélio Cremasco – Pedro Cunha de Holanda
Sávio Machado Cavalcante – Verónica Andrea González-López

CAIO GIULLIANO PAIÃO

Os lugares da marinhagem

Racialização e associativismo
em Manaus, 1853-1919

FICHA CATALOGRÁFICA ELABORADA PELO
SISTEMA DE BIBLIOTECAS DA UNICAMP
DIRETORIA DE TRATAMENTO DA INFORMAÇÃO
Bibliotecária: Maria Lúcia Nery Dutra de Castro – CRB-8ª / 1724

P152L   Paião, Caio Giulliano de Souza, 1959-
         Os lugares da marinhagem : racialização e associativismo em Manaus, 1853-1919 / Caio Giulliano Paião. – Campinas, SP : Editora da Unicamp, 2024.

         1. Marinha Mercante – Amazonas – História. 2. Trabalho – Brasil. 3. Trabalhadores – Brasil. 4. Associativismo. I.Título

                                   CDD – 387.598113
                                             – 331.981
                                             – 331.3
                                             – 372.357

ISBN 978-85-268-1640-4

Copyright © Caio Giulliano Paião
Copyright © 2024 by Editora da Unicamp

Opiniões, hipóteses e conclusões ou recomendações expressas neste livro são de responsabilidade do autor e não necessariamente refletem a visão da Editora da Unicamp.

Direitos reservados e protegidos pela lei 9.610 de 19.2.1998.
É proibida a reprodução total ou parcial sem autorização, por escrito, dos detentores dos direitos.

Foi feito o depósito legal.

Direitos reservados a

Editora da Unicamp
Rua Sérgio Buarque de Holanda, 421 – 3º andar
Campus Unicamp
CEP 13083-859 – Campinas – SP – Brasil
Tel./Fax: (19) 3521-7718 / 7728
www.editoraunicamp.com.br – vendas@editora.unicamp.br

AGRADECIMENTOS

Este livro resulta de uma tese de doutorado que contou com o suporte de uma bolsa da Fundação de Amparo à Pesquisa do Estado de São Paulo (Fapesp) (Processo no 2018/18252-0), imprescindível para a conclusão do trabalho. E essa pesquisa transcorreu em um período de crises. No primeiro ano do doutorado, sofri a perda de meu avô Zezinho. Poucos meses depois, veio a partida do amigo e mestre Geraldo Pinheiro, grande incentivador deste estudo. Uma das últimas conversas que tivemos foi à beira do lago do Janauari, sobre as virtudes náuticas dos Mura. O intrépido comandante da *Borogodó* cantou os rumos que essa história podia tomar. Então a pandemia provou que o pior ainda estava por vir: arquivos fechados e notícias diárias da perda de colegas e vizinhos do bairro do Coroado. Busquei forças para continuar lendo as fontes, inspirando-me nas esperanças e ousadias dos marítimos. Foram águas revoltas até a tempestade se dissipar e os primeiros raios de sol aparecerem.

Nesse processo, Fernando Teixeira da Silva foi o orientador certeiro. Seus apontamentos e sugestões deram outro rumo às minhas interpretações e incidiram num novo olhar sobre as fontes. Sem suas "impertinências", "canetadas" e "cuidados cosméticos" com o texto, eu teria ficado à deriva. Conto inclusive com o privilégio de um prefácio de sua autoria. Disso tudo resulta a amizade, seguida da admiração a esse grande intelectual brasileiro.

A praxe dos agradecimentos manda que as pessoas amadas figurem nas últimas linhas. Faço aqui uma transgressão. Bethânia merece ser citada bem antes, pois alinhamos nossos passos no final de 2018, o que foi a base afetiva de tudo que vivemos desde então. Em Manaus, minha mãe e meu pai foram bem pacientes em lidar com alguém que falava da pesquisa o tempo todo. Lorenzo foi pego em exposições amalucadas a altas horas da noite.

Durante a escrita do projeto, contei com os incentivos de Nelson Tomelin Júnior e César Augusto Queirós. Luís Balkar e Maria Luiza Ugarte Pinheiro me abriram as portas do Laboratório de História da Imprensa no Amazonas, da Universidade Federal do Amazonas (LHIA/UFAM) e nunca negaram os pedidos de ajuda e de envios de fontes e referências a distância. Descobri um amigo em Davi Avelino Leal, que, além de entregar uma leitura apurada dos primeiros capítulos, se fez presente dividindo histórias e raridades editoriais. Outro leitor dos bons foi Alexandre Isidio Cardoso, que fez a gentileza de apontar questões valiosas para a pesquisa. Hélio Dantas também salvou o dia enviando fontes e livros digitalizados. Agradeço ainda a Pablo Nunes Pereira, que, numa troca de *e-mails*, ajudou-me a decifrar o papel das Capitanias na Amazônia. Por Maria do Rosário da Cunha Peixoto guardo carinho e admiração pela sua capacidade de ensinar como um ato político e de generosidade. Jaime Rodrigues é uma referência incontornável para mim. O entusiasmo com suas aulas e indicações na Universidade Federal de São Paulo (Unifesp) se faz presente aqui. Eis um exemplo a ser alcançado como arguto historiador e escritor de fina elegância.

Na banca de qualificação contei com a leitura cuidadosa de Claudio Batalha e Álvaro Pereira do Nascimento. Também sou grato a professoras, professores e colegas do Centro de Pesquisa em História Social da Cultura (Cecult) pelos animados debates nas reuniões de linhas. Numa dessas, David Patrício Lacerda foi o "leitor privilegiado" do meu projeto, indicou e me emprestou algumas riquezas de seu acervo. Em labirintos burocráticos, fui salvo pelos fios de Daniel Hatamoto (secretário do Programa de Pós-Graduação em História, do Instituto de Filosofia e

Ciências Humanas da Universidade Estadual de Campinas – PPGH/IFCH/Unicamp), Flávia Peral (apoio técnico do Cecult) e Leandro Freitas (base de apoio da Fapesp/Unicamp).

Na defesa, a banca foi composta por Claudio Batalha, Luís Balkar Pinheiro, Aldrin Castellucci e David Patrício Lacerda. Espero que este livro faça jus às arguições de vocês. E as contribuições desses historiadores não cessaram desde então: os documentos enviados por Claudio, assim como as sugestões de David, estão incorporados nesta versão, Aldrin escreve a orelha e Balkar a apresentação do livro, o que muito me honra.

Durante o preparo desta publicação, Elson Rabelo deu uma luz sobre os usos das imagens. Estendo agradecimento às servidoras e aos servidores dos arquivos, acervos e bibliotecas consultados em Manaus, Campinas e Rio de Janeiro.

A amizade dessas pessoas foi fundamental nos momentos certos e incertos: Renan, Fagner, Gabriela e Marcos Paulo. Gabi e Marcos também foram os melhores leitores que alguém pode ter. Mais do que isso, inúmeras vezes foram precisos e preciosos quando os dias pareciam um longo entardecer.

Mas aprendi com os marítimos que a linha-d'água não se limita pelos olhos, que na sua aparente infinitude é possível projetar seus próprios horizontes e, mais adiante ou mais perto do que imaginamos, há lugares para a esperança. Que esses lugares da marinhagem para mundos melhores irradiem destas páginas e entusiasmem leitoras e leitores, da mesma forma como me ocorreu enquanto os descobria.

SUMÁRIO

PREFÁCIO 11

APRESENTAÇÃO 17

INTRODUÇÃO – DEFININDO LUGARES 21

PARTE I
O LUGAR NO ESPAÇO

1. PELO RIO-MAR 47

2. NO PORTO DE MANAUS 81

3. O NAVIO-ARQUIPÉLAGO 119

PARTE II
O LUGAR DE TRABALHO

4. 24 HORAS A BORDO DE UM VAPOR 149

5. OS LIMITES DA TOLERÂNCIA 177

PARTE III
O LUGAR DE LUTA

6. FRAGMENTAÇÃO ASSOCIATIVA 219

7. EM BUSCA DA UNIDADE ASSOCIATIVA 263

8. DOS MOTINS ÀS GREVES 335

CONCLUSÃO – O LUGAR ALCANÇADO 405

REFERÊNCIAS 411

PREFÁCIO

Os marítimos já foram caracterizados pela literatura acadêmica e ficcional de muitas maneiras, às vezes como heroicos lobos do mar sempre prontos a desafiar as forças inclementes da natureza, ou como pessoas de moral duvidosa, afeitas à violência e socialmente desenraizadas. O livro de Caio Giulliano Paião, seguindo uma tradição da história social bastante consolidada, escapa a essencializações. Ele os insere em outra dimensão: a de trabalhadores. É desse *lugar* – do universo conflituoso do trabalho – que as vidas dos marítimos da cidade de Manaus ganham inteligibilidade durante o longo período que se estende de meados do século XIX às primeiras décadas da República.

Assentado em documentação vastíssima e diversificada, fundamentado no domínio oceânico da bibliografia internacional sobre o assunto e dono de uma escrita cativante e desembaraçada, o autor se debruça sobre experiências profundamente marcadas por hierarquias de classe e raça em primeiro plano, mas também de gênero, ao lidar com símbolos e atos ostentatórios da virilidade masculina. A bela metáfora do "navio-arquipélago" serve bem à análise das clivagens existentes no interior de uma população flutuante que equipava um sem-número de embarcações muito diferentes em tamanho, importância econômica e *status*. Comandantes, práticos e pilotos no ápice da pirâmide naval; marinheiros, moços e criados no convés; maquinistas nos motores, bombas e equipamentos de naturezas diversas; foguistas e carvoeiros nas caldeiras formavam as ilhas de um intrincado arquipélago de profissões. As relações entre esses grupos eram mediadas por complexos ordenamentos legais, por preconceitos morais e raciais, pelas expectativas de mando e subalternidade e por enfrentamentos cotidianos.

Nada foge ao olhar atento de Caio Paião, a começar pela própria invisibilidade do poder dos proprietários de navios e cargas, cuja autoridade era delegada aos oficiais das embarcações, às Capitanias dos Portos, à polícia e a diversas instituições ligadas à marinha mercante. *Os lugares da marinhagem* capta de maneira aguda rituais, crenças e convicções tão bem expressas por ninguém menos que o escritor--marinheiro Joseph Conrad: "o comando é uma magia forte". A "atmosfera de oficialidade" transformava comandantes e pilotos em uma "espécie de emanação divina", "temível não em virtude de seu ofício, mas em função de suas injustificadas suposições" acerca da dignidade que acreditavam ser monopólio deles. Conrad situa esse poder mágico na era dos Impérios, quando britânicos e brancos, "representantes de Netuno nos assuntos dos mares", equipavam seus navios com tripulação malaia, portanto, não branca. Conforme confidenciou o capitão Giles ao narrador de *A linha de sombra* (1917), "as coisas no Oriente são muito facilitadas para o homem branco. Isto não era mau. A dificuldade repousava em conseguir continuar a ser branco".[1]

As coisas em águas e em terra amazônicas não eram de todo diferentes do ponto de vista racial e de classe. O contexto da história que Paião nos conta começa com o aparecimento do navio a vapor em Manaus, a partir de 1853, ou seja, antes, durante e depois do auge da extração da borracha, que conectou o transporte fluvial da Amazônia ao mundo atlântico do capitalismo industrial e do imperialismo. Entretanto, as transformações havidas nas relações de trabalho dentro e fora dos navios não se explicam por nenhum imperativo tecnológico. A propulsão a vapor só adquire sentido na medida em que o autor a vincula aos impactos que

---

[1] Joseph Conrad. *A linha de sombra: uma confissão*. Rio de Janeiro/São Paulo, O Globo/Folha de S.Paulo, 2003, p. 27, pp. 42-43.

tal inovação técnica exerceu sobre tradições e costumes enraizados no reinado dos barcos a vela. Até aquele momento, os embarcados não eram apenas homens, mas também um contingente significativo de mulheres, embora elas não tivessem desaparecido completamente nas tripulações em vasos de menor porte. Indígenas, africanos e afrodescendentes figuravam em grande número como práticos, pilotos e maquinistas. Além disso, a divisão do trabalho no interior dos barcos era menos rígida e acentuada. Com o advento do vapor, o trabalho nos navios ganhou novas configurações não somente com o aparecimento de tarefas e funções até então desconhecidas, mas também porque as relações entre o oficialato da marinha mercante e os trabalhadores profissionalmente menos qualificados foram cada vez mais impregnadas de racialização, centralização e cruel despotismo.

Era impossível "conseguir continuar a ser branco" no porto e nos barcos manauaras, mesmo porque a população embarcada não fora majoritariamente branca durante o predomínio das velas. Porém, os esforços dos grupos dominantes envolvidos no comércio náutico da região seguiram na direção do ideal de branqueamento, tanto entre as camadas mais elevadas na hierarquia da marinhagem quanto entre as mais subalternizadas. O racismo não dizia respeito apenas à cor da pele e a supostas determinações de ordem biológica. Tratava-se também da missão "civilizatória" de eliminar antigos costumes culturais e práticas sociais que não se coadunassem com princípios "emancipatórios" de morigeração, disciplina e obediência, todos conectados ao sonho de construir uma nação branca e livre de presumidos atavismos raciais.

Entretanto, uma coisa eram os marítimos como comunidade imaginada, outra eram os marítimos de carne e osso. Ao analisar em pormenor o cotidiano da vida e do trabalho dos embarcados, os conflitos que se multiplicavam sobre as águas e em terra, as vicissitudes da política local e do estado do Amazonas, não sem conexões com a política nacional, entre tantos outros aspectos que colocam este livro dentro da melhor "história social total", Caio Paião faz todas as linhas de seu estudo convergirem para a cultura associativa dos trabalhadores, o ponto alto de sua pesquisa minuciosa, boa parte dela baseada em fontes ainda inexploradas.

Mas estamos diante de uma cultura até certo ponto *sui generis*. *Marítimos* não conformam apenas uma categoria profissional. Eles são também uma categoria analítica de difícil apreensão, pois podem dar a impressão de uma falsa unidade e criar a ilusão de uma homogeneidade que jamais existiu. Por isso, um dos primeiros movimentos do autor neste livro, aliás absolutamente inovador, é o de lidar com a própria definição do conjunto de homens que equipavam os navios. Ele decidiu enfeixá-los no conceito de *marinhagem*. Deixo ao leitor a tarefa de compreender melhor tal denominação pelas mãos do próprio autor da obra. Aqui importa adiantar e reter que *marinhagem* implica considerar uma cadeia de hierarquias tanto funcionais quanto sociais e políticas. Por exemplo (e o leitor poderá constatar que este não é um exemplo qualquer), foguistas e carvoeiros, que alimentavam as fornalhas dantescas dos navios, dificilmente se concebiam fazendo parte da mesma classe social de um capitão ou piloto. Tanto que eles insistiam em fundar suas próprias associações e mantê-las independentes. Recusavam-se, assim, a integrar sociedades que tinham o objetivo de unificar e representar todos os ofícios marítimos de forma aparentemente indistinta. A unidade associativa era a meta perseguida pelo oficialato, mas por motivações nem sempre confessadas, embora facilmente compreendidas pelos homens de convés e de fogo. Para a maioria destes, a união de todos em uma associação hegemonizada por oficiais representava outro poderoso mecanismo de controle de suas vidas, de seu trabalho e de suas formas de luta. Não por acaso, a bandeira da "unidade da classe" era hasteada por pilotos e capitães, sobretudo quando os trabalhadores sob suas ordens teimavam em confrontá-las por meio da agressão física, de demonstrações ousadas de valentia, da desídia, deserção e sabotagem, de greves e da criação de seus próprios órgãos de defesa da classe.

Tal resistência à unidade da classe marítima, ou seja, aquela entendida como abrangendo desde os oficiais até o mais simples grumete, nada tem a ver com supostas recusas a seguir uma tendência de parte do movimento operário no Brasil e alhures de criar sindicatos por indústria ou ramo econômico no lugar de sindicatos por ofício. No caso dos trabalhadores subalternizados da marinha mercante, e não só de Manaus, *a classe* eram os seus ofícios e suas organizações. Na conjuntura da Primeira Guerra Mundial, assim como antes e depois, isso foi vivamente percebido pelo oficialato da Marinha, pela Capitania do Porto e pelos políticos locais que cortejavam o apoio e o voto de um grupo de trabalhadores com enorme visibilidade e influência em Manaus e no estado do Amazonas.

Na década de 1910, ninguém ali duvidaria de que estavam em disputa noções muito diferentes e mesmo opostas de cidadania. Os conflitos foram de tal magnitude naqueles anos, com ramificações e impactos nacionais, que nenhuma outra "solução" parecia restar para a "questão social" dentro e fora dos navios senão o fortalecimento da militarização da marinha mercante. Isso para os oficiais, uma vez que para os trabalhadores, que se viam como uma classe distinta da de seus superiores imediatos e não tão imediatos, a saída passava pela organização de sindicatos, mobilizações coletivas e leis trabalhistas. Enfim, foi do lugar de *trabalhadores* que eles enfrentaram preconceitos de raça e exploração de classe.

Os lugares da marinhagem é um livro para se ler com vagar. Agora, não mais na condição de orientador da tese que lhe deu origem, eu o reli como se o estivesse lendo pela primeira vez. Quero dizer com isso que este trabalho deveras original de Caio Giulliano Paião me surpreendeu novamente a cada palavra, a cada parágrafo, a cada capítulo.

Fernando Teixeira da Silva

APRESENTAÇÃO

No âmbito da historiografia do trabalho, os *marítimos* – um termo genérico a esconder distinções relevantes – sempre foram tomados como uma categoria que trazia para a análise histórica um conjunto de dificuldades, tal a complexidade de sua composição e das hierarquias internas que apresentava, para não falar da singularidade de viver e trabalhar embarcado. Exatamente por isso, mantinham conexões instáveis e sazonais com o ambiente citadino, em cujo solo se processavam múltiplos processos de organização e luta operária, desde o último quartel do século XIX.

A especificidade do local de trabalho é um dos fatores que ajudam na compreensão da participação dos marítimos de forma bastante irregular, aparecendo e desaparecendo como vaga-lumes na documentação sobre a qual se debruçam os historiadores do movimento operário. O processo de organização, mobilização e luta entabulado pela categoria foi, todavia, bem mais complexo e relacionado a uma gama bastante ampla de fatores, sendo a elucidação dessa situação apenas uma das muitas contribuições trazidas pelo livro de Caio Giulliano Paião, jovem e talentoso historiador amazonense, formado na melhor tradição da historiografia do trabalho no Brasil.

Oriundo de uma tese de doutorado bem fundamentada e inovadora, *Os lugares da Marinhagem* investiga o ainda obscuro mundo do trabalho no espaço amazônico, embora o autor, seja por modéstia, seja por excessivo zelo, tenha delimitado (formalmente) seu estudo ao contexto da capital amazonense, nos anos iniciais do século XX. *Formalmente*, insisto, porque na prática o olhar inquieto e sagaz do pesquisador o levou a dialogar fortemente com a documentação e com as experiências organizacionais da categoria, não apenas no Pará como em outros contextos nacionais e mesmo internacionais. A riqueza dessa abordagem é atestada pela sofisticada bibliografia da obra, e pelas muitas referências ao pé de página, que inclui um volume incomum – ao menos para os estudos relacionados ao contexto amazônico – de referências historiográficas internacionais, a par do que de melhor tem sido produzido no âmbito dos mundos do trabalho no Brasil.

Para a fortuna do leitor, o texto é também transgressor quanto às margens cronológicas indicadas pelo autor, recuando ao século XIX para alcançar transformações importantes nas práticas de marinhagem que buscavam adaptar-se à impactante chegada do vapor, o *navio-diabo* de que falava Victor Hugo e que tanta apreensão e tanto temor havia causado em parte da população europeia, em fins do século XVIII e início do XIX, para quem o vapor era uma "ideia louca, erro grosseiro, absurdo".[1] O recuo temporal permitiu também ao autor recuperar tradições e práticas de navegação e marinhagem próprias das populações amazônicas, assim como suas experiências contínuas de resistência e luta contra o colonialismo e as modalidades de trabalho que lhes eram ditadas nas embarcações.

Em meio a importantes transições – da vela ao vapor, do trabalho escravo ao livre, da Monarquia à República –, ou em relação a elas, dinamizou-se tanto o processo de configuração da categoria quanto o seu associativismo. Descendo aos locais da marinhagem, do convés ao porão dos navios, Caio Giulliano Paião explicita as configurações e hierarquias internas, para ali perceber o que designou de "processo de racialização do trabalho marítimo", com a incorporação de indígenas,

---

[1] Victor Hugo. *Os trabalhadores do mar*. São Paulo, Nova Cultural, 2002, p. 60.

mestiços e negros invariavelmente em espaços de subalternidade, ante um oficialato que lhes ditava ordens e esforçava-se para, fora das embarcações, expandir seu controle sobre o conjunto da categoria, por meio da criação de organizações associativas igualmente hierárquicas, autoritárias e, sobretudo, desconectadas o quanto possível do associativismo operário "de terra", que, aos poucos, ia mostrando sua força. O processo paralelo de constituição de associações de foguistas, carvoeiros e maquinistas não deixa de ser também uma reação a esses interesses e uma luta por autonomia. Vistos em conjunto, e reduzidos em escala, todo o processo nos põe a pensar nas *hidrarquias* abordadas por Peter Linebaugh e Marcus Rediker.[2]

Vistos a partir de seu interior claustrofóbico, fétido e acentuadamente cáustico, os vapores podiam ser comparados, como foram, a verdadeiras fábricas sobre águas. Os navios que compunham a marinha mercante eram espaços fortemente segmentados e submetidos a um ambiente essencialmente conflitivo, que era preciso controlar, de cima para baixo, a partir do rígido ordenamento militar que vigeu pelo menos até o fim da segunda década do século XX. Conforme esclarece o autor, os lugares da *pilotagem* (pilotos, práticos, mestres e imediatos), do *convés* (marinheiros, moços e criados), da *taifa* (cozinheiros, despenseiros, padeiros e copeiros) e das *máquinas e do fogo* (maquinistas, foguistas e carvoeiros) ordenavam a hierarquia de *oficiais* e *subalternos*, e estas acabaram por se projetar para o interior do processo associativo.

Com os olhos voltados para o ambiente historiográfico que tem se dinamizado na Amazônia e, em especial, para os estudos que têm priorizado o campo da história social do trabalho (urbano) e do movimento operário, o livro de Caio Giulliano Paião é um sopro renovador a agregar uma contribuição de extrema importância. Partindo de uma sólida base teórica e atento às anotações de uma vasta e diversificada

---

[2] Peter Linebaugh & Marcus Rediker. *A hidra de muitas cabeças: marinheiros, escravos, plebeus e a história oculta do Atlântico Revolucionário*. São Paulo, Companhia das Letras, 2008.

APRESENTAÇÃO

documentação de época, o livro traz consigo, em clara inspiração thompsoniana, uma primorosa análise do processo até então obscuro de configuração de um conjunto de trabalhadores (embarcados) que buscaram, a partir de seus locais de trabalho e suas vivências singulares, intervir nos rumos de sua própria história.

Que o leitor possa se aventurar de forma prazerosa pelas águas rubras deste livro inspirador.

Luís Balkar Sá Peixoto Pinheiro

INTRODUÇÃO
DEFININDO LUGARES

No começo dos anos 1980, Lélia Gonzalez afirmou que "diferentes modos de dominação das diferentes fases de produção econômica no Brasil parecem coincidir num mesmo ponto: a reinterpretação da teoria do lugar natural, de Aristóteles", segundo a qual cada corpo estaria adequado a um lugar determinado por sua natureza. Para a antropóloga e militante do Movimento Negro Unificado, era preciso avaliar como o pensamento aristotélico sedimentou, ao longo do tempo, uma divisão de lugares físicos e simbólicos conforme critérios raciais. Gonzalez alertava para uma espécie de segregação racial dissimulada por práticas e discursos sem necessariamente tomar a forma de lei.[1]

A proposta da autora justifica o título do livro *Lugar de negro* (1982), escrito em parceria com o sociólogo Carlos Hasenbalg. Essa ideia central é a propulsão deste livro sobre a marinhagem e a racialização que lhe imputou diferentes lugares de subalternidade, dentro e fora dos navios. A definição de tais lugares atendia a concepções de longa duração de uma modernização naval, promovida pelas elites brancas para superar atrasos sociais e culturais atribuídos a negros, indígenas e mestiços da marinha brasileira.[2] Ainda partindo de Gonzalez, veremos como essa categoria subverteu e minou, de baixo para cima, a estruturação das desigualdades

---

[1] Gonzalez, 2022, pp. 21-22.
[2] S. C. Almeida, 2010; Jeha, 2011; A. P. do Nascimento, 1997.

para ser reconhecida como sujeito de direitos, ao revés dos lugares de sua subordinação.

O segundo aspecto refere-se à denominação do grupo estudado. Em razão da proliferação de tratamentos, que se diversificam com o tempo e a transformação tecnológica da navegação, ponderei sobre a melhor forma de acercar esses trabalhadores. Através da documentação e da historiografia, alguns termos foram generalizados para falar de marujos, marinheiros, tripulantes, embarcadiços.[3] No período analisado, para designar o coletivo, o vocábulo mais usual era "marinhagem". Apesar de abordar aqui trabalhadores fluviais, raramente eles se distinguiam da turma de água salgada, apresentando-se como "fluvial" em vez de "marítimo", por exemplo. Já "marinheiro" aparecerá neste livro para designar o ofício específico de convés. Com o advento dos vapores, esse termo foi objeto de disputa dos veteranos anteriores às máquinas, que definiam foguistas, carvoeiros e maquinistas como "não marinheiros". Por conta disso, a adoção mais genérica de "marítimo" serviu para evitar confusão com os "marinheiros" de tradição no ofício. Foguistas e carvoeiros chegaram a se identificar mais como "proletários" ou "operários" do que "marítimos" propriamente ditos. Ocorre que esse processo é concomitante à racialização de suas funções, que passaram a ser inferiorizadas perante os "verdadeiros" marítimos ou marinheiros: aqueles que realizavam tarefas persistentes à transição tecnológica (práticos, pilotos, marinheiros etc.). Dessa maneira, as formas de identificação profissional dão mostras de lugares em disputa que impuseram cautela na denominação do grupo. A adoção de "marinhagem", enfim, se deu na medida em que o termo representa uma das expressões de luta desses trabalhadores por lugares de direito, no caso, o de reconhecimento de valores profissionais como forma de acesso à cidadania.

Pela análise documental, "marinhagem" não se refere apenas ao coletivo de marítimo, mas a um grupo incumbido dos ofícios de bordo

---

[3] V. W. Oliveira, 2009, p. 90.

sem necessariamente restringir-se ao convés. Nos dicionários de época, designa ao mesmo tempo o conjunto de embarcadiços e a arte de marejar, marinhar, navegar – identidade coletiva e agência profissional num mesmo termo.[4] Optei então por *marinhagem* no título do livro, por interpretar os ofícios como lugares ressignificados pelos marítimos a fim de serem reconhecidos como *trabalhadores*, em vez de corpos disponíveis para a riqueza e a defesa da nação. Nesse campo de lutas, problematizo os lugares do "fazer-se" de uma "classe marítima" (nos discursos das lideranças) e da "marinhagem" (englobando o conjunto em seus variados ofícios) pelo processo de sua identificação como trabalhadores, que desafiou, do Império à República, a legitimação de lugares de direito contra os códigos militares e racializados a que estiveram sujeitos.

Dito isso, como avaliar esse processo na região amazônica, que abrigava boa parte do contingente marítimo nacional e onde a vida náutica era tão rica quanto as cores e etnias daquele mundo fluvial? O primeiro passo é compreender a racialização como indissociável da modernização dos transportes aquáticos.

Sublinhemos o conceito de *racialização* adotado aqui. De início, racismo e racialização não serão entendidos como sinônimos. A racialização é compreendida como um processo histórico e social por meio do qual as categorias raciais são criadas, experimentadas e transformadas, categorias que resultam de uma construção social, historicamente em disputa, que as torna tangíveis no campo das relações sociais e da produção de sentidos. Portanto, o uso do conceito revela os mecanismos que levam os sujeitos a acreditar nelas e agir em função delas. Para Didier Fassin, "falar de racialização é, assim, tornar explícito aquilo que o mundo social produz de maneira implícita",[5] ou conforme Barbara Weinstein, o processo de racialização era "algo que se sabia sem que

---

[4] Barão de Angra, 1877, p. 129; Figueiredo, 1913, p. 1.248.
[5] Fassin, 2018, pp. 62-63.

fosse necessário dizer – sinal supremo de uma construção bem-sucedida, ou hegemônica".[6]

Raça e cor da pele nem sempre estão explicitadas na documentação como fatores explicativos da desqualificação ou de inferioridades imputadas aos marítimos. Ao contrário, os estigmas sociais vêm em explicações calcadas na etnia, nos determinismos climáticos e geográficos, na cultura e na história. O racismo é comumente dissimulado nos enfoques de populações não brancas, historicamente atreladas ao atraso social e cultural. Dessa forma, se raça e racismo não emergem explicitamente, foi possível identificar processos de racialização quando a heterogeneidade de um grupo, como os marítimos, é substituída por uma homogeneização que silencia diferenças concretas. Os indivíduos são então dissolvidos em abstrações, e seus corpos enquadrados numa escala de valores que determina sua posição social e cultural pela origem regional ou pelo lugar ocupado na sociedade.[7]

Podemos captar dimensões racializadas no tratamento dispensado nos locais de trabalho, nos espaços de sociabilidades e na vida associativa. Vemos isso, por exemplo, na ideia de incapacidade de autogestão nas fainas; na estratificação desigual dos espaços de trabalho; na insistência de que a deferência aos oficiais devia prevalecer em terra; na manutenção de relações paternalistas entre oficiais e embarcadiços mais jovens; no castigo físico como medida disciplinar etc. Esses tratamentos eram orientados por uma suposta organização do trabalho, mais eficiente nos vapores do que em qualquer outro tipo de barco. Antes dos vapores, as tripulações multirraciais detinham maior autonomia nas equipagens e chegavam a subverter a mobilidade do ofício ao seu favor, ainda que sob jugo do trabalho forçado e da escravidão. Era contra esse cenário que a transição tecnológica para os vapores se associa ao processo de racialização do trabalho marítimo.

---

[6] Weinstein, 2022, p. 29.
[7] F. T. da Silva, 2022, pp. 2-3.

Na chegada dos vapores, o tratamento dispensado aos marítimos era elaborado segundo concepções de modernidade e progresso, contrapostas à navegação tradicional realizada por mulheres, homens e crianças de origem negra e indígena, considerada arcaica e atrasada. Modernidade e progresso são lidos aqui como planejamentos do capitalismo em expansão, que tinha na industrialização sua expressão máxima. Ocorre que os defensores dos vapores para a Amazônia compreendiam isso de forma racializada: como fruto da industrialização, os vapores demarcavam não só um novo modelo de negócio, mas uma aspiração que imbricava raça e cultura. Para operar os modernos barcos, era preciso racializar a navegação como o lugar de trabalho de um marítimo ideal (de preferência, branco) e forçar os de pele escura à subserviência.[8]

Diante da ausência desse marítimo ideal, os comandantes de vapores se viram obrigados a equipar com os habitantes locais, independentemente se afeitos ou não à vida embarcada. A principal diferença dos vapores em relação aos modelos pregressos era sua disposição para racializar a divisão dos trabalhos a bordo entre os mais instruídos, que se incumbiam da navegação e do maquinário (práticos, pilotos e maquinistas), e aqueles que exerciam trabalho braçal (foguistas, carvoeiros, marinheiros e moços). O progresso imaginado nesse contexto era a realização das fainas de forma seccionada e reproduzindo desigualdade racial, pois as ocupações de bordo equivaliam a privilégios e desvantagens que acompanhavam os marítimos em terra. O que escapou ao oficialato foi que, em vez de submeterem-se a esses lugares de inferioridade, os marítimos forjaram identificações de ofício e criaram suas próprias associações, conferindo outros valores àquelas ocupações.

Com Lélia Gonzalez aprendemos que a racialização dos lugares como forma de dominação serve, sobretudo, para deter a unidade e a organização dos subalternos.[9] Nesse sentido, o recorte temporal desta pesquisa

---

[8] Drinot, 2011, pp. 2-3.
[9] Gonzalez, 2022, p. 21.

orienta-se pela criação e ascensão das associações marítimas, entendidas como produtos dos lugares elaborados pela própria marinhagem, a qual conseguia deslindar novos rumos de vida a partir deles. Abordo a conjuntura das primeiras associações de oficiais organizadas com a chegada dos vapores mercantes a partir de 1853, passando pela criação das primeiras associações de ofício no Amazonas, na virada do século XIX para o XX, até o ápice das mobilizações marítimas, em 1919. Nesse percurso, observar também as décadas finais da escravidão (1870-1880) ajuda a compreender a composição étnico-racial dos marítimos e suas concepções de trabalho livre e associativismo numa longa duração.

A dimensão aquática abordada aqui cobre o trecho entre Belém e Manaus, com algumas incursões no sudoeste do Amazonas. Entre essas duas cidades, havia um leque variado de linhas de vapores que compunham o maior fluxo fluvial do continente. Nesse movimento, os marítimos teceram redes sociais para dinamizar estratégias associativas e militância operária. A pesquisa centra-se em Manaus, uma cidade portuária exclusivamente fluvial, dotada de dinâmicas próprias na racialização de sua marinhagem e seus desdobramentos associativos. Quanto aos locais afastados das duas capitais, eles permitem observar como a autoridade dos comandantes se manifestava longe da vida terrestre e como as tripulações reagiam a ela e a outras adversidades. São experiências cruciais para discutir a organização dos marítimos em terra, discussão essa realizada numa confluência de estudos sobre trabalho marítimo e vida portuária, mundos do trabalho no pós-Abolição e associativismo operário.

O ENCONTRO DAS ÁGUAS

Os estudos históricos sobre o mundo marítimo podem ser divididos basicamente entre História Atlântica, História Naval e História Marítima. A História Atlântica apresenta uma conceituação bastante ampla, que compreende toda a história do Ocidente no período moderno e inclui as costas atlânticas da Europa, da África e das Américas.[10] Para David Armitage, o Atlântico figura como uma das poucas categorias históricas detentoras de uma "geografia interna". Os estudiosos do tráfico de escravos tornaram-se especialistas nessa conceituação, abordando as costas das Américas e da África como vias de comunicação de um negócio que mobilizava pessoas e culturas.[11]

Nesse mesmo viés, percebemos uma proliferação de estudos sobre outros mares e oceanos, seus sistemas coloniais de dominação, a dimensão transnacional do trabalho marítimo etc.[12] Este livro dialoga com esse campo de estudos marítimos, seguindo a proposta de Armitage, para o qual todo caminho aquático pode ser abordado como produto histórico da navegação e de seus navegadores.[13]

Na Amazônia, o mundo atlântico ecoa como efeito da colonização no interior do território, um processo que conferiu outros sentidos a um "território do vazio" ou um "não lugar", como disserta Alain Corbin sobre as incursões do mercantilismo.[14] O avanço capitalista pelo rio Amazonas trouxe consigo ideias e concepções cristalizadas das aventuras do comércio atlântico e do tráfico humano, considerando a Amazônia como que à mercê desses interesses, desde o século XVI. Essa perspectiva moldou a forma como a marinha mercante era entendida nos séculos seguintes no Brasil, vista como estratégica à penetração do capitalismo em território tido por vazio, remoto, carente de relações comerciais e de civilização. Tal entendimento marcou a História Naval produzida no país. Como o foco aqui é a marinha mercante, mantenho distância do olhar militarizado que tende a ignorar marítimos sem patentes de oficiais, uma das principais características da História Naval.

---

[10] Jeha, 2011, pp. 33-34.
[11] Rodrigues, 2005; Mustakeem, 2016; Rediker, 2011.
[12] Van Rossum, 2014; Stanziani, 2014; Grider, 2010.
[13] Armitage, 2002.
[14] Corbin, 1994.

Em suma, a História Naval ocupa-se basicamente da transformação técnica das navegações ao redor do mundo, da construção de navios, do espaço aquático como cenário de disputa entre as nações, da expansão comercial e dos vultos da Marinha: oficiais militares e grandes navegadores mercantes. Apesar de estudos mais recentes, sensíveis aos mundos do trabalho na indústria naval,[15] a maioria do que se apresenta como História Naval foi escrito por oficiais que partem de ideias militaristas, coloniais, eurocentradas e racializadas.[16] Esse modelo de História Naval deriva do mesmo processo histórico que operou hierarquizações nas marinhas, privilegiando certos temas em detrimento de outros, como num espelho da divisão entre oficiais e subalternos. Sobre isso, a crítica pioneira de Norbert Elias inspira reflexão.

Para Elias, a divisão das marinhas mercantes e militares ocorreu durante a era das grandes navegações, quando a figura do militar e do marinheiro se fundiu para proteger interesses nacionais sobre as águas, notadamente, a segurança e o comércio.[17] Em ensaio sobre o trabalho marítimo, publicado originalmente em 1950, Elias buscou entender como as inovações tecnológicas e as capacidades individuais e coletivas deram condições para que a profissão marítima passasse a existir. Com tal objetivo, a análise histórica da profissão marítima precisaria considerar diferentes problemas de hierarquias, herdados através do tempo, e as formas pensadas e vividas pelos marítimos para resolvê-los. O autor não avança a respeito dessas formas criadas pelos marítimos e opta por caracterizar as hierarquias da profissão, por explicações de ordem social e cultural. Os avanços na abordagem da agência marítima, mais alinhada aos meus objetivos, encontram-se nos estudos de História Marítima pelo viés da História Social.

---

[15] Ver Lacerda, 2016.

[16] Apesar do título de seu livro (*História Marítima*), são esses os temas tratados em J. C. Caminha, 1980.

[17] Elias, 2001, p. 96.

A História Marítima como História Social também lida com problemas levantados pelos estudos atlânticos, mas descentraliza-se do Estado-nação e não se restringe a um oceano em particular, aliás, defendo ainda que não deva se resumir às águas salgadas.[18] Segundo Marcus Rediker, a História Marítima "vista de baixo" responde ao elitismo de velhas abordagens marítimas ou navais e é uma forma de superação de um obstáculo mais sutil, classificado por ele como "terracentrismo": a ideia de que a história humana é atrelada à terra firme, um pensamento fortalecido com a ascensão do Estado-nação, no final do século XVIII, quando poder e soberania tornaram-se a liga das condições étnicas e nacionais de um "povo" com sua terra, seu solo.[19]

Já no século XIX, muitas das visões sobre o mundo marítimo foram esvaziadas de navios e marinheiros reais e preenchidas com figuras imaginárias, sendo seu maior veículo de divulgação a chamada literatura marítima (*sea novel*), que cooperou para deslocar a vida sobre as águas para a margem da história.[20] A fuga do "terracentrismo" para encontrar navios e marítimos reais define os interesses da História Marítima como História Social. Mas descentralizar a localização física das agências históricas não supõe abandono do mundo portuário como ponto de partida e extensão das vivências sobre as águas.[21]

Cada parada pelos portos era um momento-chave para os marítimos colocarem em prática uma série de experiências recíprocas com aqueles que faziam do porto local de trabalho e sociabilidades. Para Jaime Rodrigues e Flávio Gonçalves dos Santos, "ofícios, culturas profissionais, formas de organização, trânsito intenso, paisagens diversificadas, línguas e etnias diversas em convívio: tudo isso aproxima a história dos portos e das cidades portuárias". Os autores não desconectam isso da vida a bordo.

---

[18] Acompanho Solano, 1998; Buchanan, 2004; Ertzogue, 2014; e Carvalho, 1997.
[19] Rediker, 2014, p. 9.
[20] Peck, 2001.
[21] Como vemos em Scott, 2018.

Os navios também eram lugares sociais da diversidade e do movimento, "embora o isolamento e as constantes tentativas de impor a disciplina em pleno mar tenham feito com que historiadores observassem a vida dos embarcados como um fenômeno semelhante ao que ocorria nos ambientes da prisão ou da fábrica".[22]

Minha leitura sobre a marinhagem em Manaus avalia de forma interconectada as experiências vividas e construídas em terra e a bordo. Todavia, o estudo de um porto "a mil milhas do Atlântico" impôs uma reorientação da História Marítima para o interior do continente. O porto de Manaus permite que olhemos para a terra e para as águas de forma relacional e como produto de uma marinhagem que, diferente da oceânica, vivia "entre margens" por todo o tempo navegado. Isso implicou diretamente os processos de racialização, deflagração de motins, deserções e relações com ribeirinhos e indígenas nos beiradões do rio Amazonas etc.

No Brasil, a História Marítima realizada exibe uma produção vigorosa. Estudos sobre a navegação atlântica, a vida cotidiana do trabalho embarcado e portuário, o tráfico de escravizados, entre outros objetos, já dispõem de obras referenciais.[23] Este livro, contudo, situa-se em cronologia e conjuntura incomum nesse campo de estudos. A grande maioria das pesquisas insere-se na chamada *Age of Sail* (a "era das velas" corresponde às navegações dos séculos XVI-XIX), centram-se nas travessias atlânticas, em águas salgadas e no litoral, com poucos avanços ao século XX. Tenho débito com esses trabalhos; entretanto, meu enfoque na "era dos vapores" propõe investigação sobre continuidades e rupturas nessa transição tecnológica, a fim de produzir uma História Marítima baseada nos mundos do trabalho no pós-Abolição.

---

[22] Rodrigues & Santos, 2019, p. 2.
[23] Rodrigues, 2005; L. G. Silva, 2001; V. P. Oliveira, 2013; Barreiro, 2010.

O PÓS-ABOLIÇÃO COMO PROBLEMA

Segundo Sidney Chalhoub e Fernando Teixeira da Silva, na historiografia do trabalho produzida no Brasil dos anos 1980, houve uma passagem do "paradigma da ausência", que abordava os trabalhadores por aquilo que eles não eram ou não tinham (em relação a outros modelos nacionais) para um "paradigma da agência", que valorizava as ações de escravizados, libertos e trabalhadores livres em negociações e decisões perante instituições e poderes normativos. Eram as primeiras fissuras no "muro de Berlim historiográfico" erguido entre os estudos da escravidão e os estudos do trabalho urbano e do movimento operário. Um dos principais desafios era transpor a desqualificação racial herdada da escravidão no mundo do trabalho livre, contrastada com o suposto modelo de desenvolvimento histórico europeu ocidental: "Lá, costumes e tradições densas haviam fecundado as lutas operárias; aqui, a escravidão legara ausência de cultura política, a ser suprimida por cabeças e ideologias importadas do centro do mundo e propulsoras exclusivas do movimento operário brasileiro". Cabia aos/às historiadoras/es sociais assumirem que compartilhavam ênfase nos modos como os sujeitos históricos lidavam com estruturas de reprodução de desigualdades e injustiças, das quais não conseguiam escapar.[24]

Álvaro Pereira do Nascimento reacendeu esse debate, denunciando que a persistência do "muro de Berlim historiográfico" ainda restringia a compreensão sobre continuidades e rupturas na "realidade de países que experimentaram a escravidão moderna ou viveram dentro de hierarquias raciais, étnicas e de gênero complexas", que "exigia e exige muito mais reflexão a partir de diálogos interseccionais que aqueles imaginados enquanto essencialmente brancos e europeus". O peso das hierarquias

---

[24] Chalhoub & Silva, 2009, p. 16. Anos antes tivemos também os artigos de Lara, 1998a e Gomes & Negro, 2006. Mais recentemente, vale menção o balanço de Popinigis & Terra, 2019.

raciais, étnicas e de gênero continuava perturbando análises sobre uma sociedade que pensava, agia e se entendia como escravista.[25]

Na senda dessa discussão, entendo que continuidades e rupturas do mundo senhorial e das lutas por liberdade no regime republicano estão presentes no planejamento racializado da navegação a vapor na Amazônia. Isso torna os estudos do pós-Abolição cruciais para entender a modernização naval no interior do continente, onde a navegação tradicional era dominada por populações negras, indígenas e mestiças, independentemente de suas condições jurídicas. O processo de organização desses trabalhadores, que se (re)compõem com migrantes vindos de outras áreas escravistas, reitera a importância do pós-Abolição para o associativismo marítimo em Manaus, no raiar do século XX.

O termo *pós-Abolição* tem por vezes acarretado confusões acerca de seu uso como conceito ou temporalidade. Aqui ele será adotado, conforme Hebe Mattos e Ana Maria Rios, como um problema de pesquisa que redefine conceitos-chave no estudo de sociedades pós--emancipadas. Trata-se de reconhecer que o processo de destruição da escravidão moderna esteve visceralmente imbricado com a extensão dos direitos de cidadania após a escravidão. E que a definição e o alcance desses direitos estiveram relacionados "com uma contínua produção social de identidades, hierarquias e categorias raciais".[26] Das articulações de conceitos presentes nos estudos do pós-Abolição, é importante aqui aquela entre racialização e cidadania.

O conceito de *cidadania* deve sempre ter seus significados explicados conforme cada contexto histórico. O principal deles aqui é o da Primeira República, regime cuja ideia de cidadania levou à inclusão e ao mesmo tempo à exclusão social e política das classes trabalhadoras. O associativismo marítimo, tal como o de outras categorias, podia não recorrer ao termo "cidadania" em suas manifestações,[27] mas

---

[25] A. P. do Nascimento, 2016, pp. 615-617.
[26] Mattos & Rios, 2004, p. 191.
[27] Batalha, 2003, pp. 179-180.

expressava de várias formas seu interesse por participação política: na luta pela extensão do direito de voto; pela liberdade de livre associação; pela reivindicação de legislação social; e, no caso em tela, pelo reconhecimento do lugar de trabalhador livre e isento de submissão irrestrita à esfera militar. O mundo associativo desse período entrevia um espaço de participação independente das normas legais que regiam a política formal, "constituindo uma espécie de contrassociedade, governada por outros valores".[28] Os valores presentes nas associações marítimas advinham do seu mundo de trabalho, com suas noções próprias de disciplina; da tendência a hierarquizações por origem, idade, ofício, cor da pele; e de um esforço por parte dos oficiais em replicar nas associações a deferência e a obediência de bordo.

Acerquei os elementos acima buscando não perder de vista o escopo racializado da fragmentação das associações marítimas, pelo fato de elas pavimentarem uma expansão de direitos a sujeitos que prezavam pela liberdade, pela autonomia e pela mobilidade conquistadas com o fim da escravidão. Em resposta, autoridades civis e militares buscaram manter visíveis as fronteiras da obediência no trabalho marítimo, para não perderem o controle sobre o setor de exportação. Esse debate seria facilmente diluído com uma leitura precipitada do "coronelismo marítimo".

O CORONELISMO MARÍTIMO

Em 1976, Boris Fausto cunhou o termo "coronelismo marítimo", adaptando a clássica formulação de Victor Nunes Leal sobre a prática, exercida pelos coronéis do mundo rural, de coação política pelo abuso de poder econômico e pela influência social.[29] Para Fausto, entre as

---

[28] *Idem*, p. 180.
[29] V. N. Leal, 2012, p. 43.

décadas de 1910 e 1920, os marítimos da capital federal viviam alijados do movimento operário, porque havia anos um núcleo de burocratas, os chamados "coronéis marítimos", controlava a categoria. O autor conferiu pouca habilidade política aos marítimos, que se deixariam levar por interesses alheios que os tornavam meros currais eleitorais. Isso explicaria uma suposta apatia dos marítimos nas grandes greves de 1917 a 1920. Assim como demais trabalhadores urbanos do Rio de Janeiro, a categoria foi lida como menos radical do que os operários paulistas, presumivelmente mais politizados devido à influência da imigração europeia.[30]

Ligia Maria Osório Silva retomou esse tema em 1977. No lugar de "coronelismo marítimo", a autora optou por "camadas intermediárias", que seriam compostas por lideranças marítimas mediadoras dos sindicalizados com companhias e órgãos estatais. "Esses dirigentes, além de servirem de anteparo, amortecendo o radicalismo da base sindical, serviam também [...] de representantes 'fantoches' da classe operária quando a situação assim o exigia". Tal posição renderia vantagens pessoais, ganhos materiais e influência sindical a esses "intermediários" ávidos por integrar o aparelho estatal.[31] Concordo que os marítimos atraíam líderes aventureiros e sedentos por poder, algo não restrito ao Rio de Janeiro, mas "intermediários" ou "coronéis" não saíam vitoriosos o tempo todo. Caso contrário, incorreríamos na visão pejorativa de que a categoria seria incapaz de ler o campo político a sua volta, sem vontade e inteligência para fazer alianças estratégicas.

Em 1986, Claudio Batalha percebeu que, mais do que obedientes a lideranças interesseiras, os marítimos do Rio de Janeiro pressionavam Estado e patrões por objetivos imediatos e não menos importantes que as pautas revolucionárias ou mais radicais, isto é, eram um exemplo de "sindicalismo amarelo". A influência política de líderes à caça de votos é

---

[30] Fausto, 2016, pp. 74-81.
[31] L. O. Silva, 1977, p. 202.

notável, mas isso não os desprovia de astúcia para tecerem suas próprias escolhas políticas.[32]

Partindo disso, enfatizo as relações racializadas entre lideranças e militância marítima. Elas estavam embasadas na ideia de que homens distintos deviam dirigir o associativismo, pensando-se na cor da pele como equivalente a uma incapacidade de compreensão da ordem republicana. Veremos como isso foi reforçado constantemente por discursos e práticas cotidianas para interditar a autonomia associativa dos marítimos, empenhados em participar da política republicana. A indicação de candidatos próprios e o apoio a certos nomes no Legislativo e no Executivo aproximam os marítimos do Amazonas das formas de participação política levadas adiante por outros trabalhadores organizados, como as da Bahia e de Pernambuco. Eles mobilizavam-se eleitoralmente em torno de interesses próprios e, mesmo cortejados pelas oligarquias, sabiam como ser decisivos nos pleitos e eleger seus representantes legislativos.[33] Além da ação política nesses moldes, uma disputa perene coloca em xeque a hegemonia do "coronelismo marítimo": aquela entre a fragmentação e a unidade associativa.

FRAGMENTAÇÃO E UNIDADE ASSOCIATIVA

Os primeiros historiadores a mencionarem as associações marítimas do Amazonas foram Francisco Foot Hardman e Victor Leonardi, no clássico *História da indústria e do trabalho no Brasil* (1982). Os autores encontraram no jornal operário *A Lucta Social* (1914), de Manaus, uma lista dessas entidades agrupadas na Federação Marítima do Amazonas. A seu ver, aquela seria a categoria mais proeminente no movimento operário local, tanto pelo número de associações como pela quantidade

---

[32] Batalha, 1986, p. 179.
[33] Castellucci & Souza, 2022, p. 20.

de trabalhadores.[34] Apesar dessa constatação, o perfil associativo e fragmentário dessa categoria, assim como seus esforços de unidade, não foram abordados apropriadamente até então – algo que chamou atenção pela importância numérica dos marítimos entre os trabalhadores urbanos de Manaus, como bem ressaltaram os autores.[35] Em levantamentos iniciais de bibliografia para a pesquisa, foi possível constatar aproximações e diferenças entre o processo associativo dos marítimos do Amazonas e demais experiências pelo mundo.

A clivagem interna e as lutas por unidade são questões presentes em quase todos os estudos sobre sindicalismo marítimo nos mais diferentes países. Essa dinâmica refere-se à inserção dos vapores num mundo de trabalho de forte tradição, como a navegação, no qual a força do costume prevalecia na divisão das funções e nos relacionamentos a bordo. Nesse processo, os ofícios mecânicos não foram muito bem-aceitos entre a comunidade maruja, que passou a alimentar certa rivalidade com eles, embora a identificação como classe fosse estratégica para barganhar interesses durante a expansão náutica até o início da Grande Guerra. Assim, é consenso entre os estudiosos do tema que a ascensão da máquina a vapor coincide com os primeiros sindicatos marítimos mundo afora.[36]

Na Espanha, Enric Domingo demonstra que a mudança física dos navios, com casco metálico e maquinarias, marcou um contraste com os veleiros, cujos trabalhadores passaram a comparar o navio com o espaço de uma fábrica, e os ocupantes das máquinas e do fogo a se identificar com o proletariado industrial. Domingo aduz que a passagem tecnológica chocou duas concepções do mundo marítimo: um regido por força do costume e outro concebido na esteira da industrialização. O autor

---

[34] Hardman & Leonardi, 1982, p. 314.
[35] Para tanto, parti das pistas fornecidas pela historiografia social do trabalho em Manaus, nas quais os marítimos aparecem de forma breve, como em: M. L. U, Pinheiro, 2015; D. Costa, 2014; Pinheiro & Pinheiro, 2017; e Teles, 2018, para citar alguns.
[36] Baseio-me em: Kennerley, 1997, pp. 15-16, e Rollandi, 2013, p. 23.

defende a hipótese de que essas duas experiências não se anularam de imediato e que, ao contrário, houve convivência de novos e velhos marítimos numa vida associativa que estimulava agremiações por ofício, sempre envoltas nos intentos de unidade sindical propostos pelo oficialato. Para os oficiais, era muito caro perder o controle sobre o que consideravam uma conquista dos vapores: o estímulo à competição e à rivalidade entre a marinhagem como forma de evitar motins e greves.[37]

Na França, segundo Ronan Viaud, o sindicalismo marítimo originou-se no final do século XIX, e abarcou também os pescadores. Juntos, eles apresentaram um estatuto unificado, que remontava ao Antigo Regime, quando criaram a Fédération Nationale des Syndicats Maritimes (1905). Mas ali também divergências políticas de membros e associações por ofício interditaram a plena unidade da federação. Viaud explica a fragmentação pelo desenvolvimento técnico da marinha mercante e da indústria pesqueira; pelos conflitos nacionais e locais que afetaram os portos no início do século XX; pelas mudanças de legislação portuária etc. Por fim, o autor caracteriza o "sindicalismo dos marinheiros" como mais alinhado ao reformismo dos operários industriais; o "sindicalismo de produtores" dos pescadores como similar aos sindicatos agrícolas de cooperação; e o "sindicalismo de executivos" do oficialato mais afim com organizações patronais. Os marítimos franceses desenvolveram suas próprias concepções sindicais e, apesar de diversos nas identificações por ofício, não distaram muito do sindicalismo terrestre. Portanto, a dualidade entre autonomia e tentativas de unidade sindical guarda formas particulares, mas conota a tendência geral de permanências e rupturas de projetos sindicais anteriores aos vapores.[38]

Matt Vaughan Wilson pesquisou o sindicalismo marítimo na Grã--Bretanha, especificamente no porto escocês de Glasgow, entre 1910 e

---

[37] Domingo, 2013.

[38] Viaud, 2005.

1914. Ali, quanto mais as bases militantes fossem empregadas pelo mesmo grupo empresarial, mais centralizadas eram as lideranças marítimas. No Atlântico Norte, isso se devia à ascensão da Shipping Federation (1909), que aglutinava companhias da Grã-Bretanha, Bélgica, Alemanha, Suécia e Dinamarca. As conexões entre empregados insatisfeitos com a organização patronal permitiram aos líderes marítimos desses países uma ampla ação colaborativa, além de uma identificação transnacional da categoria. As características dos portos moldavam também o perfil dos sindicatos e sua disposição para o enfrentamento de classe. Como Glasgow era um porto de variada atividade comercial, seus marítimos eram mais dispostos à unidade sindical do que à fragmentação: havia um predomínio de pequenos barcos de casas armadoras fixas na cidade, que incentivava os marítimos a residirem nos bairros portuários. A estabilidade de moradia e o emprego centralizado por uma frente patronal conferiu maior entrosamento entre os marítimos, maior coesão na sua organização e baixos índices de rivalidade interna.[39]

Em análise comparativa nas costas leste e oeste dos Estados Unidos, Howard Kimeldorf destaca que os graus de radicalidade, a união e as clivagens sindicais dos marítimos atendiam ao quadro de armadores, ao tipo de navegação, à heterogeneidade da marinhagem e às suas disputas por vagas nos navios. A desunião sindical sentida em Nova York, por exemplo, derivava da pluralidade de armadores e da dependência da navegação de longo curso, que tornavam o emprego marítimo mais esporádico e aumentava a concorrência por equipagens. Segundo o autor, os armadores não viam necessidade de articular uma frente patronal diante de uma marinhagem hostil entre si e desorganizada como classe quando comparada à do cenário da costa oeste. Ali havia menor concentração econômica entre as companhias e um grupo de trabalhadores racialmente diversificado, que lutava para pleitear direitos desde o fim da Guerra Civil. Isso sedimentou uma entidade patronal

---

[39] M. V. Wilson, 2008, pp. 265-270.

para fazer frente à unidade sindical dos marítimos e manter oposição perene a um grupo cada vez mais politizado e em contato com outras organizações pelo mundo.[40]

Os dois exemplos mais próximos ao contexto do Amazonas vêm do extremo oposto do continente. Vitor Oliveira pesquisou os marítimos da bacia platina, em portos que iam de Corumbá a Buenos Aires, entre 1910 e 1930. Ele enfoca a dimensão transnacional do trabalho e da militância da categoria, no Paraguai e em demais países ao sul. A questão da fragmentação sindical também é problematizada, o que acrescenta o papel das inter-relações entre marítimos de países diferentes que aventavam unidade para romper fronteiras nacionais e alçar uma solidariedade internacional de classe. Outro ponto a destacar é a abordagem das burocracias de diferentes Capitanias e consulados, as quais obrigavam os marítimos a conhecer as legislações portuárias e os melhores canais institucionais para encaminhar suas reivindicações.[41]

Laura Caruso apresenta o caso mais bem-sucedido de unidade associativa: a Federación Obrera Marítima (FOM), uma entidade pluriprofissional que aglutinou diferentes ofícios para fazer frente ao monopólio da companhia Mihanovich, maior empregadora marítima da Argentina. Segundo Caruso, empresas, sindicatos e marítimos galgaram entre 1889 e 1921 uma notável capacidade de pressão sobre sucessivos governos. A categoria criou suas entidades para defender melhores condições de trabalho e, apesar da fragmentação de ofícios, a FOM alcançou relevantes níveis de solidariedade, inclusive com uma identidade atrelada à cultura militante do grupo, a chamada "família fomista". As conquistas da FOM resultaram das habilidades de negociação para manejar a relação com patrões e Estado. Conscientes do papel estratégico que ocupavam na economia, os fomistas escolhiam os momentos certos

---

[40] Kimeldorf, 1989, p. 17.
[41] V. W. Oliveira, 2009.

para elaborar manifestações, sendo o sistema de *closed shop* sua maior conquista.[42]

Após percorrermos algumas pesquisas sobre sindicalismo marítimo, posso frisar aproximações e distanciamentos com os marítimos do Amazonas, demarcando desde já o lugar que eles ocupavam no mundo, jamais apartado do que ocorria noutras águas. Ao longo do livro, demonstro que o porto de Manaus abrigava uma variedade de rotas com muitas possibilidades de empregos. Não houve organização patronal de armadores por causa da hegemonia sucessiva de grandes companhias com uma concorrência restrita a pequenos e médios empresários. O maior adversário dos marítimos não foram os patrões, mas a Capitania do Porto do Amazonas, que servia como representante deles para atacar direitos costumeiros ou exigidos pelos marítimos. Por causa de um cenário empregatício menos esporádico do que no litoral, a marinhagem amazônica não viveu grandes divergências em nível horizontal.

Em vista da solidariedade existente entre os marítimos, a Capitania e os oficiais chegaram a incentivar o associativismo, desde que debaixo dos valores do mundo militar, subsumindo os valores da própria marinhagem. Esses lugares determinados para a categoria eram calcados por ideias racializadas de sua subalternidade. Justamente por conta disso, não houve espaço em Manaus para sociedades pluriprofissionais como as que lemos acima. A coexistência de marítimos de distintas realidades étnico-raciais é um elemento-chave para entender o grupo estudado diante de outros racialmente mais homogêneos, como vemos no Atlântico Norte e Sul. O problema da unidade associativa precisa ser observado em um quadro de racialização que insistia em determinar o lugar "adequado" para cada marítimo.

---

[42] Caruso, 2016. *Closed shop* se refere a um sistema de domínio sindical do mercado de trabalho, que passa a regular quem seria empregado, podendo restringir vagas a membros de um determinado sindicato e com isso conseguir manter salários mais elevados.

Para examinar o processo de racialização no associativismo, dialogo com as propostas de David Roediger sobre sindicatos e raça. Suas observações contêm indicações pertinentes de como a vida sindical pode produzir e reproduzir desigualdades raciais, por exemplo, quando lideranças presumidamente brancas tentavam incutir posições subordinadas aos membros não brancos, em sociedades recém-saídas da escravidão. Para Roediger, o racismo é crucial para perceber cisões em agrupamentos por ofício, podendo recair na organização dos trabalhadores como eixo determinante.[43] Articular esse debate a estudos existentes sobre a Marinha de Guerra revela identificações e recusas de categorizações herdadas na marinha mercante de oficiais advindos do mundo militar.[44] A proximidade entre os marinheiros mercantes e militares torna-se ainda mais acentuada em Manaus com a interiorização da revolta de João Cândido e seus companheiros, no Rio de Janeiro (1910). Como Roediger aduz: não se trata de uma nova classe trabalhadora alterando fatos históricos, mas trata-se de oportunidades abertas por outras formas de enxergá-los.[45]

FONTES E ESTRUTURA DO LIVRO

Boa parte do corpo documental desta pesquisa era inédita do público, como certos relatos de viajantes. O volume desse tipo de publicação sobre a Amazônia é farto e bem estudado, principalmente para os séculos XVIII e XIX. Os textos do século XX, com algumas exceções, continuam pouco explorados e, ao longo do livro, veremos o seu valor como fontes para o período. Analisei impressos de diferentes autores e países, que serviram como alternativa à ausência de documentação produzida dentro

---

[43] Roediger, 2013, p. 31.
[44] A. P. do Nascimento, 2002.
[45] Roediger, 2013, p. 46.

dos navios, dado que também resultam de horas e dias de escrita a bordo dos vapores.

Outro conjunto, que apenas recentemente tem sido percorrido, vem do acervo histórico do Judiciário amazonense. Após o oferecimento de melhores condições para pesquisa, o trabalho com essa documentação (processos e inquéritos) permitiu o acesso às vozes dos marítimos nos tribunais e nas delegacias de polícia, enquanto se defendiam das acusações e informavam sobre os fatos julgados, revelando aspectos do cotidiano de vida e trabalho, camaradagens, rivalidades etc. Enfrentando as especificidades da produção desses documentos, afetada por olhares e intenções de quem os construía, em alguma medida eles também fornecem indícios sobre as classificações raciais desses trabalhadores, presentes nas qualificações dos arrolados nos autos e nos exames de corpo de delito, por exemplo.

Já os relatórios do Ministério da Marinha informam dados quantitativos das matrículas nas Capitanias dos Portos e descrições das suas estruturas, pelos quais podemos avaliar o fluxo de marítimos e o papel das instituições nos mundos do trabalho da navegação mercante.

Os documentos específicos das associações marítimas consistem em estatutos localizados nos *Diários Oficiais*. À exceção do segundo estatuto da União dos Foguistas de Manaus (1913), todos os demais vêm à luz pela primeira vez aqui. Eles fornecem a visão de mundo dos diferentes ofícios, seu perfil político, estrutura organizativa, sistema eleitoral, métodos de adesão e exclusão, assistência e, em alguns casos, atenção a discussões raciais. Outras fontes produzidas pelos próprios marítimos são as folhas *O Marítimo* (1911), de Manaus, e a *Gazeta Marítima* (1903), do Rio de Janeiro. Também analiso jornais operários dessas mesmas cidades, avaliando conexões do movimento operário entre o extremo norte e a capital federal. Por sinal, a imprensa é a principal base documental da pesquisa.

Percorri jornais de Manaus e de outras cidades, recorrendo a centenas de palavras-chave no campo de buscas da Hemeroteca Digital da Biblioteca Nacional. O periódico mais utilizado foi o *Jornal do Comércio*, de Manaus, em função de sua periodicidade regular, de 1904 até os dias atuais. A riqueza de seu acervo ensejou uma série de aspectos da vivência urbana e de bordo dos marítimos. Sobre a organização do operariado local, o jornal exibia uma postura editorial ambígua, assentindo ou criticando o movimento, conforme os interesses políticos e econômicos da empresa jornalística em jogo. O jornalismo amazonense, no geral, manteve uma relação muito estreita com a marinhagem, pois era uma mina de informações para dar notícias dos rincões da Amazônia e até de mundo afora. Outras vezes, os marítimos eram os principais alvos de comentários moralistas e preconceituosos, como se fossem os exemplos vivos de como a modernidade e o cosmopolitismo podiam ser ameaçadores a um modo de vida pacato e provinciano, valorizado pela elite letrada de Manaus. A estrutura deste livro leva em conta os temas suscitados pela análise desse corpo documental.

Na primeira parte (O lugar no espaço), agrupei os capítulos que discutem a definição dos lugares da marinhagem em espaços físicos: na geografia, no porto e no navio. O capítulo 1 se debruça sobre o processo de criação do rio Amazonas como um "rio-mar" pelo trabalho de seus navegadores no século XIX. Avalio a aquisição dos vapores, em 1853, como um elemento de racialização, baseado em noções de modernidade e progresso, que buscou reorganizar a navegação tradicional. Ao fim, vemos a (re)composição da marinhagem com migrantes, entre os anos 1870 e o início do século XX. O capítulo 2 dedica-se ao porto de Manaus como cenário da vida em terra desses trabalhadores; veremos como foi operado um apagamento das influências indígenas e africanas durante a reforma daquela zona portuária (1903-1907). Há destaque para a Capitania do Porto do Amazonas como o principal órgão de controle da navegação, mas também como instituição estratégica para legitimar direitos da marinhagem. No capítulo 3, proponho a leitura do navio a vapor como um "navio-arquipélago", com compartimentos idealizados pela indústria naval que visavam à separação de trabalhadores em "ilhas" e à ressignificação deles sobre seus ofícios, numa espécie de "arquipélago" em movimento.

INTRODUÇÃO

A segunda parte (O lugar de trabalho) aborda o cotidiano de vida e trabalho a bordo dos vapores. No capítulo 4, temos a jornada de 24 horas de trabalho embarcado, com a execução das fainas e episódios cotidianos de uma viagem a vapor. O capítulo 5 propõe que a obediência e a hierarquia exigidas nesse cotidiano tinham limites traçados pelos marítimos. Esse debate elucida as clivagens internas da categoria e sua constante ponderação sobre as propostas do oficialato, dentro e fora dos navios. O capítulo serve de introdução à última parte do livro.

A terceira e última parte (O lugar de luta) dedica-se ao associativismo e às mobilizações da categoria. A tendência ao associativismo fragmentado por ofício é o tema do capítulo 6, no qual tratamos do processo de criação das entidades marítimas, de 1854 até 1909. Demonstro como pilotos, práticos e maquinistas se organizaram antes que os subalternos, desencorajando que eles fizessem o mesmo. Mas, a despeito disso, os subalternos criaram suas associações, a fim de melhorar suas condições de trabalho e valorizar o seu lugar de trabalho. O capítulo 7 revela como os projetos de unidade associativa, entre 1911 e 1914, buscaram formas mais sofisticadas de incutir a subordinação à marinhagem. O capítulo 8 mostra a resposta da marinhagem, com o auge de motins e greves marítimas, de 1911 a 1919. Vamos descobrir como a radicalidade marítima foi acentuada em Manaus, que vivia dias penosos com o início da Grande Guerra e dura crise econômica. Ao final, examino a luta dos marítimos pela sua inclusão na legislação social, em 1919, os lugares da marinhagem em pleno reconhecimento político.

Parte I

O LUGAR NO ESPAÇO

1
PELO RIO-MAR

O vapor *Icamiaba* adentrou o rio Amazonas no dia 20 de agosto de 1865. O navio trazia no nome o grupo indígena liderado por mulheres que teria atacado, em 1542, o explorador Francisco de Orellana. A bravura delas evocara no espanhol a imagem das guerreiras gregas Amazonas. Essa história contada sobre o batismo do rio se transfigurava naquele vapor, simbolizando uma etapa decisiva da conquista da região pelos brancos. O navio da Companhia de Navegação e Comércio do Amazonas era comandando por Nuno Cardoso, que, dentro de pouco tempo, se tornaria vice-presidente da província do Amazonas e capitão do seu porto. Sua boa máquina prometia 12 milhas por hora contra a correnteza, numa das linhas fluviais mais extensas do mundo: de Belém a Nauta, no Peru (seria atravessar toda a Europa Ocidental, de Portugal à Polônia). Era o navio ideal para conhecer a Amazônia e, assim como os outros, era tripulado por descendentes de indígenas e africanos. O trabalho compulsório ditava o ambiente de bordo; por isso, o ar de rebeldia pairava naquele belo passeio. Não por acaso, o navio seguia vigiado por militares que iam e vinham de Tabatinga, onde serviam na tríplice fronteira com Peru e Colômbia.[1]

---

[1] *Amazonas*. Manaus, n. 21, 14 nov. 1866. Acuña; Carvajal & Rojas, 1941, pp. 265-266. Sobre outras "narrativas fundadoras" da Amazônia pela lente das conquistas, ver Munaro, 2023.

O serviço era realizado à sombra de armas que faziam da equipagem elemento a mais de uma natureza "selvagem" e "inóspita". A tripulação não poderia interferir na experiência de viagem ofertada a ilustres passageiros, como um casal de professores bem acomodados em cabine de popa: Elizabeth e Louis Agassiz. Os líderes da Expedição Thayer (1865-1866) vinham dos Estados Unidos para reforçar suas teorias para o "problema da raça". Contrários à miscigenação, queriam conhecer a população brasileira para demonstrar os malefícios da "mistura racial" na constituição humana.[2] A própria separação dos trabalhos de bordo já satisfazia aos Agassiz: o *Icamiaba* era um microcosmo social no qual os brancos ocupavam os melhores postos e alojamentos; negros, indígenas e mestiços eram subalternizados na terceira classe e no serviço braçal do navio.

Naquele dia, o casal ficou a maior parte do tempo no tombadilho, cruzando caminho e sendo servido por marinheiros e moços que nem sequer figuram no seu relato de viagem. Seus olhos se voltavam para o mundo d'água aberto diante deles. Era a primeira vez que viam o rio Amazonas, mas sem jamais o enxergar como produto do trabalho daqueles e daquelas discriminados por seu olhar racista.

"Hoje, porém, é impossível fazer outra coisa que não seja olhar e admirar", dizia Elizabeth. O marido Louis, ainda mais surpreso: "este rio não parece um rio; a corrente geral, neste mar de água doce, é dificilmente perceptível à vista e mais se parece com as vagas dum oceano do que com o movimento dum curso-d'água mediterrâneo".[3] Antes daquela aventura, eles percorreram a literatura existente sobre o rio Amazonas, ecoando o que se noticiava mundo afora: suas dimensões só encontravam paralelos na vastidão oceânica. Sem esforço, identificaram o rio como um "mar de água doce". Havia algum tempo, corria nos relatos de viagens uma expressão apropriada: *rio-mar*. De duplo sentido, denota ora o rio que

---

[2] M. H. P. T. Machado, 2018, pp. 46-49.

[3] Agassiz & Agassiz, 2000, p. 163.

parece mar, ora a ligação com o Atlântico, o rio *em direção* ou *conectado* ao mar.

Vamos ter em mente as duas conotações acima, pois servem de metáfora à ideia central do capítulo: o rio como um lugar de criação de seus navegadores, que, ao contrário de qualquer pressuposto determinista, foi crucial para o "fazer-se" dos marítimos no rio Amazonas.[4] Em resumo, entendo a primeira conotação (o rio que *parece* mar) como resultado de trabalho humano: a concepção do rio Amazonas como mar ou oceano interno deve-se à expropriação do conhecimento de sua navegação, na transição tecnológica para os vapores.

A expansão das linhas de vapores aventou ao mundo as dimensões oceânicas do Amazonas, a fim de atrair capital estrangeiro após sua abertura internacional, discutida ao longo da década de 1860. A segunda conotação (o rio *em direção* ou *conectado* ao mar) ganhou mais força a partir dos anos 1870 e será examinada ao fim do capítulo. Ela simboliza a integração definitiva das águas do Amazonas à circulação de mercadorias e pessoas, do Atlântico aos Andes, incrementando o intercâmbio de ideias e a recomposição das equipagens com trabalhadores de outras regiões do Brasil e do mundo. É na conjunção dessas duas experiências – um vasto rio navegado há milênios por habitantes nativos e ocupado gradativamente por navios e equipagens heterogêneas – que analiso o lugar do espaço no "fazer-se" dos marítimos. Por ora, frisemos o rio-mar como um "mar de água doce".

Para o médico Araújo Lima, nos anos 1940, "os que empregam a expressão rio-mar usam de um vocábulo que a observação autoriza".[5] Na época dele, a associação do rio Amazonas a um mar tornara-se senso comum: bastava olhar para as águas e comparar. Mas nem sempre fora

---

[4] Em formulação bastante citada, E. P. Thompson defende *classe* como um fenômeno histórico, "definida pelos homens enquanto vivem sua própria história". Em termos de experiência, a classe assume-se no movimento contínuo de agência humana (um "fazer--se"), criando a si própria ao mesmo tempo que é criada pelos condicionamentos sociais. Thompson, 1987, p. 10.

[5] Araújo Lima, 1944.

assim. Desde os primórdios do mercantilismo, a observação direta foi imprescindível para criar rotas de comércio no Novo Mundo, e, mais do que os cartógrafos, eram as tripulações as responsáveis por produzir o espaço navegado. Debates sobre trajetos e localizações tornaram-se até uma tradição marítima desse período.[6] Na intrincada malha fluvial do Amazonas, o levantamento de dados era acelerado a cada nova expedição. Desde o século XVI, as descobertas de novas rotas no grande rio pareciam intermináveis e, quanto mais os invasores brancos buscavam conhecê-lo, maior a brutalidade empregada na expropriação de informações e no trabalho forçado empreendido. No tempo dos Agassiz, muito sangue já havia tingido o majestoso rio que admiravam.

Como dito, este capítulo centra-se no processo de trabalho que levou à construção do rio Amazonas como percurso. Além da produção desse conhecimento, tal processo também ensejou percepções próprias dos tripulantes a respeito do espaço navegado e das formas como o navegavam, algo indispensável para pensar a formação de uma identidade de ofício marítimo. No advento dos vapores, não havia marítimos propriamente ditos, mas mulheres e homens que navegavam para complementar renda ou por objetivos específicos. Eram rearranjos de vida de trabalhadores que invertiam a hierarquia naval de forma dissimulada: os superiores forasteiros tornavam-se reféns de seus conhecimentos enquanto eles conseguiam barganhar vantagens para embarcar.

O conhecimento do espaço geográfico e a insurgência de suas ocupações fizeram dos tripulantes amazônicos verdadeiros senhores dos rios, sem que isso fosse percebido claramente por forasteiros e autoridades, na segunda metade do século XIX. Mas a tensão entre a emissão e o cumprimento das ordens provava que a pacificação a bordo era uma abstração dos brancos. Um contingente provindo de comunidades indígenas, ribeirinhas e de mocambos dava a sensação de que a qualquer momento a hierarquia viraria do avesso. A dinâmica entre

---

[6] Metcalf, 2009, p. 3; Armitage, 2002, p. 12.

a ocupação do território amazônico por essas pessoas e os caminhos que as levaram para dentro dos vapores não impediu que suas aspirações de liberdade e autonomia desafiassem a lógica de dominação imposta pela modernização naval.

UMA "GEOGRAFIA INSURGENTE"

Na transição para os vapores, os tripulantes amazônicos haviam subvertido lugares de subalternidade destinados a eles dentro e fora dos navios.[7] Nesse sentido, o conceito de "geografia insurgente" coopera na análise do processo de agência desses sujeitos. Em estudo sobre a formação de quilombos no Brasil oitocentista, Yuko Miki aplicou o conceito para problematizar estratégias quilombolas de apropriação de espaços a favor de autonomias de vida. Para Miki, trata-se de um fenômeno-chave para entender a colonização interna do país. Na maior parte do século XIX, indígenas, africanos e seus descendentes transformavam os interiores do território em refúgio. Após a Independência, áreas como a Amazônia tornaram-se alvo de um "agressivo projeto de desenvolvimento, encabeçado por agentes governamentais e exploradores".[8] As elites proprietárias culpavam a população negra e indígena por um alegado atraso econômico que servia de pretexto a invasões em nome do progresso. Tal atraso constituía um padrão explicativo da situação econômica do Norte, baseado numa "ideologia da decadência": falta de braços e de transportes apropriados, terras ocupadas por gentios e quilombolas etc. justificavam expedições, invasões e morticínios contra quem conseguisse sobreviver fora do domínio do Estado Imperial.[9]

---

[7] Ver Paião, 2022.
[8] Miki, 2014, p. 24.
[9] A. W. de Almeida, 2008, p. 22.

Desde a América portuguesa, o governo combatia mocambos, quilombos e comunidades indígenas que desafiassem a ordem social. Nesse sentido, convém ponderar o conceito de "geografia insurgente": a ocupação dos espaços reitera não apenas resistências, mas uma expressão política de cidadania. "Uma cidadania que se situava contra o projeto de construção da nação que tinha como premissa a subjugação social e territorial dos sertões e de sua população escravizada", negra e indígena. A navegação a vapor é um fenômeno importante para avaliarmos esse processo. Através dela, muitas pessoas reimaginaram alternativas de sobrevivência ao compor tripulações e subverter uma concepção de geografia que definia lugares permanentes de subalternidade aos despossuídos.[10] Acrescento ainda que, desde muito antes dos vapores, os habitantes da Amazônia vinham dilatando e conectando espaços através de rotas fluviais costumeiras.

Para Justine Cousin, o trabalho marítimo produz práticas espaciais que conectam lugares em escalas locais e globais. No Atlântico, a circulação dos marítimos ligava o interior dos Impérios às metrópoles, criando "espaços transimperiais", ou, nos dizeres de Julius Scott, "comunicações intercoloniais", que mobilizavam informações e experiências de liberdade entre mares, rios e portos distantes. Além da dilatação espacial das idas e vindas, o navio também era um lugar produzido pelos tripulantes que viviam suas próprias experiências de espacialidade a bordo.[11] Isso ficou mais evidente com a chegada dos vapores e sua rígida secção entre convés e máquinas – um marco divisor em relação ao mundo das velas e dos remos. A dinâmica entre a produção do lugar embarcado nos vapores e o lugar na natureza como instrumento de identificação profissional e reivindicação de direitos é o que nos interessa neste momento.

Na véspera da chegada dos vapores, os postos de pilotos e práticos eram dominados por indígenas, ribeirinhos, mestiços e negros de

---

[10] Miki, 2014, p. 27.

[11] Cousin, 2018, *passim*; Scott, 2018, *passim*.

diferentes condições jurídicas. Eles foram os responsáveis por guiar navios na malha fluvial desde antes dos vapores, cenário que só foi alterado, entre o final do século XIX e o início do XX, com migrantes de outras partes do Brasil e do mundo. Na virada do século, os vapores praticamente haviam absorvido a navegação comercial. Mas em quase nada abalaram as relações de trabalho que permaneceram tributárias da longa duração do uso do trabalho de indígenas e de negros escravizados. Vamos à composição étnica e social dessas tripulações para verificar a constituição dos lugares almejados por elas dentro e fora dos barcos.

UM RETRATO ÉTNICO E SOCIAL DAS TRIPULAÇÕES ANTES DOS VAPORES

No ano da chegada dos vapores (1853), a cabotagem entre as províncias do Amazonas e do Pará era feita anualmente por "duas escunas, três iates, dois batelões e 59 canoas cobertas, com uma tripulação de 60 mestres, 51 pilotos e marinhagem composta por 335 índios, 27 brancos, 16 pardos, 20 pretos e 33 pardos escravos". No tráfego até o Mato Grosso e países vizinhos, eram mais de duas mil canoas de diferentes lotações, "e o número das pessoas das equipagens, índios civilizados ou gentios, inclusive mulheres, se eleva certamente a mais de 6.000".[12] Apesar do número aparentemente elevado de tripulantes indígenas, a Cabanagem (1835-1840) contribuiu para a sua diminuição, pela brutal repressão aos revoltosos. Esse processo de dizimação dos povos originários remete às missões religiosas do século XVIII até a culminância da revolta cabana, quando os indígenas passam de "maioria a minoria", na segunda metade do século XIX.[13] Contudo, ainda foi possível encontrar tripulantes de origem indígena nos vapores até o início do século XX.

---

[12] D'Aguiar, 1851; Aranha, 1852, pp. 62-63.
[13] Tomo emprestada a expressão de Moreira Neto, 1988.

O cônsul dos Estados Unidos no Pará, Christopher C. Andrews, reportou nos anos 1880 que os paquetes eram comandados por oficiais brancos e tripulados com indígenas "dóceis" e "habilidosos". Andrews tinha noções de classificação bem discutíveis, mas fornece uma boa pista sobre a longa duração dessa presença no trabalho marítimo.[14] Claro, a habilidade não prescindia da "docilidade" e nem todo indígena era apto para o ofício naval. Na véspera do advento dos vapores, a maioria dos povos originários havia se refugiado longe das margens dos rios. As companhias e os comandantes foram obrigados a recorrer a grupos específicos que permaneciam em trânsito aquático e terrestre, mas impondo condições próprias para auxiliar nas viagens. Nem sempre os brancos consentiam aos acordos e se valiam de variadas estratégias para infringir termos e costumes de embarque. No outro lado do mundo ocorria algo semelhante.

Ao se fixarem na Índia, os armadores britânicos encontraram uma navegação ancestral repleta de costumes, boa parte da qual era dominada por famílias de tradição marítima, eivadas de divergências e antagonismos entre si. Aproveitando-se disso, os britânicos passaram a equipar seus vapores usando as diferenças religiosas e culturais trazidas das aldeias. Eles alocavam diferentes grupos separados por setor, sem necessariamente obrigá-los a trabalharem juntos. A intenção era esmaecer qualquer identificação coletiva e solidariedade entre os tripulantes, evitando maiores riscos de motins e greves.[15] Nos paquetes amazônicos, não é possível precisar prática similar, mas é evidente que diferenças e clivagens étnicas serviram à navegação mercante.

Era preciso perscrutar os povos mais habilidosos e disponíveis ao trabalho marítimo, homens e mulheres que soubessem conviver com diferentes etnias, que falassem minimamente o português ou mais de uma língua indígena para repassar ordens e se comunicar a bordo e em

---

[14] Andrews, 1887, p. 264.

[15] Desai, 1940, p. 22.

terra. No século XIX, havia um conhecimento geral sobre onde procurar tais tripulantes. Na margem direita do alto rio Negro, havia os Içana (que significa "gente de embarcação" ou "navegadores"), pertencentes ao grupo Baré.[16] Outros bem visados nessa mesma região eram os Baniwa e os Maku, um conjunto de povos falantes de aruak.[17]

Os Moxo (ou Mojo), oriundos da Bolívia, eram canoeiros experientes que atuavam em diferentes pontos do rio Madeira. Teriam se engajado no trabalho embarcado para fugir do serviço militar boliviano e do recrutamento forçado para os seringais. Em Manaus, formaram uma considerável colônia na segunda metade do século XIX. Até a década de 1860, o grupo armava embarcações próprias, capazes de abrigar de 11 a 20 tripulantes. As equipes eram formadas entre parentes, incluindo mulheres, e mantinham linhas regulares de transporte no rio Madeira, levando passageiros e mercadorias como ouro, sebo, fumo, charutos, açúcar etc.[18] No final do século XIX, o avanço dos vapores afetou o negócio dos Moxo e eles partiram de Manaus.[19]

Não podemos nivelar a experiência dos Moxo à de outras conjunturas históricas e geográficas do mundo branco, mas algumas convergências evidenciam-se pela transição tecnológica. Antes dos vapores, no Norte Atlântico, era comum que grupos familiares chefiassem equipagens e armações de pequenos e médios barcos. Muitas vezes, essas famílias de tradição naval se fixavam em rotas comerciais para uma maior regularidade de trabalho. Lá também o avanço de grandes companhias chegou a liquidar costumes e tradições de serviços marítimos capitaneados

---

[16] A. Bittencourt, 2012, pp. 101-102.

[17] Wright, 1992, pp. 254-255.

[18] Entre 1867 e 1868, os alemães Albert Frisch e Franz Keller-Leuzinger partiram em missão de estudos pelo rio Madeira e realizaram os primeiros registros fotográficos da Amazônia e de seus habitantes. Entre as 98 fotografias, há algumas imagens dos Moxo em ação, anotados como "barqueiros bolivianos". Ver Frisch & Keller-Leuzinger, c.1867.

[19] Reclus, 1900, p. 118. Sobre os Moxo, ver Van Valen, 2013.

por chefes de famílias.[20] Os Moxo foram cruciais no tráfego dos rios Negro e Madeira até serem ultrapassados pela velocidade dos paquetes e, certamente, pela pressão de seus proprietários. A autonomia e o manejo de barcos próprios ameaçavam os interesses econômicos dos armadores brancos, quando o negócio náutico visava apenas explorar a força de trabalho dos povos indígenas.

Os Mura eram outro grupo bastante procurado por contratantes e aliciadores de equipagens. Eram notórios pela *expertise* naval e pela pirataria fluvial praticada com audácia e bravura. Após incisivas ações coloniais contra seus modos de vida, os Mura passaram a negociar serviços embarcados. Em 1846, o jovem entomologista e empresário estadunidense William H. Edwards veio à Amazônia com seu tio sondar mercado para os negócios da família no ramo de curtume. Sua longa expedição a bordo da grande canoa *Galliota* rendeu um relato de rara atenção aos tripulantes, que inclui de indígenas a negros em fuga da escravidão. Certa feita, os Edwards contrataram uma tripulação composta de uma família mura oriunda do rio Negro: um tuxaua (chefe) e seus cinco filhos, uma nora e dois netos pequenos.[21] Talvez a pretexto de servir como tripulação a família vivesse a itinerância imposta aos Mura desde o século XVIII, por conflitos com brancos e outros grupos indígenas. Ao longo do século XIX, eles viviam à procura de áreas temporárias para caça e pesca, como podia ser o caso dessa família, que combinou encerrar sua jornada quando alcançasse um dado ponto no meio da viagem.[22]

A bordo da *Galliota*, o velho tuxaua exercia liderança sem emular um típico comandante de navio. Esse trabalho sazonal pouco afetava a hierarquia e a visão de mundo dos povos originários, pois o tuxaua posicionava-se no alto do barco, onde falava e cantava sem parar em "línguas desconhecidas". Toda a tripulação manteve-se atenta à navegação enquanto escutava as palavras do velho com muito respeito. Ao longo da

---

[20] Sager, 1990, p. 274.
[21] Edwards, 1847, p. 107.
[22] Pequeno, 2006, p. 150.

viagem, o grupo ia se encontrando com outros Mura na beira do rio, em momentos de muita alegria e festa. Para evitar que os brancos soubessem do conteúdo de suas conversas, tudo era confidenciado no seu próprio idioma.[23] Segundo José Ribamar Bessa Freire, as diferentes línguas faladas dentro dos barcos desapareceram conforme portugueses e brasileiros tornavam-se comandantes. Até que o navio a vapor lusitanizou quase que por completo as práticas de sociabilidade e trabalho fluvial com a hegemonia das ordens emitidas em português.[24] Isso também serviu para atrapalhar a organização de motins e outras rebeldias que abusavam da ignorância dos brancos.

Como categoria social, os indígenas diminuíram como tripulantes de navios no século XX. Isso pode corresponder a um maior controle exigido pelas Capitanias dos Portos sobre a formação profissional de pilotos e práticos, tradicionalmente exercida por indígenas, na era das velas e dos remos. De modo geral, no século XX ocorreu uma perda de dados sobre o pertencimento comunitário de indígenas e descendentes, persistindo nas fontes uma generalização do "índio" ou do "tapuio" (o indígena que teria sido apartado da convivência e das práticas culturais entre os seus). Moreira Neto argumenta que "tapuio" é uma categoria forjada pela colonização e evangelização das missões setecentistas, cuja extinção foi alcançada durante a expansão da economia gomífera, nos anos 1870.[25]

Na segunda metade do século XIX, já se denotava uma população majoritariamente cabocla no Amazonas. Segundo um observador da época, os termos *caboclo* e *tapuio* identificavam indígenas e descendentes como civilizados, distinguindo-os dos povos isolados.[26] No censo imperial de 1872, a província do Amazonas apresenta a maior porcentagem de caboclos no total de sua população (63,9%), seguida do Pará (16,2%) e do

---

[23] Edwards, 1847, p. 140.
[24] Bessa Freire, 2011, p. 137.
[25] Moreira Neto, 1988, p. 66, pp. 82-84; Boyer, 1999, *passim*.
[26] Bates, 1979, p. 22.

Mato Grosso (14,1%).[27] Os dados sugerem uma progressiva desarticulação de povos tradicionais pela expropriação e expulsão de seus territórios conforme ocorriam as aberturas de seringais e linhas de navegação.

Grosso modo, o caboclo designava o indígena apartado das comunidades e disponível ao assalariamento. Para João Pacheco de Oliveira, na "genealogia do 'caboclo' está o tratamento de 'tapuio', aplicado na região nos séculos XVII e XVIII aos índios que não representavam mais uma ameaça aos colonizadores, sendo, portanto, radicalmente distintos dos 'índios bravos'". Nesse movimento classificatório, o caboclo continuava a indicar uma origem indígena, porém imputando um lugar social inferior aos descendentes de diferentes etnias.[28] Na documentação coligida dos anos 1900, os termos mais comuns para designar tripulantes indígenas, descendentes ou mestiços, são *caboclo* ou *acaboclado* – esse último referente à cor de pele, também classificada como acobreada, azeitonada, bronzeada ou morena. São classificações que denotam a presença indígena numa marinhagem ainda mais heterogênea no século XX.

Outro importante contingente embarcadiço vem da população negra. Vimos anteriormente um levantamento de pretos e pardos na cabotagem entre as províncias do Pará e do Amazonas, em 1852.[29] Embora habitasse também as capitais Belém e Manaus, a marinhagem negra era mais comum no baixo Amazonas, região tradicional de mocambos, onde muitos serviam como guias e práticos. Claro, alguns armadores e comandantes também equipavam os navios com trabalho escravo e também havia os livres, libertos e fugitivos da escravidão que ganhavam a vida tripulando – condições jurídicas compartilhadas entre a maioria da população negra na Amazônia.[30]

Há algum tempo a historiografia vem revelando a agência da população negra em todas as atividades produtivas da economia

---

[27] Diretoria Geral de Estatística, 1872.
[28] J. P. de Oliveira, 2016, p. 36.
[29] Aranha, 1852, pp. 62-63.
[30] Funes, 2022; Gomes, 2006.

amazônica oitocentista.[31] Em clássico estudo sobre o Pará, Vicente Salles mostra que as divisões de trabalho não eram estanques "e apenas em alguns casos especiais está o negro desempenhando papel preponderante, em outros o indígena ou o caboclo". Para ele, o indígena e o caboclo adaptaram-se bem aos serviços fluviais, tripulando lado a lado com os negros. Salles ainda afirma, embora sem explicitar, que a Capitania do Porto do Pará tinha matriculado um "bom número de pretos escravos".[32] A marinhagem negra da Amazônia passaria por acréscimo considerável com a chegada de migrantes de diferentes cantos do Brasil, na virada do século XIX para o XX, como demonstro adiante. Antes, precisamos sublinhar as circunstâncias de recrutamento das equipagens anteriores à era do vapor. É hora de conhecer as formas criadas pelos tripulantes para subverter lugares de subalternidade racialmente referendados a bordo e em terra. Vejamos como equipagens de tamanha riqueza étnico-racial insurgiram o espaço embarcado e o terrestre para melhorarem de vida e, posteriormente, lutarem por sua cidadania.

REAGINDO À SUBALTERNIDADE, A BORDO E EM TERRA

Entre 1828 e 1829, o oficial da Marinha britânica Henry Lister Maw percorreu o rio Amazonas em busca de uma ligação entre o Atlântico e o Pacífico. Na descida do Amazonas, ele armou uma igarité (um tipo de canoa movida a varas) com "um piloto, ou homem do leme, seis índios, um negro escravo, e um rapaz índio que cozinhava".[33] O seu sistema de deslocamento envolvia disciplina coletiva e uma boa dose de camaradagem para não emborcar. No baixo Amazonas, era comum encontrar tripulações multirraciais e entrosadas. Já nos altos rios, a

---

[31] A lista de trabalhos é extensa, mas valem menção as seguintes coletâneas: Figueiredo; Sarges & Barros (org.), 2021; Alves-Melo (org.), 2021.

[32] Salles, 1971, pp. 176-177.

[33] Maw, 1989, p. 217.

navegação comercial era menos incidente, e os indígenas predominavam por essa mesma razão. Sobre esses, Maw notou corretamente que a razão de suas deserções não era "outra senão a injustiça com que [...] são tratados, sendo evidente que eles ou se aumentam ou diminuem na proporção do tratamento que recebem".[34] O emprego de indígenas a bordo resultava de um longo efeito da colonização, que também permitiu um aprendizado de engajamento e deserção. Uma boa ilustração disso data do século XVII.

Naquele tempo, os indígenas da missão jesuíta de Maracanã eram treinados para servir como remeiros e práticos na navegação de entreposto entre as Capitanias do Pará e do Maranhão. Eles aproveitavam o ensinamento do ofício, a proteção do assentamento e as vantagens das viagens até decidirem a hora certa de abandoná-lo, usando táticas sofisticadas para largar canoa e missionários à deriva, após mergulharem e desaparecerem nas águas. É possível que esses desertores equipassem depois outras embarcações, navegando para si ou para outros.[35] Certamente, o repertório de sabotagens e a consciência do seu papel estratégico seguiam com eles para subverter qualquer expectativa de obediência dos brancos, compondo uma memória de insurgência. Vejamos como isso se torna patente nos séculos seguintes.

Em 1834, outra expedição patrocinada pela Coroa britânica colocou os oficiais Frederick Lowe e William Smyth para capitanearem uma viagem similar à de Maw. No rio Javari, a dupla contava com uma tripulação indígena que passou por cima desses estrangeiros para liderar a expedição no seu lugar. Eles passaram a ditar a ordem das fainas, o ritmo de trabalho e a agenda de viagem. A cada cinco horas encostavam o barco para uma hora de descanso regada a goles de *masato*, uma bebida fermentada à base de mandioca, arroz, milho ou abacaxi. A tripulação também impôs a divisão dos trabalhos de bordo, numa inversão de hierarquia que concedeu aos indígenas uma maior liberdade dentro do barco. Com

---

[34] *Idem*, p. 222.
[35] Carvalho Júnior, 2013, p. 78.

medo de motins e deserções, e cientes da revolta cabana em curso, os britânicos aceitaram obedecer àqueles tripulantes. Um dos trechos mais interessantes do relato narra o momento em que os indígenas estipularam o limite de suas funções, negando-se a cozinhar para Lowe e Smyth. A dupla foi obrigada a preparar a própria comida, usando uma quantia de lenha calculada pela tripulação. Após aquiescerem às imposições dos indígenas, os britânicos descrevem uma jornada amistosa e cordial. De fato, tudo correria bem desde que os tripulantes decidissem tudo, inclusive o lugar reservado para os brancos.[36]

Antes de aportarem em Manaus, os indígenas encerraram sua participação na expedição. Na cidade, os estrangeiros foram atrás de substitutos, mas o clima do lugar estava tenso por causa da Cabanagem. Era um transtorno compor equipagens naquela situação. Os confrontos haviam absorvido os mais experientes no manejo de barcos, tanto nas fileiras cabanas quanto nas diligências repressoras.[37] E os brancos tornaram-se alvos em potencial para emboscadas. Em Santarém, no Pará, um comerciante britânico avisou aos patrícios que um "crioulo" de nome Jacó andava matando brancos nas redondezas.[38] Avisos iguais a esse devem ter convencido futuros viajantes a evitar embarcadiços de pele escura.

O príncipe Adalberto da Prússia, por exemplo, veio à Amazônia dois anos depois de reprimida a rebelião. Viajou, segundo ele, por distração e sem interesses científicos ou políticos. Ao chegar a Breves, no Pará, sua comitiva buscou os melhores profissionais para servi-lo na navegação fluvial. Um rapaz se apresentou para guiá-los, o "mulato" Frutuoso, mas o monarca o rejeitou: "não nos queríamos confiar [em Frutuoso], não nos restando por isto senão procurarmos outro piloto aqui em Breves". Acontece que, sem Frutuoso, ninguém transitava ali; aquele era o especialista da área. Levou muitas horas para encontrar um

---

[36] Lowe & Smyth, 1836, p. 274.
[37] *Idem*, p. 122.
[38] *Idem*, pp. 293-300.

substituto, e o prussiano dizia preferir indígenas, que, além de mostrarem "grande vocação para os serviços de marinheiro", pareciam mais fáceis de lidar.[39] Mais tarde, ele mesmo descobriu a dificuldade que era mantê-los a bordo sem fazer concessões.

O monarca viu como era "difícil, pela sua completa indiferença, tirar qualquer coisa destes homens sempre alegres". Não eram poucos os detentores de *expertise* naval, mas para embarcá-los era preciso negociar os critérios do ritmo de trabalho e os pagamentos condicionados a mercadorias, alimentação, passagens de transporte etc. Além disso, o ambiente de bordo chefiado por um branco se conectava a trágicas memórias do passado colonial e da recente Cabanagem. Sem uma boa margem de negociação, os tripulantes amazônicos permaneciam na defensiva. Adalberto viu nisso um empecilho, que tentou explicar com racismo: a marinha brasileira era desqualificada por desprover de brancos "fortes e robustos" e estar entregue ao domínio de negros e indígenas.[40]

Em tom de aviso, sugeria cautela para não ceder a eles a direção completa das expedições. Porque os indígenas, por exemplo, não tinham "nenhuma ideia de duas coisas tão importantes para nós europeus: tempo e espaço". Na verdade, o príncipe deparara-se com a sofisticação dessas noções, pois os tripulantes indígenas zelavam por um tempo e um espaço de trabalho condizente com a necessidade, a disposição física, emocional e os momentos propícios para navegar. Segundo ele, o segredo para um bom serviço a bordo com os nativos seria

> [...] deixá-los à vontade, nunca incitá-los. Então, trabalham de boa vontade e tanto quanto podem. Se quiserem, porém, descansar, não se deve tentar dissuadi-los; deve-se deixar-lhes a liberdade de decidir onde querem fazer alto e acampar para passar a noite; e nunca abusarão desta liberdade. Nada nestes casos é mais necessário evitar do que o descontentamento do pessoal.[41]

---

[39] Adalberto, 2002, pp. 88-89.
[40] *Idem*, p. 364.
[41] *Idem*, pp. 313-314.

Apesar de embarcados, eles valiam da sua importância para subverter a hierarquia de bordo e a submissão a quem devia emitir ordens. Naquela altura, o barco de Adalberto fora cooptado para práticas de liberdade e movimento pelo território. Viagens assim serviam para se deslocar pelos rios, encontrar parentes, amigos, novos locais para habitar ou conhecer, reforçar alianças com os brancos e manter contatos comerciais. Sobre essa última possibilidade, o comércio de regatões foi estratégico a diferentes comunidades indígenas, mocambos e seringueiros dos séculos XIX e XX.

Os regatões nomeavam o comércio ambulante feito em pequenas e médias embarcações, tripuladas pelos próprios donos, geralmente brancos – muitos judeus e sírio-libaneses, no final do século XIX – que mantinham intrincadas relações com seus fregueses. Às vezes, agiam como exploradores, assassinos, enganadores, atravessadores; outras, como aliados de indígenas, negros escravizados, livres ou em fuga. Suas negociações podiam ser feitas fora da vista de autoridades, fazendeiros e senhores de escravos, quando estacionavam seus barcos na beira de rios, lagos, furos e igarapés para negociar desvios de mercadorias e excessos da produção. Eram, portanto, atores importantes na conquista de autonomias e experiências de liberdade dessas populações, apesar da tirania que chegavam a exercer em terra e dentro dos barcos.[42] Suas atividades também dinamizavam o ensino do ofício embarcado a quem necessitava de fuga ou uma profissão, numa região onde a circulação monetária era ínfima e o sistema de escambo era disseminado, o que garantia a existência dos próprios regatões.[43] Pouco valor atribuído ao dinheiro e formas autônomas de subsistência influenciavam a contratação, o recrutamento e o pagamento das tripulações.

Subindo o rio Trombetas, no Pará, William H. Edwards mandou o piloto indígena recrutar tripulantes pelas praias de Óbidos, ofertando uma combinação de dinheiro, comida, café e cachaça.[44] No rio Tonantins,

---

[42] Sobre os regatões, ver Cardoso, 2017 e Henrique & Morais, 2014.

[43] Santos, 1980, p. 171; Sampaio, 2014, *passim*.

[44] Edwards, 1847, p. 139.

rumo a Fonte Boa, um caiuvicena pediu passagem na expedição de Smyth e Lowe em troca de trabalho. A dupla achou aquilo proveitoso, pois pagavam os tripulantes diariamente com panos de algodão e farinha.[45] Passagens e mercadorias eram as formas mais comuns de pagamento e evidenciam escolhas próprias de quem embarcava apenas em caso de necessidade. Caso contrário, os contratantes sofriam com deserções ou a simples recusa ao trabalho remunerado.

Em 1868, no oeste paraense, o naturalista mineiro Ferreira Penna não conseguiu convencer pescadores e "indivíduos sem ocupação regular" a tripularem para ele. Ao oferecer dinheiro pelo serviço, ouvia sempre "Não posso, patrão!": "nenhum deles explicava a razão desta recusa – humilde, fria, mas inflexível e capaz de impacientar e desesperar a um homem que não conhecesse os hábitos e a indiferença desses indivíduos para o dinheiro".[46] Outro naturalista, o britânico Henry Walter Bates, talvez tenha encontrado a resposta. Em sua longa expedição (1848--1859), concluiu que os canoeiros eram "donos de seu próprio nariz" e "orgulhosos demais para se empregarem" no barco dos outros.[47] Fabricar e se deslocar em embarcação própria tornou a população indiferente aos avanços dos viajantes, esses, sim, dependentes do conhecimento sobre os espaços que percorreriam. A lógica de assalariamento não fazia sentido quando se buscava manter o mínimo de contato com brancos.

Em jornada evangelística pela Amazônia (1840-1842), o missionário norte-americano Daniel Kidder aprendeu que nem a razoável soma de 800 réis diários seduzia tripulantes.[48] No alto rio Negro, o naturalista britânico Alfred Russel Wallace contratou um "bom piloto" por um valor maior ainda: quatro mil-réis a diária. Mas não foi fácil compor o restante da guarnição. Entre 1848 e 1852, o recrutamento forçado encorajava a deserção coletiva de eventuais tripulantes; por isso, ele apelou ao capitão

---

[45] Lowe & Smyth, 1836, pp. 280-285.
[46] Ferreira Penna, 1869, p. 56.
[47] Bates, 1979, pp. 88-89.
[48] Kidder, 1980, p. 179.

de trabalhadores (responsável pelos recrutamentos) e ao delegado de polícia, mas "todos eles me davam a resposta de costume: – 'Não há gente nenhuma aqui'".[49]

Tais recusas podem ser observadas pelo prisma da "economia moral da multidão" de E. P. Thompson, em clássico texto sobre o mundo do trabalho inglês no século XVIII. Essa formulação supõe noções definidas e defendidas de bem-estar comum de trabalhadoras e trabalhadores que buscavam apoio na tradição paternalista das autoridades e, de dentro dela, faziam suas aspirações soarem tão alto que tornavam essas mesmas autoridades, em certa medida, suas reféns.[50] Basta verificar que a negativa dada a Ferreira Penna ("Não posso, patrão!") revela uma lógica própria daquelas relações de trabalho, restringindo a autoridade do naturalista. A autonomia dessas tripulações criou todo um arcabouço de costumes em comum que circulavam a contrapelo da dominação do Estado Imperial e de sua elite proprietária, minando-a internamente enquanto a mão de obra embarcada era requerida e barganhada por gente acostumada a se deslocar por aquele território.

Os tripulantes dos relatos supracitados eram geralmente contratados e pagos por diárias. A sazonalidade dessa relação de trabalho atrofiava a lealdade a patrões temporários e contrapunha-se a demais tipos de servidão de longa duração e/ou ao passado de escravidão de alguns deles. Muitos contratos eram subvertidos pelos tripulantes a favor de projetos de liberdade e interesses próprios, mais evidentes com a possibilidade de outra percepção dos espaços facilitada pelo trabalho marítimo. A despeito da condição social dos tripulantes, a vida embarcada permitia conhecer outros lugares e expandir noções de onde e como podiam agir e viver.[51] Nos capítulos seguintes, isso iluminará a luta pela autonomia associativa dos marítimos e sua inconformidade com a racialização de lugares subalternos dentro e fora dos navios. Outra das formas utilizadas

---

[49] Wallace, 1979, p. 398, p. 461.

[50] Thompson, 1998, p. 152.

[51] Secco, 2007, pp. 91-92.

pela oficialidade para exigir obediência irrestrita nesses espaços e manter a desigualdade entre os ofícios passava por padrões de masculinidade valorizados no mundo marítimo e portuário. Mas na navegação amazônica isso nem sempre foi hegemônico.

A PRESENÇA FEMININA
E A MASCULINIDADE HEGEMÔNICA

Após algumas deserções, Edwards chegou a Serpa (atual cidade de Itacoatiara, no Amazonas) com desfalques na *Galliota*. A esposa de uma autoridade local ofereceu aos viajantes uma tripulação inteiramente feminina, mas o entomologista achou aquilo "terrível demais de pensar". Desde Belém, ele se espantara com o número expressivo de armações e barcos gerenciados por mulheres. A longa experiência de navegação das mulheres amazônicas escapava à lógica do mundo ocidental, masculino e branco do século XIX, que via a lida marítima como uma expressão de virilidade e bravura.[52]

O advento dos vapores no rio Amazonas buscou aplainar essas diferenças, e aos poucos a marinhagem passou a apresentar uma masculinidade hegemônica. Mais do que apenas distinguir a presença de homens no lugar de mulheres, essa masculinidade dizia respeito a uma forma de hierarquia e subjugação de outras expressões de gênero; no caso em tela: dentro dos navios e nas instituições formadoras do profissional marítimo. A ascensão de um barco movido a intrincados maquinários veiculou a necessidade de rigidez e disciplina para obter o máximo de sua potência. Não por acaso, boa parcela das equipagens de vapores provinham de escolas navais e de aprendizes-marinheiros. Além da imposição de um complexo sistema de autorizações pelas Capitanias dos Portos, que limaram as mulheres dos navios, o Estado encampou

---

[52] Edwards, 1847, p. 35, p. 201. Ver ainda: Conley, 2009.

a ideologia de "corpos robustos" para a vida marítima, excluindo as mulheres por critério biológico antes de avaliar suas qualificações (decreto nº 79, 23 dez. 1889). Nesse sentido, a hegemonia da masculinidade não se reduz à violência; apesar de poder ser sustentada pela força, ela ascende através da cultura, das instituições e da persuasão.[53] Isso explicaria a estupefação de Edwards com a possibilidade de mulheres guiando sua expedição.

Ao longo do tempo, a ideia da vida embarcada como exclusiva de um gênero convenceu os letrados do Amazonas. Havia certa associação entre valores de masculinidade e serviço de bordo que planificava a experiência de navegação amazônica ao mundo oceânico. Daí parecer estranho que ainda houvesse mulheres qualificadas para equipar no século XX, revelando o objetivo de suplantação de uma memória recente na Amazônia, quando elas protagonizavam boa parte da navegação. De forma alarmante, o jornal *Quo Vadis?*, de Manaus, noticiou que madame B. Leathess "prestou exame de... piloto!" em Nova Orleans, e que em Savannah, na Geórgia, "uma senhora tem fortuna empreitando os pequenos trabalhos marítimos da região". Sugestivamente, o título do artigo é "O feminismo", creditando ao movimento organizado das norte-americanas tal mudança social.[54] O articulista exagerou os abalos da masculinidade hegemônica do mundo náutico, como se a Amazônia não estivesse repleta de mulheres como aquelas. Desviando-se da realidade local, o texto sublinha uma ideologia de feminilidade.

Angela Davis interpreta a ideologia de feminilidade como um subproduto da industrialização, popularizado e disseminado por diferentes meios narrativos como imprensa, romances, imagens etc. As mulheres brancas, especificamente, passaram a ser vistas como "habitantes de uma esfera totalmente separada do mundo do trabalho produtivo. A clivagem entre economia doméstica e economia política,

---

[53] Connell & Messerschmidt, 2013, pp. 244-246.
[54] "O feminismo". *Quo Vadis?*. Manaus, n. 199, 4 nov. 1903.

provocada pelo capitalismo industrial, instituiu a inferioridade das mulheres com mais força do que nunca".[55] Inspirado na autora, pode-se entender o esvaziamento feminino da navegação fluvial pelo avanço capitalista na Amazônia, pelas inovações tecnológicas dos navios e pelas esferas institucionais. Isso determinaria o lugar social dos papéis de gênero exercidos dentro e fora dos navios.

No advento da República, a exigência de profissionais diplomados por escolas subordinadas ao Ministério da Marinha dificultou a permanência feminina nos navios. O projeto iniciado ainda no governo provisório visava militarizar ao máximo a marinha mercante, na intenção de utilizar sua marinhagem como força reserva na defesa do território. Para tanto, aventava-se um tipo ideal de marujo para os vapores: de corpo robusto, leal, obediente, corajoso e, preferencialmente, branco. Caso não estejamos diante de um erro tipográfico do *Jornal do Comércio*, a única exceção feminina localizada nos vapores foi Albertina Figueiredo, foguista da lancha *Sophia*, em 1913. Albertina denunciava o roubo a bordo de seu "relógio de prata com corrente de metal amarelo".[56] Naquele momento, havia uma escassez de marítimos e uma crise econômica no Amazonas. Albertina pôde ter se favorecido disso para conseguir emprego, mas nada impede que fosse uma veterana. Não é possível averiguar se ela ou outras conseguiam, de alguma forma, matrículas na Capitania, mas sua presença revela que até nos vapores a masculinidade pode ser relativizada, e que as mulheres não se restringiam a serviços de copa e cozinha.[57]

Os vapores não conseguiram substituir plenamente a tradição da navegação artesanal capitaneada por mulheres. Em 1859, o médico alemão Robert Avé-Lallemant conheceu dona Maria, indígena dos arredores de Breves. Mesmo diante do frenesi dos vapores, a hábil navegadora permanecia exercendo atividades comerciais em sua canoa. Remava sozinha por todos os furos e igarapés das redondezas e parecia, com isso,

---

[55] Davis, 2016, p. 35.
[56] *Jornal do Comércio* [doravante *JC*]. Manaus, n. 3.221, 25 abr. 1913.
[57] Sobre o trabalho feminino de mulheres negras na navegação, ver Stanley, 2000.

ter acumulado "grande fortuna". O médico afirmou que outras iguais a ela eram bem comuns, e que só raramente se via um branco comandando embarcações.[58] A partir daquele momento, o afastamento feminino de grandes barcos implicava também a racialização da marinha mercante como lugar privilegiado do homem branco, pois as navegantes amazônicas eram predominantemente negras, indígenas e mestiças.

Anos depois, quando os vapores absorveram a maior parte do transporte fluvial, as mulheres permaneceram no manejo e na administração de pequenas e médias embarcações, como o são ainda hoje. No final do século XIX, o viajante português Lourenço Fonseca maravilhou-se em Santarém, no Pará, com "alguns barcos exclusivamente tripulados por cinco e mais mulheres, êmulas das do [rio] Douro [de Portugal]", cujas atividades não se intimidavam com os enormes paquetes.[59] A masculinidade foi aos poucos se tornando hegemônica nas principais rotas do rio Amazonas, mas nunca superou de todo as navegadoras de outros barcos. Muitas delas chefiavam famílias e tinham no trânsito formas alternativas de ganhos financeiros ou adicionais à negociação de produtos agrícolas, extrativos ou manufaturas. Nos dias atuais, é fácil encontrar na orla de Manaus mulheres tripulando barcos de diferentes calados, ocupando todos os postos marítimos e sendo até donas de frotas inteiras.

A dominação masculina da navegação a vapor compõe um ideário de dominação pela força, de um negócio de extrema voracidade, como fora a introdução desses navios na Amazônia. A presença feminina nos barcos ligava-se a um passado náutico de experiências de liberdade e autonomia, de pouca interferência de padrões discursivos ou práticas de dominação. A masculinidade hegemônica seria, portanto, outra das formas de hierarquia a subjugar demais expressões de gênero, raça e etnia, cercear liberdades nos lugares de trabalho e na organização dos

---

[58] Avé-Lallemant, 1980, p. 65, p. 55.
[59] Fonseca, 1895, p. 41.

marítimos, sobrepondo uma ideia de civilização a tantas outras existentes às margens do rio-mar.

A INTRODUÇÃO DOS VAPORES (1853)

Desde os anos 1820, comerciantes do Amazonas e do Pará fomentavam projetos de introdução de vapores mercantes, visando atrair capital estrangeiro. Com o estouro da Cabanagem, os projetos ficaram suspensos e a ocupação de vapores veio pela ação dos militares. Anos após a revolta, na década de 1840, encouraçados e vasos de guerra ainda circulavam pelo rio Amazonas, e, para a população, vapores viraram sinônimo de repressão e violência. Não havia vapores mercantes no rio Amazonas até o Império assinar, em 1852, um contrato de exclusividade dessa navegação com Irineu Evangelista de Souza, o futuro barão de Mauá. A Companhia de Navegação e Comércio do Amazonas (1853-1871) incumbiu-se de servir viagens de Belém até Nauta, no Peru. Tratava-se do maior empreendimento empresarial visto no Império. Além dos objetivos econômicos, o contrato servia de medida para a incorporação definitiva do território amazônico ao domínio do Império e para o fortalecimento do transporte de produtos extrativos, com destaque para a borracha, que vinha encontrando boa acolhida no mercado internacional.[60]

Tão logo efetivadas, as linhas a vapor encorajaram novas expedições fluviais patrocinadas por empresários, fazendeiros e governos provinciais. O objetivo era conhecer os espaços para mapear e dominar novas rotas e, claro, intimidar a formação de mocambos e assentamentos de grupos indígenas, combatendo suas economias paralelas.[61] Houve um alargamento da vigilância do Estado, que concedia poder aos comandantes dos vapores (oficiais reformados da Marinha de Guerra)

---

[60] Ver Gregório, 2012; Brito, 2018.

[61] De la Torre, 2018, p. 7.

para julgar e punir infratores sobre as águas. Navios mais velozes também agilizaram: o recrutamento forçado para serviços públicos e privados; as capturas de escravizados/as fugidos/as e a reescravização de outros/as; o tráfico de cativos/as até as províncias do Centro-Oeste e do Sudeste brasileiro.[62] Por fim, tratava-se não somente de uma modernização dos meios de transporte, mas também um planejamento social que visava embranquecer paulatinamente a navegação amazônica.

Em estudo publicado em 1956, o historiador e político amazonense Arthur Reis defendeu que o vapor substituiu a navegação de "caboclos" e "tapuios" da Amazônia, rendendo-lhes sérios prejuízos. Entretanto, Reis via nisso um fator positivo, pois "em que época da história foi possível o progresso sem que alguns, muitos mesmo, não se vissem prejudicados nos seus interesses? Quantas vidas não têm sido imoladas para que a humanidade progrida?". Para ele, o sacrifício da população pobre foi necessário para que o vapor efetuasse "uma verdadeira revolução branca" na Amazônia.[63] Mas essa interpretação etnocêntrica e racista não tem lastro na realidade vivida dentro dos vapores. Apesar do impacto ecológico e social dos vapores, as vantagens da tecnologia a vapor foram cooptadas por práticas de liberdade dos tripulantes não brancos, enquanto comandantes e agentes de navegação dependiam de sua *expertise*.

A expansão das linhas e o estímulo do Estado à vinda de viajantes estrangeiros propiciaram novas formas de ganhos para guias e práticos não brancos. Os vapores dinamizaram costumes de trabalho adquiridos noutros modelos náuticos, que pavimentaram a identificação de profissionais marítimos ao longo do século XIX. Para se equipar na marinha mercante, passou a ser obrigatória a inscrição de matrícula nas Capitanias, além de um ano de serviço na Esquadra Imperial,[64] diferentemente de quando os acertos pessoais às margens dos rios garantiam as equipagens. Ao mesmo tempo que a demanda por marítimos

---

[62] Ver Laurindo Júnior, 2021.

[63] A. Reis, 1956, pp. 66-65.

[64] Jeha, 2011, p. 92.

crescia com a chegada dos vapores e o incremento do comércio, ocorria uma intensificação da exploração a bordo e das privações de liberdade, contra uma população que não se constrangia com barcos de ferro movidos a fogo.

Ao chegar a Maués, na província do Amazonas, o casal Agassiz destacou a "indiferença dos índios" aos paquetes. Os indígenas das redondezas haviam sido convidados para assistir a uma exibição de superioridade técnica dos brancos. O comandante de um vapor militar "mandou atirar o canhão para eles verem; pôs o navio em movimento para lhes mostrar as máquinas em ação e as rodas em movimento." Mas, ao contrário do esperado, os visitantes "olharam para tudo isso com o mesmo ar calmo e impassível, como homens que estão acima, talvez melhor dizer abaixo, de qualquer emoção de surpresa". Elizabeth Agassiz, que era incapaz de enxergar altivez e orgulho naquelas reações, resmungou que os indígenas seriam desprovidos de "dons preciosos concedidos à raça branca" e insensíveis "às impressões novas, a surpresa, o prazer, a emoção".

Para o casal Agassiz, os trópicos condenavam os seres a uma degeneração por determinações raciais. Não cabia na sua mentalidade racista a capacidade dessas pessoas de serem responsáveis pela sua exuberante viagem. Para eles, a ordem divina concebera cada criatura a um devido lugar e ambiente. Não acreditavam em condições de transformação por sobrevivência; portanto, quem não se enquadrasse às suas hierarquias raciais era prontamente rechaçado.[65] Isso explica a ira de Elizabeth com a "fisionomia de bronze" dos indígenas perante a vergonhosa exibição dos maquinários dos brancos. Pior ainda descobrir, ao final da visita, que aqueles indígenas não entendiam português.[66] Podiam até entender, mas não precisaram de palavras para expressar aos seus anfitriões que nada daquilo importava.

---

[65] Bethencourt, 2018, pp. 458-459.
[66] Agassiz & Agassiz, 2000, p. 300.

Pouco tempo após a viagem dos Agassiz, os vapores passaram a ser frequentados menos por indígenas indiferentes e mais por profissionais formados em diferentes escolas navais do Brasil e do mundo. A abertura internacional do rio Amazonas tornou-se um chamariz de emprego embarcado, e novos atores entraram em cena. A construção do rio como um lugar de trabalho no espaço ganharia outros contornos com a (re)composição da marinhagem.

A (RE)COMPOSIÇÃO DA MARINHAGEM

Após muita discussão parlamentar, o governo brasileiro abriu o rio Amazonas à navegação internacional com a lei nº 3.749, de 7 de setembro de 1866. A entrada dos navios de bandeiras amigas do Brasil, conforme Élisée Reclus, fez "no mundo amazônico uma revolução cujas consequências se multiplicam de ano para ano". O rígido fechamento da Amazônia remete ao período colonial, quando Portugal procurava ocultar a extensão de suas colônias no Norte. O medo pela perda desse território durante a Cabanagem dificultou ainda mais a penetração estrangeira nos anos seguintes. Reprimidas as revoltas regenciais, introduzida a navegação a vapor e ampliada a exportação de produtos extrativos, a pressão de políticos e empresários tornou a abertura imprescindível. Com a entrada dos primeiros navios estrangeiros, a região "foi por assim dizer transportada para o litoral oceânico, do qual se tornaram prolongamentos as margens do rio e as dos seus canais laterais, de seus afluentes e tributários, em mais de 50.000 quilômetros".[67]

A abertura do rio ao Atlântico significou também recepcionar um novo contingente de marítimos de diferentes procedências, portadores de bagagens culturais e experiências próprias. Eis então a segunda conotação do "rio-mar": o rio *em direção* ao mar tornava-se produto e produtor da

---

[67] Reclus, 1900, pp. 67-68.

identificação de ofícios de bordo, tributária da conexão fluvial e atlântica executada pela marinhagem. Eram chegados também os tentáculos dos estrangeiros na empresa náutica.

Em 1871, Mauá repassou seus contratos à empresa inglesa Amazon Steamship Company, que durou até o final de 1910. Os ingleses investiram pesado na compra de navios, ensejando novos postos de trabalho e maior procura de marítimos pelas águas do Amazonas. Assim, os avanços do capitalismo internacional na Amazônia têm sua parcela na (re)composição da força de trabalho marítima. De origens variadas, muitos embarcadiços vieram diretamente para ocupar conveses e maquinários. Aqueles mais experientes, nascidos e crescidos na região, acostumados nos remos e nas velas, ficaram cada vez mais restritos à praticagem, que pouco foi alterada pela transição tecnológica. Outros tantos eram egressos de escolas de aprendizes-marinheiros de províncias litorâneas: meninos e rapazes de pele escura enviados por responsáveis para serem educados e alimentados pela Marinha de Guerra.[68] Geralmente, após um ano de serviço, parte desse contingente dava baixa para se empregar na marinha mercante.

A Companhia de Aprendizes-Marinheiros do Amazonas, criada pelo decreto nº 4.861, de 17 de janeiro de 1871, servia para treinar e entregar homens disciplinados. Mas, apesar do bom desempenho dos alunos, após dez anos de atividades, sua infraestrutura era das mais precárias. Na Flotilha do Amazonas, o quadro não era melhor, e o número de praças era insuficiente. A falta de marítimos era sentida de forma geral e não satisfazia a alta demanda por tripulações. O Amazonas e o Pará não dispunham de reserva aproveitável de marinheiros militares, principalmente com os pedidos de baixas e deserções crescentes. Além das péssimas acomodações, o tratamento dispensado aos rapazes no serviço militar era conhecido pela brutalidade; por isso, aqueles mais

---

[68] Para o caso do Pará, ver V. B. da Silva, 2020.

qualificados, como os maquinistas, não hesitavam em desertar para a marinha mercante.

Em 1881, o presidente da província do Amazonas, Satyro Dias, reclamou que os maquinistas davam dores de cabeça "pela grande dificuldade que há em consegui-los aqui, onde a navegação a vapor é grande e os indivíduos que se empregam nas máquinas dão preferência aos navios de comércio, apesar de ganharem menos, porque não estão sujeitos à disciplina nem fazem despesa com uniformes".[69] De fato, a marinha mercante era mais suportável, e os armadores aproveitavam para contratar homens formados na Armada. O restante das tripulações era composto com forasteiros, cada vez mais presentes em navios e portos da região. No século XX, a maioria da marinhagem em Manaus vinha do litoral e detinha algum aprendizado ou experiência náutica.

Ao longo deste capítulo, vimos uma multidão de indígenas, negros e seus descendentes compondo a frota mercante do rio Amazonas. Conforme os avanços da comercialização da borracha silvestre, a partir dos anos 1870 a presença dos indígenas diminui nas zonas portuárias e nos navios, sendo substituídos por outros marítimos. Segundo os recenseamentos estatísticos, em 1890, o Amazonas apresentou o maior aumento na porcentagem de mestiços e pardos em todo o país: 7,03%.[70] De início, o número pode não impressionar, mas aduz uma alteração importante no perfil racial dos trabalhadores. É possível que o extrativismo e a (re)composição étnico-racial dos trabalhadores, incluindo a marinhagem, tenham influído nessa porcentagem. Quanto ao trabalho marítimo, o principal fator de mudança foi a chegada de profissionais da região que hoje chamamos de "Nordeste".

É preciso salientar que, na época, não havia qualquer sinal de uma identidade regional entre esses trabalhadores. Na documentação coligida, os marítimos referiam-se às suas origens pela cidade natal ou

---

[69] *Amazonas*. Manaus, n. 570, 13 maio 1881.
[70] Diretoria Geral de Estatística, 1908, f. XXIII.

pela unidade federativa. Mais adiante, veremos que a origem foi um elemento importante na vida associativa dos marítimos, que se reuniam tanto em associações de ofício quanto em mutuais para conterrâneos do Ceará, Maranhão e de Pernambuco. Assim como em outras levas de migrantes pelo Brasil, na Amazônia, os marítimos forasteiros eram majoritariamente não brancos e sujeitos de processos migratórios que imbricavam origem regional, racialização e relações de classe.[71]

Em resumo, a configuração das equipagens vistas neste livro ocorria da seguinte maneira: amazonenses e paraenses, filhos e netos de indígenas e africanos, permaneceram como oficiais nos postos de pilotos, práticos e com alguma presença entre os maquinistas. Eram ocupações de prestígio que implicavam importantes mecanismos de mobilidade social. Contudo, o maior bloco marítimo distanciava-se de diferentes maneiras desses oficiais. Eram marinheiros, moços, foguistas e carvoeiros provenientes, na maioria, do Pará, de Pernambuco, do Maranhão e do Ceará. Embora sem precisar as classificações raciais do grupo, é possível presumir a predominância de negros e mestiços ao verificarmos a incidência de origens em lugares onde a escravidão obteve maior relevo, como Maranhão e Pernambuco. No topo da hierarquia naval ficaram os comandantes portugueses que atuavam como intermediários de armadores patrícios e de outras origens europeias. Um bom número de ibéricos também se empregou na cozinha dos vapores, sem deter conhecimentos específicos de marinharia ou maquinaria, diferente dos brasileiros que migravam propositalmente para equipar no Amazonas.

Há décadas predominou em diversos campos de estudos sobre migrações à Amazônia uma ideia de desterro, especialmente dos retirantes e fugitivos das secas. O sociólogo e abastado empresário Samuel Benchimol, por exemplo, defendia o choque dos recém-chegados com o mundo fluvial. A maioria deles eram trabalhadores rurais obrigados a

---

[71] Para o caso de São Paulo, no século XX, ver: P. Fontes, 2008.

conviver com o transporte aquático preponderante na região, vinham de "terras enxutas" e tinham "pânico" de água.[72]

No entanto, nem todos eram alheios à navegação e vinham justamente para nela se empregar. Como José de tal, um jangadeiro cearense que viajava a Manaus pelo vapor *Iracema* à procura de trabalho embarcado. Sua jangada vinha a reboque do navio quando ele caiu e se afogou no rio Tarauacá.[73] Não raro os migrantes tripulavam para pagar viagens, caso de Horácio Maciel Brasileiro, que "havia pedido uma passagem gratuita" para Manaus "e estava recompensando com seus serviços esse obséquio". Ele não sabia nadar e passou a tripular o *Andresen* de forma ilegal. Atuava como carregador quando escorregou da prancha e desapareceu nas águas do rio Madeira. Ninguém sabia de onde vinha, o que fazia nem que idade tinha.[74] Claro, havia quem conseguia aprovação nas Capitanias do Amazonas e do Pará, provando que nem todo migrante mirava os seringais. É preciso considerar esse trabalhador qualificado, cujos objetivos de deslocamento destoam de estereótipos atribuídos aos migrantes do famigerado "ciclo da borracha".

Estudos recentes têm enfatizado a agência de mulheres e homens no processo migratório para a Amazônia, de 1877 até a década de 1940.[75] Eles criticam abordagens tradicionais do tema, que apontam a seca e a fome como as principais causas das migrações. Tais explicações tiveram grande divulgador no próprio Benchimol. Desde os anos 1940, o sociólogo cristalizara no migrante a figura do "aventureiro", do "deslocado", genericamente classificado como *arigó*, um tipo social de difícil assimilação à vida amazônica e ao trânsito fluvial. Entretanto, as pesquisas de campo de Benchimol chegaram a contradizê-lo, quando o colocavam diante de profissionais nem um pouco determinados pelos meios sociais ou naturais.

---

[72] Benchimol, 1977, p. 143.
[73] "Quando vinha para Manaus pereceu afogado". *JC.* Manaus, n. 8.430B, 17 jun. 1928.
[74] "Tragado pelas águas do rio Madeira". *JC.* Manaus, n. 4.574, 18 jan. 1917.
[75] Ver Cardoso, 2011; Barboza, 2013; Porto, 2016; F. P. Costa, 2014; Lima, 2013.

Um bom exemplo é a entrevista com o marinheiro negro baiano José Francisco de Sales, em meados de 1943. Ironizando as duras classificações do pesquisador, o baiano tirou sua desforra: "*I am* arigó *from Brooklin*". Entre o final dos anos de 1910 e o início da década seguinte, Sales aproveitou uma ocasião para desertar de seu navio e morar no citado bairro de Nova York, tornando-se fluente em inglês. Conhecia os Estados Unidos tão bem quanto Benchimol, que insistia em enquadrá-lo numa subalternidade exercida pela população de cor. Sales exibia orgulho de suas escolhas de vida, fruto das circunstâncias abertas pela vida marítima. Quando ficou sabendo do bom movimento portuário, ele partiu dos Estados Unidos para tornar-se marinheiro no rio Amazonas, fixando-se em Manaus após a crise gomífera dos anos 1920.[76] Temos então um caso totalmente alheio às conclusões mais vulgares da migração à Amazônia: um baiano chegado a Manaus que nem sequer partira de seu local de nascimento, tendo se deslocado de um país estrangeiro, utilizando-se de sua qualificação profissional e das informações que ela certamente permitia.

Anseios individuais ou coletivos dão alternativas de leituras diante de análises deterministas, centradas em fatores de ordem econômica que justificavam os deslocamentos. As razões econômicas comumente operam nas seguintes dualidades: seca/miséria, de um lado; e de outro, enriquecimento rápido/fartura. Apesar de a desigualdade ser crucial para entender processos migratórios, é preciso cautela, pois os migrantes nunca foram resultados mecânicos de estímulos econômicos ou sociais. Na verdade, eles tinham redes de sociabilidade e agiam por escolhas próprias, como agentes, e não meras cifras ou números.[77] Alexandre Isidio Cardoso considerou ações subjetivas para entender as lógicas do processo migratório de cearenses à Amazônia, na segunda metade do século XIX. Segundo o autor, fatores econômicos, políticos e sociais devem ser

---

[76] Benchimol, 1977, p. 312.

[77] Ver P. Fontes, 2008.

conjugados a "outras dimensões do processo, gestadas principalmente no âmbito das relações de parentesco, vínculos de solidariedade, informações compartilhadas entre vizinhos e conhecidos que devem ser igualmente levadas em consideração". Ninguém migrava de forma atabalhoada, como nos revela o marinheiro Sales. A lógica da migração era bem trabalhada e podia se basear em redes de sociabilidade tecidas pelos migrantes.[78]

No concernente à marinha mercante, a chegada de forasteiros requer análise de um tipo específico de migrante: o profissional especializado. A documentação coligida demonstra que os migrantes marítimos não eram, necessariamente, gente desesperada por emprego. Muitos vinham já qualificados e dotados de habilitações formais do ofício. Isso conferia maior poder de barganha com os empregadores, diferentemente do que ocorria com os menos qualificados. A liberdade de transitar entre os portos também atendia a condições específicas do mercado de trabalho. Ao contrário de um genérico aventureiro, o marítimo apresentava uma circulação que respondia às demandas de serviço embarcado, para as quais tecia redes de solidariedade em longas distâncias, que dinamizavam ideias, culturas, tradições, práticas, aspirações e experiências. Assim, identidades de ofício e condições de mercado de trabalho permitiram que os marítimos desempenhassem importante papel no movimento operário do extremo norte.

Esse contingente trouxe consigo um mundo de reivindicações nunca visto na era dos remos, varas e velas. Ocorreu um processo inédito de identificação de ofícios e criação de entidades representativas em decorrência da absorção da maior parcela da navegação pelos vapores. A aquisição de novas tecnologias implicou ressignificações da profissão embarcada exercida por veteranos e neófitos, enquanto o porto de Manaus tornava-se um caldeirão de marítimos. No início daquele século, uma multidão de variadas origens, cores de pele e ideias políticas chegou

---

[78] Cardoso, 2011, p. 159.

pelo rio-mar até a capital do Amazonas para reivindicar o direito à cidade e a consolidação de sua cidadania. A escolha por esse porto é o tema do próximo capítulo.

2
NO PORTO DE MANAUS

Enquanto Belém representa a "fachada atlântica" da Amazônia brasileira, Manaus seria a "capital da hinterlândia". O antigo nome da cidade, Barra do Rio Negro, referia-se à posição estratégica observada desde o período colonial: localizada na divisa do que hoje conhecemos como Amazônia Ocidental (composta pelos atuais estados do Amazonas, do Acre, de Rondônia e de Roraima) e Oriental (Pará, Maranhão, Amapá, Tocantins e Mato Grosso). Em 1818, os viajantes bávaros Spix e Martius apostavam que a Barra se tornaria a maior praça comercial do interior do país, por se tratar de um porto fluvial de confluência, próximo ao encontro dos rios Negro e Solimões. A mudança de nome para "Manaus" ocorreu em 1856, pouco tempo após a instalação da navegação a vapor no rio Amazonas, que fez de seu porto o principal eixo da rota Belém-Nauta. Com a abertura internacional do rio Amazonas (1869), Manaus tornou-se parada obrigatória da longa cabotagem.[1] Seu porto logo passou a receber uma alta circulação de pessoas, de mercadorias e de notícias do Brasil e do mundo. As autoridades começavam a se preocupar com a entrada de toda sorte de pessoas, incluindo tipos indesejáveis de agitadores e fugitivos, normalmente encontrados em multidões portuárias. Mas, para controlar esse tráfego humano, seria preciso superar os ditames da natureza e o domínio das embarcações artesanais e de manejos individuais.

---

[1] Ab'Saber, 1953, pp. 18-20; Spix, 1938, pp. 139-140.

Imagem 1: "Panorama of Manáos. River Front". Fonte: *The City of Manáos and the Country of Rubber Tree* (Souvenir of the Columbiam Exposition Chicago, 1893), [s.n.], 1893. Disponível em <https://ia600804.us.archive.org/16/items/cityofmanaoscounoounse/cityofmanaoscounoounse.pdf>. Acesso em 11/6/2023.

Na segunda metade do século XIX, quem desembarcasse ali veria um porto pouco diferente de tantos outros existentes na calha do Amazonas. A navegação e as atracagens obedeciam às estações das chuvas e das águas, bem conhecidas pela comunidade marítima local. A vida coletiva desse grupo também era regulada por essas condições naturais ao longo do ano. Na Exposição Universal de 1893, em Chicago, foi distribuído um álbum *souvenir* de autoria desconhecida, contendo uma fotografia da orla de Manaus, com veleiros e canoas estacionados na vazante. A ideia do item era divulgar riquezas e belas paisagens para seduzir imigrantes e empresários estrangeiros. No extremo direito dessa imagem, vemos o Mercado Público; e à esquerda, a ladeira dos Remédios (atual rua Miranda Leão). O fotógrafo estava posicionado na rampa da Imperatriz (antiga praia da Imperatriz). Dentro de dez anos ali seria construído o novo porto da cidade (Imagem 1).

Na orla de Manaus, o rio Negro apresenta cerca de seis quilômetros de largura. No apogeu das cheias, atinge 80 metros de profundidade e nas vazantes recua em torno de 10 metros. Visitantes oitocentistas descrevem um cenário similar ao da fotografia acima. Apesar da inconstância das águas, elogiava-se a localização do porto e sua conveniência para atracagens de paquetes, veleiros, chalupas, cobertas, igarités e batelões. Após a reforma portuária (1907), essa heterogeneidade naval veio acompanhada de uma multidão cosmopolita de "todas as raças e cores", como testemunhou o francês Paul Walle.[2] Mas, desde os anos 1850, Manaus recebia pessoas de origens diversas, e muitas acabavam no serviço portuário.

Mulheres, homens e crianças executavam ofícios voltados a chegada, estadia, carregamentos e reparos dos navios. E não havia um ancoradouro propriamente dito, o sistema de embarque e desembarque se resumia a rampas. Todo o trabalho realizado no porto dependia do trabalho braçal de carregadores, estivadores, catraieiros, calafates, carpinteiros, carroceiros e embarcadiços. A organização e a execução desses serviços ficavam a critério dos trabalhadores. Isso mudou quando os vapores passaram a escoar mais cacau, castanha e borracha do interior do Amazonas. A fiscalização dessas saídas era realizada em Belém. Em 1874, a Capitania do Porto do Amazonas foi criada para desafogar a capital paraense, manter uma base militar para segurança das cargas e do território, além de beneficiar os cofres amazonenses com a coleta de impostos.[3] Nesse tempo, o traslado dos navios para terra firme era feito em pleno rio Negro. Os vapores baixavam âncoras e descarregavam os passageiros nas catraias, botes de aproximadamente oito metros, quase sempre capitaneados por portugueses. Muitos deles eram originalmente marítimos e pescadores que viraram catraieiros após imigrar.

A cultura de trabalho criada e vivida pelos catraieiros foi bastante afetada pela modernização do porto de Manaus, em fins do século XIX. Tal como noutros portos brasileiros, modernização implicava adaptar-se

---

[2] Edwards, 1847, p. 172; Walle, 1909, pp. 104-105.
[3] Castro, s.d., pp. 147-148; P. N. Pereira, 2017.

à cabotagem internacional e, em outros termos, extirpar os vestígios do tráfico escravo. Comparada a demais capitais, especialmente as litorâneas, Manaus não foi palco de grandes desembarques de escravizados e, na segunda metade do Oitocentos, a grande maioria da população negra era livre. Mas, como entreposto fluvial, a cidade foi estratégica para o tráfico interprovincial. Na década de 1880, perante o aumento do volume portuário, escravizadores chegaram a cogitar o emprego de cativos no porto e nos navios. Também em resposta a isso, os catraieiros entabularam a primeira greve de que se teve notícia em Manaus. Uma greve que conectou a defesa de um lugar de trabalho aos movimentos abolicionistas do Pará, Amazonas e Ceará.

Com a análise dessa greve inicio este capítulo, cujo foco está nas adversidades e reações de diferentes embarcadiços em face da transformação portuária de Manaus. Discutirei como o Estado foi aos poucos instituindo normas e regulações, pela Capitania do Porto do Amazonas, para minar a autonomia e a liberdade de movimento dos trabalhadores. Ao fim, apresento o quadro empresarial das companhias de navegação que empregavam a maior parcela da marinhagem local. Entender como Estado e empresários agiam nos mecanismos de controle e na produção de riquezas ajudará a entender quais eram os lugares almejados pela categoria em seu processo associativo, nos primeiros anos republicanos. Vamos acercar a importância da dimensão portuária na elaboração dos lugares da marinhagem em terra firme, sem desvincular isso de suas experiências de bordo.

A GREVE DOS CATRAIEIROS (1884)

Segundo o presidente da província do Amazonas, José Paranaguá, havia no tráfego da orla de Manaus, em 1883: "113 embarcações miúdas, ocupadas por 159 homens, quase todos portugueses".[4] A maioria vinha

---

[4] Paranaguá, 1884, p. 32.

de Póvoa de Varzim, onde aprenderam a manejar e fabricar embarcações. Esses homens faziam questão de destacar o orgulho de suas origens e valores de ofício, inclusive na estética dos botes: incrivelmente asseados, tinham toldos de lona branca e eram adornados com placas semicirculares pregadas nas popas, nas quais se liam os nomes das catraias com referências à terra natal dos catraieiros. O destaque para a cultura poveira aparecia também na indumentária que desafiava o calor amazônico: bonés de lã, camisas com padrões quadriculados e de mangas compridas, calças de brim e tamancos fechados.[5] Vestidos assim, eles remavam os botes em pé, segurando remos compridos. Essas embarcações podiam ser suas ou alugadas de pequenos e médios armadores, também portugueses.[6]

A chegada desses trabalhadores em Manaus e Belém se relacionava com os abalos do setor pesqueiro português, de fins do século XIX. O expansivo controle de empresas inglesas de navegação acarretou enorme desemprego na pesca artesanal desse país, facilitando a recrutadores e aliciadores de imigração a tarefa de seduzir jovens solteiros e desempregados a imigrarem para o Brasil. Boa parte desses imigrantes alocou-se nas duas "capitais da borracha", preferindo o serviço portuário aos seringais. Suas chegadas atendiam também aos projetos imigratórios defendidos pelos governantes locais que, entre outros motivos, interessavam-se em civilizar e branquear a população da Amazônia.[7] Como a zona portuária e o mundo embarcado eram lugares tradicionais de trabalho escravo, alguns grupos abolicionistas passaram a pleitear a ocupação desses setores com imigrantes europeus, propondo o fim da escravidão com vistas ao embranquecimento da classe trabalhadora. Essa face abolicionista também obteve adesão de quem disputava emprego

---

[5] G. Pinheiro, 2012, pp. 261-262; M. Andrade, 2005; T. de Mello, 1984, p. 108.

[6] Na véspera da greve de 1884, havia sete empresários de catraia em Manaus: Manuel Caetano d'Almeida & Cia.; José Custódio Brandão & Cia.; João Francisco Pinto; Camilo Ramos & Cia; Mattos & Ferreira; Bento Júnior & Cia.; e Guimarães & Filho. *Almanach...*, 1884, pp. 169-170.

[7] E. Fontes, 2002, p. 92, p. 121; M. L. U. Pinheiro, 2014, pp. 813-814.

com os cativos, fazendo do porto um objeto de disputa de diferentes concepções abolicionistas.

Em 18 de julho de 1883, um grupo de abolicionistas levou ao *Diário de Notícias* de Belém a seguinte denúncia: um escravizado de Lourenço Holanda se negou a embarcar no vapor *Pará*, com direção a Manaus, porque não queria ser afastado de "algum ente que lhe é caro". Algumas pessoas, entre as quais dois policiais, começaram a espancá-lo para que ele entrasse no navio. "O escravo lutou, mas não embarcou! Felizmente apareceu aí um guarda d'Alfândega que, revoltado ante o procedimento dos escravocratas, proibiu o embarque do escravo". E os abolicionistas concluem: "Já que não temos lei para localizar a escravatura, convém que a classe dos catraieiros, a exemplo dos jangadeiros do Ceará, não se preste a conduzir escravos para bordo dos vapores do sul ou do Amazonas. Será esse um real serviço prestado à nobre causa da abolição".[8] Eles se referiam à greve dos jangadeiros cearenses, de 27 de janeiro de 1881, liderada pelos libertos José Luis Napoleão e Francisco José do Nascimento, o Dragão do Mar.

A greve dos jangadeiros conseguiu fechar o porto de Fortaleza para o desembarque de cativos e prejudicou o negócio de escravos da capital e do interior.[9] Ações semelhantes levaram ao dia 25 de março de 1884, quando o Ceará se tornou a primeira província a abolir a escravidão. Com o enorme fluxo de cearenses ao extremo norte, essas notícias animavam os abolicionistas paraenses e amazonenses. Os catraieiros de Belém, por exemplo, haviam decidido por não mais embarcar ou desembarcar escravos na capital e aderiram de vez à Sociedade Abolicionista 28 de Setembro. Como vimos, a campanha da imprensa abolicionista cumpria importante papel ao reiterar apelos ao povo e aos catraieiros para fechar o porto de Belém ao comércio de escravos.[10] Em Manaus, o fechamento

---

[8] "Violência". *Diário de Notícias*. Belém, n. 162, 19 jul. 1883.

[9] Martins, 2012, p. 23.

[10] Bezerra Neto, 2009, p. 404.

do porto resultou de uma ação conjunta de abolicionistas brancos e catraieiros, em maio de 1884.

No dia 7 de maio, os catraieiros enviaram um ofício ao presidente da província do Amazonas, anunciando a greve. Os pormenores da paralisação são desconhecidos, diferentemente da sua eficácia: dois dias depois, foi decretado o fechamento do porto de Manaus para o tráfico de escravos.[11] O governo provincial já havia estipulado, desde 1882, um aumento de dois mil-réis por averbação de cada escravizado entrado na província. Nesse tempo, o presidente tinha autorizado a construção de uma segunda rampa, na rua Governador Vitório, cuja obra estava atrasada.[12] A cidade continuou dependendo da rampa da Imperatriz, que era praticamente dominada por catraieiros. Tal domínio permitiu que uma única categoria de trabalhadores paralisasse os desembarques na cidade. A abertura de outra rampa significava mais oportunidades de emprego, por isso os catraieiros visavam impedir uma eventual concorrência com o braço escravo.

Naquele ano de 1884, entraram 837 escravizados na província do Amazonas, metade deles desembarcou em Manaus. O tráfico interprovincial vigorava concomitante à migração de nacionais e estrangeiros rumo aos seringais e serviços urbanos.[13] O sistema era operado por companhias de navegação a vapor e navios particulares do Pará e do Amazonas. Trabalhadores livres e escravizados eram transportados juntos nos mesmos navios que os distribuíam ao longo de rios, matas e portos. A bordo, essas pessoas também circulavam

---

[11] "Notícias do Amazonas". *A Constituição*. Belém, n. 111, 15 maio 1884; Pozza Neto, 2011, p. 120.

[12] O presidente José Paranaguá era membro do Partido Liberal, que encampou parte da agenda abolicionista. O *Jornal do Amazonas* pertencia ao Partido Conservador e o acusava de prejudicar os negócios do Amazonas, chamando-o de "jovem aprendiz de presidente", isto é, pouco experiente e dado a ideias extravagantes como a libertação de escravizados. "Desídia presidencial". *Jornal do Amazonas*. Manaus, n. 896, 14 fev. 1884.

[13] O cálculo é de J. S. Costa, 2016, p. 76.

suas próprias experiências abolicionistas e de luta contra a escravidão.[14] Mas, no Amazonas, os endinheirados lucravam ainda mais com as indenizações dos fundos de emancipação.

Na capital Manaus, as elites proprietárias prezavam por sua imagem "abolicionista", enquanto superfaturavam alforrias pagas com verba pública, em eventos de clubes e sociedades. Dessa forma, é preciso apontar sem romantismos que os gestos de emancipação ocorriam quando já não era mais economicamente viável manter a escravidão no Ceará e no Amazonas. Segundo Provino Pozza Neto, agências individuais e coletivas se entrelaçavam em diferentes projetos pró-abolição para favorecer interesses particulares que visavam proteger privilégios e posses de políticos e empresários. Como pontua Patrícia Alves-Melo, "as famílias tradicionais amazonenses foram perspicazes em passar adiante uma 'propriedade' em desvalorização e ainda conseguiram 'polir' suas imagens públicas passando à história como grandes progressistas e abolicionistas".[15] Trazer os catraieiros e outros trabalhadores para dentro dessas mobilizações é forma de reavaliar versões históricas canonizadas pela elite letrada branca.

Certamente, os catraieiros estavam no largo 28 de Setembro (atual praça Heliodoro Balbi), no dia 10 de julho de 1884, comemorando a Abolição no Amazonas.[16] Sua mobilização vitoriosa tinha parcela naquela conquista popular, que também demonstrava a força política de trabalhadores forasteiros imersos nas disputas políticas e no abolicionismo. O próprio local escolhido para o evento trazia no nome a data da Lei do Ventre Livre (1871).[17] Os grevistas obtiveram apoio

---

[14] O jangadeiro cearense José, que trouxe sua própria jangada para trabalhar em Manaus, não deve ter sido o primeiro nem o único. *JC*. Manaus, n. 8.430B, 17 jun. 1928.

[15] Alves-Melo, 2022.

[16] Pozza Neto, 2011, p. 122.

[17] O local abrigou o Palacete Provincial e posteriormente o Quartel da Polícia Militar, até pouco tempo ainda ativo. Por conta disso, é conhecido popularmente como "Praça da Polícia" – nome que sugere um apagamento da memória pela forma como o Estado

popular e saíram fortalecidos do movimento, ao mesmo tempo se beneficiando da preferência por trabalhadores de origem europeia, a quem os patrões creditavam qualificação superior à de descendentes de indígenas e africanos. Cumpre destacar que a população liberta ainda permaneceria enredada nas artimanhas de ex-senhores que fortaleciam laços de dependência e diferentes formas de coerção ao trabalho. Basta observar o aumento exponencial, no Ceará e no Amazonas, de "contratos" de trabalho que retiveram inúmeras pessoas no serviço doméstico de ex-senhores/as.[18] Nos vapores, essa prática era corriqueira com crianças e adolescentes servindo os oficiais, como veremos mais à frente. Os catraieiros e a população liberta ainda cruzariam caminho diversas vezes no trabalho portuário e dentro dos vapores. Os catraieiros foram valorizados por sua capacidade de mobilização, e a greve de 1884 permaneceu na memória de marinheiros e moços negros e mestiços.

Houve outra greve desses trabalhadores em 1886, dessa vez contra o aumento de impostos profissionais cobrados pelo município e governo provincial.[19] Era o início da constrição do seu poder no sistema de desembarques. Até então, o grupo dominava a orla do rio Negro e eram os senhores da ponte da Imperatriz, mais conhecida como "ponte dos catraieiros", que ficava sobre o igarapé do Espírito Santo, onde hoje termina a avenida Eduardo Ribeiro. Essa ponte e a rampa da Imperatriz, símbolo da greve de 1884, foram os principais espaços afetados pela construção do novo porto de Manaus. No final do século XIX, os catraieiros foram empurrados para os arredores do Mercado Público, fazendo travessias nos igarapés que cortavam a cidade e, mais tarde, ficaram restritos ao trânsito da área central, aos atuais bairros do São Raimundo e do Educandos.[20]

---

passaria a lidar com a população liberta nos anos seguintes, entendendo-a como "classes perigosas" e, mais tarde, como "caso de polícia".

[18] Alves-Melo, 2022.

[19] *Jornal do Amazonas*. Manaus, n. 1.180, 16 fev. 1886.

[20] *Diário Oficial*. Manaus, n. 323, 3 jan. 1895.

No advento da República, os catraieiros ainda gozavam alta conta entre os trabalhadores urbanos, apesar dos prejuízos sofridos com a modernização do porto. Em 1914, a União dos Marinheiros e Moços do Amazonas os convocou para tomar assento nas suas reuniões e solenidades. Não por acaso, essa entidade abrigava muitos sócios de pele escura recém-chegados na cidade. Também não é errôneo pensar na vinda desses homens e rapazes como resultado da notícia espalhada sobre o porto de Manaus, na condição de "livre da escravidão". Uma notícia dessas tinha poder suficiente para tornar a marinha mercante do rio Amazonas atraente para quem buscasse escapar dos circuitos escravistas do restante do país. Apesar das dificuldades, essa abolição ainda compensaria pela circulação de informações e notícias úteis às lutas por liberdade e cidadania, promovida dentro dos navios e dinamizada em portos e paradas.[21]

O tráfico escravo e os abolicionismos geravam embates que perpassavam as zonas portuárias. Manaus não ficou aquém disso. As autoridades provinciais procuraram afastar seu principal porto do passado escravista, recebendo inclusive dos catraieiros reações contrárias. A reconfiguração do espaço portuário transformou esses trabalhadores em mão de obra excedente, obrigando-os a reorganizar seus modos de vida na cidade. O modelo gestor adotado também em Manaus não serviu para partilhar os ganhos dos avanços tecnológicos com aqueles que dependiam da atividade portuária.[22] Aqueles que exorcizavam o fantasma do tráfico saíram beneficiados, a despeito de quem se mobilizou no seu enfrentamento real – aspectos nublados pela ênfase da vitória tecnológica em face da natureza amazônica e sua população não branca.

Um porto moderno acenava à integralização mundial de relações comerciais, ao mesmo tempo que supostamente contornava marcas históricas da escravidão negra e indígena. Exemplo desse pensamento

---

[21] Como se vê no contexto atlântico, conforme Scott, 2018, p. 29.
[22] A. H. da Silva, 2019, p. 113.

pode ser apreendido na década de 1860 pelas transformações defendidas pelo engenheiro e abolicionista negro André Rebouças. Boa parte do seu projeto para os portos do Império visava afastar a memória do desembarque de escravizados para privilegiá-los como lugares do trabalho livre. Esse modelo não deixava espaço à navegação informal e convidava Estado e empresas a investirem na regulação de entradas e saídas de embarcações. Quanto maior fosse o volume de mercadorias em circulação, maior devia ser a adequação dos portos às demandas do capitalismo internacional.[23]

Por conta da demanda de borracha, no final dos anos 1880, o movimento portuário de Manaus foi intensificado. Entre 1882 e 1883, só de navios de longo curso, foram 294 entradas e saídas; em 1903, esse número saltou a 2.413. Manaus tornava-se um dos três principais portos de exportação da época, junto com Rio de Janeiro e Porto Alegre.[24] Em 1899, um correspondente norte-americano defendeu uma urgente reforma no que chamou de "porto oceânico a mil milhas do Atlântico". Opiniões favoráveis a um novo ancoradouro justificavam-se pelo papel estratégico da borracha para o desenvolvimento industrial. Desde os anos 1870, a Inglaterra já controlava essa distribuição mundial pelo porto de Liverpool. Na década seguinte, ela buscaria o acesso irrestrito do produto a partir de Manaus. Entre o final do século XIX e o início do XX, os ingleses se instalaram na cidade para negociar com as oligarquias locais o patrocínio de infraestruturas portuárias.[25]

No governo de Silvério Nery, a chamada Lei do Beneficiamento da Borracha, de 8 de julho de 1900, pavimentou os trâmites: toda borracha saída do Amazonas deveria passar por um teste de qualidade em Manaus, exigindo uma infraestrutura à altura. O Estado reteria impostos de exportação, e os britânicos arcariam com a reforma e a gestão

---

[23] *Idem*, p. 15.
[24] Diretoria Geral de Estatística, 1908, p. 120.
[25] *The Evening Star*. Winchester, Virginia, 17 jun. 1899; Capelato & Prado, 1995, p. 328; M. L. U. Pinheiro, 2015, pp. 41-42.

portuária. As novas instalações foram construídas entre 1903 e 1907.[26] Era o soterramento literal do lugar de memória da greve dos catraieiros e de outros agentes na luta contra a escravidão.

RECONSTRUÇÃO PORTUÁRIA (1903-1907)

Na tentativa de contornar a inconstância das águas, combater o trânsito ilegal de navios e diminuir o controle dos trabalhadores sobre a zona portuária, o governo federal abriu concorrência às obras do porto de Manaus, em setembro de 1899, vencendo a empresa paulista Barão Rymkiewicz & Co., do engenheiro e barão polonês Bronisław Rymkiewicz. O contrato assinado em agosto de 1900 estipulou a exploração do porto por 60 anos.[27]

Em 1902, a B. Rymkiewicz & Co. transferiu seu contrato à Manáos Harbour Limited, instituída em Londres pela família Booth, dona de rotas atlânticas entre a Europa e o Norte do Brasil desde 1866. A empresa tinha por sócios o barão de Rymkiewicz e o engenheiro cubano Antonio Lavandeyra. Em 1903, foram entregues as primeiras obras: a casa de máquinas (atual Museu do Porto, desativado), um armazém e um cais provisório. No ano seguinte, mais armazéns, uma torre de caixa-d'água, linhas férreas, o cais do Roadway (ponte flutuante de desembarque) e geradores de eletricidade.[28] A conclusão das obras, em 1907, conferiu outra dinâmica à vida portuária de Manaus, e a aquisição de novas tecnologias alterou o processo de trabalho de carroceiros, estivadores e carregadores. Os danos foram ainda maiores para os catraieiros, que perderam o domínio dos desembarques.

O Roadway superou os períodos de vazante do rio Negro, permitindo a atracação de navios de alta tonelagem em situações antes desfavoráveis.

---

[26] A. Bittencourt, 1959, p. 22; M. L. U. Pinheiro, 2015, p. 44.
[27] Ministério da Viação e Obras Públicas, 1922, p. 6.
[28] Aguiar & Silva, 2005, p. 32.

A ponte flutuante existe ainda hoje e tem 136 metros de comprimento por 15 de largura, assentada sobre uma fileira de cilindros divididos em seções que acompanham o sobe e desce do rio. As mercadorias desembarcavam no Roadway e eram transportadas em trilhos até os armazéns da Manáos Harbour. O embarque era feito por 17 guindastes movidos a eletricidade. Apenas Santos tinha instalações semelhantes.[29] Em álbum comemorativo feito pela Prefeitura de Manaus, na gestão de Raimundo Ribeiro, em 1948, vemos uma fotografia panorâmica do Roadway (Imagem 2).

Imagem 2: Porto flutuante, o Roadway de Manaus. Fonte: D. da Cruz e Souza (org.). *Álbum da cidade de Manaus*, 1848-1948, [s.n.], 1948. Acervo Digital da Secretaria de Cultura e Economia Criativa. Material cedido gratuitamente pelo Governo do Estado do Amazonas. Secretaria de Estado de Cultura e Economia Criativa, por meio de seus setores: Centro de Documentação e Memória da Amazônia (CDMAM) e Departamento de Gestão de Bibliotecas (DGB).

Os navios atracavam ao longo de todo o corpo da ponte flutuante. Os passageiros e tripulantes desciam ali e saíam na praça do Comércio (atual praça da Matriz), o local de entrada exclusivo de Manaus até a década de 1940. A praça é um triângulo estendido entre os jardins da Igreja da Matriz, os armazéns da Manáos Harbour e a avenida Eduardo Ribeiro, onde ficavam a Capitania do Porto e as redações dos maiores jornais. Nessa praça aconteciam as principais concentrações de trabalhadores, como greves, assembleias, *meetings*, comícios e recepções a políticos que

---

[29] A. Bittencourt, 1959, pp. 57-59; Castro, s.d., pp. 27-28; M. L. U. Pinheiro, 2015, p. 51; Gitahy, 1992, p. 31.

desembarcavam em Manaus.[30] Além do Roadway, barcos de pequeno e médio portes (como as lanchas) aportavam e partiam dos igarapés do Educandos e do São Raimundo, que cortavam a cidade e serviam de docas. Os marítimos também podiam ser encontrados na igreja Nossa Senhora dos Remédios, padroeira da navegação comercial, agradecendo pelas chegadas e pedindo proteção para as partidas. Na beira-d'água, nas ruas, nas calçadas, nas praças, nos quintais e nos terreiros, os marítimos banhavam Manaus com cultura portuária, reivindicando os espaços da cidade com ideais de liberdade e alternativas à dura vida de bordo, claro, sempre às vistas da polícia, dos funcionários da Manáos Harbour[31] e da Capitania do Porto, a principal responsável por frear os impulsos mais libertários da marinhagem.

AS CAPITANIAS E O ACESSO À CIDADANIA

As Capitanias dos Portos foram criadas pelo decreto nº 358, de 14 de agosto de 1845. Em tese, suas tarefas consistiam no policiamento naval; no controle de entradas e saídas de navios; na administração de matrículas das tripulações; e na inspeção de faróis. Mas suas atribuições e conexões sociais iam muito além. Por exemplo, era a única repartição marítima que arrecadava recursos vindos do registro de navios mercantes, de multas, da cobrança das emissões de cadernetas e taxas de matrículas, e da venda de estampilhas e selos. A sua chefia cabia ao capitão do porto, um oficial de carreira indicado pela pasta da Marinha. O quadro de funcionários geralmente era formado por militares e/ou civis bem relacionados com políticos e empresários locais.[32]

No Império, apenas a Capitania da Corte respondia diretamente ao Ministério dos Negócios da Marinha, as demais se subordinavam

---

[30] L. B. Pinheiro, 2019.
[31] Ver M. L. U. Pinheiro, 2015.
[32] P. N. Pereira, 2017, pp. 74-80.

aos presidentes de província e viviam à mercê de politicagens locais.[33] Com o propósito de proteger e regular a navegação comercial, as Capitanias mediavam a ligação da Marinha com setores sociais, políticos e econômicos. Sua maior finalidade era inserir o Brasil na circulação internacional de mercadorias, o que implicava melhor infraestrutura e políticas centralizadoras. Para tanto, foi preciso superar as crises do período regencial e traçar medidas de controle sobre o território nacional. O extremo norte estava no cerne dessa questão, sendo o Grão-Pará a última província a aderir definitivamente ao Brasil independente, após o fim da Cabanagem, em 1840.[34]

A província do Amazonas alcançou sua autonomia e foi criada em 1850. A repressão forçou as duas províncias a se conformarem às aspirações do Império e se submeterem a presidentes nomeados pela Corte e dela dependentes. Era uma nova fase de conquista da região amazônica, dirigida por uma elite ávida por borracha, cada vez mais lucrativa na segunda metade do século XIX.[35] Logo, a Capitania do Porto do Pará ficou sobrecarregada. Isso embasou a criação da Capitania do Porto do Amazonas, pelo decreto nº 5.798, de 18 de novembro de 1874.[36] Ela funcionou por muitos anos no precário prédio alugado em frente ao Mercado Público de Manaus, de onde mal se via o movimento portuário.[37]

O primeiro capitão do porto foi o próprio vice-presidente da província, o capitão de mar e guerra Nuno Alves Pereira de Mello Cardoso, que conhecemos no comando do *Icamiaba*, em 1865. Ele passou a exercer esse posto duplo, que mesclou a autoridade portuária à política, reforçando o controle sobre o movimento de pessoas e navios na nova província. É preciso abrir um parêntese sobre a trajetória de

---

[33] E. Santos Júnior, 2020, p. 26.
[34] *Idem*, p. 29.
[35] Harris, 2017, pp. 344-345.
[36] A. A. Dias, 1904, p. 103.
[37] Castro, s.d., pp. 147-148.

Nuno e seu perfil comum a outros capitães do porto, os quais não ficavam alheios da vida econômica e da política tradicional para onde eram designados.

Nuno Cardoso nasceu no Rio de Janeiro e tinha ascendência lusitana. Teria por antepassado Nuno Álvares Pereira, o Santo Condestável, de quem herdara o nome – figura histórica d'*Os Lusíadas*. A mitologia familiar explica as ações pouco modestas do Nuno de Manaus e desvela pretensões de nobreza, muitas vezes forjada pelo oficialato brasileiro e propalada até a República. Nuno foi destacado pelo governo imperial à província do Amazonas, onde veio a se casar com a filha de um marechal da oligarquia Nery. A Capitania do Porto do Amazonas funcionou por três meses na casa de Cardoso, antes de ir para o sobrado do barão de São Leonardo, um ex-presidente da província. Cardoso não fez quase nada como chefe da repartição, mas foi esperto o bastante para adquirir terrenos nas imediações e lucrar com especulação imobiliária. Um dos lotes, onde hoje se encontra o Mercado Municipal, estava à sua vista toda vez que entrava e saía do decrépito prédio da Capitania. O primeiro capitão do porto do Amazonas morreu em 1881, sem ver o novo porto ou ter sua autoridade ameaçada pela marinhagem, como os seus sucessores. Em seu tempo, os matriculados não chegavam a 200.[38]

Na República, as Capitanias passaram a responder diretamente ao Ministério da Marinha para, em tese, evitar interferência política dos estados. Anualmente os capitães enviavam relatórios aos ministros, informando a situação dos cofres, o estado dos prédios e dos barcos próprios etc. Da Capitania do Amazonas, o que mais lemos nesses documentos é uma insatisfação constante com a penúria herdada do tempo de Nuno. Para cortar gastos, a Capitania chegou a se fundir com a Flotilha do Amazonas na década de 1890. Nisso, o capitão do porto passou a exercer autoridade dupla sobre a navegação comercial: toda vez

---

[38] *Commercio do Amazonas*. Manaus, n. 128, 8 jun. 1875; *Jornal do Amazonas*. Manaus, n. 93, 24 abr. 1876; A. Bittencourt, 1973, pp. 376-377.

que quisesse reclamar, um marítimo se veria, algo nada agradável, diante do capitão do porto e comandante da Flotilha.[39]

Em 1900, o capitão da vez afirmou que a Capitania estava abaixo do "grande desenvolvimento que tem tido o porto de Manaus, atualmente frequentado por grande número de navios, dos quais alguns têm linhas [diretas] com os Estados Unidos do Norte, Europa e ilhas do Atlântico". O cenário era pior que em 1875, contando com três empregados civis e homens da Flotilha improvisados.[40] Mas a arrecadação aumentou em tempo recorde. Dois anos depois, a repartição alugou um prédio próximo à orla do rio Negro, que estava sendo preparado para o novo porto. Os lucros auferidos vinham do maior volume de mercadorias e matrículas, que exigiu melhor desempenho e organização da Capitania.[41] A partir do final do século XIX, a repartição sofreu ainda mais pressão de companhias e comandantes para frear greves e outras agitações de marítimos que começavam a se organizar. O auge da economia de exportação assentava-se numa marinhagem maior, mais bem organizada e heterogênea em termos políticos e étnico-raciais.

Em 1907, o novo regulamento das Capitanias sofisticou o policiamento e a vigilância portuária. Ficou esclarecido que o capitão não devia interferir em acordos salariais mantidos entre armadores e tripulantes, limitando-se à administração do porto e das matrículas de homens e navios. Contudo, alargou sua autoridade para reprimir quem atravancasse o porto, exercendo poder policial para investigar e punir a seu critério. O regulamento de 1907 desenhou o seguinte cenário: através dos comandantes, os armadores definiam quanto e como pagariam a tripulação sem interferência da Capitania, mas ficava a critério do capitão do porto punir e prender os desordeiros, incluindo aí qualquer um que reclamasse dos salários oferecidos.[42]

---

[39] P. N. Pereira, 2017, p. 80.
[40] Luz, 1901.
[41] Alencar, 1908, pp. 68-69.
[42] *Diário Oficial*. Rio de Janeiro, 1º nov. 1907, p. 7.841.

A regularidade é um ponto importante a ser ressaltado nessa relação institucional. Luca Lo Basso verificou, na Gênova setecentista, que a falta e o atraso dos soldos consistiam na principal recorrência dos marujos ao Consolato di Mare, que equivalia a uma Capitania. Eles conseguiam pressionar as autoridades marítimas a reconhecer todo um conjunto de tradições e costumes como formas legais de organização do trabalho, e deram outro sentido àquela presença institucional, enquanto a utilizavam em favor próprio, negociando participação por dentro da sua jurisdição.[43] Em Manaus, a Capitania compôs o itinerário de circulação de uma marujada acostumada a reivindicar. Não havia nenhuma outra forma de proteção além do que regia os regulamentos das Capitanias, isto é, os próprios marítimos resguardavam seus direitos, confrontando quem devia cuidar e proteger a navegação. E, tal como em outras repartições da República, o papel repressivo do Estado se legitimava nas funções de policiamento e proteção da navegação. Coube aos marítimos instrumentalizar os regulamentos para granjear direitos e alguma proteção jurídica.

Um ponto de virada do regulamento de 1907 foi o uso da expressão *marinha mercante*. Até então o setor era entendido como "reserva da Armada". O crescimento da economia de exportação e da organização dos marítimos obrigou as instâncias reguladoras a encará-los como trabalhadores, e não mais como militares reservas. Para Pablo Nunes Pereira, a insistência em militarizar homens já identificados aos ofícios marítimos cobrou um preço caro da "segurança" portuária. A formação identitária do marítimo precisou enfrentar as Capitanias para positivar a imagem de *trabalhador* e assim evitar o monopólio da marinha mercante como força auxiliar da República. O autor conclui que as Capitanias do Amazonas e do Pará não possuíam meios materiais para fazer guerra. O seu poder se efetivava mesmo era com o uso da pena. Através dos números elas buscavam controlar o movimento de pessoas e navios por

---

[43] Basso, 2015, p. 162.

Manaus e Belém. Catalogar, observar e registrar foi a forma encontrada de esquadrinhar a vida marítima.[44]

O REGISTRO DE MATRÍCULA

O decreto nº 2.304, de 2 de julho de 1896, regulamentou a navegação de cabotagem e determinou a matrícula obrigatória de barcos e tripulações. Ambos deveriam, como no tempo do Império, se matricular nas repartições marítimas do distrito de sua navegação ou estadia. Os comandantes apresentavam na repartição os registros de matrícula do pessoal, as informações do carregamento e o rol de equipagem (a lista de tripulantes). Ninguém podia equipar sem que estivesse registrado na mesma Capitania que o navio. O primeiro regulamento das Capitanias na República (1896) definiu a matrícula como "a inscrição do indivíduo nos livros da Capitania, para que esta lhe forneça um documento com o qual ele possa exercer sua profissão no mar" (art. 290).[45]

Para se matricular, o candidato submetia um pedido na Capitania, pagando a taxa de 1$000 mil-réis (que equivalia a um quilo de carne-seca em Manaus). Em seguida, preenchia um formulário com nome, idade, nacionalidade, filiação, profissão, residência e características físicas (cor, estatura, cabelos, olhos, barba, rosto e nariz). Após aprovada, a matrícula gerava um número de identificação. Então o matriculado ficava responsável por suas ações no trabalho e fora dele. A matrícula individualizava quem vivia imerso na coletividade durante toda a jornada de trabalho. O registro do corpo num órgão do Estado impedia que a identidade coletiva sobrepujasse as consequências individuais para quem violasse as normas. Estamos falando de uma sociedade na qual

---

[44] P. N. Pereira, 2017, pp. 101-103.

[45] *Diário Oficial*. Manaus, n. 778, 11 ago. 1896.

"saber o seu lugar" era uma das expressões capazes de traduzir regras de sociabilidade hierarquizadas e atualizadas cotidianamente.[46]

Nessa época, a marinhagem de Manaus era composta por muitos filhos e netos de africanos e indígenas. Não é estranho imaginar as matrículas como outra forma de interdição social para controlar o trânsito de ideias rebeldes pelos navios, verdadeiras ameaças ao sistema político e econômico da República. Refiro-me à radicalidade dos alijados do projeto de país em curso, mas envolvidos na criação de alternativas políticas próprias. Dentro dos movimentos abolicionistas de outras regiões, muitas dessas alternativas viam o novo regime com boas expectativas e apostavam no associativismo operário. Logo, de que maneira evitar maiores organizações de trabalhadores não brancos, experimentados no passado escravista, num porto recém-reformado para atrair capital estrangeiro?

Wlamyra Albuquerque salienta as dimensões do porto como lugar de recepções, um espaço submetido pelas autoridades políticas à elaboração, sem explicitar, de mecanismos de controle social pautados em critérios raciais.[47] É possível que a manutenção burocrática das matrículas estivesse alinhada a lógicas de racialização continuadas no regime republicano, que nada promovia para remediar a permanência de diferentes formas de desigualdade. Contudo, há uma distinção fundamental para o sentido conferido pelos marítimos àquelas matrículas: elas geravam um documento positivado por identificar seu possuidor como trabalhador livre.

O candidato entregava na Capitania os seus dados pessoais e físicos, para legalizar o exercício da profissão, que representava distanciamento definitivo do trabalho cativo ou do estigma da vadiagem. Aprovados, esses dados iam para o Livro de Matrículas e depois eram utilizados na confecção de uma caderneta. Esse cobiçado item consistia na prova

---

[46] Albuquerque, 2009, p. 33.

[47] *Idem*, p. 47.

física de quem era o matriculado e qual era o seu ofício. Por comprovar a condição de marítimo, as associações também passaram a exigi-la para as filiações. Trata-se de um documento de difícil acesso, pois a Capitania do Amazonas não dispõe de arquivo histórico, e os atuais sindicatos marítimos não dão continuidade às antigas associações de ofício. Porém, tive sorte de encontrar uma caderneta completa e em boas condições, anexada a um processo-crime que analiso no próximo tópico. Com base nela, tomamos ciência da forma e do conteúdo desse documento crucial para que os marítimos se apresentassem como *trabalhadores*.

A caderneta em questão tem capa de couro e 30 páginas. Na contracapa, estão impressos trechos do regulamento da Capitania em vigor, informando as obrigações do matriculado e as punições para cada infração. De resto, há espaços para preencher: o histórico de embarques, os navios tripulados, as datas das equipagens, atestados de conduta moral e de desempenho. Os comandantes anotavam se a habilitação profissional era "bastante", "pouca" ou "nenhuma", e se o comportamento era "bom", "regular" ou "mau". Os registros eram feitos antes de ir a terra, ao fim da jornada de trabalho. Em seguida entregava-se o bilhete de desembarque ao matriculado, que se dirigia à Capitania para receber carimbos e selos na caderneta. O procedimento devia ser feito em até 24 horas após as viagens. Caso o marítimo tivesse alguma reclamação sobre a avaliação de sua conduta pelo comandante, podia solicitar a abertura de um inquérito na Capitania. Em se provando a injustiça do comandante, a multa a ser paga era de apenas 200$ (duzentos réis), e o reclamante podia acionar a Justiça comum.[48] O sistema era pensado para amedrontar o marítimo com desemprego caso arriscasse sujar a caderneta enfrentando os superiores. Mas esse método de coação não foi de todo eficaz.

Nos anos 1910, conforme se agravava a crise gomífera, mais frequentes ficaram os motins e paralisações contra déficits de tripulação e por melhores condições de trabalho, o que levou a Capitania a emitir

---

[48] *Diário Oficial da União*, seção 1, 8 mar. 1915.

cadernetas apenas com apresentação de um atestado de conduta carimbado pela polícia.[49] Mas é importante frisar que os marítimos dedicavam pouquíssima lealdade aos portos onde se matriculavam. A realocação de matrícula sempre foi uma saída ante a perseguição das autoridades.

Aonde iam, os marítimos levavam suas cadernetas consigo para provar sua ocupação regular e afastar o estigma da vagabundagem; era um item essencial nas horas mais incertas. Tanto que, durante a Grande Guerra, além da falta de viagens e dos navios parados, a emissão do documento ficou 500$ (quinhentos réis) mais cara,[50] incentivando furtos e falsificações.[51] Nesse contexto, vejamos um caso de alteração de identidade numa caderneta apreendida pelo capitão do porto do Amazonas, em 1916, para entendermos os significados atribuídos a esse documento.

A CADERNETA DE THADEU/MATHEUS

Não sabemos por quanto tempo o ferreiro Matheus Francisco de Souza, morador de Manaus, esforçava-se para conseguir uma matrícula. Em 18 de março de 1916, ele se inscreveu para o exame de subajudante de maquinista, mas teve o pedido indeferido pela Capitania.[52] A deflagração da guerra em 1914 piorou a procura por emprego, acirrou as disputas por vagas e deve ter incentivado Matheus a buscar um atalho. De alguma forma, em abril, o ferreiro apareceu na Capitania do Amazonas com uma caderneta em mãos. Mas o capitão do porto, José Martini, tirano que reencontraremos por aqui, mandou recolher Matheus e o documento,

---

[49] *JC*. Manaus, n. 2.662, 19 set. 1911.

[50] Alencar, 1917, p. 148.

[51] *Vide* a notícia: "Os larápios penetraram ontem, à residência de Joaquim Marcellino Gonçalves, a av. João Coelho, n. 13 e de lá furtaram uma caderneta de matrícula de carvoeiro, Marcellino apresentou queixa à 1ª Delegacia, que registrou o caso". *JC*. Manaus, n. 4.684, 19 maio 1917.

[52] "O que houve na Capitania". *JC*. Manaus, n. 4.275, 19 mar. 1916.

acusando-o de fraude. No mesmo dia, Martini encaminhou para o Juizado Municipal do 2º Distrito Criminal um ofício com a caderneta em anexo.

Matheus foi acusado de rasurar o documento do foguista Thadeu Francisco dos Santos, paraense de 25 anos, e substituído pelo seu próprio nome. Convencido da fraude, o capitão exigiu de Matheus uma multa de 200$000 (duzentos mil-réis), "não podendo embarcar sem haver pago a multa, no prazo de 10 dias contados da data da intimação, ficando sujeito ao processo e cobrança executiva nos termos das leis vigentes".[53] Em junho de 1916, a promotoria enquadrou Matheus no crime de falsidade de documentos, agravado com premeditação, deliberação criminosa, abuso de confiança e motivo frívolo: pena de um a quatro anos de prisão, mais multa de 20% do dano causado.

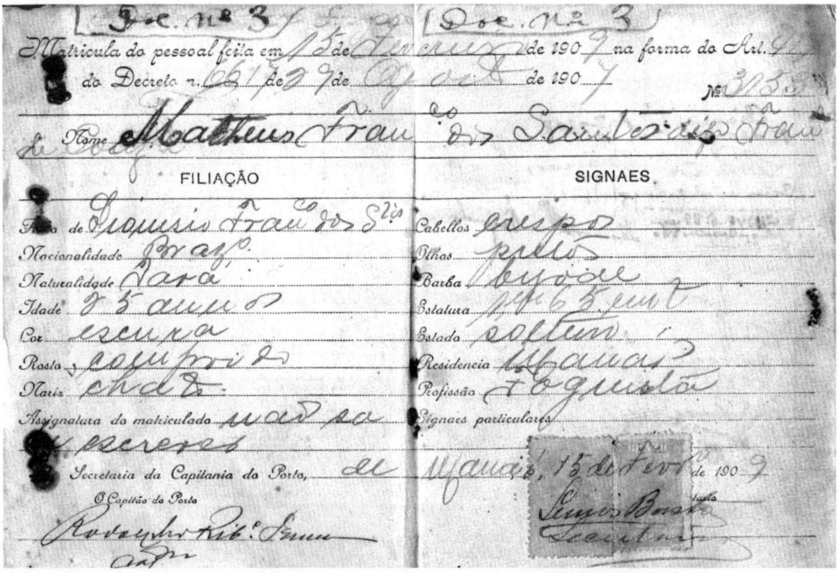
Doc. nº 3 | Doc. nº 3

Matricula do pessoal feita em 15 de Fevereiro de 1909 na forma do Art.

do Decreto n. de de 190

Nome Matheus Fran.co dos Santos

FILIAÇÃO	SIGNAES
Filho de Dionisio Fran.co dos S.tos	Cabellos crespo
Nacionalidade Braz.o	Olhos pretos
Naturalidade Pará	Barba
Idade 25 annos	Estatura
Cor escura	Estado solteiro
Rosto comprido	Residencia Manaus
Nariz chato	Profissão foguista
Assignatura do matriculado não sabe escrever	Signaes particulares

Secretaria da Capitania do Porto, em Manaus, 15 de Fev.o de 1909

O Capitão do Porto

Imagem 3: Caderneta de Thadeu Francisco dos Santos [rasurada]. Fonte: Doc. nº 3. Anexo dos autos: JMCRI – 3º D. Ofício de auto de infração. Manaus, 24 abr. 1916. Cx. Criminal (1916). Acervo histórico do TJAM.

---

[53] As informações a seguir foram colhidas do seguinte processo: TJAM. JMCRI – 3º D. Ofício de auto de infração. Manaus, 24 abr. 1916. Cx. Criminal (1916).

A caderneta foi encaminhada para exame pericial e passou a compor a massa documental do processo que ora conhecemos. Nela, acessamos o conteúdo desse tipo de documento, como a trajetória profissional e as feições de Thadeu (ou as de Matheus?) (Imagem 3).

Vemos acima a rasura *Matheus* sob o que parece ser a grafia *Thadeu*. Curioso o nome dos dois serem bem parecidos na composição: Thadeu Francisco dos Santos e Matheus Francisco de Souza. O restante dos dados sugere semelhanças físicas entre eles, pois não há alteração nelas. É visível apenas a rasura no primeiro nome e o acréscimo sobre o último: "digo, Franº de Souza". De alguma maneira, os dois partilhavam a pele escura, o rosto comprido, o nariz chato, os olhos pretos, os cabelos crespos, o bigode e os 1,65 cm de altura. Ou Matheus apostava que isso passaria despercebido.

Sobre Thadeu, temos o histórico dos seus engajamentos como foguista, segundo os comandantes, de bons desempenho e comportamento. O paraense se matriculou na Capitania do Amazonas, em 15 de fevereiro de 1909. Em seis anos, empregou-se em 20 equipagens de 11 navios diferentes. Houve uma progressão delas conforme o foguista ia sendo elogiado, reconhecido como hábil profissional e se enturmava (equipou a lancha *Onça* por sete vezes, entre 1910 e 1915). A partir de 1913, por razões desconhecidas, o espaço destinado aos desembarques se encontra em branco – impossível dizer se por negligência ou de propósito. O carimbo da Capitania informa a renovação da caderneta para o ano de 1916, embora ele não tenha se engajado em nenhuma viagem naquele ano.

Thadeu regularizou seu documento no dia 20 de março de 1916, dois dias antes de Matheus reprovar no exame de submaquinista. Em 11 de abril, a caderneta já estava nas mãos do ferreiro, que, nesse meio tempo, pôde ter negociado com o dono original. Talvez o foguista Thadeu estivesse em situação delicada há mais de um ano sem equipar; nesse caso, a venda da caderneta a Matheus, ávido por se tornar marítimo, viria a calhar. Interessante observar a tática de Matheus em utilizar dos saberes de ferraria para se engajar em ofício que também lidava com mecanismos e fornos. Os dois podiam ser antigos conhecidos e frequentar os mesmos lugares. É possível ainda imaginar Thadeu sondando os reprovados nos exames para vender clandestinamente sua caderneta; Matheus encontrando o documento perdido por aí ou obtido das mãos de um terceiro sujeito; outra hipótese seria ele possuir o documento de um homem morto. Infelizmente não obtive outras informações sobre Thadeu. Cogitei também ser a mesma pessoa com identidade alterada de propósito, pois nomes falsos não eram raros entre a marinhagem. Mas isso não explicaria a migração de ofício de Matheus, que já havia prestado exame para submaquinista. Voltemos ao desenrolar do auto de infração.

A promotoria arrolou o capitão do porto e mais dois funcionários da Capitania como testemunhas. Em maio, o juiz nomeou um tabelião e um escrivão para proceder ao exame pericial da caderneta. Eles concluíram que o documento era verdadeiro, por conter as assinaturas do capitão do porto anterior e seu secretário. Atestou-se a rasura do primeiro nome, mas não conseguiram decifrar a informação original. Foi José Martini quem acusou a fraude ao consultar os Livros da Capitania e constatar a matrícula de um Thadeu, e não Matheus. Segundo os peritos, não havia tipos diferentes de grafia no documento, isto é, a rasura e o restante dos preenchimentos eram obra da mesma pessoa. Mas Thadeu e Matheus não sabiam escrever. Havia a participação de alguém da Capitania nesse esquema ou tratava-se de um erro na confecção do documento, resultante de uma escuta errada? Nada se concluiu. Os peritos se abstiveram sobre a autoria da "letra da pessoa que grafou na caderneta o nome 'Matheus' sobre a rasura aludida". A prática de crime não pôde ser provada.

Talvez Matheus tenha pagado alguma multa para não responder a outro processo, porque, pouco tempo depois, ele reapareceu matriculado como carvoeiro. E, em 1917, finalmente requereu na Capitania que fosse "transferida para a de foguista a sua matrícula de carvoeiro, obtendo petição e despacho favorável".[54] Mas infelizmente a tão desejada

---

[54] *JC*. Manaus, n. 4.737, 7 jul. 1917.

carreira de foguista de Matheus foi bem curta. Em 17 de dezembro de 1919, ele embarcou muito doente na terceira classe do vapor *Walter* e morreu nas águas do rio Madeira, antes de chegar a Manaus. O seu corpo foi entregue à Capitania e ordenado por Martini que fosse enterrado no cemitério São João Batista. Mesmo morto, Martini insistiu em classificá-lo como de "identidade ignorada".[55]

Antes de concluir, um dado precisa ser inserido na trama da caderneta de 1916: tudo ocorreu com uma greve de foguistas em ebulição. O movimento era agitado pela União dos Foguistas de Manaus e tinha no capitão José Martini o seu principal antagonista. A ação enérgica do capitão para deter um candidato a foguista pode muito bem se vincular àquele contexto: não sabemos se, na sua visão, Matheus engrossaria a fileira das inimizades que ele vinha punindo por muito menos naqueles dias (ver capítulo 8).

Matheus certamente viu de perto a movimentação dos foguistas, sem sabermos sua opinião ou seu grau de participação no episódio. Mas é possível identificar alguns significados no ato de matrícula. A matrícula autorizava dois tipos de movimento: o acesso ao trabalho embarcado e ao associativismo de ofício. Identificava o profissional marítimo e era exigida na filiação de suas associações. Na verdade, tratava-se de um sentido ao revés de sua função inicial: o controle do movimento pela classificação física e moral de seu portador. O mesmo documento que demarcava subordinação à Capitania permitia enfrentá-la nas trincheiras dos próprios matriculados. Precisamos quantificar as matrículas para reforçar essa hipótese.

---

[55] *JC*. Manaus, n. 5.614, 19 dez. 1919.

UMA POPULAÇÃO FLUTUANTE

Anualmente, os capitães do porto reportavam ao ministro da Marinha o quadro de matrículas de suas repartições. Esses dados apresentam variações e podem não corresponder bem à realidade, mas denotam a situação desse mercado de trabalho ano a ano, o que era bem difícil de apurar no período imperial. Nos relatórios provinciais, usava-se a expressão "pessoal empregado na navegação", que incluía de pescadores a proprietários de barcos. Já o registro imperial de 1872 suscita alguma identificação profissional. Antes do procedimento dos registros de matrícula, algumas quantificações distribuíam tripulantes por companhias de navegação do Amazonas e do Pará. Segundo a *Revista Marítima Brasileira*, a Amazon Steamship aparece como a maior empregadora, em 1881, com 876 marítimos. As demais companhias e seus respectivos tripulantes eram: Empresa Marajó e Tocantins (198); Empresa Guamá e Capine (15); Empresa Pinheiro, Benfica e Mosqueiro (5); particulares (173). No total, somam-se 46 vapores (16.707 toneladas) e 1.267 marítimos. Tirando alguns maquinistas e foguistas, quase todos eles eram brasileiros. Em 1884, o barão de Santana Nery registrou um aumento: 114 vapores e 4 mil marítimos.[56] Nessa década, visualizamos um cenário empresarial mais robusto nos vapores do que nos veleiros, reiterando o processo de substituição tecnológica, bem como de mudanças no perfil da marinhagem.

No período republicano, as Capitanias passam a seguir um protocolo mais rigoroso de produção de informações, na medida em que eram cada vez mais militarizadas e voltadas para a função estratégica de defesa do território e proteção do comércio. De 1897 até 1903, os relatórios do Ministério da Marinha discriminavam os marítimos nacionais e estrangeiros. Esses últimos diminuíram com as leis de nacionalização da cabotagem (1907-1910), quando passaram a ser computados desde que

---

[56] *Revista Marítima Brasileira*, n. 1, jul. 1881, pp. 272-273; Nery, 1979, p. 157.

naturalizados. No final da Grande Guerra, os estrangeiros voltaram a ser arrolados, talvez como medida de segurança nacional. No geral, os dados apontam uma hegemonia de marítimos nacionais, desde o final do século XIX (Tabela 1).

TABELA 1: MATRÍCULAS DE NACIONAIS (N) E ESTRANGEIROS (E) NO AMAZONAS

Ano	1897	1900	1901	1902	1903	1917	1918
N	733 (80,46%)	3.242 (62,48%)	1.079 (61,98%)	1.295 (76,14%)	2.484 (81,69%)	240 (96,77%)	269 (90,88%)
E	178 (19,54%)	1.947 (37,52%)	662 (38,02%)	406 (23,86%)	557 (18,31%)	8 (3,23%)	27 (9,12%)
Total	911	5.189	1.741	1.701	3.041	248	296

Fonte: Elaborado pelo autor a partir dos Relatórios do Ministério da Marinha (1897-1919).

No total, entre 1897 e 1918, os marítimos nacionais correspondem a 71,1% e os estrangeiros a 28,8%. As porcentagens mais altas de estrangeiros, de 1900 a 1902, podem resultar das demandas por trabalho qualificado durante a reforma portuária, momento oportuno para empregos, sob a promessa de maior volume de navegação. No ano da conclusão das obras do porto (1907), consta um aumento de 49,7% de trânsito fluvial em proporção aos seis anos anteriores. A nova infraestrutura portuária deve ter atraído mais homens nos postos de máquinas e pilotagem de longo curso, nos quais participavam maior número de estrangeiros. Por volta de 1903, havia 11.500 marítimos em todo o país; desses, 3.910 estavam no Pará e no Amazonas, isto é, a Amazônia abrigava 34% da marinhagem brasileira da época.[57] Ao longo dos anos, essa porcentagem alargava e encolhia segundo as crises políticas e econômicas e a situação associativa nos dois estados. O Gráfico 1 ilustra essas idas e vindas de matrículas no Amazonas.

---

[57] A. A. Dias, 1904, p. 92; *Jornal de Caxias*. Caxias/MA, n. 373, 7 mar. 1903; Campista, 1908, p. 322. *Quo Vadis?*. Manaus, n. 70, 11 fev. 1903.

GRÁFICO 1: TOTAL DE MATRÍCULAS NO AMAZONAS (1872-1921)

Ano	Matrículas
1872	147
1883	621
1888	480
1889	453
1897	911
1900	5.189
1901	1.741
1902	1.701
1903	3.041
1905	1.362
1906	2.032
1908	2.908
1913	454
1915	202
1917	248
1918	296
1920	1.850
1921	10.267

Fonte: Elaborado pelo autor, a partir de: Diretoria Geral de Estatística, 1872; Paranaguá, 1883; *Diário de Notícias*. Rio de Janeiro, n. 1.030, 6 abr. 1888; J. Machado, 1889; relatórios do Ministério da Marinha (1897-1921); *O Jornal*. Rio de Janeiro, n. 631, 11 mar. 1921; Diretoria Geral de Estatística, 1930, pp. 105-106.

As matrículas de 1900 correspondem à falta de restrições aos estrangeiros, que se somavam aos nacionais sem dificuldades. Temos um leve aumento em 1903, que deve corresponder à promessa do novo porto de Manaus, cujas obras tiveram início no ano anterior. Em 1905 registra-se uma queda de matrículas, ainda sem explicação satisfatória além dos transtornos da construção dos muros de arrimo do cais, que podem ter encorajado marítimos a se matricularem no Pará. Essa escolha não incidia numa mudança efetiva de domicílio, porque, nesse mesmo ano, o associativismo ganhou fôlego com a criação de entidades como a União dos Foguistas de Manaus. O cenário associativo e a inauguração do novo porto devem ter contribuído para o aumento de matrículas visto entre 1906 e 1908. Em 1906, também houve uma greve parcialmente vitoriosa do setor de máquinas em Manaus, que tornou o Amazonas um pouco mais atrativo para se equipar. A partir de 1910, se inicia a chamada "crise da borracha", que acarretou breve desarticulação de associações, seguida do estouro da Grande Guerra, quando a baixa de matrículas se equiparou à do final do século XIX. Em resposta, de 1911 a

1919, veremos uma primavera associativa de marítimos com importantes greves e motins. Possivelmente, o saldo dessa mobilização influenciou o crescimento vertiginoso de 1921. Apesar da decadência econômica do Amazonas naquela década, os marítimos vinham de vitórias razoáveis, que talvez atraíssem profissionais a Manaus, especialmente de Belém.

Se observarmos os números da Capitania do Pará, veremos um aumento correspondente às baixas do Amazonas. O mais significativo é em 1913: enquanto a amazonense apresentava 454 matriculados, a paraense reportava incríveis 14.094. No ano seguinte, em Manaus, o agitador anarquista João Demoniz afirmava liderar mais de 12 mil marítimos, considerando a soma dos empregados nas rotas amazônicas e não somente os matriculados no Amazonas.[58] Isso fazia sentido, pois as matrículas de Manaus não equivaliam ao volume de marítimos pelos portos. Nesse mesmo ano de 1914, o Pará tinha 25.768 matriculados; e o Amazonas, 1.058. O porto de Belém sozinho detinha a maior marinhagem do país, deixando a capital federal em segundo lugar, com 22.698 matriculados. Em 1921, Manaus receberia boa parte deles: 10.697.[59] Mesmo à sombra dos anos 1920, tidos como de declínio náutico, essa década consagra a ascensão dos marítimos como categoria, tanto por sua quantidade quanto por sua organização, como veremos ao final do livro.

Por fim, o contingente marítimo flutuava conforme a situação política e econômica vivida nos estados do Pará e do Amazonas. Nos jornais de Manaus e Belém, era comum a seção "transferências de matrícula" na coluna de avisos marítimos, tendo o Pará como o principal destino, e vice-versa. Isso explica por que certas associações da categoria não faziam discriminação estadual: a mobilidade entre esses portos esteve sempre no horizonte de luta dos seus marítimos. Nesse sentido, Pablo Nunes Pereira foi perspicaz em calcular os tripulantes entrados e saídos do Pará e do Amazonas, entre 1912 e 1913, período de baixas matrículas em

---

[58] A *Lucta Social*. Manaus, n. 2, 1º maio 1914. No capítulo 7, reencontraremos Demoniz e veremos o motivo de tão polêmica afirmativa.

[59] "Marinha mercante nacional". *O Jornal*. Rio de Janeiro, n. 631, 11 mar. 1921.

Manaus. Nesse recorte, soma-se o trânsito de 52.714 marítimos em Belém; em todo o Pará, havia 275.167 habitantes. Os marítimos representariam então 19,2% desse cômputo, sem necessariamente constarem nos dados demográficos. Já pela capital do Amazonas, passaram 42.774 marítimos. Diante de 80.931 habitantes, seriam notáveis 52,9%, o que fazia de Manaus "uma cidade de marinheiros".[60]

Assim, podemos entender melhor o rigoroso controle almejado pela Capitania do Amazonas, que dividia com os armadores o receio de que essa comunidade virasse tudo de ponta-cabeça. Aliás, as particularidades do quadro de armadores do rio Amazonas também incidiam na mobilidade entre os dois portos, bem como nos tipos de negociação com seus empregados. Vejamos a quem pertenciam os navios equipados por essa população flutuante.

A FROTA MERCANTE. À SOMBRA DA AMAZON RIVER

Desde 1853, a navegação do rio Amazonas foi explorada por empresas nacionais com subvenção pública. Após acordos firmados nos anos 1860, armadores estrangeiros passaram a complementar o serviço oferecido pelos brasileiros. No final dessa década, a abertura internacional do rio Amazonas inseriu-o nas rotas da longa cabotagem. Nesse tempo, as britânicas Booth Line e Red Cross Line & Cia faziam a conexão de Manaus com Liverpool. Também ficou possível viajar até os Estados Unidos (United States Brazil Mail S.S. Cia); a Alemanha (Hamburg Südamerikanische Dampfschifffahrts Gesellschaft); a Itália (Ligure Braziliana); a França (Chargeurs Reunis); e diferentes escalas desses trajetos. Para o sul do Império, havia a Companhia Braziliera de Paquetes a Vapor, criada em 1837.[61]

---

[60] P. N. Pereira, 2017, p. 90.
[61] Benchimol, 1995, p. 8.

A partir dos anos 1870, os britânicos se interessaram pelas duas companhias atuantes na província do Amazonas: a pioneira Companhia de Navegação e Comércio do Amazonas, do barão de Mauá, e a Companhia Fluvial do Alto Amazonas, do português Alexandre Amorim. Em 17 de junho de 1871, Mauá transferiu seus contratos à inglesa The Amazon Steamship Navigation Company Ltd. Três anos depois, Amorim vendeu seus direitos para a mesma empresa. Em maio de 1874, os ingleses já dominavam a navegação do rio Amazonas.[62] Enquanto isso, os armadores locais serviam com linhas saídas de Belém para buscar alguma independência do monopólio britânico.

Segundo Rinaldo Moraes, em 1881, a frota fluvial somava 20 navios e 9.028 toneladas no total. Em 1907, subiu para 60 navios e 13.734 toneladas. Sete anos depois, 106 vapores circulavam no vale amazônico, distribuídos entre The Amazon Steamship Navigation Co. Ltd. (19); Companhia de Navegação a Vapor de Manáos (2); Companhia de Navegação Pará e Amazonas (8); Empresa do Marajó (5); particulares (9); Red Cross Line (3); Booth Steamship (7); Companhia Brazileira de Navegação a Vapor (6); e lanchas avulsas (47). Contudo, as embarcações não movidas a vapor (368) predominavam.[63] Até o final do século XIX, a maior parcela da marinhagem ainda trabalhava com remos, velas e varas.

No raiar do século XX, a Amazon Steamship continuava como a maior empresa de navegação fluvial do país, com vapores ativos nos principais rios do extremo norte. Em 1904, encomendaram a confecção de um belo material publicitário dos seus 32 navios, adquiridos no país ou encomendados de estaleiros europeus e norte-americanos.[64] A gerência da Amazon Steamship era ocupada por brasileiros de confiança, os quais mantinham maior proximidade com comandantes e capitães do porto. Já a marujada passava anos equipando sem conhecer o corpo de funcionários das companhias. As relações de hierarquia se davam mais

---

[62] Loureiro, 2007, p. 173.
[63] Moraes, 2007, p. 156; Fonseca, 2011, p. 12.
[64] The Amazon..., 1904, p. 15.

com os comandantes e a Capitania. Isso mudava no âmbito das pequenas e médias empresas, nas quais os comandantes e armadores chegavam a misturar funções. Esse perfil se tornou mais comum quando as casas aviadoras assumiram o transporte de mercadorias para os seringais, nos anos 1900. A principal alteração do quadro empresarial ocorreu com os norte-americanos assumindo a dianteira do negócio, quando o magnata Percival Farquhar adquiriu a Amazon Steamship dos ingleses, em 1911, mudando seu nome para The Amazon River Steamship Navigation Co. Ltd. (1911).

Em 1910, o contrato da Amazon Steamship com a União chegava ao fim. Havia uma predisposição para que fosse renovado, mas o governo obrigou que ela servisse os altos rios em tempo de estiagem, e a empresa declinou. O governo federal se reuniu com os armadores locais para estudar uma forma de substituição das linhas da Amazon Steamship. Contudo, a frota dos amazonenses e paraenses não era suficiente, mesmo com número expressivo de navios.[65] O médico e pesquisador das realidades locais Antonio Loureiro elaborou uma alentada lista desses vapores. Para traçar um quadro naval dos anos 1870 a 1945, cruzei suas informações com dados de estaleiros estrangeiros, compilando 344 navios e 299 proprietários, entre empresas e particulares.[66]

Esses navios transportavam passageiros e mercadorias (às vezes negociadas por armadores que diversificavam escopo na praça dos aviamentos) ou eram fretados por terceiros.[67] Um ponto de destaque é o que representava o método de aviamento, tão característico do comércio amazônico. Tratava-se de um sistema de crédito existente desde tempos coloniais, uma espécie de crédito sem dinheiro, caracterizado por trocas de mercadorias entre as casas aviadoras que abasteciam seringais e firmas

---

[65] Moraes, 2007, p. 164.
[66] A lista pode ser acessada de forma impressa (Loureiro, 2007), já os navios negociados nos estaleiros estrangeiros, em <shipbuildinghistory.com/shipyards/19thcentury/rees.htm> e <www.clydeships.co.uk>. Acessos em: 30/9/2020.
[67] Sarges, 2000, p. 51; C. Oliveira, 2019, p. 28.

exportadoras. Ao longo do tempo, as aviadoras se especializaram cada vez mais nesse sistema, tornando-se verdadeiras potências financeiras que chegavam a representar interesses do capital estrangeiro, numa extensa rede comercial assentada pelo componente étnico (especialmente de empresários portugueses e judeus), que se estendia do porto de Belém ao de Iquitos, no Peru. Essa vasta extensão exigia muita confiança entre fornecedores e distribuidores, o que azeitava relações calcadas em identidades nacionais, raciais e de classe.[68]

A listagem de navios revela que a maioria das casas armadoras se alocava em Belém (144), seguida de Manaus (76), Iquitos (4) e Itacoatiara/AM (1). Boa parte das linhas de navegação iniciava e terminava na capital paraense. Manaus ficava basicamente no meio das rotas, mas tinha seus próprios armadores, que faziam lucrativas viagens para o norte, o sul e o sudoeste amazônico. No Quadro 1, visualizamos as principais companhias, com o número de navios e a soma total de suas tonelagens, dados que representam também o seu poder econômico.

Listei acima os proprietários de mais de um barco. A exceção foi A. de Castro Martins, cujo único navio suportava 2.154 toneladas e valia sozinho por uma frota. Todos os navios computados foram adquiridos entre os anos 1890 e 1910. A maior frota em circulação era do Lloyd Brasileiro, companhia paraestatal criada em 1894, que passou a ligar o Norte ao Sul do país, mas que ainda perdia em tonelagens para a Companhia do Marajó e a Barbosa & Tocantins, detentora de grandes e luxuosos navios.

Em 1910, o governo do Pará solicitou a prorrogação do contrato da Amazon Steamship até que os armadores mencionados acima se organizassem para assumir as linhas. Num prazo de três meses, a companhia Freire Castro, Meirelles & Cia. foi formada para se apossar das rotas, à exceção do rio Madeira, cedido à B.A. Antunes & Cia.

---

[68] Sarges, 2000, p. 51; C. Oliveira, 2019, p. 28.

QUADRO 1: COMPANHIAS PARTICULARES (C. 1874-C. 1940)

Companhia	Frota	Cidade	Toneladas
Companhia (ou Empresa) do Marajó	8	Belém	3.073
Barbosa & Tocantins	4	Belém	2.793
Lloyd Brasileiro	12	Rio de Janeiro	2.759
A. de Castro Martins	1	Belém	2.154
Nicolaus & Cia.	7	Belém/Manaus	2.106
A. Bernaud & Cia.	6	Belém	1.921
Mello & Cia.	6	Belém	1.661
Alves Braga Rubber and Trading Co.	5	Belém	1.487
José Julio de Andrade	6	Belém	1.415
J.F. Mendonça	3	Belém	1.360
B.A. Antunes	4	Belém	1.351
Empresa de Navegação Mosqueiro e Soure	2	Belém	1.222
G.A. Miranda, Filhos & Cia.	4	Belém	1.169
Armazéns Andresen	4	Manaus	1.063
Antonio Cruz & Cia.	3	Manaus	997
A. Miranda de Araújo & Cia.	3	Manaus	979
B. Levy & Cia.	2	Manaus	879
Braga Sobrinho	4	Belém	847
Pinho, Certo & Cia.	3	Belém	840
A.R. Alves	3	Belém	829
Gomes & Cia.	3	Manaus	814
J. Constant	2	Manaus	800
Leite & Cia.	2	Belém	771
Rocha Silva & Cia.	2	Belém	763
Levy Ferreira & Cia.	3	Belém	746
C. Montenegro	2	Manaus	730
Companhia de Manáos	3	Manaus	619
A. Morley & Company	3	Iquitos	614
Tavares Coutinho	2	Belém	600
M. da Cunha Chaves	2	Belém	343
Antonio dos Santos Cardoso	2	Manaus	300
Cerqueira, Lima & Cia	2	Belém	298
A.R. da Fonseca	2	Manaus	274
Armindo Teixeira	2	Belém	111

Fonte: Elaborado pelo autor.

Mas nada veio a termo. Uma nova subvenção foi aberta, e saiu vencedora a Amazon River Steamship Navigation Co. Ltd. em 1911. Ela assumiu todos os ativos da antecessora e passou a liderar o ramo com os preços da borracha começando a despencar. A Amazon River viu-se com 89 vapores e 33.878 toneladas, algo em torno de 64,6% da capacidade de transporte fluvial da região. A fatia deixada aos pequenos e médios proprietários representava 35,3%. O poder da companhia era de tal monta que, mesmo diante do colapso econômico de 1912, ela manteve 54 vapores, 16.440 toneladas e aproximadamente 16 mil empregados. Em relação à Amazon Steamship, seu crescimento foi de 35,2%.[69] Tratava-se da maior empregadora de marítimos fluviais da América do Sul.

A Amazon River servia a maior parte da Amazônia brasileira com um negócio de sucesso que parecia pouco sofrer com quedas na cotação da borracha. Mesmo nesse cenário, a empresa continuava encomendando navios de estaleiros holandeses (Gebr. Pot, Boele en Pot e Jonker & Staus); norte-americanos (James Rees & Sons) e britânicos (Lytham Shipbuilding Co.). Comprou 2 navios em 1911, seu primeiro ano de atividades; depois mais 13, em 1912; e mais 10, em 1913. Em menos de três anos, a Amazon River colocou 24 novos paquetes para circular. Os novos vapores eram inaugurados em Manaus com festas regadas a *champagne*, caviar russo e biscoitos ingleses servidos nos salões dos navios. Em meio à fumaça de charutos e cachimbos, governadores e deputados brindavam com oficiais e agentes o sucesso da companhia. Era o momento em que se reafirmavam os compromissos de contrato com o governo, enquanto os políticos e negociantes paparicavam os agentes em troca de fretes mais baratos. Apertos de mãos, tapinhas nas costas, mentiras e outros vexames eram assistidos por criados e taifeiros trabalhando em horas extras.[70]

Aliás, com frequência os altos fretes da Amazon River eram apontados como uma das causas de o preço final da borracha e de outros

---

[69] Porcentagens feitas com base em: "Serviços de navegação". *Estado do Pará*. Belém, n. 169, 25 set. 1911; Moraes, 2007, p. 164.

[70] M. Andrade, 1985, pp. 31-40.

produtos não fechar a conta. Ocorre que a empresa também compensava nesses valores as conquistas salariais dos marítimos, com tabelas acordadas desde o final do século XIX, vindo a indispor a sociedade contra qualquer pedido de aumento salarial da categoria. Para as Associações Comerciais de Belém e Manaus, isso dificultava a renda de seringalistas e aviadores. Em momento mais dramático do declínio da exportação gomífera, em 1913, a Amazon River solicitou novo aumento de fretes ao governo, mas o pedido foi negado, sob aplausos dos armadores locais.[71] Mesmo assim, a concorrência permanecia inviável ante os benefícios da empresa estrangeira com os governos.

Diferentemente da de outros portos, e apesar do monopólio da Amazon River, a marinhagem amazônica não gerou identificação como empregados da empresa.[72] Por causa da subvenção, os marítimos pressionavam o Estado para subverter a jurisdição das Capitanias e encampar demandas diretamente ao Ministério da Marinha. A concorrência desigual entre as companhias também impediu uma concentração patronal, na medida em que o empresariado local buscava substituir a subvenção dos estrangeiros. Sem um poder aglutinador da ordenação do mundo embarcado, a Capitania tornou-se mediadora de pressões: de um lado, armadores se irmanando a capitães do porto para afrouxar regulamentos, aumentar a exploração a bordo e auferir maiores lucros; e do outro, a marinhagem pressionando pelos mesmos regulamentos, mas para proteger seus lugares de trabalho. Tudo isso motivava parte do trânsito humano pelo porto de Manaus, um movimento fundamental para que os trabalhadores identificassem aspirações, interesses e destinos em comum para em seguida organizarem-se na luta por eles.

Acredito que as leitoras e os leitores tiveram um panorama da dimensão do porto como outro espaço, no qual os marítimos inscreviam

---

[71] Moraes, 2007, pp. 168-169.

[72] Ver o caso da Companhia Mihanovich, em Buenos Aires: Caruso, 2021.

os seguintes lugares de direito: o da mobilidade entre os portos e o do reconhecimento de cidadania pelo atestado profissional. Conhecemos o papel das Capitanias e o quadro empresarial, que nos ajudarão a examinar contra quem eles disputavam o lugar do seu "fazer-se" em terra. Agora é momento de adentrarmos os navios, onde a separação das funções orientava outros tipos de identificação coletiva. Vamos observar como a categoria se via e queria ser vista, enquanto valorizavam distintos lugares de trabalho que, no vaivém dos navios, colocavam experiências para circular na mesma rota das mercadorias.

3
O NAVIO-ARQUIPÉLAGO

A máquina a vapor foi a maior novidade tecnológica do século XIX. O inventor do primeiro vapor mercante, o engenheiro americano Robert Fulton, estreou o seu *Clermont*, em 1807.[1] No Brasil, desde 1830, barcas a vapor já auxiliavam a Marinha de Guerra. Na marinha mercante, o vapor demorou a ser adotado, por acomodar menos carga que os veleiros, com seus porões ocupados por máquinas e combustível. Para contornar essa desvantagem inicial, a indústria de máquinas propagava velocidade e maior segurança dos vapores, afinal, menos carga significava menos peso sobre as águas. Outro aspecto também favorecia a adoção desses novos barcos: a proibição do tráfico de escravizados, uma vez que seus porões inviabilizavam o esquema de transporte humano dos negreiros.[2]

Conforme aumentava a pressão da Inglaterra pelo fim do tráfico, nos anos 1850, ingleses e estadunidenses conseguiam vender seus vapores em substituição aos veleiros. Um dos argumentos era frisar que os vapores funcionavam com uma tripulação menor, o que alterava também o ritmo das tarefas de bordo, gerando economias para os armadores na contratação de pessoal. Diante da extinção do tráfico de escravizados, os armadores viviam preocupados com a diminuição de seus lucros. Os vapores apareciam como uma alternativa atraente: enxugavam o

---

[1] Gregg, 1951, pp. 90-92.
[2] Rodrigues, 2005, pp. 143-144.

número de tripulantes e aceleravam o ritmo das viagens. Parecia bastante proveitoso sobrecarregar uns poucos marítimos, com promessas de viagens mais seguras e rápidas. Os comandantes podiam seduzi-los com a oferta de ganhos maiores em razão do aumento do volume de viagens. Embora, de forma alguma, isso significasse que o trabalho de escravizados a bordo seria de todo abolido.

No Brasil, a expansão dos vapores se dá exatamente quando o tráfico interprovincial é intensificado após a proibição atlântica e os avanços significativos da luta abolicionista, nos anos 1870 e 1880.[3] Outro problema que se pensava resolver com os vapores era a diminuição dos riscos de motim, com menor equipagem e redução de ocupações, em comparação aos veleiros. A cabotagem realizada com mais de 20 tripulantes nos veleiros passaria a ser realizada com número bem menor, a depender do modelo dos vapores.[4]

Ao longo do livro, veremos os seguintes modelos:

- **Rebocadores (até 30 t.):** pequenos barcos que navegavam entre portos de curta distância; reservavam quase nenhum espaço para passageiros, pois serviam para rebocar outras embarcações; mínimo de tripulação: 7.
- **Lanchas (até 30 t.):** enquadravam-se nos mesmos quesitos acima, mas transportavam passageiros.
- **Chatas (até 30 t.):** de rodas à popa para navegar durante o verão, tinham as máquinas no convés e eram operadas por um único maquinista; mínimo de tripulação: 16.
- **Gaiolas (30 a 50 t.):** de andares duplos, destinadas ao transporte de cargas e passageiros em longos cursos internos; mínimo de tripulação: 16.

---

[3] Ver Laurindo Júnior, 2021; Brito, 2018; e Bezerra Neto, 2021.
[4] Fink, 2011, pp. 74-76.

- **Vaticanos (50 a 70 t.):** com mais de dois andares, pertenciam às maiores casas armadoras, também carregavam mercadorias e passageiros; mínimo de tripulação: 22.
- **Transatlânticos (70 t. ou mais):** faziam linhas internacionais ou costeiras; mínimo de tripulação: 29 ou mais.[5]

Todos esses barcos dividiam seus setores de forma mais rígida que a dos veleiros, mas a principal mudança introduzida por eles foram os ofícios ligados à combustão e aos motores: maquinistas, foguistas e carvoeiros. De início, os velejadores os viam com um misto de desprezo e desconfiança, alimentado pela transformação tecnológica e pela perda de postos de trabalho. O romancista francês Victor Hugo captou isso muito bem. Numa passagem de *Os trabalhadores do mar* (1866), ele descreve certo espanto dos calvinistas com o navio a vapor que afrontava o ordenamento divino ao misturar o fogo e a água, separados por Deus no caos primordial. O gênio humano havia transpassado a imposição das forças da natureza ordenada pela Providência, para tomar o controle absoluto da navegação. O escritor interpreta em sua criação literária a introdução do navio-máquina como uma superação de lugares determinados pela natureza e que instaurava novas relações de dominação humana: "A navegação a vapor é admirável porque disciplina o navio. Diminui a obediência ao vento e aumenta a obediência ao homem".[6]

Na marinha mercante brasileira, os marujos acostumados ao mundo das velas e dos remos não cederam facilmente aos profissionais alheios às suas tradições. Surgiu até a expressão pejorativa "marinheiro de vapor" para diminuir quem nunca tripulara um veleiro.[7] De fato, os homens das máquinas e das caldeiras não se identificavam muito com o "marinheiro" tradicional. Eles agregaram um mundo laboral à parte nos navios, gerido não pela observação da natureza ou pelas técnicas de marejar, mas pela

---

[5] Pinell, 1924, pp. 115-119.
[6] Hugo, 2009, p. 45, p. 122.
[7] B. da Silva, 1964, p. 76.

vigilância de manômetros, válvulas, pistões, queimas etc. A cultura de trabalho marítimo, da esfera de navegação propriamente, ficou restrita a pilotos e práticos, que continuaram se identificando como "marinheiros" entre si e perante a sociedade, mesmo depois da definitiva inserção dos vapores. Como bem notou Victor Hugo, a máquina catalisou outra hierarquização a bordo, diferentemente da vivida nos veleiros, onde ninguém trabalhava totalmente isolado dos demais.

Na era do vapor, a industrialização naval segregou os tripulantes por setor. Mais do que organizar as tarefas, isso visava atrapalhar perigosos elos de camaradagem. Basicamente, o vapor era dividido de cima a baixo da seguinte forma: 1) pilotagem (pilotos, práticos, mestres e imediatos); 2) convés (marinheiros, moços e criados); 3) taifa (cozinheiros, despenseiros, padeiros e copeiros); 4) máquinas e fogo (maquinistas, foguistas e carvoeiros). Em termos de hierarquia, eram *oficiais*: os ocupantes da pilotagem e o maquinista-chefe (ou 1º maquinista); e *subalternos*: os do convés, da taifa e do fogo. Mantemos tais divisões à vista, pois denotam distinções específicas entre os grupos, que também refletiam aspectos daquela sociedade.

As secções de bordo constituíam um microcosmo de exclusões e desigualdades da República recém-proclamada. Elas não passavam incólumes da reorganização social de um país que saía da escravidão para supostamente adequar-se ao trabalho livre. Os setores mais baixos eram preenchidos na maioria com negros e mestiços de diferentes lugares. E a distinção das ocupações era marcada por critérios de racialização que determinavam a subalternidade dos ofícios braçais no navio. Com base no estudo de W. Jeffrey Bolster, encontramos certa similaridade nos Estados Unidos.

A segregação racial aparece na indústria naval americana por volta de 1850. Além das diferenças de salários abismais entre os tripulantes, os serviços mais pesados (convés e fogo) eram executados majoritariamente por homens negros. Por conta da disposição espacial do barco, esses permaneciam praticamente alijados da convivência com os outros. A concepção desse espaço de bordo previu a separação por raça, a fim de evitar maiores identificações coletivas. Esse incentivo também servia para distinguir graus de privilégio azeitados pelo racismo, como se o lugar dos negros fosse naturalmente a subserviência e o serviço menos qualificado executado nas partes baixas do navio ou no assoalho dos conveses – espaços pensados para serem vigiados ou bloqueados com alguma facilidade. Assim, oficiais e armadores previniam motins e indisciplinas mais organizadas, valendo-se da produção industrial dos vapores.[8]

Tal planejamento alcançava a navegação amazônica, porque muitos de seus navios eram fabricados nos Estados Unidos. Estaleiros como Pusey, Jones & Company chegaram a se especializar em paquetes destinados ao rio Amazonas.[9] Entretanto, não se pode concluir que, tal como lá, a convivência entre os setores foi solapada pelas dependências do navio. Pelo contrário, a pluralidade de ofícios alimentou disputas e fortaleceu identidades coletivas dentro e fora dos navios. No Brasil, outros elos identitários deram conta de congregar esses trabalhadores. A concepção de como deveria funcionar o vapor, baseada na segregação das tarefas, esbarrou em significados muitas vezes opostos, atribuídos aos navios desde o início das grandes navegações.

Kathleen Wilson clencou diferentes autores e suas conclusões sobre significados simbólicos e políticos atribuídos aos navios ao longo do tempo. Para Michel Foucault, desde o século XVI, o navio é a "heterotopia por excelência", isto é, uma sobreposição de diferentes espaços, portadora de vida própria, fechada em si, mas aberta à infinitude pelas águas e de porto em porto, como um escape da imaginação. Paul Gilroy frisou o hibridismo linguístico e político do navio como uma "contracultura da modernidade", que permitia a mulheres e homens transgredir fronteiras

---

[8] Bolster, 1997, p. 218.

[9] Mathews, 1879, p. 4. Em 1886, a Pusey, Jones & Co. orgulhava-se da produção, em 25 anos, de uma centena de navios para as Américas Central e do Sul, Caribe e Grã-Bretanha. Desses navios, 37 estavam no rio Amazonas. *Los Angeles Herald*, vol. 26, n. 70, 23 Dec. 1886.

sociais, raciais, geográficas e nacionais. Peter Linebaugh e Marcus Rediker afirmam que o navio enfrentava perigos naturais e humanos em rotinas monótonas, embora guardando paradoxos das experiências de solidariedade e coerção, de criação e circulação de ideias radicais. Para Greg Dening, o navio pode ser visto simultaneamente como "ilha flutuante" e "praia", nas quais culturas eram formadas e reveladas umas às outras.[10]

Para o caso dos vapores, não irei muito além dos autores supracitados, acrescentando que os núcleos de trabalhadores comportados pelo vapor formavam uma espécie de "arquipélago", com diferentes aglomerações, teoricamente, separadas pela divisão das tarefas e pela disposição espacial definida pela indústria naval. No exercício de funções, cada grupo prezava características próprias e assegurava postos de trabalho, para os quais exibiam conexões em momentos-chave: motins, greves, insubordinações, criações de associações etc. Os laços existentes entre eles iluminam a importância do espaço a bordo para o desenvolvimento de identidades colocadas frente a frente, quando se debatiam ideias, dividiam-se sonhos e conhecimentos levados para a vida em terra, incluindo as associações. Cada grupo a bordo pode ser analisado como "ilhas" em separado, mas que sustentam um "arquipélago" pelas possibilidades de trânsito entre elas, apesar e por causa de suas clivagens internas, que geravam identificações e rivalidades assentadas em questões raciais, de origem, diferenças de idade, exibição de masculinidade, capacidade de trabalho etc. Esses elementos davam sentidos aos ofícios marítimos que conheceremos a seguir, e que demarcavam distanciamentos e aproximações entre as "ilhas" desse "arquipélago" em trânsito.

---

[10] K. Wilson, 2003, p. 173; Foucault, 2013, p. 30; Gilroy, 2001; Linebaugh & Rediker, 2008; Dening, 1980.

COMANDO E PILOTAGEM

O COMANDANTE

O comandante era um piloto de formação, responsável pela administração dos navios e representação de seus proprietários durante as viagens. Outras atribuições incluíam: liderar a equipagem nos trabalhos de bordo; administrar as atividades comerciais; agir como interlocutor com as autoridades portuárias; representar legalmente o Estado e os armadores com funções jurídicas e policiais. O comando escolhia e ajustava a equipagem, despedindo quando julgasse necessário, decidia se o pagamento seria mensal ou por viagem, os valores e o procedimento da remuneração. Todas as ocorrências da sua administração eram registradas nos livros de entradas e saídas de cargas e passageiros; de balanços contábeis das transações comerciais; de pagamento das tripulações etc.[11] No diário de navegação, eram anotados os trabalhos de bordo, eventuais consertos navais, acontecimentos "extraordinários" como motins, greves etc. O comandante era obrigado a permanecer a bordo durante toda a viagem e tomar práticos (guias ou manobristas) para cada trecho das rotas (lei nº 556, 25 jun. 1850). Longe de seguir à risca essas normas, cada oficial tinha métodos próprios para gerenciar os navios, diferindo bastante de um para outro, principalmente nas relações travadas a bordo e em terra.

Como o comandante representava o Estado e os patrões sobre as águas, maiores eram as chances de exercerem um poder de mando travado por uma série de relações afetivas de empatias e/ou antipatias.[12] Dessa forma, a ascensão ao comando tende a iluminar algumas condições

---

[11] Nem sempre esse registro era função do comandante. Algumas casas armadoras embarcavam escrivães e contadores contratados para tratar dos assuntos burocráticos e controlar a movimentação de mercadorias e passageiros. Geralmente, o escrivão e o contador não eram identificados como parte da tripulação e eles podiam se reportar diretamente aos proprietários dos navios.

[12] Solano, 1998, pp. 3-4, p. 68.

favoráveis, como origens familiares, cor da pele, nacionalidade, círculos de amizades e compadrios.

Na Amazônia, a maioria dos comandantes era de forasteiros e/ou ex-militares. Similares ao oficialato da Marinha de Guerra, muitos eram homens brancos de elevados estratos sociais.[13] A lei obrigava que os comandantes fossem brasileiros natos ou devidamente naturalizados. Entre esses últimos, havia forte presença de portugueses, que serviam como intermediários de ricos patrícios ou de nacionais que confiavam mais em estrangeiros brancos. Representar uma casa armadora ou aviadora conferia bastante prestígio fora dos navios, ainda que o comandante não viesse de famílias abastadas. Geralmente eles conheciam códigos de etiqueta social, tinham algum apreço pela leitura, podiam falar mais de um idioma e eram disputados nas danças de salão. Em Belém e Manaus, eram frequentes nas rodadas da alta sociedade, narrando suas aventuras e vangloriando-se da rigidez de seu comando. Era fácil identificar um comandante na multidão: usavam uniformes brancos bem alinhados, bigode e barba aparados, e cabelos penteados que recebiam com suavidade os quepes característicos. As colunas sociais dos jornais eram repletas desses *gentlemen*, sempre buscando "conquistar as simpatias de nossa população",[14] principalmente de quem conseguia pagar por passagens na primeira classe ou custear altos fretes. Demais passageiros/as nem sequer chegavam a vê-los em ação nos navios.

A bordo de um vaticano, em 1929, o viajante Pedro Mattos viu o despenseiro dispor os melhores lugares à mesa do almoço: "Os de rótulos mais vistosos são localizados nas proximidades da cadeira do comandante, na mesa principal, que por este é presidida". Mattos ocupou outra mesa, com os "menos favorecidos pelo físico, sem rótulo, de menos recursos e de menos estampa". No século anterior, o cronista português Lourenço Fonseca notou coisa parecida em viagem a vapor

---

[13] A. P. do Nascimento, 1997, p. 34.

[14] O articulista elogiava os bons modos do comandante Eduardo Collings, da Red Cross Line. *Comércio do Amazonas*. Manaus, n. 324, 10 nov. 1898.

no rio Amazonas. Jantando com "ilustres passageiros", o comandante dava "testemunho eloquente do espírito colonizador e civilizador dos portugueses, sobretudo no tempo do Marquês de Pombal".[15] Essa reivindicação do passado lusitano reforçava supostas qualidades náuticas e superioridade racial, muito em voga entre imigrantes portugueses que se consideravam civilizadores da Amazônia.[16] Vale lembrar que boa parte da formação dos oficiais de marinha no Brasil era heranças da marinha portuguesa.[17] Nesses vapores, não era difícil encontrar comandantes de origem lusitana, envaidecidos dos alegados feitos de seus antepassados.[18]

Esses comandantes faziam de tudo para agradar passageiros de maior estrato social, ainda mais quando compartilhavam os mesmos círculos étnicos e de classe. Afinal, eles chegavam a participar de trâmites comerciais, agindo como corretores ou informantes de negócios, com influência e poderes que excediam o trabalho embarcado. Não eram simples marinheiros, como alguns queriam ser vistos quando conveniente. Um moço de convés dificilmente acenderia na carreira com trabalho árduo e dedicação, a começar pela barreira racial: a cor da pele podia ser crucial na promoção da vida marítima, apesar de algumas trajetórias de oficiais negros desafiarem as lógicas raciais da promoção marítima.[19] As disputas pelo comando não se limitavam ao posto marítimo, pois envolviam ganhos materiais e poder político em diferentes localidades, situação em que a identificação étnica era estratégica. Nos melhores anos da navegação fluvial, os comandantes conseguiram acumular

---

[15] P. Mattos, 1933, pp. 7-9; L. Fonseca, 1895, pp. 25-26.

[16] Ver G. Pinheiro, 2012.

[17] A. P. do Nascimento, 2002, pp. 124-126.

[18] A "cultura marítima" de Portugal só se alçou ao senso comum quando se excluiu toda a importância da apreensão de conhecimentos e técnicas de navegação obtidos dos castelhanos, italianos e árabes. Boxer, 2002.

[19] Ver M. Nascimento, 2019.

riquezas e prestígio social de fazer inveja a fazendeiros e industriais de outras regiões.

Em uma viagem fretada levando borracha do Acre ao Amazonas, os vapores cobravam cerca de 150 réis por quilo embarcado. Essa mesma viagem gastaria em torno de 20 contos de réis com combustível. Em compensação, o lucro chegava a mais de 200 contos só com fretes. O militar Aníbal Amorim registrou espantado: "Um dos negócios mais lucrativos, naqueles confins do Brasil, é ser comandante de vapores. Percebe 2% sobre o valor da mercadoria transportada. Essa comissão é paga, de ordinário, pela casa armadora". Além disso, recebia-se por volta de 500 mil-réis mensais, sem contar a porcentagem de 1/3 sobre passagens, os alimentos vendidos a bordo e a possibilidade de negociar por fora outras mercadorias em transações que prevaleciam sobre as demais.[20] A soma dos negócios paralelos com os ordenados resultava em pequenas fortunas a cada viagem feita. Ao todo, nos melhores anos, "cada comandante, em uma viagem redonda [ida e volta ao porto de origem] de 40 dias, ganha[va] cerca de vinte contos".[21] Essas fortunas aprofundavam ainda mais os abismos sociais dentro dos navios, com consequências concretas na vida associativa da categoria.

O PILOTO

Era o responsável pela direção das embarcações, podendo acumular o papel de prático se tivesse habilitação para tanto. Era o segundo na hierarquia de bordo e comandante reserva. O primeiro regulamento das Capitanias na República (decreto nº 3.334, 5 jul. 1899) estipulou que apenas os 1º pilotos podiam comandar navios de longo curso, isto é, as viagens que excediam mais de uma parada. Já as embarcações fluviais, costeiras e de pequena cabotagem seriam da alçada de 2º pilotos, práticos ou mestres. A pequena cabotagem se definia por viagens de uma só escala,

---

[20] *JC*. Manaus, n. 4.257, 29 fev. 1916.
[21] Amorim, 1917, p. 198.

geralmente de cursos internos. As principais rotas da borracha tinham várias escalas pelo rio Amazonas e afluentes, por isso, 1º e 2º pilotos comandavam os navios da região, valendo-se dessa zona cinzenta do regulamento.

Para se formar como piloto havia dois estabelecimentos no país: a Escola Naval do Rio de Janeiro e a Escola de Maquinistas e Pilotos do Pará. Antes da criação da escola do Pará (1892), os exames só eram realizados na capital federal. A instituição paraense funcionava no Arsenal de Marinha em Belém, igual à Escola de Aprendizes-Marinheiros.[22] O ingresso era dispendioso, daí a apreensão constante de cartas falsas e pilotos sem formação documentada. O difícil acesso à educação naval restringia a pilotagem para poucos, conferindo alto prestígio a esses profissionais. Origens familiares também influíam nessa imagem positiva, e os bolsos de parentes ricos chegavam a custear a carreira. Caso de Benjamin de Souza Cruz, que cursou pilotagem no Pará e concluiu o curso em Gênova. A imprensa parabenizou "a família do ilustre amazonense por esse louro colhido que atesta a inteligência do nosso coestaduano".[23] Anos depois, outro êxito, de Francisco Honório de Souza Caldas, no Rio de Janeiro, foi tomado como de mérito, esforço e dedicação individual, uma vez que,

> [...] tendo se submetido a exame [na capital], saiu-se brilhantemente nas arguições que lhe foram feitas, sendo assim lhe expedida a competente carta de piloto que o habilita a comandar um navio. Estudioso e aplicado como é na vida marítima, não era de se esperar outro resultado.

Francisco foi treinado nos rios amazônicos e depois na Europa, "sem nunca separar-se dos livros e instruindo-se em cálculos de navegação com o auxílio constante de seus comandantes que vendo a sua força de vontade e constância, lhe dispensaram, com proveito, horas e

---

[22] Farias & Pereira, 2014, p. 67.

[23] *Amazonas Comercial*. Manaus, n. 669, 6 jul. de 1897.

horas de explicações".[24] O ensino teórico acompanhava a prática: permanecer ao lado dos comandantes era uma forma de subir na carreira, adquirir conhecimentos e contatos profissionais, além de aprender a impor autoridade e temor aos subalternos.

Naquele tempo, surgiam novas fronteiras de distinção social e outros critérios para edificar privilégios nos lugares de trabalho, isto é, emprego, suporte familiar e bons relacionamentos firmavam o piloto no país recém-saído da escravidão. Com raras exceções, seus contatos e vinculações não deviam quase nada à vida marítima. Aspectos patriarcais e senhoriais daquela sociedade também eram levados para dentro dos navios e nos seus projetos associativos.

O PRÁTICO

Ainda no setor de pilotagem temos o prático. Apesar de trabalhar junto do comandante, eles não necessariamente compartilhavam os mesmos estratos sociais, com muitos práticos nativos gabaritados pelos anos de trabalho e sem sobrenomes importantes. Diferentemente dos costeiros, os práticos amazônicos não se guiavam por cartas ou agulhas, mas pelos sentidos da visão, da audição e do olfato. O comportamento imprevisível dos rios exigia um tipo de trabalho forjado pela experiência. Em 1931, o prático e escritor paraense Raimundo Morais definiu seu ofício como o daquele que dirigia o navio pelos indícios da natureza, que

> [...] é quem dá o rumo, ordena a mudança de diretriz, manda sondar. Todos os movimentos da água lhe são familiares. O rebojo, o remanso, o estoque d'água, a corredeira corresponde para ele a um fenômeno telúrico, a um acidente topográfico, no fundo do rio nas margens. A derrota é feita pela terra. As enseadas, as pontas, as árvores, as abertas, os capinzais é que marcam o canal. Uma samaumeira manda abrir da margem; um capinzal manda encostar.[25]

---

[24] *Quo Vadis?*. Manaus, n. 211, 17 nov. 1903.

[25] Morais, 2013, p. 140.

Para o memorialista amazonense Nogueira da Mata, a praticagem foi formalizada em decorrência da chegada dos vapores. Antes, o trabalho de guiar viagens era de *pilotos* (termo genérico do século XIX usado em veleiros e canoas). No advento dos vapores, a praticagem local ainda era dominada pela população negra, indígena e mestiça formada em velas, remos e varas. Com os vapores, o prático tornou-se um guia da navegação sem necessariamente manejar o timão, função que ficou exclusiva do piloto. Era uma forma de limitar o poder da população sobre os navios mais modernos.

Conforme Roberta Brito, o barão de Mauá relatou aos acionistas da sua Companhia de Navegação e Comércio do Amazonas (1852--1871) que era preciso investir em jovens aprendizes de praticagem para gradualmente substituir os locais. Ele propôs que fossem estabelecidos laços de dependência sobre meninos e rapazes que pagariam por teto, comida e educação com serviços de bordo.[26] Justamente após a chegada da empresa, observamos uma mudança no perfil étnico da marinhagem, não mais restrita aos filhos da região. O sistema aventado por Mauá acarretou o aumento de forasteiros na condução dos vapores, homens treinados desde a infância nesse sistema de dependência que deitava raiz nos "contratos de trabalho" dirigidos à população não branca livre e liberta da Amazônia.

Na praticagem, adultos e/ou crianças serviam de guias ou manobristas em águas pouco conhecidas por pilotos ocupados do timão. Na República, o ofício de prático passou a ser reconhecido apenas aos portadores de cartas emitidas pelas Capitanias, sob realização de um exame profissional (decreto nº 79, 23 dez. 1889). A nova obrigação foi debatida cautelosamente pelos práticos amazônicos, pois a organização deles em Manaus e Belém remetia a mobilizações coletivas de fins do Oitocentos. Dessa forma, conquistaram por pressão uma boa margem de controle sobre os exames e o aprendizado. Seus membros não retiraram

---

[26] Brito, 2018, p. 105.

da Capitania a autoridade sobre a emissão das cartas, mas obtiveram o direito de fiscalizar o processo seletivo.[27]

Antes de realizar as provas, era necessário o "regime de praticagem", isto é, "um período de quatro a seis anos, no decurso do qual os candidatos aprendiam os segredos da navegação". Os jovens praticantes permaneciam a bordo obedecendo e observando os mais velhos e tarimbados no exercício da profissão.[28] Além das manobras de navegação, eles tinham lições de geografia, flora e fauna. Um exemplo de conhecimento eclético aparece em 1927, quando Mário de Andrade aprendeu com os práticos do rio Madeira que as aves ajudavam a discernir bancos de areia, seu local favorito para desova. Eles educavam a vista, sobretudo "para distinguir, durante as noites sem estrelas, as tronqueiras [sic] submersas, os bancos de areia e quaisquer outros obstáculos à navegação". Muitas vezes, o instrutor veterano era um familiar, podendo o ofício passar de pai para filho. O prático quase sempre seguia acompanhado de um parceiro. A lealdade era fundamental, e o grau de irmandade atingia a confidência. Eles não usavam apetrechos e navegavam usando os sentidos do corpo. Um ficava no leme enquanto o outro ia à proa, cantando as direções.[29] Após o período de formação empírica, era hora da outorga profissional.

Em prazo prescrito pela Capitania, os praticantes submetiam-se ao exame. "Era um dia memorável na vida desses marítimos". O candidato expunha seus conhecimentos a veteranos indicados pelas associações e escolhidos em sorteio. Depois de aprovados pela banca, eles eram considerados proficientes no rio em que aspiravam trabalhar.[30] Podiam assumir o leme para manobrar o navio na atracação ou em ocasião de perigo, ser contratados por viagem nos portos ou, por necessidade, nas beiras dos rios. O pagamento do prático sazonal variava com o tipo de navio ou empreitada, redonda ou por trecho (de um ponto a

---

[27] Ver Paião, 2019.
[28] Nogueira da Mata, 1960, p. 84.
[29] *Idem*, p. 88; M. de Andrade, 2015, p. 147; Arthur, 1906, p. 109.
[30] Nogueira da Mata, 1960, p. 88.

outro, a combinar). Os vapores de linhas possuíam profissionais fixos e assalariados, tabelados nos anos 1890 por mobilizações de práticos em Manaus e Belém.[31]

Esse processo de formação restritivo e aos moldes de uma maçonaria se desdobrou na cultura associativa dos práticos. Agnello Bittencourt chegou a reclamar de que os práticos eram muito sisudos. "É uma profissão que tem tido quase todas as portas fechadas pelo egoísmo e pela instabilidade de uma colocação permanente". O autor criticava o corporativismo deles, que impedia a criação de uma escola de praticagem em prol do domínio do ensino e das outorgas pelas associações. O próprio Bittencourt encontrou a resposta ao narrar a capacidade do prático de paralisar uma viagem de propósito, caso contrariado, encalhando o navio quando bem entendesse. Esse tipo de boicote só podia ser executado se não houvesse muitos substitutos e os patrões dependessem piamente de quem sabia resolver esse problema.[32]

Por fim, vale dizer que o prático podia ser visto como um trabalhador não manual, diferente de quem ocupava o convés e o fogo, onde a força física era requisito indispensável. Um marítimo que usasse somente de conhecimentos para emitir ordens, sendo, em sua maioria, de origem indígena ou mestiça, despertava antipatias a bordo. Há relatos que chegam a afeminar os práticos amazônicos por não dependerem de valores de masculinidade para equipar. Em 1910, o mestiço contratado para direcionar o *Capella* pelo rio Madeira era a antítese do estereótipo marítimo: mantinha o bigode bem aparado, tomava banho com regularidade, abusava de perfumes e lenços de estampas floridas, com que limpava a boca após as refeições. Os tripulantes estrangeiros e brancos agiam com rispidez para provocá-lo e inferiorizá-lo, cuspindo no chão quando ele passava perto.[33] O caso ilustra como o navio abrigava mundos

---

[31] Ver Paião, 2019.
[32] A. Bittencourt, 1949, p. 21.
[33] Tomlinson, 1912, pp. 187-188.

distintos entrecruzados e distanciados conforme as identidades étnico-
-raciais, os valores de masculinidade e os variados interesses desse grupo
heterogêneo.

O CONVÉS

MARINHEIROS, MOÇOS E CRIADOS

Do comando e da pilotagem, vamos aos conveses para encontrar seus subordinados diretos: marinheiros, moços e criados. A criadagem do navio (ou moços de câmara), geralmente composta por crianças e adolescentes, era empregada de forma suspeita e nem chegava a constar no rol de equipagem. No período estudado, apenas os criados de grandes navios eram assalariados e ganhavam de 20 a 30 mil-réis, em meados dos anos 1910. Essa renda mensal permitia comprar, quando muito, duas galinhas por 15 mil-réis no Mercado Público de Manaus.[34] O baixo salário levava muitos a trabalhar em troca de teto e comida nos barcos. A grande maioria vinha dos interiores do Amazonas e do Pará. As crianças estrangeiras geralmente tinham origem ibérica e serviam comandantes patrícios. A sociedade os via como marinheiros em treinamento, mas sua realidade era de uma brutal exploração pelos superiores. Eram os elos mais vulneráveis da tripulação e passavam por vários tipos de abusos enquanto realizavam serviços particulares aos mais velhos.

Em 1895, o viajante francês Jean de Bonnefous embarcou no *Alagoas* com destino a Manaus. O comandante M. J. Muniz colocou o seu criado pessoal, Alfredo, à sua total disposição, oferecendo ao ilustre passageiro uma "viagem deliciosa". Às 6 horas da manhã, pontualmente, Alfredo servia o café no camarote de Bonnefous.[35] Doze anos depois, o *Paes de Carvalho* estava quase há um mês encalhado no rio Juruá. O comandante

---

[34] *JC*. Manaus, n. 2.766, 1º jan. 1912.

[35] Bonnefous, 1898, pp. 103-105.

Frota manteve a seu serviço uma jovem criada, que vinha sendo vítima de abusos sexuais por um marinheiro do vapor. Após a descoberta, o comandante confrontou o estuprador, que lhe desferiu sete facadas como resposta. Os meninos também corriam risco de estupros o tempo todo, tanto de tripulantes quanto de passageiros, como do juiz municipal Estevam Páes Barreto Ferrão Castelo Branco, acusado de manter "relações pederastas com um criado do vapor *Madeira*".[36]

A prática de transformar crianças e adolescentes em criadagem de oficiais e gente rica apresentava vestígios do mundo senhorial e, no Amazonas, isso não era novidade. O sequestro e o comércio de pessoas, muitas delas crianças, eram praticados havia muitos anos. No tempo da escravidão, o sistema de navegação fluvial era o meio pelo qual se traficava pessoas oriundas das matas, de comunidades invadidas, de negociações com grupos indígenas ou senhores de escravos. Meninas e meninos acabavam por permanecer a bordo, comprados por armadores ou comandantes.[37] No período republicano, a permanência dos menores nos navios acenava a esse trágico passado, revisitado de diferentes maneiras na manutenção dessas formas de trabalho e de recrutamento forçado.

Nos anos 1930, o artista plástico Moacir de Andrade era vizinho de comandantes que mantinham suas casas "cheias de caboclos de ambos os sexos". Ainda hoje a prática é justificada dizendo-se que pais e mães "doam" suas crianças para serem educadas "junto às famílias em Manaus". Assim, podem-se encobrir raptos de menores em comunidades afastadas da capital. Andrade relembra casos de gente que serviu na criadagem "até o fim de suas vidas ou quando fugiam para viverem na pior indigência". As famílias dos oficiais chegavam a possuir mais de dez caboclos/as de idades variadas, "de cabeças raspadas, vestindo roupa de chitão e vivendo sob regime de escravidão, sem nunca ao menos sentar num banco de escola". Eram estoques humanos distribuídos entre "as

---

[36] *O Cruzeiro do Sul*. Acre, n. 42, 28 abr. 1907; *JC*. Manaus, n. 453, 4 jun. 1905.
[37] Cavalcante, 2014, p. 81.

famílias mais aquinhoadas de Manaus [que] encomendavam caboclos aos comandantes dos gaiolas, chatinhas e vaticanos como se encomendam um papagaio, uma arara, um macaco, ou um bicho qualquer para servir de xerimbabo [animal de cria]".[38] A força de trabalho dos criados de bordo era constituída de maneira cruel, sem qualquer garantia de que esses meninos ascenderiam a moços de convés.

Os moços de convés eram rapazes e/ou adultos de idades variadas, encarregados de limpeza e trabalhos de ordem: amarrar cordas, esticar pranchas, mover objetos e mercadorias etc. Quando possível, assumiam o leme como moços de governo ou praticantes de leme. Eles se alistavam para efetivarem-se como marinheiros e aguardavam como uma espécie de aspirante, correspondente aos grumetes da Armada.[39] Alguns eram mesmo egressos do mundo militar ou de escolas de aprendizes-marinheiros, outros procuravam um novo ganho de vida, sem ter experiência de bordo. Geralmente seus salários ficavam a critério dos comandantes e das empresas armadoras, gerando muita confusão, pois o recebido não condizia com o volume de trabalho e os riscos que assumiam. Em casos de naufrágios, por exemplo, eram os moços e marinheiros quem deviam orientar os passageiros e acomodá-los em botes e baleeiras.

O navio *Paes de Carvalho*, que vimos anteriormente, naufragou em 1926, causando comoção social pelo número de vítimas e heroísmo da tripulação no resgate dos sobreviventes. A revista *Redempção* produziu uma edição especial sobre o sinistro, contendo raridades fotográficas de marinheiros e moços do Amazonas (imagens 4 e 5).

Na Imagem 4 temos a fotografia dos resgatados pelo vapor *Índio do Brasil*, recém-chegados a Manaus após o naufrágio. São rapazes negros e mestiços, vestidos com os habituais uniformes de convés: camisa de algodão listrada, calça branca e boné de marinheiro. A Imagem 5 é o mais

---

[38] M. Andrade, 1985, p. 274. Sobre o trabalho infantil em Manaus, cf. Pessoa, 2015.

[39] Barão de Angra, 1877, p. 134.

belo retrato de marinheiro encontrado na pesquisa, o do praticante de leme Mário de Assis Costa. O moço, recebido como herói em Manaus, foi fotografado para ilustrar um artigo narrando sua coragem e disciplina ao orientar passageiros em meio às chamas que consumiam o vapor. Mário também exibiu destreza como nadador, socorrendo os náufragos enquanto o navio ia a pique.[40]

Imagem 4: Gil Ruiz: "Parte da tripulação do 'Paes de Carvalho', 'posando' especialmente para *Redempção* junto ao vapor 'Índio do Brasil', que a trouxe de Cametá". Fonte: *Redempção*. Manaus, edição especial, mar. 1926, p. 9. Acervo Digital da Secretaria de Cultura e Economia Criativa. Material cedido gratuitamente pelo Governo do Estado do Amazonas. Secretaria de Estado de Cultura e Economia Criativa, por meio de seus setores: Centro de Documentação e Memória da Amazônia (CDMAM) e Departamento de Gestão de Bibliotecas (DGB).

Imagem 5: Gil Ruiz. "Mário de Assis Costa". Fonte: *Redempção*. Manaus, edição especial, mar. 1926, p. 12. Acervo Digital da Secretaria de Cultura e Economia Criativa. Material cedido gratuitamente pelo Governo do Estado do Amazonas. Secretaria de Estado de Cultura e Economia Criativa, por meio de seus setores: Centro de Documentação e Memória da Amazônia (CDMAM) e Departamento de Gestão de Bibliotecas (DGB).

---

[40] *Redempção*. Manaus, edição especial, mar. 1926, p. 12.

A fotografia de Mário ganhou uma abordagem diferente das representações racistas comuns a trabalhadores negros retratados nos meios de comunicação: ela é heroicizada e fomenta atributos de virilidade, ao contrário de estereótipos de inferiorização moral e física. Ainda assim, o seu valor é reduzido à entrega de sua vida ao bem de terceiros, sem espaço algum para que o próprio Mário tivesse voz. É outro indício de que não podemos menosprezar a questão racial como fator de identificação na organização de marinheiros e moços, conforme analisada mais adiante.

A TAIFA

O serviço de taifa era dividido entre a cozinha, a despensa e serviços relacionados. Era desempenhado por cozinheiros, despenseiros e copeiros que atuavam como garçons e auxiliares de cozinha. Havia ainda o padeiro, figura mais comum no século XIX, em viagens de longas distâncias. Eram raros na Amazônia, mas sua presença garantia carboidratos na dieta, como biscoitos e pães. Frequentemente o cozinheiro de navio era estereotipado como inabilidoso, uma desqualificação injusta, pois a má qualidade dos produtos e as jornadas estafantes atrapalhavam mais do que uma suposta falta de aptidão. Os cozinheiros também eram inferiorizados por supostamente não desempenharem serviço pesado.[41] Na verdade, se tratava de um trabalho tão cansativo quanto os outros. O serviço na cozinha era afetado por turnos incertos e varava a madrugada. Enquanto passageiros e metade da tripulação dormiam, o café da manhã e o almoço eram preparados. Os criados também participavam da rotina, às vezes sob duro tratamento. A cozinha podia ser um ambiente realmente hostil. Seu serviço colocava o pessoal em papel de submissão, o que podia provocar abusos de autoridade na produção e na distribuição das refeições.

---

[41] Rodrigues, 2015, pp. 302-309.

Já os despenseiros eram os vigias dos armadores no controle dos produtos, algo que irritava bastante a marinhagem. Costumeiramente, também era com eles que se negociava para obter melhores provisões ou favores com os donos do navio. Seu posto era estratégico para a contenção de animosidades, sobretudo daquelas geradas por má alimentação. Afinal, um cardápio deficiente motivava motins com enorme facilidade, sendo até forma tradicional de protesto a bordo. A própria cozinha era um armazém de utilidades para esses momentos, com facas, garfos, espetos, cutelos, óleo quente, água fervente etc. Não raro o pessoal da taifa se tornava alvo ou assumia o protagonismo dos levantes a bordo.[42]

BARBEIROS E MÉDICOS

Os barbeiros assumiam também as funções de cirurgião, embora mais comuns nos séculos XVIII e XIX. No período abordado, encontrei alguns deles pelos rios amazônicos. Não eram oficialmente reconhecidos como marítimos e não precisavam de matrícula para trabalhar, bastando acordos pessoais com os comandantes. Nessas condições, o barbeiro italiano David Dell'Amore trabalhou e morou no *Rio Curuçá*, após perder sua barbearia num incêndio, em 1916, mas não venceu a depressão e suicidou-se nas águas do rio Negro.[43] Outros conseguiam permanecer algum tempo fazendo viagens. Além do serviço estético, apostavam também noutros tipos de renda. Nas águas do rio Purus, o viajante Pedro Mattos viu quando um ribeirinho chegou de canoa no vapor, para comprar do barbeiro "colares de fantasia, berloques, perfumes, sabonetes e outras coisas semelhantes que tanto valor tem para indivíduos que se acham isolados na imensidão da floresta".[44]

---

[42] Ver Vieira, 2010.
[43] *JC*. Manaus, n. 4.494, 29 out. 1916.
[44] P. Mattos, 1933, p. 86.

Já os médicos navais se tornaram obrigatórios com o decreto nº 3.837, de 24 de novembro de 1900. Navios cujas viagens excediam 24 horas foram obrigados a manter um médico a bordo, sob pena de multa em 200$000 (duzentos mil-réis), mas, no geral, a regra não era cumprida. Em fevereiro de 1906, o vapor *Preciada* foi denunciado em Manaus. Vindo do alto rio Acre, mais de dez tripulantes chegaram mortos por doenças e suicídios, e outros tantos agonizavam. No *Correio do Norte*, lastimava-se que "estando em vigor uma lei que obriga os vapores que sulcam as águas da Amazônia a trazerem a bordo um médico, os diretores do serviço sanitário do porto tolerem, abusivamente, essa grande falta".[45]

Em 1909, Aníbal Amorim registrou que os médicos recebiam 600 mil-réis mensais e cobravam na casa armadora os medicamentos usados na viagem. "Clinicam a bordo e nos seringais aonde chegam. Em geral, fazem de dois a três contos por mês. Há grande falta de médicos para a navegação interior na Amazônia. São em avultado número os vapores que viajam sem serviço clínico". O viajante criticou que chegavam a também cobrar pelo atendimento.[46] No meio dos rios, com assistência médica há dias e até meses de distância, o negócio podia mesmo ser lucrativo. Mas nem todos agiam da mesma forma.

Em sua viagem, Pedro Mattos conheceu um médico naval que obteve a seguinte descrição: "Ele é um desses tipos que simboliza bem a mediocridade. É de bela estampa, moreno, de basta cabeleira e possui uma vasta bagagem de livros". Cada dia surgia com um livro diferente debaixo do braço "para mostrar aos passageiros que se aventuram a palestrar sobre medicina", mas ele também aplicava métodos "não científicos" em suas consultas, recorrendo à "Natureza" e ao "espiritualismo". A descrição é de pura antipatia racializada. De fato, era mais comum a tripulação recorrer a métodos populares, como rezas, garrafadas ou consultas espirituais, como parecem ter sido aplicadas por

---

[45] *Diário Oficial*. Manaus, n. 2.119, 13 abr. 1901; *Correio do Norte*. Manaus, n. 15, 7 fev. 1906.

[46] Amorim, 1917, p. 198.

esse médico. Situação nada estranha naquela sociedade, quando há anos a medicina convencional perdia espaço para outros métodos de cura.[47]

MÁQUINAS E FOGO

MAQUINISTAS

Na maquinaria do navio encontramos os maquinistas, divididos em três ou até quatro categorias. O 1º maquinista era responsável por dirigir as tarefas e coordenar a equipe nos maquinários, bombas e motores. Calculavam turnos, horas extras, consumo de combustível e água; o 2º vigiava caldeiras, máquinas auxiliares, setor elétrico e fazia reparos. Quando necessário havia um 3º e um 4º maquinista na retaguarda dos demais.[48] O 1º maquinista possuía patente de oficial e podia ser chamado maquinista-chefe. No início da navegação a vapor no rio Amazonas, a escassez de profissionais nesse setor levou os 1º maquinistas a serem mais bem remunerados do que um comandante.[49] Somente com a expansão das rotas no final do século XIX é que os maquinistas se tornaram mais presentes em Manaus.

Em 1911, a Capitania do Porto do Amazonas obrigou todos os estabelecimentos flutuantes ou terrestres que tivessem máquinas a vapor a empregar um ou mais maquinistas. Independentemente se marítimo ou não, todos eles deviam estar matriculados.[50] Tanto os maquinistas de bordo quanto os terrestres tinham a mesma formação, e, ao que parece, a grande maioria se conhecia da Escola de Maquinistas e Pilotos do Pará, posteriormente chamada de Escola de Marinha Mercante do Pará.

---

[47] P. Mattos, 1933, pp. 68-69; G. Sampaio, 2001, p. 24.
[48] Essas mesmas divisões podem ser vistas em: Caruso, 2016, p. 16.
[49] Em 1854, o 1º maquinista do *Marajó* tinha salário superior (200$000 réis) ao do comandante (166$000 réis). Brito, 2018, p. 104.
[50] *JC*. Manaus, n. 2.566, 12 jun. 1911.

Embora fossem oficiais marítimos formados nas mesmas instituições, as características da profissão mecânica cindiam diferenças com os pilotos. Os anúncios de serviços mecânicos nos jornais, por exemplo, mostram alguma independência econômica em relação à vida embarcada. Em terra, os maquinistas negociavam serviços especializados, possuíam suas próprias ferramentas e geriam até pequenas oficinas.[51] O maquinista sem viagens conseguia garantir outras formas de ganho e tecer relações fora do mundo embarcado. Às vezes isso causava problemas, com maquinistas desafiando a autoridade dos comandantes em transações paralelas durante as viagens.[52]

Por fim, os maquinistas forasteiros apresentavam origens nacionais diversas, sendo oriundos de locais como Estados Unidos, Portugal, Grã-Bretanha e Alemanha. Os motores a vapor eram muito similares ao redor do mundo, o que facilitava o trânsito desses profissionais e demarcava outro nível da sua independência. Eles encontravam serviço em qualquer ponto de navegação, dado que os motores eram preciosos demais e os patrões não hesitavam em empregar estrangeiros brancos no seu manuseio. Esse maquinista teria como subordinados foguistas e carvoeiros brasileiros, com os quais mantinham relações conturbadas, alternadas entre o autoritarismo e a solidariedade. A turma de máquinas precisou superar clivagens raciais e nacionais para consolidar seu lugar no seio da categoria, sem deixar se intimidar pelos ofícios marítimos mais antigos que os vapores, como os de pilotos e práticos.

---

[51] Como anunciou um maquinista sem qualquer modéstia: "Augusto Teixeira de Carvalho, oficial da 1ª classe, ajustador e torneiro, 1º maquinista de barcos a vapor; com oficina à rua Marcílio Dias, executa toda e qualquer obra concernente à sua profissão, com especialidade [em] maquinismos de lanchas e vapores, com prontidão [e] perfeição, e por módicos preços". *Diário de Manáos*. Manaus, n. 189, 24 fev. 1892.

[52] O proprietário da lancha *Zazá* perdeu a paciência com o maquinista Tibério Vieira de Carvalho, que se aproveitava das viagens para expandir seus negócios nos rios Solimões e Japurá. O patrão chegou a pedir nos jornais que os clientes parassem de procurá-lo. *JC*. Manaus, n. 2.407, 19 out. 1910.

FOGUISTAS E CARVOEIROS

A tarefa dos foguistas era manter acesas as caldeiras do navio, controlando a queima do combustível para gerar energia aos motores de propulsão. O serviço era ainda mais duro na Amazônia, onde o preço elevado do carvão levava ao uso de péssimos tipos de lenha, que faziam muita fuligem, entupiam as chaminés e sobrecarregavam as máquinas. Para evitar explosões, os foguistas redobravam o cuidado nas queimas e na manutenção dos fornos. Conheciam adequadamente o incêndio dos fornos e eram *experts* em diferentes tipos de combustão.[53] Seus saberes do mundo do fogo eram equiparáveis aos dos pilotos e práticos no das águas.

No clima quente e úmido da Amazônia, o trabalho podia ser insuportável. Não havia ventilação nem ar fresco nos porões, e perto dos fornos a temperatura variava entre 54 °C e 60 °C. Na companhia dos foguistas estavam os carvoeiros, que atuavam em depósitos de combustível escuros e empoeirados; moviam a lenha até os fornos em carrinhos de mão ou nas costas; limpavam o depósito, onde recolhiam com pás quilos e mais quilos de pó preto; e, nas caldeiras, retiravam as cinzas e passavam óleo, graxa ou breu.[54] Foguistas e carvoeiros precisavam de boas parceria e sincronia para operar os motores a vapor.

Essa rotina de trabalho chegava a mexer com a cabeça do pessoal, que procurava formas mais humanizadas de se relacionar fora do serviço. Por isso, era o grupo mais associado ao alcoolismo, segundo os jornais. Um bom exemplo é o foguista do *Sobralense* Francisco Luiz da Silva, que, depois de uma bebedeira, teria arrancado as roupas e foi preso na rua completamente nu. A sensação de liberdade deve ter tomado o pensamento turvo do foguista quando longe daquele serviço infernal.[55] Para remediar as condições insalubres do ofício, muitos usavam camisetas de flanela, que, depois de encharcadas de suor, eram torcidas

---

[53] Bennet, 2004, p. 59.
[54] Sager, 1993, p. 44.
[55] "Queria ficar nu...". *JC*. Manaus, n. 4.336, 21 maio 1916.

e vestidas de novo em busca de algum frescor. Também se enrolava um pedaço de pano molhado no pescoço, com uma das pontas colocadas na boca para aliviar o anseio por água. Evitava-se ingerir água naquelas temperaturas, para prevenir câimbras e dores de estômago decorrentes de choques térmicos.[56] Após ancorar, o desejo por refrigério levava foguistas e carvoeiros a mergulharem nos rios por longos períodos. Nas águas traiçoeiras do Amazonas, a prática podia ser fatal.[57]

Tal como o convés, o fogo abrigava boa parcela de homens de pele escura, despossuídos e sem qualificação formal. Os patrões pensavam que o trabalho no fogo exigia apenas disposição para o serviço braçal, o que é possível contestar sublinhando a variedade de conhecimentos específicos para alimentar e abastecer caldeiras. Porém, os estratos mais elevados da sociedade, especialmente aqueles com acesso à escrita, reiteram o pensamento racista de que os lugares de subalternidade destinados a eles nunca seriam alterados. Tal pensamento orientava-se por hierarquias raciais e morais, segundo os lugares ocupados a bordo: a pilotagem no topo da pirâmide; e foguistas e carvoeiros na base. Isso explica uma gozação publicada n'*O Chicote*, de um foguista negro que ousava namorar uma moça branca de Manaus.[58] A mobilidade do foguista – fora da subalternidade racializada que determinava com quem ele deveria se relacionar – foi entendida como uma transgressão digna de riscos. Essa tensão sobre os lugares determinados e os esforços em responder com a valorização dos lugares ocupados, e recriados por eles próprios, marcou a vida associativa de foguistas e carvoeiros negros e mestiços.

A divisão de tarefas a bordo não foi o único elemento de distinção dos marítimos. A lida no pesado serviço do fogo aproximou pessoas que podiam partilhar interdições sociais naquela sociedade recém-saída da

---

[56] Davenport-Hines, 2012, p. 131; Tomlinson, 1912, p. 76.

[57] Os colegas do carvoeiro José Timóteo, do *Paes de Carvalho*, impediam sua insistência em mergulhar no rio Negro depois de bêbado. Num momento de distração, Timóteo conseguira escapar e, como previsto, acabou morrendo "afogado". *JC*. Manaus, n. 2.421, 2 jan. 1911.

[58] *O Chicote*. Manaus, n. 17, 26 jan. 1913.

escravidão. Com os postos subalternos lotados por maioria não branca, o confronto com a oficialidade facilmente abrigou disputas raciais. Em suas motivações encontramos a negação de ordens autoritárias e/ou a manifestação contra castigos físicos, expressões de humilhação e rebaixamento social. Afinal, parte dessa tripulação era recrutada entre os meios mais desprestigiados da sociedade e encontrava similitude com as "classes perigosas" da época.[59] Contraditar esses pensamentos e consolidar uma respeitada imagem de trabalhadores, acima até mesmo da de marítimos, no contexto de pós-Abolição, explica a mobilização eficaz da turma do fogo, na primeira década de 1900.

A SEGUIR, O "NAVIO-ARQUIPÉLAGO" SE MOVIMENTA

Acabamos de conhecer as implicações da chegada do vapor a reorganização que ele provocou nas funções a bordo: mais rígidas e hierarquizadas, reforçadas pela disposição espacial do navio e espelhando as desigualdades presentes num país mergulhado no pós-Abolição. Foi possível demonstrar que o navio, como máquina de trabalho, propicia paralelos com marítimos ao redor do mundo, no tocante às abordagens das sensações e estranhezas da transição tecnológica que, importa dizer, referia-se a um reordenamento da navegação como efeito da pressão contra o tráfico de africanos, na década de 1850. Algumas particularidades dos embarcadiços amazônicos foram sublinhadas com a exposição de seus processos de identificação de ofício e formas de trabalho, adaptados (ou vitimados) pela natureza local. A propósito, o capítulo seguinte articula a execução desses ofícios com o planejamento de uma navegação controlada, que buscava superar a natureza amazônica, explorando tripulações em jornadas de 24 horas de trabalho, com cada um no seu devido lugar.

---

[59] A. P. do Nascimento, 2002, p. 65.

Parte II

O LUGAR DE TRABALHO

4
24 HORAS A BORDO DE UM VAPOR

Navios sobrecarregados interfeririam nas relações dos marítimos ao longo de uma jornada de 24 horas de trabalho regida pelo relógio de bordo. Esse "tempo de trabalho" não foi fortuito à exploração inerente à aquisição de novas tecnologias. Para E. P. Thompson, nos primórdios do capitalismo, o "tempo de trabalho" foi transformado conforme passou a ser controlado pelo relógio. Compete entender até que ponto e de que maneira tal mudança afetou a disciplina de trabalho e a percepção de tempo dos trabalhadores, pois antes de qualquer transformação tecnológica, sublinha Thompson, o "tempo de trabalho" não se enquadrava na lógica do relógio, sendo medido e estabelecido por outros ritmos humanos.[1]

Nos navios aqui estudados, diferentes ritmos de tempo e trabalho se entrecruzavam, misturados entre o passado de outras formas de navegação e experiências de homens pouco ou nada afeitos à regularidade das tarefas, especialmente aqueles advindos do mundo rural, das beiras dos rios e das matas, sem formação marítima, acostumados com autonomia de tempo e ritmo de trabalho alternado entre picos de atividade intensa e de ociosidade.[2] Nos vapores, havia muitos homens e rapazes marcados pela vivência do trabalho escravo urbano e rural. No pós-Abolição, a

---

[1] Thompson, 1998, p. 269.
[2] *Idem*, p. 282.

alternativa da migração e a vida marítima seduziam os mais jovens pela falta de políticas de acesso ou de permanência nas terras em que nasceram ou viveram. Apesar da dureza das fainas diárias, o mundo embarcado permitia alguma distância da escravidão e, caso bem executadas, uma imagem positiva de trabalhador facilitava a sobrevivência naquele tempo.[3]

Para indígenas e descendentes de longa vivência nos remos, varas e velas, as lógicas próprias de ritmo de trabalho eram ainda mais perceptíveis. A bordo dos vapores, eles eram mais comuns como pilotos e práticos. No rio Madeira, o prático de "pele azeitonada" do *Capella* dedicava horas a banhos e cuidados cosméticos. Seu trabalho não requeria força física e atendia a um tempo definido por ele próprio. Mais de 40 anos antes, a professora Elizabeth Agassiz indignou-se com embarcadiços que se negavam a remar no calor. Mesmo remunerados, comenta a viajante, preferiam se "divertir" a se "esforçar". Os estrangeiros se guiavam por um tempo ditado pela modernidade do Atlântico Norte e se chocavam com o tempo marcado por tradições e costumes de quem respeitava o momento certo para interagir com as águas. Thompson notou que a "compulsoriedade" da natureza era compreensível para embarcadiços, porque "a padronização do tempo social no porto marítimo observa os ritmos do mar".[4] Contudo, perspectivas de "tempo de trabalho" alteravam-se conforme novas tecnologias eram impostas e assimiladas em portos e navios.

Apesar de o período estudado ser de plena inserção dos vapores, desde sua introdução em 1853, eles não foram hegemônicos. Diferentes tipos de barcos continuaram em uso no século XX. Partindo de Thompson, vamos observar não apenas mudanças técnicas que exigiram maior sincronização de trabalho (comum em qualquer experiência de

---

[3] Sobre a positivação do bom trabalhador no pós-Abolição, ver Mattos & Rios, 2004, pp. 182-183.

[4] Tomlinson, 1912, p. 187; Agassiz & Agassiz, 2000, p. 261; H. Costa, 2013, p. 141; Thompson, 1998, p. 271.

transição tecnológica), mas o ritmo de trabalho "em seu condicionamento tecnológico e com a medição do tempo como meio de exploração da mão de obra".[5] A definição de 24 horas de trabalho, segundo o relógio de bordo, não foi assimilada facilmente pela marinhagem amazônica. Como bem notou um viajante dos anos 1930, ali os vapores seguiam a vontade dos marítimos: "Sua rota é previamente traçada, porém, seus pontos de parada são resolvidos no momento, de acordo com as necessidades [...]. Dão a impressão de que nunca têm pressa de chegar ao ponto final de seu destino".[6]

O tempo de trabalho alterado pelo maquinário induziu novas experiências de conflito pelo alargamento de normas, vigilância e controle praticados dias a fio em um espaço fechado. Nenhuma mudança tecnológica é invariavelmente neutra ou inevitável, isto é, a procura por maior disciplinamento sobre as águas se intensificou com os avanços do capitalismo pela alta circulação de pessoas e mercadorias.[7] Como a própria ideia de "tempo regulado" foi internalizada pelas classes trabalhadoras ao longo da história, veremos em que grau e formas a inovação tecnológica incrementou a exploração de marítimos pelo ritmo de bordo, sem esquecer que os valores resistem a ser perdidos, bem como a serem ganhos.[8]

Por fim, essas 24 horas se distinguem de um dia de labor terrestre pela noção de disciplina interna que atravessava o tempo e o espaço do trabalho embarcado. O marítimo em espaços confinados vivia enredado numa rede hierárquica de relacionamentos, permeada pela ordem das funções navais.[9] De acordo com os oficiais, a ideia de eficiência das tarefas assentava-se na total submissão a políticas cotidianas de exploração, que

---

[5] Thompson, 1998, p. 289.
[6] J. Pereira, 1940, pp. 28-29.
[7] Ver Linebaugh, 1984.
[8] Thompson, 1988, pp. 298-301.
[9] Basso, 2015, p. 154.

organizavam o trabalho marítimo pelos regulamentos das Capitanias.[10] Paradoxalmente, as legislações portuárias não sobrepujavam a regulação imposta por comandantes nem as reações próprias de passageiros pobres e tripulantes. Esses conseguiam criar brechas na dinâmica interna dos navios quando se viam distantes do controle da vida terrestre. Isso servia para enfrentar dificuldades como a má alimentação, acomodações impróprias, ambiente de trabalho insalubre etc. Procuro levar em conta, nessas 24 horas de trabalho a bordo, esses e outros problemas que dificultavam a vida de todos, mas que alentavam formas mais humanizadas de resistir a elas. Para tanto, percorreremos notícias de jornais e, principalmente, textos de viajantes.

Quase todos os relatos de viagens amazônicas descrevem como a repetição e a monotonia assolavam a vida a bordo. Os naturalistas do século XIX foram os maiores divulgadores dessa reclamação.[11] Analiso, a seguir, relatos dos 1900 aos 1930 de quem dividiu espaço com passageiros em navios de linhas regulares. Como uma espécie de diário de bordo, tais textos validam os interesses de deslocamento dos autores e sua posterior publicação. Em sua maioria, não há referência direta aos tripulantes, fazendo lembrar os escritos literários do tempo da escravidão, que normalizavam ou invisibilizavam o cativeiro pela omissão de quem trabalhava em contos e romances.[12] Realizei uma leitura a contrapelo para desvelar o ambiente de trabalho a bordo, com suas experiências de solidariedade, camaradagens, rivalidades, ajustes violentos, mitigações da exploração e da rigidez hierárquica. Outra vez encontraremos as subdivisões dos marítimos suportando a análise de uma identidade de classe forjada por causa e para além delas, da hierarquia naval e das escolhas cotidianas sobre as águas.

---

[10] Um sistema muito parecido organizava o serviço da estiva nos portos. Gitahy, 1992, p. 87.

[11] M. Machado, 2018, *passim*.

[12] Chalhoub, 2003, p. 26.

Concluo esta introdução com um evento ocorrido a bordo do vapor *Índio do Brasil*, em Manaus. Naquele tempo, os armadores investiam na maior velocidade das viagens para maximizar lucros na precariedade do primeiro pós-guerra. Na véspera de zarpar, o marinheiro Elpídio Oliveira indignou-se quando o prático Manoel Martins adiantou o relógio de bordo. Ele foi então reclamar na Capitania que o serviço anteciparia o combinado com a tripulação. Tal alteração atrasaria o curto descanso da equipagem, que talvez estivesse até desfalcada. Enquanto Elpídio estava fora, outro marinheiro tentou agredir o prático dentro do navio, mas a tripulação evitou a intervenção da polícia e protegeu o exaltado companheiro. Em contrapartida, Elpídio entrou em atritos na Capitania e foi acusado de desacatar o capitão do porto. Para evitar que ele angariasse simpatias e solidariedade, o capitão rapidamente mandou prendê-lo na canhoneira *Missão*.[13]

Nesse episódio, a alteração na ordem dos serviços submetidos ao relógio chocou-se com os acertos feitos com os marítimos. Temos duas formas de resolução do conflito, com desfechos distintos, que elucidam formas igualmente distintas de resistir. Talvez a reação violenta do marujo anônimo decorresse da descrença na intervenção da Capitania ou em vingança pela prisão de Elpídio (os eventos foram divididos em duas notícias, dificultando o ordenamento dos acontecimentos). Segundo o *Jornal do Comércio*, o navio partiu de Manaus com o relógio adiantado. Não se sabe quanto tempo Elpídio ficara detido, sem indicativos de algum inquérito aberto. Por pouco o prático não foi linchado. O esforço da marinhagem em resguardar a segurança do mais exaltado evidencia que, caso algo mais sério ocorresse no curso da viagem, o preço a ser pago pelos oficiais não ficaria em ameaças. Nem podemos menosprezar a questão étnica e racial como pano de fundo da disputa. No rio Amazonas, a praticagem era ocupada por indígenas e seus descendentes em navios tripulados por homens negros e mestiços na maioria. Conflitos entre

---

[13] *JC*. Manaus, n. 5.757, 11 maio 1920.

nativos em posição superior (ou agindo como tal) com embarcadiços forasteiros vão se repetir ao longo do livro.

A notícia revela que o relógio de bordo não representava apenas a ordenação temporal das tarefas, mas indica limites conferidos à sua imposição. Essa ordem legal era admitida desde que não interferisse na ordem costumeira da tripulação.[14] Os ponteiros marcavam o início e o fim da jornada diária, a marinhagem definia quando e como reagir. O conflito acima ocorreu nos preparativos da partida do navio, cujos pormenores conhecemos agora.

ATÉ A MEIA-NOITE. OS PREPAROS E A PARTIDA

Os navios costumavam partir de Manaus no nascer ou no pôr do sol. Os preparativos das viagens ocorriam com antecedência de várias horas, da seguinte maneira: foguistas lubrificavam os motores com óleo, graxa e breu; maquinistas averiguavam o maquinário; carvoeiros limpavam e organizavam o depósito de combustível; o pessoal da cozinha preparava as refeições, vigiados pelo despenseiro que comprou provisões na cidade; marinheiros e moços limpavam o convés; pilotos, práticos e comandantes tomavam nota dos cursos, finalizavam o rol de equipagem ou circulavam pela Capitania para os últimos acertos.

Com tudo pronto, começava o serviço de embarque, quase sempre com confusão. Primeiro embarcavam-se pela prancha as mercadorias, que seriam alojadas nos porões antes dos passageiros. "Bota a prancha! Tira a prancha! São vozes ouvidas nos 'gaiolas' durante a chegada e a saída de qualquer lugar no curso da derrota". A grande tábua usada como ponte entre o navio e os portos forçava a sobriedade e a atenção dos tripulantes para não escorregarem. A movimentação não era nada tranquila. Nem mesmo os marinheiros "afeitos a seu mister" ficavam tranquilos com o

---

[14] Sobre como isso se operava no mundo rural, ver Franco, 1997, p. 52.

navio enchendo-se de maneira desordenada. "Zoa ininterrupto o barulho das arrumações; falta isto, falta aquilo, falta fulano". A bagunça podia atrasar bastante a partida do vapor.[15] Havia aqueles que conseguiam embarcar adiantados para evitar sobressaltos ou garantir melhores acomodações. Às vezes, só não dormir nos porões de carga já valia a pena, pois a Capitania fazia vista grossa à acomodação ilegal de passageiros em navios cargueiros. Em expedição rumo ao Solimões, em 1907, a equipe do governador do Amazonas Constantino Nery embarcou no *Virginia* às 10 horas da noite. O relator da comitiva reportou:

> Nestas viagens convém embarcar cedo, a fim de não perder o lugar. A melhor dormida é, sem dúvida, fora dos camarotes, que, apesar de superiores aos do Lloyd, são quentes a valer. No que me foi destinado, íamos como sardinhas em tigela; quatro camas para seis pessoas.[16]

Em viagens rotineiras sem presenças ilustres, as pessoas embarcavam com suas bagagens depois de acomodados animais e mercadorias. O espaço destinado aos pobres era o que restava depois de sobrecarregar o navio com "sal, querosene, gasolina, tijolo, telha, carneiros, cabras, porcos, burros, bois e vacas". Na navegação amazônica só havia 1ª e 3ª classes. O abismo era tal que invalidava um meio-termo. Essa mesma divisão era vista nos espaços destinados aos oficiais e ao restante da tripulação. Além do desconforto dos alojamentos improvisados, todo o espaço de bordo era inseguro para o trabalho. A disposição espacial, basicamente setorizada em conveses e porões (de cargas e de máquinas), pressupunha organização nos carregamentos, mas na prática os armadores pouco se importavam com isso, já que naquela época os seguros cobriam eventuais acidentes.

Os empregados de navios de passageiros – onde velocidade e qualidade de serviço eram fatores de competição entre companhias –

---

[15] Morais, 2013, p. 140; Farias Gama, 1924, p. 31.
[16] *JC*. Manaus, n. 2.006, 26 jul. 1907.

tinham melhores salários e condições de trabalho, diferentemente do que ocorria com os tripulantes de cargueiros.[17] Na Amazônia, essa separação não era muito clara, e os passageiros pobres e as cargas acabavam alojados como se fossem a mesma coisa – nada novo, considerando o recente passado de transporte a vapor de escravizados entre as províncias.

A superlotação era tanta que afetava a execução das tarefas. Passageiros lotados nos porões tinham de se acomodar "amarrando as redes ao lado e por cima dos animais até fazerem um denso trançado, que mal deixa[va] passar a tripulação para manobra". Aníbal Amorim viu pessoas caindo "na água por falta de espaço para circular dentro do navio".[18] Em 1927, Mário de Andrade viajava pelo rio Madeira no *Vitória*, quando conheceu um passageiro da 3ª classe, um jovem cearense de "ar safadinho, meio gasto, com a voz lenta cantando ao violão pra deixar o sono chegar ou pegar algum gosto de mulher, se achar". Ele revelou ao escritor paulistano que rumaria a um seringal em Guajará, embora já tivesse levado

> [...] esta vida dura de bordo. Fiz seis anos de navegação, porém larguei duma vez essa vida. Faço de tudo, trabalho não me assusta, porém que seja recompensado. Isso de marujo, que nem dorme direito, até por cima de boi botando a rede, pra ganhar oitenta, noventa mil-réis, não vai comigo.[19]

Os oficiais acomodavam-se em boas cabines, onde o prático branco Raimundo Morais escrevia sobre o "êxodo amazônico" de migrantes pobres aos seringais e centros urbanos, no início do século XX. Com um olhar comum ao oficialato, ele distinguiu mundos opostos na embarcação que levava

> [...] cem, duzentos, trezentos indivíduos magros, hirsutos, sujos, pardavascos; as crianças nuas; as mulheres, de saia, casaco, chinelas e cachimbo ao queixo; os homens de chapéu de carnaúba, calça e camisa, alpercatas, bentinho ao pescoço,

---

[17] Bean, 1976, pp. 366-367.
[18] Morais, 1939, pp. 129-130; Amorim, 1917, p. 177.
[19] M. de Andrade, 2015, pp. 146-147.

pajeú a cinta [espécie de cutelo] [...]. Assim que se empilham naquele pequeno espaço úmido e maculado, ouvem-se as notas fanhosas das harmônicas e o soluço sertanejo das violas. No segundo convés – as *cabines*, o bolinete, a máquina do leme, a copa, o bar, a caixa da fumaça, as mesas de refeições. Aí se acomodam o comandante, mestre, criadagem, patrões, coronéis, aviados e representantes de casas exportadoras.[20]

Mais do que sensibilidade àquelas condições, Morais sabia que a imposição dessas desigualdades por vezes não passava impune e motivava motins de passageiros e tripulantes. Não era fácil tolerar dias e mais dias sob clausura, calor, fome e humilhação enquanto a menor parcela do navio tinha conforto até para produzir literatura a bordo. Ciente disso, o escritor e prático andava sempre armado, inclusive em terra.[21]

Depois de alojadas pessoas e mercadorias, metade da tripulação ia descansar enquanto a outra assumia o turno da vez. Quinze minutos antes, um taifeiro de sineta à mão andava de uma ponta a outra anunciando a hora de zarpar. Em seguida, o vapor emitia dois graves e prolongados apitos de despedida.[22] Outra descrição entrega uma cena lúdica: "Na roda do leme, olhando a agitação impaciente dos lenços, o comandante sorri, e, só para aperrear, puxa a corda do apito outra vez...".[23] Nem sempre os sons da partida eram tão poéticos. Em Manaus, chegou-se a condenar o costume dos comandantes de anunciar partidas com uma salva de tiros. Acontecia "quase sempre à noite, assinalando [...] com um estrondo que alarma, com um barulho que perturba a paz das famílias, quiçá o sossego público".[24] Os tiros também serviam para intimidar eventuais revoltas, como uma espécie de prévia do poder de fogo à disposição dos superiores. Com armas nos coldres e a tiracolo, tudo e todos a bordo, a prancha era recolhida, a âncora erguida e as máquinas postas a funcionar.

---

[20] Morais, 1939, p. 130.
[21] Ypiranga Monteiro, 2012, p. 211.
[22] T. de Mello, 1984, pp. 45-46.
[23] Alves de Menezes, 1946.
[24] *JC*. Manaus, n. 3.576, 11 abr. 1914.

A casa de máquinas não era um local muito frequentado, tanto pelo desinteresse dos passageiros quanto pela delimitação do lugar de trabalho imposta por seus ocupantes.[25] Manoel Madruga, escritor paraibano ligado ao movimento operário de Manaus, abordou o serviço nas máquinas em 1907, numa crônica publicada pelo *La Voz de España*, jornal dedicado à comunidade hispânica do Amazonas. O autor descreve uma força de trabalho praticamente oculta do restante da tripulação.

– Levanta o ferro! Retiniu como um trovão a poderosa voz do comandante. E a pesada âncora que descansa no misterioso abismo do rio Negro, vai pouco a pouco se erguendo, num ranger cadenciado, num *tic-tac* indescritível; e as máquinas, manejadas pelas mãos hábeis dos hábeis maquinistas, resfolegam, exalam intensa camada de vapor, e a hélice, quebrando a quietude e placidez das águas serenas, movimenta-se, fazendo erguer atrás de si uma grossa esteira de espumas.

Então "tudo se movimenta, todos se entregam à azáfama própria de quem viaja; as ordens dos oficiais, transmitidas em altos brados, se confundem com as imprecações dos passageiros, que formigam num burburinho indescritível". O navio em deslocamento dependia do maquinista, "sereno, ereto, afrontando o calor das fornalhas [...] de farol em punho, indiferente a tudo e a todos, escorrendo em suor, [que] examina, cuidadoso, se as máquinas obedecem à simples pressão dos seus músculos...".[26] Os motores recebiam ignição, os vapores acionavam as engrenagens, os pistões subiam e desciam, as hélices ou pás giravam, e o navio vagarosamente se afastava do Roadway. "Começa então o contato com a vida de bordo".[27]

O princípio da viagem era o momento de conhecer vizinhos de redes, de beliches, as dependências do navio, os tripulantes. Hora da partilha de comida, cobertores, cigarros e informações.[28] Fazer amizades era crucial para enfrentar a jornada e mitigar a solidão sobre as águas e em meio à

---

[25] Tomlinson, 1912, p. 22.
[26] Madruga, 1907.
[27] P. Mattos, 1933, p. 8.
[28] A. Pinheiro, 1926, p. 11.

selva. Tratando-se de viagem noturna, findas acomodações e conversas, quem conseguisse dormir estaria em vantagem sobre os demais no dia seguinte. Descansar naquelas circunstâncias não era uma tarefa fácil.

PAUSA PARA O OFICIAL DE QUARTO

Antes de avançar, é preciso explicar a ordenação dos serviços diários de um navio mercante. Tudo era regido e registrado em livros pelos oficiais. Na Marinha de Guerra, os Livros de Quarto ou de Bordo eram assinados por um tenente a cada quatro horas, apontando os movimentos da tripulação.[29] Para manter os navios navegando 24 horas por dia, a marinha mercante seguia protocolo similar. Cada quarto de navegação era chefiado por um mestre e um contramestre, caso se tratasse de um grande navio.

O mestre devia examinar faróis, verificar se os vigias estavam acordados, evitar desvios no curso das rotas, preencher o Livro de Navegação e só entregar seu quarto de hora após averiguar a disciplina e a ordem da tripulação.[30] Essa última função gerava os principais conflitos entre mestres e tripulantes. As noções de disciplina e ordem dos oficiais exigiam total submissão da marinhagem, que tinha noções próprias de respeito e obediência, muitas vezes contrapostas às formalidades do mundo náutico militarizado.

Os quartos de hora não eram seguidos à risca pelo constante desfalque nas equipagens. Para economizar nas viagens e aumentar os lucros, os armadores não acatavam a lotação ideal dos navios e sobrecarregavam

---

[29] Basicamente se dividia assim: 1º quarto, 8h-12h: baldeação e esticamento de toldos, limpeza dos camarotes, cargas e descargas de produtos, manutenção das caldeiras e pequenos reparos; 2º quarto (depois do almoço do meio-dia): continuação das tarefas; 3º quarto: ia até 18h, que era o horário da janta; 4º quarto: divisão da guarnição que ia dormir enquanto outra continuava as tarefas; era nessa hora que eles conversavam sobre assuntos pessoais e políticos e/ou divertiam-se um pouco. Às 21h tocava-se a sineta de proa, hora do silêncio e do sono. A. P. do Nascimento, 2002, p. 128.

[30] "Aos senhores oficiais da marinha mercante". *O Marítimo*. Manaus, n. 1, 27 abr. 1911.

um punhado de gente em viagens longas e perigosas. Para evitar respostas mais violentas contra essas condições, os armadores empregavam homens de confiança como mestres. Eram patrícios ou conterrâneos dos patrões ou de comandantes que seguiam armados e confiantes de sua posição. O viajante Pedro Mattos descreveu o mestre como "o grão senhor da terceira classe, o rei daquele reino de promiscuidade, [que] faz imprimir aos seus atos e palavras um acento de autoridade e firmeza que o torna respeitado por todos". Não admitia "recalcitrâncias nem vacilações no cumprimento de suas ordens. É ele o verdadeiro senhor. Ali só se faz o que ele quer".[31] Não raro seus abusos de autoridade ganhavam as páginas dos jornais.

Uma denúncia no *Jornal do Comércio* descreve uma viagem de Manaus a Belém, na qual o mestre do *São Luiz* exigiu que os passageiros de 3ª classe "desatassem as suas redes, pois o lugar ia ser ocupado pelos bois". As pessoas se revoltaram e exigiram os direitos dos bilhetes de passagem, mas "o mestre vociferou e alegou suas qualidades de oficial". Então mandou prender os reclamantes, que foram levados amarrados ao convés, onde passou a espetar-lhes as nádegas com uma faca.[32] Mas isso não saciou seus "maus instintos", e ele se pôs a mais torturas, com bofetes e pancadas.[33] Em sua viagem, o passageiro Mattos descobriu que a principal função do mestre era promover a repressão e a violência para manter a ordem entre os passageiros pobres e os marítimos. Estavam embarcados para rechaçar qualquer sinal de rebeldia antes que se perdesse o controle. Isso era fundamental para a continuidade da exploração e das péssimas condições de viagens que carreavam altos lucros para armadores e oficiais. Segundo Mattos, para não perder a pose nos porões, o mestre caminhava "com cautela naquele chão escorregadio,

---

[31] P. Mattos, 1933, p. 7.
[32] Os feitores costumavam atingir essa região do corpo para perturbar as horas de descanso dos escravizados. Assunção, 2010, p. 108.
[33] *JC*. Manaus, n. 4.307, 22 abr. 1916.

a fim de manter o equilíbrio".[34] A metáfora, talvez sem intenção, acabou resumindo da melhor forma que o mestre pagaria caro por um vacilo de autoridade: qualquer escorregão seu desatava rebeldias.

Eis uma ilustração: o *Rio Curuçá* saiu de Manaus para o rio Madeira, em dezembro de 1914. Seu mestre era o português Antonio Pinto da Silva, que, "pelo seu gênio irascível, não goza[va] das simpatias do pessoal de bordo". No terceiro dia de viagem, o moço Manoel Ramos estava em sua hora de descanso quando foi acordado pelo mestre para carregar lenha. Não atendendo de pronto, o mestre levou-o "aos empurrões" para o serviço. Noutro momento, Manoel passava pela prancha com meia barrica de açúcar nos ombros, "quando aconteceu bater com ela no segundo convés do vapor, sendo obrigado a recuar, o que fez, indo de encontro ao português, valendo-lhe isso fortes empurrões". O moço caiu no assoalho, levantou-se furioso e "atracou-se ao mestre, atirando-o sobre o guincho. Sabedor do fato, o comandante da embarcação castigou Manoel Campos, prendendo-o durante duas horas na tolda amarrado ao mastro". Findo o castigo, Manoel foi desamarrado. "Vendo-o solto, o mestre não se conteve e tomando de uma faca americana [de lâmina larga] bradou: – Aí! Que não fizeram justiça: falá-lo-ei eu!". Em meio a pontapés e socos, o mestre apunhalou o moço na costela esquerda, nas costas e nos braços. Sanada a vingança, o português se entregou. O comandante abriu inquérito a bordo, o mestre foi preso em Humaitá, e o moço internado em Porto Velho.[35]

No caso acima, vemos uma progressão de provocações que termina em agressões físicas com risco de morte. É possível que a convivência entre eles fosse tensionada por questões étnicas, sendo o mestre português e o moço brasileiro, o que abalava as relações de mando e obediência. O lusitano também parecia aplicar provas de fogo para testar a subordinação do moço. Outro fator importante é a *performance* de

---

[34] P. Mattos, 1933, p. 7.

[35] *JC*. Manaus, n. 3.833, 26 dez. 1914.

masculinidade de quem decidiu lavar com sangue a autoridade desafiada. O mestre esperou por plateia para exibir sua superioridade hierárquica (e étnica?) diante de toda a tripulação.

Encontrei outro exemplo no conteúdo de um *habeas corpus* em favor do marinheiro nacional Romualdo José de Souza, detido havia três dias na Primeira Delegacia de Manaus. Em 19 de maio de 1913, um jornalista requereu-lhe o *habeas corpus* ao Juízo de Direito do 3º Distrito Criminal. Ele alegava que Romualdo era "vítima da perseguição de Joaquim Almeida, mestre do vapor *Sobralense*, por quem foi violentamente preso, sob a infundada suspeita de haver subtraído certa importância pertencente àquele lusitano". Não havia prova alguma do crime, por isso não devia se induzir responsabilidade nem dar "lugar à prisão violenta e injúrias como está sofrendo". Romualdo estava "encarcerado e torturado pela fome, porque sendo como é bastante pobre, só obtém meios de subsistência quando trabalha". Estaria, portanto, sofrendo represália por conflitos com o mestre do *Sobralense*.[36]

Tal como em terra, brasileiros pobres, negros e mestiços eram os primeiros da lista de suspeitos de roubos e furtos a bordo. Caso houvesse algum tipo de disputa ou desafio à autoridade do mestre, uma acusação sem provas era suficiente para manchar reputações e prejudicar empregos. Por essas e outras razões, o mestre era escolhido a dedo por armadores ou comandantes para impor ordem e disciplina nos navios. Esse dilema em torno da disciplinarização da força de trabalho incentivou a preferência por empregar estrangeiros em postos-chave, em Belém e Manaus. Nas duas capitais, o maior grupo eram os portugueses, sendo bastante significativos no setor portuário.[37]

A preferência por mestres lusos referia-se também ao fato de eles responderem diretamente aos comandantes que intermediavam com os armadores, entre os quais a quantidade de patrícios era considerável.

---

[36] TJAM. JDCRI – 3º D. Habeas-corpus. Manaus, 19 maio 1913. Cx. Criminal (1909, 1922, 1916).

[37] M. L. U. Pinheiro, 2014, p. 814.

A identificação entre eles servia para manter a tripulação não branca controlada por um estrangeiro de confiança. Eis um critério decisivo na promoção do missionário Woodroffe a mestre, numa viagem a vapor entre Peru e Manaus. Sem qualquer conhecimento náutico, ele mesmo afirma que sua promoção se deveu unicamente à origem europeia. Antes, como moço de convés, o britânico ganhava cinco libras mensais, como mestre passou a ganhar nove. E suas relações com o comandante atingiram a troca de confidências, fazendo dele a segunda autoridade do navio.[38]

O uso de força era outorgado aos mestres pelos comandantes, para reforçar a obediência e demarcar privilégios da branquitude no exercício de autoridade. Não podemos menosprezar as hierarquizações étnico-raciais e a masculinidade hegemônica em relações que reiteravam marcas históricas da dominação colonial portuguesa, revisitadas pela imigração daquele tempo, muito menos desconsiderar a memória da escravidão negra e indígena, anterior e persistente à chegada dos vapores. Voltemos ao itinerário da jornada de trabalho a bordo, no momento em que todos deveriam acordar.

DAS 6H AO MEIO-DIA. BALDEAÇÃO E ALIMENTAÇÃO

Às 6 horas da manhã, o mestre ordenava a baldeação, a lavagem diária dos conveses feita por marinheiros e moços. Enquanto os criados colocavam o café na mesa, os passageiros despertavam com o barulho das mangueiras e dos baldes de água. Bernardo da Costa e Silva acordou assustado "ao ver junto de nossa rede, seis marinheiros descalços, calça arregaçada e em mangas de camisa, com baldes na mão, cheios de água! Seria o banho de Netuno?". A maioria dos navios fluviais tinha o casco pouco acima do nível da água (daí o apelido de "chatas") para evitar surpresas nas correntezas de diferentes leitos. As águas chegavam a

---

[38] Woodroffe, 1914, p. 52.

invadir o convés, e a tripulação nada fazia à noite por causa do cipoal de redes armadas. Só com os primeiros raios do sol é que o mestre gritava "leva arriba!", segundo Morais, "o sinal para quem está dormindo em rede, seja tripulante ou não, sair dela e levantá-la na própria corda do armador". Em seguida, os marinheiros e moços espalhavam água com areia no assoalho, e "com o pé esquerdo sobre a vassoura e o cabo na mão direita, principiam a esfregar. Pelo ritmo bárbaro, de passadas largas, parece uma dança selvagem. Isto vai, de proa a popa, até dez horas [da manhã]".[39]

A ordem de limpeza era um padrão seguido pelas marinhas mercante e militar para prevenir doenças e moléstias. Para Aníbal Amorim, a "baldeação infalível e benéfica da manhã" era para o bem-estar de todos. O mesmo não valia para os seus encarregados. Era um martírio lavar andares inferiores abafados e lotados, de difícil locomoção e com sujeira acumulada entre passageiros, mercadorias e animais.[40] Por mais que se fizesse, o serviço parecia sempre malfeito, levando os mestres a castigarem a marujada.

Para evitar intervenção dos superiores, os moços buscavam ajustar por conta própria os desentendimentos no serviço. Foi o que fizeram os nacionais Aristides Ferreira da Silva e Manoel Alves de Lyra do vapor *Andirá*. Havia algum tempo, Lyra estaria incomodado com a dificuldade e duração da baldeação (quatro horas ininterruptas). Segundo diziam, o marinheiro vivia em atritos, e sempre chamavam a atenção dele. Lyra na verdade denunciava o acúmulo de tarefas realizadas após noites muito maldormidas. Foi então que, "no momento em que se procedia ao serviço de baldeação, teve acalorada discussão com o seu companheiro Aristides e, de repente, sacou de uma navalha, investindo contra o interlocutor". Após os apartes, Lyra foi detido no porão e Aristides saiu com dois cortes nos braços.[41] A dupla foi suspensa da limpeza da pior maneira. Quanto

---

[39] Costa e Silva, 1891, p. 12; Amorim, 1917, p. 177; Morais, 2013, p. 33.
[40] Amorim, 1917, p. 180; P. Mattos, 1933, p. 9.
[41] "Discussão, navalhadas e cafua". *JC*. Manaus, n. 5.921, 25 out. 1920.

à navalha, antes de servir à defesa pessoal ela era um instrumento de trabalho: servia para cortar panos de vela, cabos e fios, e seu pino era usado para afrouxar os nós de cabos e cordas. Quando o serviço era interrompido para as refeições, ela virava até talher.[42]

O café da manhã saía às 7h, no curso da baldeação. O cardápio era o mesmo para todos: "café, bolacha dura ou pão cru, feito a bordo". Nos navios da Amazônia, o comandante era o responsável pelo fornecimento de comida, regulado pelo despenseiro às suas ordens. As companhias vendiam apenas passagens e fretes. O comandante recolhia de cada passageiro uma tarifa adicional para as refeições, e quem melhor servia ganhava maior popularidade. Havia quem preferisse atrasar viagens para embarcar com os melhores comandos. Mas no geral o serviço era deficiente, e os valores cobrados não condiziam com o ofertado. Para um observador norte-americano, além de pouco habilidosos na gestão hoteleira do navio, os comandantes mantinham um negócio lucrativo superfaturando produtos de baixa qualidade.[43]

Manoel Madruga escreveu sobre o ritual da alimentação matinal. Os criados peruanos tocavam a campainha e, "muito solícitos, nos vem prevenir que o café, sobre a mesa, está a esfriar: que vamos logo enquanto está *caliente*...". À mesa, os passageiros começavam a reclamar em termos que o autor escutou a bordo ou leu pelos jornais.

– Olhe lá, diz um passageiro, esfregando os dentes, em mangas de camisa, segurando um criado pela gola da blusa de riscado, eu quero pão, queijo, manteiga de primeira e café muito grosso; não sou homem que me contente com água choca de bordo; café para mim deve ser quente, forte e cheirando a... café.

– Eu, cá por mim, não tenho quereres a bordo! Esclarece um velhote que se pavoneia com a patente de coronel.

À mesa, predomina o queixume:

– Ai! Lá quebrei um dente!

---

[42] A. A. Dias, 2005, p. 280.
[43] Tomlinson, 1912, p. 197; Amorim, 1917, p. 177; Kerbey, 1911, p. 296.

– Isto foi feito quando Adão era molecote!
– Diabos carreguem a quem inventou estas malditas bolachas!
– Ui! Quase corto a língua![44]

O consumo de bolachas remetia às grandes navegações, e elas nunca deixaram de ser duras e ruins de comer.[45] Em Manaus, ainda hoje se vende bolachas à base de água, sal, açúcar e farinha de trigo. Continuam duras e de baixo custo, mas ficaram mais saborosas e são consideradas alimento tradicional das viagens fluviais. A Fábrica Modelo se especializou na sua produção desde os anos 1940.[46] Na atual embalagem do produto, encontramos a forma como a população convencionou chamar: bolacha de motor. O *motor* é o apelido dado aos barcos movidos a *diesel* introduzidos nos anos 1950. Essa memória afetiva possivelmente vincula a dieta pobre do tempo dos vapores aos negócios da indústria alimentícia e suas transações com o mercado de navegações.

Segundo Norberto Ferreras, certos consumos e costumes alimentares, ditos tradicionais e de origem remota, podem ser entendidos como "produto de um determinado momento histórico, ou a somatória de vários momentos históricos relativamente próximos, que, para o observador ingênuo, aparecem como cristalizados num momento antiquíssimo".[47] A gestão de alimentos nos navios também passou pelos processos de transformações da indústria alimentar. Em cidades como Manaus e Belém, a modernização das padarias levou à maior fabricação de alimentos baratos e de produção simples.[48] No início do século XX, as posteriormente chamadas "bolachas de motor" eram produzidas por padarias, vendidas aos comandantes ou feitas pelos cozinheiros de bordo com os ingredientes disponíveis.

---

[44] Madruga, 1907.
[45] A. A. Dias, 2005, p. 280.
[46] *Amazonia – Jornal.* Manaus, n. 15, 9 fev. 1948.
[47] Ferreras, 2006, p. 134.
[48] Ver E. Fontes, 2002b.

Em vapores mal fornidos, os preparos tinham de ser improvisados. O cozinheiro do *Capella* assava bolinhos com carne enlatada quase estragada. Denúncias anônimas diziam que "os passageiros de 3ª classe alimentavam-se com mingau de farinha, pois nem sequer café havia".[49] Para fazer o mingau, molhava-se a farinha de mandioca e acrescentava-se sal ou açúcar, gerando uma papa chamada xibé ou jacuba.[50] O pão e/ou as bolachas eram outra base de carboidratos e eram consumidos por passageiros e marítimos "em qualquer canto, junto das máquinas, ao lado do gado bovino, suíno ou cavalar, ou mesmo sobre os caixões de carga e montes de lenha".[51] O café e o almoço eram difíceis de engolir, motivando passageiros e marítimos a identificarem causas em comum e daí ir à luta por melhores condições a bordo, como logo veremos.

O almoço iniciava por volta das 10 horas da manhã, ao término da baldeação. As proteínas vinham da salga de carnes bovinas (jabá/charque), de pirarucu e de bacalhau. Estavam sempre desidratadas, para atrasar o apodrecimento em armazenamentos precários. Pouquíssimos navios tinham câmara frigorífica. Essa falta de alimentos frescos, portanto, pobres em vitamina B, era a grande responsável pela proliferação do temível beribéri. Uma das saídas, quando havia animais a bordo, era o consumo de carnes verdes (de gado recém-abatido), mas nem sempre isso era possível, fazendo as carnes salgadas reinarem absolutas.[52]

Os acompanhamentos podiam ser arroz e feijão, mas principalmente farinha de mandioca. Como anotou dom Lustosa numa viagem missionária: "o caboclo marinheiro ganha pouco e a alimentação dele é frugalíssima. Um pouco de pirarucu com muita farinha-d'água, ou um naco de carne grossa [salgada] sempre com muita farinha".[53] O consumo

---

[49] Tomlinson, 1912, p. 189; *A Federação*. Manaus, [s.n.], 9 jan. 1899.

[50] Ypiranga Monteiro, 2001, pp. 17-18.

[51] P. Mattos, 1933, p. 8. A dieta deficiente de bordo foi estudada em diferentes recortes de tempo e espaço; ver Rodrigues, 2015; MacDonald, 2004; Glenn, 2010.

[52] Amorim, 1917, p. 177.

[53] Lustosa, 1976, p. 116.

de farinha era uma preferência da tripulação, tida pelos oficiais como maus vestígios do passado indígena. Além da comodidade e do fácil acesso para acompanhar as misturas, comer farinha era um hábito de resistência ao pensamento higienista veiculado pelo Ministério da Marinha, no começo do século XX. O oficialato se esforçava por adotar práticas inspiradas em países "avançados", importando deles uma alimentação considerada mais saudável – entendamos: o mais longe possível da memória indígena e africana. O mesmo valia para as carnes-secas, por vezes desaconselhadas, mas mantidas em razão de costumes populares. Os marítimos rejeitavam a introdução de conservas e preferiam o jabá ou charque, que talvez conhecessem desde a infância.[54]

As complicações apareciam com a insuficiência das provisões e a deterioração delas no curso das viagens, como registrou o etnólogo alemão Koch-Grünberg: "a comida no nosso vapor era suportável, mas a 'carne-seca' e pirarucu defumado [...] predominavam, e depois de três dias de viagem tornaram-se o prato único. Estávamos longe das panelas de carne de Manaus". Após vários repreparos da comida, Amorim adoeceu, e a falta de água potável piorou a situação: "começo de alimentar-me a ovos e águas minerais, porque a bordo não existe água filtrada. A que vai à mesa é do rio e contém 10% de argila".[55] Desde o começo do século XX, as marinhas ao redor do mundo utilizavam um precário processo de destilamento de água da chuva ou dos rios, que acometia marítimos e passageiros com frequentes infecções e diarreias. Décadas depois, Pedro Mattos acusou a persistência desse problema. Na verdade, ele havia se tornado um negócio a mais: a venda de bebidas e água mineral corria solta a bordo e era bastante lucrativa para comandantes e armadores. A água gratuita, abundante, mas "cuja cor é duvidosa", era destinada à tripulação e aos mais pobres.[56]

---

[54] S. C. Almeida, 2012, pp. 23-24.

[55] Koch-Grünberg, 2005, p. 36; Amorim, 1917, p. 177.

[56] S. C. Almeida, 2012, p. 19; P. Mattos, 1933, p. 9.

É incorreto justificar essa alimentação deficitária pelos períodos de crise econômica. Os embarcadiços consumiam esse cardápio em tempos de maior fluxo fluvial, do final do século XIX ao início do XX. Antes de aludir a conluios entre a taifa e os mais nutridos, destaco que o ambiente de trabalho na cozinha não ajudava no preparo de refeições decentes. Além de estoques deficitários e produtos de baixa qualidade, a fabricação do navio não considerava o calor amazônico. Fogões e fornos acesos em espaços estreitos chegavam a parear com a temperatura enfrentada por foguistas e carvoeiros. O escrivão britânico Tomlinson usou um termômetro para medir o calor da cozinha do *Capella* depois de o cozinheiro ter desmaiado. O aparelho marcou 56 °C, e era noite.[57] Era impossível alocar uma equipe suficiente para realizar um bom trabalho, além de a sobrecarga afetar a saúde física e psicológica do pessoal.

Condições iguais a essa talvez tenham motivado a greve de dois cozinheiros do vapor *Madeira*, que, ao serem pressionados a voltar ao trabalho após alguns dias parados, sabotaram uma "bacalhoada à baiana". Depois do almoço, passageiros e tripulantes começaram a passar mal e a vomitar pelo navio. "Mais tarde apresentaram todos sensíveis sintomas de envenenamento que mais se acentuaram, havendo uma cena indescritível a bordo". O único poupado foi o pequeno Antonio, criado de cozinha, que testemunhou quando "ervas estranhas" foram adicionadas à receita.[58]

A primeira vez que a palavra *greve* foi grafada pela imprensa em alusão a notícias fluviais deveu-se justamente a um protesto contra má alimentação. Ocorreu em abril de 1891, a bordo do vapor *Rio Branco*, saído de Belém rumo ao Purus. Aportado na capital amazonense, uma notícia do *Diário de Manáos* chamou de *greve* a paralisação de marinheiros e foguistas, que desertaram para "queixar-se ao Sr. capitão do porto contra o comandante do dito vapor pelo mau tratamento e péssima

---

[57] Tomlinson, 1912, p. 146.
[58] "Uma partida de cozinheiros – Comida envenenada". *JC*. Manaus, n. 294 e n. 295, 3 e 4 dez. 1904.

alimentação que lhes tem sido dada a bordo": carnes e feijão podres. O capitão aconselhou "aos grevistas que continuassem os seus serviços a bordo", pois o comandante prometera melhorar e aumentar o estoque de alimentos do navio.[59]

Em 1892, foi a vez do comandante do vapor *Brito*, que operava entre as ilhas paraenses. Um reclame anônimo de jornal dizia "lastimar que a bordo daquele navio os passageiros sejam obrigados nas suas refeições a alimentar-se de gêneros de péssima qualidade, ou antes, em condições nocivas à saúde". As carnes salgadas eram intragáveis e já estavam podres antes mesmo de serem servidas. Os preços elevados de fretes e passagens não justificavam aquilo, e o comandante afrontava a todos com uma mesa farta, sempre na companhia do proprietário do navio, em momento que "não admite a mais justa reclamação, chegando às vezes a tornar-se pouco delicado nas suas respostas".[60] Exposições assim custavam caro a comandantes e armadores, que passavam a ter seus navios evitados por consumidores mais abastados e exigentes.

Consumir o mesmo alimento a bordo também propiciava uma identificação coletiva entre marítimos e passageiros, na medida em que se viam como prejudicados pela administração do navio. Nesses momentos, os dois grupos valiam-se da projeção pública para fazer pressão política e conquistar melhorias naquilo que dividiam entre si.[61] Essas demandas eram encaminhadas às Capitanias e/ou aos jornais, como lemos acima.

No começo do século XX, os armadores se preocupavam em transportar mais mercadorias do que passageiros. Era o imposto do transporte de cargas que elevava o preço das passagens, segundo eles. Já os comandantes lucravam ao economizar nas provisões e oferecer refeições de baixo custo. Os passageiros pobres, portanto, pagavam caro para serem tratados da pior maneira. A situação tendeu a se agravar, a partir

---

[59] "Greve e queixa". *Diário de Manáos*. Manaus, n. 288, 24 abr. 1891.
[60] "Vapor Brito". *Correio Paraense*. Belém, n. 67, 20 jul. 1892.
[61] O consumo alimentar também é um fator para identificação de classe; ver N. G. Silva, 2010, p. 82.

de 1910, com a desvalorização da borracha no mercado internacional. Para melhorar as vendas, os comandantes bajulavam passageiros para que tecessem elogios aos navios nos jornais, a fim de angariar a simpatia do público consumidor.[62] Em contrapartida, por meio desses mesmos jornais, é possível verificar a permanência dos problemas alimentares.

Em 1913, no porto de Manaus, eclodiu um motim no vapor *Massypira* "por motivo da má qualidade dos alimentos fornecidos". Eram 316 amotinados, na maioria, trabalhadores destinados a seringais no interior do Amazonas. Eles pagaram mais de quatro mil-réis diários pela viagem e estavam mal acomodados e alimentados. Então esperaram o navio parar em Manaus para pegar seus pratos e vasilhas, "atirando tudo no convés, em meio de grandes protestos". O comandante Urbano Campello declarou que não havia marítimos suficientes para conter a revolta. Possivelmente era uma desculpa para tergiversar sua incapacidade diante de pares e patrões. O desfalque de equipagem era comum, mas é presumível que tais demandas fossem também dos marítimos, que podem ter tomado parte no motim. Campello chamou a polícia para conter a revolta e exigir a entrega de supostas armas, foram destacados sete policiais para bordo, e nada mais se ouviu no *Massypira*.[63]

No ano seguinte, em 1914, o marinheiro Braz Ferreira e o moço Cypriano de Carvalho, da lancha *São Nicolau*, foram à redação do *Jornal do Comércio* "com uma amostra de farinha podre, dizendo-nos ser essa a alimentação dada com *jabá* aos tripulantes da mesma lancha".[64] Talvez a dupla tenha se dirigido ao capitão do porto e, desconfiando da sua resolução, decidiu tornar público aquele absurdo. Os marítimos iam até a Capitania quando se sentiam prejudicados de alguma forma e exigiam que a instituição resguardasse direitos assegurados pelos regulamentos. Uma dessas normas previa que os comandantes não cortassem as

---

[62] Como vemos nos elogios ao "Comandante Julião Rocha". *Correio do Norte*. Manaus, n. 499, 26 jul. 1910.
[63] "Um princípio de revolta a bordo do 'Massypira'". *JC*. Manaus, n. 3.234, 23 abr. 1913.
[64] "As queixas do povo". *JC*. Manaus, n. 3.610, 15 maio 1914.

provisões sem considerar a quantidade da tripulação e os dias de viagens. Tal obrigação que já não era cumprida piorou ainda mais no contexto da Grande Guerra.

Um caso em especial demonstra que nem todo comandante era conivente com a precariedade alimentar. Em setembro de 1917, a lancha *Alice* navegava pelo rio Madeira. O responsável por suas provisões era o fretador Alberto Ambram, que viajava junto para vigiar de perto o trabalho de todos. Certa feita, o comandante Souza Rosa tomava café quando, "notando que faltava manteiga, mandou dizer ao Sr. Alberto Ambram [...] que necessitava [...] ser suprida a embarcação, com o necessário". O fretador se negou a atendê-lo, contestando que havia sim manteiga no porão. É possível supor outros estranhamentos, podendo ser a falta de manteiga um gatilho para ambos. Daí "choveram insultos os mais pesados, palavras imorais eram lançadas de parte a parte, até que, já desesperado, o comandante atracou-se com Ambram, e ambos rolaram pelo convés, numa fúria selvagem". O fretador conseguiu sacar seu revólver Smith and Wesson .32 e disparou três vezes contra Souza Rosa, que, "milagrosamente, não foi atingido". Ambram foi detido a bordo e depois entregue à polícia de Manicoré.[65] Acabamos de ler a excepcionalidade de um comandante que quase morre protestando contra a falta de alimento, no caso, a da sua mesa. Manteiga talvez fosse a menor das necessidades nas refeições de seus subordinados.

DAS 14H AO ENTARDECER. SONO E MORMAÇO

O término do almoço acontecia por volta do meio-dia. Se possível, descia-se de canoa para apanhar melancias nas praias, a sobremesa preferida dos marítimos. Até as 14h, a comunidade flutuante dormia e/ou digeria com dificuldade a última refeição. Nessa hora o calor atingia

---

[65] *A Capital*. Manaus, n. 60, 13 set. 1917.

o seu ápice. Os pontos mais arejados tornavam-se disputados. A proa era sempre o lugar mais fresco, mesmo variando entre 28 e 32 °C na sombra. O mormaço se intensificava se o navio subisse a correnteza; na descida era mais ventilado por causa da velocidade que tomava. Pelos conveses, era possível encontrar gente conversando e combinando jogos para as horas de tédio. Os moços estavam largados pelos cantos, sonolentos e exaustos da baldeação matinal. Passageiros e tripulantes mais experientes evitavam dormir e preferiam caminhar pelo tombadilho para prevenir a má digestão.[66] Às 14h, começava outro quarto de hora, e as tarefas iam até o final do dia.

ANOITECE. INSETOS, DIVERSÃO E SONO

Ao fim do dia, o calor amainava, e outro desconforto chegava com a invasão de insetos. Aníbal Amorim imaginou Dante Alighieri escrevendo um novo círculo infernal caso conhecesse os invertebrados da Amazônia: "o pium, que aparece mais durante o dia, morde as mãos e o rosto, deixando-os ensanguentados e inflamados". Por essa razão, marinheiros e moços amarravam lenços nos rostos, como máscaras. Isso não bastava para os maquinistas, foguistas e carvoeiros, que ficavam longos períodos em espaços abafados, quentes e úmidos, em contato direto com toda sorte de dejetos e pestilências.[67] Quando o navio estacionava, era possível "nadar na mosquitada", como ironizou Mário de Andrade no *São Salvador*. As paradas para receber lenha nas horas mais escuras faziam o navio invadir o hábitat dos bichos, que, atraídos pela iluminação elétrica, acompanhavam as viagens numa dispersão de espécimes na calha do Amazonas.[68]

---

[66] Amorim, 1917, p. 181; Fonseca, 1895, p. 34, p. 42; *JC*. Manaus, n. 2.006, 26 jul. 1907; P. Mattos, 1933, p. 9.

[67] Amorim, 1917, p. 177; Fonseca, 1985, p. 71; Caruso, 2016, p. 36.

[68] M. de Andrade, 2015, p. 84; P. Mattos, 1933, p. 22.

Conforme o sol se punha, a escuridão pouco a pouco tomava o interior do navio. Sem demora, "os criados de bordo passavam, acendiam as lâmpadas e mudavam as toalhas das mesas".[69] Na tolda do *Virginia*, havia "um pequeno leme e o belo holofote, que como a cauda de um cometa corta a escuridão para nos desvendar as circunvizinhanças de alguma luz fugitiva da margem". O relator se aprazia: "Estão na realidade muito aperfeiçoados estes pequenos vapores fluviais; passara da lâmpada de azeite ao holofote! Que prodigioso salto!". É que, antes dos vapores, o rio Amazonas não era navegado à noite. As embarcações aportavam ao fim do dia e trocavam totalmente de tripulação. Com a iluminação elétrica, os tripulantes foram divididos em duas equipes, cada uma trabalhando 12 horas por dia e divididas em quartos. Quanto mais iluminadas ficavam as noites, mais prolongadas tornavam-se as jornadas de trabalho e as sociabilidades dentro do navio.

No *Virginia*, um passageiro decidiu animar a todos com a harmônica e o pinho, "o violão tradicional dos nortistas". Tocou os dois instrumentos ao mesmo tempo, executando modinhas brasileiras, tangos, bailados espanhóis, trovas portuguesas e cançonetas napolitanas.[70] As festas dos afortunados davam mais trabalho aos taifeiros, que precisavam ficar acordados para servir e preparar a comida. Outro passatempo noturno era o carteado, o dominó e os jogos de apostas, quando "os magnatas perdiam somas consideráveis para os caixeiros-viajantes e embarcadiços, hábeis nos golpes do baralho ensebado".[71] Com o avanço das horas, os tripulantes procuravam seus leitos para tentar dormir. A definição dos quartos de hora era desigual, e turnos incertos mais atrapalhavam do que definiam os momentos de descanso. Retornemos outra vez ao *Índio do Brasil*, conhecido no início deste capítulo, para uma última ilustração da desobediência ao relógio de bordo.

---

[69] A. Pinheiro, 1926, p. 16.
[70] "Viagem governamental" [continuação]. *JC*. Manaus, n. 2.007, 27 jul. 1907.
[71] Maia, 1958, p. 11.

No dia 2 de maio de 1924, mais ou menos às 23h30, o marinheiro Glycerio Wenceslau Duch foi acordar o colega João Lopes Gonçalves, que entraria de quarto em meia hora. Mas o marinheiro mostrou "pouca vontade de deixar o beliche". Duch insistiu novamente, "porém de modo grosseiro, para que o marujo se levantasse". Houve uma discussão entre eles, Gonçalves ergueu-se e foi à luta corporal com Duch, que lhe desferiu um "ferimento de faca americana na perna esquerda". O mestre prendeu Duch, apresentando-o ao comandante, que o levou preso à polícia de Manaus. Gonçalves foi encaminhado ao hospital sem perigo de vida.[72]

É provável que, mais uma vez, divergências anteriores e/ou de origens (é possível que Duch fosse estrangeiro) pesassem nesse conflito. No avançar dos anos 1920, a navegação amazônica já não era a mesma de antes. As linhas estavam em declínio, e o volume de matrículas era instável. Com poucos marítimos, a divisão dos turnos e dos quartos sobrecarregava as equipagens. Nem sequer sabemos se o tempo de descanso de Gonçalves fora razoável, o que também justificaria sua irritação com o chamado.

A definição de ordens pelo relógio não inoculava subjetividades distintas no seio da marinhagem. A modernização das tecnologias de controle era contestada de diferentes maneiras pelos trabalhadores, com base na sua experiência pessoal, étnico-racial e de classe.[73] As lógicas de hierarquia a bordo buscavam conter subjetividades em lugares de subalternidade, racialização e obediência àqueles que mandavam – autoridades marítimas, civis e militares. Na ambiguidade da dominação e resistência, cada conjunto de relações entre oficiais e subalternos, e desses entre si, guardava seus próprios problemas e costumes, interiorizados tanto no lugar de trabalho quanto na sua organização como classe. Eis o tema do capítulo seguinte.

---

[72] "Cena de sangue entre marujos". *JC*. Manaus, n. 7.180, 9 maio 1924.

[73] Petersen, 1997, p. 62; Chalhoub & Silva, 2009, pp. 32-33.

5
OS LIMITES DA TOLERÂNCIA

A bordo dos navios havia uma cascata de violência, que ia dos postos mais altos aos mais baixos. No fluxo disso, encontramos códigos de conduta que reforçavam disputas e solidariedades levadas para terra firme e, consequentemente, para dentro das associações. As querelas internas dos marítimos informam a interiorização de identidades individuais e coletivas, permeada por noções de classe, raça e lugar de nascimento, que eram consideradas nas tentativas de suprimir diferenças para uma unidade associativa capitaneada pelo oficialato. A ideia de *unidade* entendida nos setores de convés e de fogo não era a mesma de seus superiores, pois se assentava em valores que distavam do marítimo ideal: obediente, leal, morigerado, patriota e submisso aos brancos.

Já as noções de masculinidade, valentia e coragem influíam na imaginação do que seriam melhores condições de trabalho e na condução de reivindicações, além de levar a agrupamentos e/ou cisões na organização da categoria. No associativismo marítimo, o reflexo da rigidez da vida a bordo, ou a submissão plena à vontade dos superiores, era um contrassenso às aspirações de liberdade e igualitarismo buscadas fora dos navios. Certamente, alguns dos marítimos que veremos a seguir nunca puseram os pés em uma associação operária. Mas os contornos da vida embarcada impostos pela oficialidade, e que recaíam sobre todos, não isentaram a experiência associativa da marinhagem. Dessa forma, é importante considerar os limites da tolerância, pois fornecem traços do perfil associativo adotado fora dos navios. Neste capítulo, descobriremos que toda ordem mal encaminhada por superiores podia soar como trabalho forçado e daí aos problemas de hierarquia. A negação da deferência é uma das marcas do igualitarismo ansiado por esses homens, principalmente os descendentes de indígenas e africanos. Isso corroía a fronteira dos lugares de quem mandava e de quem deveria obedecer.

Vamos examinar diferentes formas de negação, reflexão, contestação e tensões presentes na determinação dos lugares da marinhagem dentro dos navios, enquanto ela definia como e quando obedecer. Assim, será possível verificar um processo de valorização do lugar de ofício em prol de interesses individuais e coletivos. A marinhagem sabia muito bem como subverter sua subserviência para elaborar aspirações de liberdade na cadência das navegações.

O CRIVO DA ORDEM E AS FRONTEIRAS DA OBEDIÊNCIA

Para penalizar uma infração a bordo, o comandante arbitrava uma espécie de "tribunal de convés".[1] Após apurar a indisciplina, na maioria das vezes, por uma interpretação pessoal dos regulamentos marítimos, o comandante ordenava a prisão a ferros dentro do navio. Esse infrator aguardaria para ser entregue à primeira autoridade encontrada ao longo da viagem ou permanecer preso até o retorno do navio ao seu porto de origem. Nessa segunda circunstância, ele se veria à mercê do capitão do porto, que abriria um inquérito tal qual uma delegacia. Se a infração configurasse crime comum, o infrator era encaminhado sem demora para a polícia, que assumiria a condução do inquérito. Foi o que ocorreu no dia 26 de outubro de 1904, quando o marinheiro potiguar Manoel Francisco de Mello foi entregue pelo capitão do porto ao delegado do 3º Distrito de Manaus. Chegando lá, Manoel ficou detido por três dias

---

[1] Uma praxe oriunda dos códigos disciplinares da Armada, segundo A. P. do Nascimento, 2002, p. 139.

até ser chamado para responder à acusação feita pelo seu comandante na lancha *Hércules*, o amazonense Joaquim Almeida Costa.

Na manhã desse dia 26, Manoel fazia a baldeação quando o prático lhe pediu uma cadeira. Ele achou uma no camarote do maquinista português Antonio Nunes Coelho, que imediatamente negou a retirada daquela mobília. O marinheiro disse que agia sob ordens do prático, mas o maquinista rebateu com outra ordem e logo começaram a se insultar. Assomado pelo desaforo do subalterno, Coelho esbofeteou Manoel. Um golpe no rosto era mais difícil de aceitar do que qualquer outro, bater com as mãos nuas implicava que o alvo não merecia esforço para lembrá-lo de sua inferioridade. Na esfera da masculinidade hegemônica, o resguardo da honra exigia uma reação imediata. Então ambos foram às armas em "legítima defesa", mas os tripulantes apartaram a briga. O mestre, também português, Joaquim Sabino Pereira, foi e desarmou Manoel para proteger a vida do patrício. Foi nessas circunstâncias que Manoel foi preso pelo comandante.

Já na delegacia, os tripulantes alternavam versões sobre quem teria se armado primeiro, se o maquinista com um revólver ou o marinheiro com uma faca, machadinha ou outro revólver (armas que justificariam uma paridade de forças). O marinheiro amazonense Luis Ferreira Barboza escutou que o maquinista ameaçou seu colega com uma arma. O mestre lusitano estava na baldeação quando viu Coelho fugir do contendor armado de uma faca. Por isso o maquinista saiu em busca do revólver. O mestre ainda acrescenta que, além da faca, Manoel possuía um revólver, mas foi desarmado por ele, num gesto heroico de sua parte.

Conclusão: o delegado decidiu encerrar o inquérito e liberar Manoel. Apesar da luta travada com o maquinista, nada se sucedeu por intervenção da tripulação; logo, não houve crime algum.[2] Mas, em todo caso, o castigo privou a liberdade de Manoel por três dias. Uma prisão como essa acarretava prejuízos econômicos e morais, sem

---

[2] TJAM. JMCRI. 3º D. Inquérito policial. Cx. Criminal: 1904. Manaus, 30 ago. 1904.

sabermos que tipos de juízo fizeram seus superiores e colegas após o episódio. De uma forma ou outra, casos iguais a esse eram anotados pelos comandantes nas cadernetas dos marítimos e depois usados para coagir e estigmatizar seu portador. Isso alimentava uma rede de informações entre os oficiais sobre quais homens deveriam ser evitados em seus navios. Uma "insubordinação" qualquer na caderneta também era suficiente para manchar marítimos mais politizados ou membros de organizações operárias. É difícil ignorar que nesse mesmo ano de 1904 os marítimos estavam se reunindo e se preparando para criar suas próprias associações. Aos olhos do oficialato, as insubordinações podiam dar um rumo perigoso para a "ordem natural" do trabalho de bordo.

De volta ao inquérito policial, percebemos a solidariedade entre compatriotas, numa aparente contenda com teor étnico-racial. Desde os anos 1820, os estrangeiros serviam a marinha mercante diante da resistência dos nacionais em equipar. Com a criação de escolas navais no Pará e no Amazonas, os estrangeiros passaram a se restringir aos setores de máquinas e pilotagem, cujas formações eram mais dispendiosas. Nesse "arquipélago" étnico-racial e social da vida a bordo, ações coletivas eram mais comuns entre semelhantes, e as origens nacionais eram poderosos elos identitários, acionados em contextos específicos.[3] Os autos do inquérito também revelam algo importante; certas condições de trabalho na lancha *Hércules* alentavam camaradagens: os dois portugueses moravam a bordo e por isso guardavam laços mais fortes entre si do que entre aqueles que não habitavam o local de trabalho, como o marinheiro Manoel, sob ordens do prático, que também não residia na embarcação.

Fora do porto de origem era comum que o barco virasse morada do tripulante, o qual só podia sair com autorização do comandante. Havia maior liberdade de trânsito em terra quando a demora entre as viagens era longa, mas, sem receber os soldos, essa espera podia ser bem desgastante.[4]

---

[3] Jeha, 2011, p. 86.
[4] V. W. Oliveira, 2009, p. 67.

Apenas os oficiais tinham meios de custear uma estada terrestre, os demais faziam do navio uma hospedaria flutuante. Essa dificuldade vivida em grupo estreitava laços entre quem passava a trabalhar e morar junto, tornando o ambiente mais resistente à aceitação de novatos. Por isso, em caso de desobediência aos veteranos e mau comportamento, os recém-chegados passavam apuros.

Um dos batismos para o "marinheiro de primeira viagem" era o mergulho forçado. Os veteranos seguravam o neófito e o lançavam n'água. Quem não soubesse nadar acabava afogado.[5] João de tal, chamado Pernambuco, mal iniciara a lida marítima e pode ter sido vítima de um batismo desastrado, quando desapareceu no igarapé do Educandos "enquanto brincava com outros tripulantes".[6] Mas mortes por afogamento também podiam ocultar acidentes de trabalho e homicídios dolosos.[7]

Aos novatos também era comum imputar tarefas estranhas às suas funções, para testar a lealdade e valorizar quem resolvia problemas sem envolver autoridades e, o mais importante, sem delatar ninguém. Essa pressão contínua garantia a segurança física e profissional de cada um. No geral, a tripulação obedecia às ordens, desde que emitidas com respeito e respaldo da ocasião. A autoridade era conquistada com a explicação delas e a boa conduta para com todos. Mandos despropositados não eram tolerados pelos mais experientes nem por novatos orgulhosos. Qualquer atitude nesse tom trazia um clima indesejável de trabalho forçado, de que todos queriam distância. Muitos buscavam emprego na marinha mercante justamente para escapar de condições análogas ao cativeiro ou ao recrutamento forçado da Marinha de Guerra, que insistia em preservar códigos disciplinares do tempo do Império.

---

[5] Uma vítima desse costume foi noticiada no *JC*. Manaus, n. 5.177, 19 set. 1918.

[6] *JC*. Manaus, n. 3.425, 11 set. 1913.

[7] Como a notícia de um "desaparecimento um tanto misterioso do primeiro maquinista [do *Manauense*], presumindo-se que tenha caído ao rio e se tenha afogado". *JC*. Manaus, n. 5.234, 24 nov. 1918.

Em novembro de 1905, o *Constantino Nery* fundeou para fazer reparos nas máquinas. O comandante saiu em terra com outros oficiais, deixando a bordo o prático Agostinho Rodrigues dos Santos. Depois do almoço houve uma "pequena desordem", e o prático tinha se "dirigido com grosseria ao pessoal do navio, o que era repetição de seu procedimento anterior". Na primeira vez, a tripulação relevou seu comportamento. Na recorrência, foi esmurrado como lição ou aviso, saindo "com os olhos bastante batidos". Quando os oficiais retornaram, o escrivão acusou o prático como o pivô da confusão. Ao vê-lo machucado, "o comandante esperou que o prático lhe desse queixa do fato para poder proceder contra o culpado, queixa que até hoje não recebeu".[8] A noção de disciplina dos tripulantes passava por outros marcadores sociais e não era a mesma que a do oficialato.[9]

A divisão entre os subalternos tinha significados acessíveis através da variedade étnico-racial, de origem, idade, função, orientação sexual e de um moralismo de classe que respondia a uma hierarquia própria dos estratos baixos do navio. Os conflitos resultantes de ordens injustificadas revelam, mais do que desunião, lógicas internas de obediência e de reflexão dos ofícios. Os marítimos negociavam a execução das tarefas o tempo todo, uma conduta levada também para dentro das associações. Vejamos outro exemplo de como as ordens eram refletidas e deviam corresponder à lógica das tarefas acertada pela própria tripulação.

Às 14h do dia 30 de abril de 1904, tripulantes baldeavam e carregavam o *Solimões*, ancorado em Manaus. Minutos depois, o assoalho do navio estava manchado pelo sangue de Justino Bentes, 23 anos, paraense, marinheiro "robusto" e de "cor morena", residente no mesmo vapor. Veio arrastado pelo convés com uma perfuração de seis centímetros no lado esquerdo do abdômen e parte do intestino para fora. O serviço foi paralisado, e o comandante português Manoel Lourenço Catharino

---

[8] *JC*. Manaus, n. 609, 3 dez. 1905.
[9] Também não o era a dos carregadores de Salvador, nos anos 1850, segundo J. J. Reis, 2019, p. 319.

prendeu Manoel Jorge Moreno, 28 anos, alagoano, também residente no navio. O oficial levou Moreno à delegacia, junto de mais cinco marítimos para deporem como testemunhas. Através do *Jornal do Comércio* e dos autos do processo, acessamos versões e pormenores do conflito.[10]

Catharino reportou à polícia que Moreno e Justino brigaram enquanto trabalhavam no porão de cargas. Foi então que, após uma desatenção do paraense, o alagoano conseguiu pegar a faca que o outro levava na cintura para golpeá-lo. O instrumento foi apreendido pela polícia, e o delegado perguntou se ele o reconhecia. Justino confirmou: "a faca é minha". Eram ferramentas do serviço de bordo, sendo mais comuns as chamadas "americanas" ou "de marinheiro", que tinham cabo de madeira e lâmina larga. Para serem usadas como armas, dependia do manuseio e da habilidade marcial de cada um.[11] O delegado chamou então as testemunhas.

O moço paraense Lucas Pereira Sobrinho relatou que estava junto com os demais marinheiros, carregando os porões com farinha. Eles teriam terminado ali e partido para carregar outro se Moreno não tivesse impedido Justino de seguir. O alagoano parou no meio da escada dizendo a Justino que continuasse o trabalho, considerado, por ele, incompleto. O paraense teria dito que não obedeceria, porque ele não era o mestre. Moreno julgou aquilo um desaforo, atirou sobre Justino um paneiro (cesto de vime) e desceu para supostamente dizer: "Eu não tenho medo de você, caboclo". Segundo outras versões: "Tu pensas que é homem, seu caboclo?" ou "Não tenho medo de outra faca, caboclo". Então puxou a faca de Justino e o estocou, deixando-o sangrar no porão enquanto fugia para o convés, onde foi detido.

Moreno creditou verdade parcial ao testemunho de Lucas. Sua versão da história era outra: ele teria recebido ordens do mestre para fazer a

---

[10] Os dados analisados daqui em diante foram colhidos do seguinte auto: TJAM. JMCRI – 3º D. Ofensas físicas. Manaus, 10 ago. 1904. Cx. Criminal (1904); e da notícia: "Ferimento grave". *JC*. Manaus, n. 104, 1º maio 1904.

[11] A. J. de Almeida, 2015, p. 102.

baldeação às 10 horas da manhã. Já se passavam mais de quatro horas, e a tarefa não se concluía. Havia dez tripulantes no *Solimões*, mas apenas ele e o cearense Raymundo Antonio de Oliveira lavavam os conveses. Dessa forma, "não podia fazer o serviço, tal a grande quantidade d'água que tinha a bordo". Moreno então "convidou a todos os seus companheiros para ajudá-lo e nenhum o auxiliou".

Literatos com experiência de trabalho marítimo, sem necessariamente partirem da mesma perspectiva de um marujo de ofício, dão fartas imagens de orgulho viril no cerne de disputas ou antipatias dentro dos navios. A disposição de quem realizava cada serviço podia ser pretexto ou resultado disso. O trabalho com as vassouras, por exemplo, era considerado inferior para quem buscava seguir carreira marítima; a limpeza do navio era encarada como uma tarefa doméstica ou infantil. E quem detivesse alguma margem de poder relegaria desafetos à baldeação, para reforçar superioridade masculina perante os demais.[12] Não há nada que impeça cogitarmos cenários parecidos nesse caso. Moreno acusou os colegas de não terem sido solidários com a sobrecarga deles. É sabido, porém, que o serviço de carregamento dos navios prevalecia sobre os demais, ficando a limpeza em segundo plano, tal como seus encarregados. De toda forma, quem fosse ordenado para baldear o *Solimões* passaria por um *tour de force*. O navio era grande demais para duas pessoas, com porões compartimentados, dois conveses e uma tolda. De acordo com o regulamento das Capitanias, ele deveria ser equipado com o mínimo de 30 tripulantes.

Pelo que deixa entender, Moreno se frustrou ao encontrar Justino, diferente dele, saindo do porão com sua tarefa concluída. Por raiva ou ironia, ele teria dito ao paraense que continuasse arrumando o local, obtendo a réplica de que não era mestre para emitir ordens desse jeito. Moreno admitiu ter lançado o paneiro, mas não para acertar Justino, muito menos assumiu ser o autor da facada. Segundo ele, Justino se feriu

---

[12] Melville, 2013, pp. 240-241.

sozinho quando ele nem estava mais por perto. As declarações de Justino pouco acrescentaram à história, mas trouxeram novos elementos: ele teria sim executado a ordem do colega, mesmo depois de retrucar, e que toda essa situação não o deixara "zangado". Segundo ele, foi sua vagareza que "exasperou" o alagoano àquela investida violenta.

Moreno foi enquadrado no crime de lesão corporal, conforme o art. 304 do Código Penal (1890), com pena de um a quatro anos de prisão. No dia seguinte, o delegado concluiu o inquérito. A promotoria instaurou o processo e marcou uma audiência com as cinco testemunhas para o dia 18 de maio. Era início do martírio dos oficiais de Justiça, pois os marítimos dificilmente participavam de um processo até o fim. Eles nunca paravam no mesmo lugar e usavam as viagens para driblar a Justiça. Por causa disso, o julgamento foi remarcado duas vezes, até que "o juiz intimou que, assim que [o navio] entrasse no porto de Manaus, fossem intimados os marinheiros para o dia 28 de junho".

Somente três testemunhas compareceram à audiência, as demais não foram localizadas de forma alguma. Não por acaso, os desaparecidos eram os não residentes no *Solimões*. O trio de interrogados eram moços jovens, analfabetos, com pouco tempo de serviço e residência a bordo. O amazonense Lucas, de 18 anos, falou somente da boa conduta de Moreno, que não era de se envolver em "barulhos". O cearense Raymundo Antonio de Oliveira, de mesma idade, lembrou do detalhe que mais o impressionara: quando viu o intestino de Justino para fora e, deste, "o que havia ele comido nesse dia". Sobre o comportamento do réu, conhecia-o há poucos dias, sem poder opinar. O último depoimento é idêntico ao anterior. Raymundo Chiano da Silva, paraense de 22 anos, também ficou chocado com a cena do intestino e, sem muita convivência, não tinha opinião sobre Moreno.

No dia 2 de julho interrogaram o réu. Perguntado se conhecia as testemunhas, respondeu que teve com eles apenas dez dias de convivência. Não era tempo suficiente para estabelecer laços de companheirismo. É de pensar se o ataque não foi uma forma de corrigir uma desmoralização diante de uma plateia jovem e recém-chegada no vapor. O promotor perguntou se ele tinha algo a dizer ou provar em sua defesa. Moreno apresentou novas informações, bem diferentes daquelas contadas na delegacia, quando,

> [...] tendo ficado encarregado pelo mestre do navio de representá-lo enquanto ia em terra, aconteceu que, tendo dado uma ordem a Bentes, este o desatendeu e atirou-lhe os epítetos de "Corno" e outros semelhantes e que não os repete porque a decência manda calar; que ao descer ao porão, ao puxar do cós da calça de Bentes uma faca que este tinha, Bentes cortou-se.

Tais alegações não tiveram efeito, e Moreno foi condenado. Em novembro, o caso foi novamente julgado. O tribunal do júri atenuou bastante a pena, que passou para o grau mínimo de 3 meses e 15 dias de prisão. Por 10 votos a 3, o júri concluiu que o motivo do crime não foi frívolo. E, por 11 a 2, que Moreno e Justino estiveram (estranhamente) em "igualdade de armas" na hora do confronto.

O que apreendemos desse episódio, mais uma vez, são critérios próprios em aceitar ou não uma dada ordem, e o julgamento moral e profissional de quem a emitia, além, é claro, de seu teor étnico-racial. O alagoano não aceitou o desrespeito de um paraense de pele escura, classificado por ele como "caboclo". Não sabemos se o termo abrangia todos os seus camaradas, mas denota um tipo de marcador social de inferiorização. Eis uma questão a ser considerada no ajustamento de trabalhadores no pós-Abolição: as marcas do passado escravista eram visíveis nas relações de hierarquia de um grupo multiétnico como a marinhagem amazônica. E a punição a Justino foi extremada e passou por critérios de masculinidade (a cartada final de Moreno foi uma desonrada acusação de "corno"). Mas as concepções do que era justo ou injusto na emissão de uma ordem também se alteravam conforme as conjunturas políticas e econômicas.

Em 1914, o setor marítimo vivia dificuldades, e estava complicado encontrar trabalho. Em outubro, a lancha *Carioca* retornou do rio Japurá. Após descarregar em Manaus, ela foi amarrada no igarapé do Educandos.

A bordo dela moravam tripulantes assalariados à espera da próxima (e incerta) viagem. Por algum motivo, o marinheiro Francisco de tal e o moço Jonas Pereira da Silva estavam brigados. No final da tarde, Francisco descansava numa rede dentro da lancha, mas Jonas adentrou-a e não fechou a porta do banheiro após usá-lo. Francisco pediu que fechasse devido ao mau cheiro, mas Jonas retrucou que não obedeceria. Deu-se então uma discussão seguida de breve luta corporal. Momentos depois, Francisco escolheu Jonas para amarrar um cabo de aço. Novamente o moço recusou, eles discutiram e lutaram outra vez. Nesse turno, Francisco puxou uma faca e cravou-a nas costelas de Jonas. O marinheiro evadiu do cenário sangrento, e o ferido foi levado ao hospital.[13]

Vemos acima um marinheiro que não aceitou o desrespeito de um moço, seu inferior direto na hierarquia do convés. Mais do que uma determinação da Marinha, tal diferença era subsumida pelos próprios trabalhadores. Temos aí uma relação ambígua: por um lado, a insubordinação valia como virtude se a ordem fosse despropositada ou marcada por disputas anteriores entre o mandante e quem (supostamente) deveria obedecê-lo; por outro lado, o ofendido tinha a autoridade e a honra arranhada perante o comando e os donos do navio. Tal ambiguidade se agravava quando a convivência ultrapassava as jornadas de trabalho: Francisco se irritou com a porta do banheiro aberta na hora de seu descanso. Teoricamente, naquele momento a obediência e a hierarquia do barco deveriam estar suspensas. Assim, o limite de tolerância à subordinação foi esgarçado até desaguar em violência.

Outro caso evidencia uma ordem passando pelo crivo do ordenado, que julgava se ela fazia sentido ou não. O *Uruguayana* estava ancorado no rio Purus, em julho de 1914. Às 14h era costume do copeiro Manoel Cordeiro tomar um cafezinho. De alguma forma ele solicitou o preparo ao cozinheiro José Rodrigues da Silva. "Este recusou-se terminantemente, alegando não haver necessidade de tal bebida àquelas horas". O desejo

---

[13] *JC*. Manaus, n. 3760, 13 out. 1914.

do copeiro pode ter esbarrado no descanso do cozinheiro ou na sua incompreensão do costume daquele. Ocorre que o pedido de Cordeiro teria sido insistente a ponto de *parecer* uma ordem. Silva julgou aquilo inaceitável, pegou uma faca e feriu o copeiro nas costelas. Tudo se deu na ausência do comandante, que, tão logo chegara, efetuou a prisão do agressor.[14]

O espaço de precária acomodação também facilitava entreveros. O imediato do *Manáos* oficiou ao delegado do 2º Distrito de Manaus a prisão de Francisco de Assis Coutinho, que feriu de navalha a Manoel Martins da Silva. O imediato estava perplexo, pois aquela dupla era de bom comportamento. O estopim da refrega, segundo o acusado, foi Manoel jogar no rio uma calça sua quando discutiam posições de pertences. A navalhada veio em retaliação, Coutinho foi detido e autuado por crime de ofensas leves.[15] Os marinheiros não embarcavam com muitas mudas de roupa. Uma peça a menos era um problema, pois a indumentária incompleta configurava indisciplina. Nesse caso, o espaço precário de alojamento deu lugar à briga.

Os dormitórios e locais de refeição eram os mesmos ou muito próximos dos espaços de trabalho. Um tripulante fora de serviço podia atritar com quem ainda executava seu quarto de hora. No *Índio do Brasil*, atracado em Manaus, o moço Damião Lopes estava jantando enquanto o marinheiro Valério Miranda fazia ronda nos porões, até que ele esbarrou na mesa onde o moço se alimentava, sem sabermos se por acaso ou não. Damião reclamou, mas Valério, "voltando-se, deu-lhe um empurrão no peito, jogando-o sobre um monte de tábuas". Um marinheiro não aceitaria a reprimenda de um moço tão facilmente, reproduzindo às vezes a repressão à qual também era submetido por superiores. Um foguista tentou afastar o agressor, mas o moço usou da ocasião para acertar a cabeça do rival com uma barra de ferro.[16] Na ausência dos oficiais, os

---

[14] *JC*. Manaus, n. 3.668, 13 jul. 1914.

[15] *JC*. Manaus, n. 3.469, 23 dez. 1913.

[16] "A provocação acabou em sangue". *JC*. Manaus, n. 8.940, 14 fev. 1930.

marujos ajustavam por conta própria suas diferenças e reforçavam a hierarquia do convés. Mostrar quem "mandava", mais do que simplesmente representar desunião da categoria, reforçava valores de masculinidade presentes no mercado de trabalho e na vida associativa, além de expressar aspirações de liberdade pela chance de resolver questões sem interferência de superiores ou instituições.

Outra situação fora das vistas dos superiores eram os momentos de lazer. O *Perseverança* estava aportado em Manaus, em fevereiro de 1906. Após jantar, um grupo de foguistas se divertia no porão. Entre eles, Hermínio Laureano Cardoso (paraense de "cor morena"), Gualdino Antonio Pereira (amazonense) e Martinho Candido Ribeiro (cearense). Todos residiam no Pará e celebravam a chegada a Manaus. O superior deles, o maquinista Otaviano Martins Ribeiro (maranhense) ouviu um barulho no porão e seguiu para lá, pensando "passar alguma cousa de anormal". Mas foi "informado de que era uma brincadeira entre dois foguistas". Hermínio e Martinho empurravam-se numa disputa de força. Após um segundo estrondo, o maquinista encontrou Hermínio com o tórax cortado à navalha e Martinho contido pelos colegas. Por alguma razão a disputa ultrapassou o limite da brincadeira.

Na delegacia, cinco marinheiros depuseram a mesma história: os dois desentenderam-se em meio a bebedeira e empurrões, resultando em Hermínio ferido pela navalha de Martinho. Para Hermínio, a agressão derivou de "questões de pouca importância". Já Martinho negou ser o autor dos ferimentos, mas concordou que o porão não era um lugar apropriado para aquelas brincadeiras, pois

> [...] no sábado, 10 do corrente, estando com outros companheiros bebendo cachaça e vinho tinto a bordo do *Perseverança*, ancorado no nosso porto, travaram uma brincadeira, dando empurrões uns nos outros, e disso resultou ferir-se nas pontas de paus do curral dos bois o seu companheiro Hermínio de tal, como o respondente e mais dois empregados de bordo; que não foi o respondente o autor dos ferimentos feitos em Hermínio de tal.

O caso foi arquivado pela Justiça sem abertura de processo.[17] Havia razões ocultas na agressão do foguista cearense contra o colega paraense? Ao que parece, Hermínio nem sequer reagiu, talvez por ser mais magro e fraco do que Martinho, segundo consta em exame de corpo de delito, ou os colegas impediram que algo pior acontecesse.

Já vimos que as lâminas eram, em princípio, usadas para o serviço, e não para defesa pessoal. Por isso, viviam embainhadas na cintura e visíveis a todos. Seu uso numa briga exigia a mesma força física empregada na realização do trabalho. Caso o marinheiro fosse acostumado em centros urbanos, saberia evitar ostentação de armas para segurança individual em aglomerações. O bom manejo de navalhas, por exemplo, incluía o fator surpresa, como suscitam algumas incidências vistas aqui. O uso dessa força limitava autoritarismos e rivalidades e era orientado por virtudes dos marítimos. A presença de navalhas nos bolsos, escondidas ou sugeridas, denotava ainda possíveis capoeiras – recorrentes na marinhagem brasileira –, além de ser um indicador racial.[18]

O *Marcílio Dias* viajava pelo rio Tarauacá, em 14 de março de 1914. Longe da vista dos oficiais, que estavam jantando, gingavam no convés o marinheiro Manoel Raymundo Lisboa e o moço João Augusto de Souza, trocando golpes de forma amistosa, até João cair "de nariz no assoalho", com uma rasteira. O moço levantou-se furioso, sacou sua faca americana e foi para cima do outro, atingindo-o nos braços e nas nádegas. Como habitual, os colegas partiram para conter a refrega. O comandante prendeu João e o colocou a ferros.[19] Por mais breve que fosse a ausência dos superiores, isso podia significar escape à rigidez de bordo. Mas não atenuava eventuais conflitos; ao contrário, encorajava ajustes violentos por conta própria e com recorrente uso de armas brancas. A exibição de valentia também era uma forma de o marítimo bom de briga evitar

---

[17] TJAM. JCRI – 3º D. Ofensas físicas. Cx. Criminal: 1906. Manaus, 24 abr. 1906.

[18] A. A. Dias, 2005; A. J. de Almeida, 2015; J. J. Reis, 2019, p. 333. Muitos desses capoeiras eram oriundos do Pará, ver L. A. P. Leal, 2008.

[19] *JC*. Manaus, n. 3.579, 14 abr. 1914.

problemas a bordo, ainda que corresse risco de perder o emprego ou a vida. Os valentões e capoeiras sabiam que não seriam impedidos de equipar, contanto que executassem bem os seus serviços. Por causa disso, não parecia contraditório que um tripulante de bom comportamento também fosse conhecido pela coragem e até pela petulância. Aliás, muitos desse tipo eram os principais alvos da sanha punitivista e racista do oficialato, que, para enfrentá-los e colocá-los no "seu lugar", mantinha balas na agulha.

Ainda em 1914, os moços do *São Salvador* Emiliano Soares e José Pedro da Silva se desentenderam. Ao que parece, Emiliano vivia desafiando José Pedro na capoeira. Com o navio ancorado, Emiliano saiu para beber e retornou "meio alcoolizado" para o navio, engalfinhando-se outra vez com José Pedro. O mestre tentou apartá-los, dando voz de prisão a Emiliano. Mas, "no momento em que era aberta a porta do porão, Emiliano Soares negou-se a penetrá-la, sacando de uma navalha com que tentou ferir o seu superior". Atenção para a forma comum de o jornalismo justificar uma repressão: "Ante a atitude de Emiliano, num *precipitado gesto de conservação*, [o mestre] Caetano Miranda puxou de uma [pistola semiautomática] 'mauser', detonando-a sobre o seu subalterno, que recebeu a bala pouco abaixo do mamilo direito". O mestre foi conduzido à polícia, e Emiliano, ao hospital.[20]

As armas de fogo estavam ao alcance dos oficiais para contenção dos subalternos, que geralmente se muniam de facas e navalhas. Essa desigualdade de armas não servia apenas para casos extremos, mas era uma maneira de reafirmar autoridade e superioridade. No igarapé do São Raimundo, o foguista Severino Luiz, da lancha *Curuny*, desobedeceu ao 1º maquinista Joaquim Carneiro na hora da limpeza das caldeiras. Acontece que "Joaquim entendeu que a sua ordem era um decreto e sacando um revólver botou-o no frontispício de Severino". O pessoal da lancha evitou a tragédia, e o "severo maquinista foi botar azeite na

---

[20] *JC*. Manaus, n. 3.563, 28 mar. 1914, grifos meus.

'engrenagem' da 2ª Delegacia".[21] Durante a Grande Guerra, um navio parado abrigava homens frustrados e com salários atrasados. Sem lucros, os armadores retinham os pagamentos por tempos variáveis, o que incitava desobediência entre os empregados. A arma do maquinista podia precavê-lo dessas circunstâncias. Eventualmente, os subalternos procuravam se equiparar em força para enfrentar as desigualdades de bordo. Era possível comprar armas de fogo no mercado clandestino, mas um breve passeio pelas ruas de Manaus era suficiente para encontrar lojas vendendo revólveres, espingardas e rifles.[22] Uma boa arma de fogo também podia ser determinante para intimidar os concorrentes nos momentos de maior disputa por vagas nos navios.

Criada na Alemanha, em 1895, a Mauser C96 tornou-se um objeto cobiçado entre a marinhagem. Tratava-se da primeira pistola semiautomática a ser vendida como item de defesa pessoal. Foi amplamente utilizada na Grande Guerra, e sua eficácia fazia sucesso. A pistola não era usual nas forças armadas nem na polícia, mas foi possível encontrá-la nas mãos da marinhagem de Manaus. Com uma dessas bem à mostra, o marinheiro Manoel de Sant'Anna desfilava destemido pelos trapiches da Manáos Harbour. E quando julgou oportuno não hesitou em acioná-la contra seu rival Arthur de Arruda.[23] Contratados, valentões iguais a esse seguiam armados para bordo como recurso de sobrevivência. Levavam armas nas malas, nos bolsos, nas dobras das roupas ou podiam adquiri-las no próprio curso das viagens, com colegas e passageiros. Homens conhecidos pelos antecedentes criminais chegavam a ter preferência para justamente intimidar em nome de patrões e superiores, colaborando para uma maior exploração no espaço de

---

[21] "Só para espantar". *JC*. Manaus, n. 4.610, 24 fev. 1917.

[22] O Armazém de Ferragens da Avenida, na avenida Sete de Setembro, por exemplo, vendia toda sorte de munições e armas em meio a ferramentas e outros utensílios. *O Imparcial*. Manaus, n. 53, 17 fev. 1918.

[23] *JC*. Manaus, n. 4.903, 20 dez. 1917. *A Capital*. Manaus, n. 155, 20 dez. 1917.

trabalho.[24] De qualquer maneira, casos de "disparos acidentais" a bordo eram recorrentes na imprensa da época.

Pelo que aparentam, muitas ocorrências eram mesmo acidentais, já outras sugerem ações propositais. Nas primeiras, o mais comum era alegar ignorância no uso dos mecanismos. Um caso exemplar data de 1893, e ocorreu durante viagem do *Purus* pelo rio Juruá: em seu camarote, um maquinista mostrava uma espingarda a um passageiro da 3ª classe, enquanto outro maquinista descansava numa rede em frente ao aposento. O dono da arma explicava ao visitante o modo de usá-la, quando, supostamente sem saber que estava carregada, acertou o colega do lado de fora, bem no coração.[25] Certas oscilações do mercado de trabalho chegam a elucidar a conveniência desses "acidentes".

Em 1912, a greve portuária de Londres afetou a importação de carvão para a Amazônia. Parece que isso também acarretou problemas para os carvoeiros de Manaus, que, padecendo com a falta de emprego, passaram a disputar vagas de forma violenta. Em setembro de 1912, o carvoeiro Armando Ferreira atirou à queima-roupa no colega Manoel Aranges, que ficou fora de serviço no *Comendador Eduardo* por pelo menos um mês. Armando foi preso, pagou fiança e obteve liberdade com chances de evadir numa próxima equipagem com um rival a menos. A polícia continuou investigando sob suspeita de um crime, e não de um acidente.[26]

A rotina de bordo era orientada por ritmos requeridos e impostos pelos oficiais. Mas as quebras dessa rotina, segundo vimos até aqui, propiciavam que diferentes aspectos de vida e relações sociais dessem novos rumos às tarefas executadas pelos marítimos. Ações possíveis de um cotidiano não tão restritivo evidenciam escolhas criadas para mitigar a dureza da vida a bordo. Durante as altercações, "no lugar da monotonia e do trabalho, surgia a liberdade, que permitia ao marinheiro largar a

---

[24] Ver Kimeldorf, 1989, p. 121.
[25] "Morte casual". *Diário de Manáos*, n. 112, 21 nov. 1893.
[26] "Tiro casual e ferimento grave". *JC*. Manaus, n. 3034, 28 set. 1912.

vassoura para empenhar-se em ouvir, participar e discutir todas aquelas novidades patrocinadas" pela confusão.[27]

O controle do cotidiano era interrompido enquanto durasse a desordem. Isso atrasava o retorno às tarefas por causa de averiguações, eventuais apartes, reprimendas e prisões. Em qualquer contexto, o comandante saía prejudicado, pois parava o andamento do navio para arbitrar contendas. Evitar isso consumia boa parte das suas obrigações, o que alimentava a execução de penas exemplares e violentas aos infratores. Para Álvaro Pereira do Nascimento, toda indisciplina na Armada era uma forma de ataque ao comando e seu exercício de autoridade. Na marinha mercante, os oficiais não ficavam atrás nas reverências requeridas, embora o contexto assalariado afrouxasse permanências no navio e a obediência a eles. Contudo, a aproximação entre a Marinha de Guerra e a mercante se dava pela sujeição de ambas ao Ministério da Marinha e a seus códigos disciplinares. Michael Bennet conclui algo parecido no contexto norte--americano: os marítimos ansiavam por experiências que permitissem fugas do confinamento e da hierarquia de bordo. Algumas das formas utilizadas para isso ancoravam-se na competitividade existente entre os estratos inferiores dos navios. Apesar de serem um tanto autodestrutivas, as querelas horizontais abrandavam a sensação de confinamento e davam brechas para que outras formas de resolução aos problemas emergissem naquela convivência.[28]

As brigas apostavam numa momentânea inversão da hierarquia de bordo e na subalternidade estimulada entre os mais rasos. No geral, esses tripulantes advinham de estratos pobres de diferentes lugares do Brasil, trazendo consigo táticas de resistência criadas em terra para enfrentar patrões, donos de terras, policiais, instituições etc. Havia também gente timbrada pelos movimentos operários em ebulição pelo Brasil e pelo mundo. Baseados nessas experiências, os marítimos exerciam uma

---

[27] A. P. do Nascimento, 2002, p. 162.

[28] Bennet, 2004, p. 101.

manutenção simbólica da liderança, dos ajustes violentos, das rivalidades, das provas de força e de coragem. Isso se complementava em uma fronteira nublada entre a vida fora do trabalho e a rotina das tarefas a bordo, principalmente para quem residia nos navios.

Se considerarmos as brincadeiras nas horas de descanso, veremos que elas desencadeavam questões pessoais, mas interrompiam a ideologia de mando e obediência, tida pelos oficiais como força motriz da disciplina. Mais do que uma imposição simples e clara, as tarefas eram desempenhadas por acordos existentes entre a marinhagem, ainda que viessem de cima para baixo e até sob recorrente uso de violência – enquanto, entre os oficiais, a vigilância que exercem se valia de instâncias de relações pessoais, identificação étnica e racial, confiança e amizade. Longe de desprezar a imposição dura e ríspida da hierarquia, para uma convivência embarcada tolerável, impor limites à dominação era fundamental.

Constantemente esses limites eram definidos por noções de valentia, masculinidade, coragem e virilidade. Segundo Benito Schmidt, sob certas profissões pairam simbologias e ambiguidades de gênero que condicionam formas específicas de dominação e resistência. Tal apontamento estimula a pensar que, exaltando tais virtudes, o marítimo também pleiteava melhores lugares perante colegas, superiores e armadores. Isso também garantia a manutenção das disputas no mercado de trabalho e na construção de respeitabilidade no movimento organizado desses trabalhadores, experiências marcadas por normas socialmente aceitas de heteronormatividade.[29] O lado mais brutal da masculinidade expressava-se no uso do flagelo corporal como reforço de superioridade e do lugar de subalternidade dos corpos rebeldes, especialmente os de pele escura.

---

[29] Schmidt, 2018, p. 40.

O TERRÍVEL ESPETÁCULO DA AUTORIDADE

Joseph Orton Kerbey foi cônsul dos Estados Unidos em Belém, entre o final do século XIX e início do XX. Em suas primeiras incursões fluviais, escreveu ao jornal *The Pittsburg Dispatch* que o comandante amazônico era "um conquistador a bordo de um *man-of-war*". Seriam resquícios de quando traficavam "índios selvagens" para trabalhos forçados. Também a escravidão negra teria deixado suas marcas no trato com a tripulação, incapacitando os comandantes de "avançar com a civilização ao seu redor". Kerbey continua dizendo que eles não se importavam com qualquer tipo de regulação marítima: os bilhetes dos passageiros não garantiam nenhuma das vantagens ofertadas e desrespeitavam qualquer tipo de direito ou regulação de trabalho. Na vastidão das águas sua autoridade era absoluta e incontestável, faziam o que queriam. Mas o cônsul tinha suas ressalvas. O comandante Carlos Ferreira, por exemplo, seria "um navegador português" de cortesia ímpar.[30]

No país de Kerbey, era antiga a história de campanhas contra o autoritarismo e a violência de oficiais navais. A prática de açoitamento, por exemplo, havia sido abolida em 1850.[31] Já havia uma tradição no combate à tirania de bordo, que os norte-americanos prezavam, sem, contudo, deixar que "maus exemplos" afetassem instituições e companhias.[32] Frisar as exceções apresentava a crueldade como escolha e ação individual, em vez de tentar compreendê-la como parte de um modo de produção fundamental para a exploração do trabalho que acelerava a circulação de mercadorias. Por isso Kerbey fez questão de mencionar o bom comandante português. Seu texto explora o tema aos moldes das denúncias abolicionistas contra os navios negreiros, na véspera da proibição do tráfico. Era endereçado ao leitor "civilizado" de

---

[30] Kerbey, 1892.
[31] Fink, 2011, p. 45; Buchanan, 2004, pp. 56-57.
[32] Glenn, 1984, p. 96.

Pittsburgh, evocando perplexidade com os comandantes dos trópicos, cristalizados num passado de barbárie e escravidão, numa terra de selvagens incorrigíveis.

Vinte anos depois, uma frota de 14 navios destinada à Amazônia era construída nessa mesma Pittsburgh. O empreendimento foi encabeçado pelo comandante E. E. Brown, que havia sido enviado ao Brasil "para investigar o tipo de embarcação mais adequado para o comércio de borracha na Amazônia". A ideia era ocupar o rio Amazonas com 20 pilotos treinados no rio Yukon, na divisa do Alasca com o Canadá. As fortes correntezas do Yukon ajudariam a acostumá-los ao Amazonas, para depois substituírem aos poucos os comandantes amazônicos.[33] O projeto não se concretizou, mas talvez fosse esse o ideal de civilização ansiado por Kerbey décadas atrás. O critério do cônsul para desqualificar os comandantes do rio Amazonas era difuso, mas sua acusação estava no rumo certo: o trabalho marítimo no interior do Brasil era eivado pela tirania do oficialato e era produto da cultura escravista do mundo senhorial.

De fato, o espaço fluvial não gozava de qualquer regulação de trabalho, e a autoridade do comandante reinava soberana sobre as águas. Quanto mais distante se estivesse das cidades, mais ele era a única autoridade jurídica e policial, além de representante e intermediário das companhias com as equipagens.[34] O principal canal recorrido pelos marítimos em busca de justiça eram as Capitanias. Mas elas constituíam um poder terrestre e eram dirigidas por capitães de fragata mais sintonizados com os comandantes do que com a marinhagem. Aliás, sua atuação só pode ser verificada com navio e tripulação aportados. Qualquer tipo de regulação marítima elaborado em terra era reinterpretado no espaço flutuante, segundo critério e domínio pessoal do comandante.[35]

---

[33] *Coast Seamen's Journal.* San Francisco, n. 2.145, 8 nov. 1911.

[34] Solano, 1998, p. 68.

[35] Land, 2001, p. 171.

Havia métodos e procedimentos próprios para administrar o navio e punir infrações longe das vistas terrestres. Desde o tempo do tráfico negreiro, o comandante ocupava uma posição estratégica na economia capitalista em expansão. Segundo Marcus Rediker, seu poder apoiava--se na praxe da vida marítima, na lei e na geografia social. O Estado autorizava-lhe o emprego de castigos corporais pela "subordinação e normalidade" de seus comandados, enquanto fosse a ponte entre "os mercados do mundo". Qualquer desafio à sua autoridade podia ser considerado motim e insurreição. "O isolamento geográfico do navio, longe das instituições que controlam a sociedade, constituía ao mesmo tempo uma fonte e uma justificação dos poderes desmedidos" do comandante.[36]

Os flagelos corporais conformam padrões de violência que eram o cerne da hierarquia a bordo. Porém, mais do que afirmar que determinado fenômeno é "violento", vale entender as estratégias de controle e dominação sociais praticadas nos navios, isto é, o conjunto de ideias dominantes no mundo marítimo, supostamente autoexplicativo no campo do pensamento e da ação.[37] Álvaro Pereira do Nascimento sublinha a diversidade de fronteiras existentes e despercebidas pela simples dicotomia oficiais/subalternos. O nível de brutalidade dos castigos físicos variava conforme a cor da pele, a orientação sexual, o comportamento, as posições de liderança ou vantagens dentro do navio, o envolvimento com associações operárias, a falta de aptidão às tarefas etc. Para incutir terror e mitigar o risco de motins, a aplicação do castigo físico era agravada pela concepção do marítimo ideal.[38] Todo corpo que escapasse aos lugares da masculinidade, virilidade, robustez, morigeração, subserviência etc. era alvo em potencial da tirania. Esse padrão disciplinar era reivindicado tanto na Armada quanto na marinha mercante, sendo o oficialato de ambas formado na mesma cartilha e sob os mesmos preceitos.

---

[36] Rediker, 2011, p. 196.
[37] Lara, 1988, p. 44, p. 111.
[38] A. P. do Nascimento, 2002, pp. 3-4.

Já adianto que os castigos físicos diminuíram com a emergência das associações marítimas, nos anos 1910. Neste item, analiso episódios de violência ocorridos durante o processo de criação das entidades marítimas de Manaus. Veremos como o recurso à violência era um padrão estandardizado, que associava subalternidade a lugares racialmente circunscritos. Isso é fundamental para compreender o associativismo dos subalternos, que combatia as desqualificações morais e sociais atribuídas aos seus lugares de trabalho. As principais vítimas de castigos físicos ocupavam-se da taifa (cozinheiros, despenseiros e criados), do convés (marinheiros e moços) e do fogo (foguistas e carvoeiros). Não à toa, eram grupos compostos de maioria não branca.

O elo mais vulnerável do navio, entretanto, eram os criados que serviam ao comando, ao convés e à cozinha ao mesmo tempo. Atuavam como auxiliares de outros marítimos ou no cuidado personalizado de gente importante a bordo. Na maioria, eram meninos (e raras meninas) negros e mestiços, nascidos em municípios interioranos, comunidades ribeirinhas e até órfãos estrangeiros de origem ibérica. Em casos de maus-tratos, os criados dispunham de uma margem muito estreita para pedir socorro, tendo de esperar o navio se aproximar de algum núcleo urbano para desertar ou buscar as autoridades. Foi o que fizera Domingos Rodrigues, criado da lancha *Alfredo*, que foi à Capitania do Amazonas acusar o despenseiro Macário de espancamento. A causa teria sido banal: "motivou o incidente ter o despenseiro mandado Domingos preparar a mesa e este responder-lhe que o não faria por ser ainda cedo".[39]

A criadagem vivia uma dinâmica de trabalho compulsório, na qual imperava o domínio pessoal das relações de trabalho, e sobre os criados pesava a execução de ordens de todos os tripulantes. O pessoal da taifa vivia algo parecido, embora com margem maior de tolerância, porque respondiam pela alimentação no navio. Ambos os grupos eram vistos mais na esfera do serviço doméstico do que da marinhagem propriamente

---

[39] *A Federação*. Manaus, n. 696, 8 jul. 1900.

dita. Havia um critério hierárquico não escrito, comum no campo da domesticidade: caso o comportamento excedesse a deferência esperada, as consequências eram das mais severas.[40] As reprimendas iam de humilhações verbais a surras, prisões e pena de trabalho dobrado.

Alguns não conseguiam suportar e procuravam se libertar lançando-se nas águas, na esperança de serem levados pela correnteza ou pela morte. Um exemplo foi o caso investigado pela Capitania do Pará em que o imediato do João Coelho havia espancado brutalmente o criado Heliodoro até que ele "se atirasse n'água". O algoz chegou a proibir à tripulação que "o livrasse de perecer afogado". O caso nos coloca diante da imputação de uma pena de morte por afogamento.[41]

Aqueles tidos por fracos ou delicados eram visados por não corresponderem à masculinidade e robustez da vida marítima. Em 1910, outro caso chamou bastante atenção. O foguista João de tal, apelidado de Borboleta, foi torturado física e psicologicamente pelo comandante da lancha *Onça*, Miguel Arcanjo Neves, a ponto de pular desesperado no rio Purus. Os passageiros denunciaram o caso na Capitania do Amazonas e levaram-no à imprensa. O armador Carvalho Júnior antecipou a própria defesa, relegando a Neves a imposição de trabalho dobrado ao foguista, o que implicava uma jornada de 24 horas ininterruptas. Na melhor das hipóteses, esperava-se que João tivesse encontrado refúgio na mata, pois dificilmente alguém sobrevivia naquelas corredeiras.[42]

Convém lembrar que o suicídio por afogamento era uma forma histórica dos africanos livrarem suas almas do sofrimento do tráfico atlântico e, numa espécie de batismo, retornarem para a África.[43] Não é difícil que tal memória fosse revisitada por afrodescendentes, quando as expectativas de liberdade no pós-Abolição ruíam de alguma forma. Os

---

[40] McClintock, 2010, p. 127.
[41] "Inquérito contra um imediato". *JC*. Manaus, n. 2.048, 11 dez. 1909.
[42] *JC*. Manaus, n. 2.085, 19 jan. 1910; *JC*. Manaus, n. 2.118, 21 fev. 1910; *JC*. Manaus, n. 2.119, 23 fev. 1910.
[43] Slenes, 1991/1992, p. 54; Mustakeem, 2016, p. 107.

recursos de enfrentamento aos castigos físicos encolhiam quanto mais distante se estivesse do poder terrestre. Nessas circunstâncias, o agente da violência isolava o castigado para fragilizar sua saúde emocional. Apartado do convívio social e ruminando sozinho o seu sofrimento, acabavam restando-lhe duas saídas: matar ou se matar.

As motivações dos castigos iam de indisciplinas ao crime comum, do qual o furto era o mais frequente. Ao longo desta pesquisa, elenquei alguns dos objetos furtados; eles conotam, mais do que mera ganância, a miséria vivida pela marinhagem e serviam até para compensar a exploração e os maus-tratos. Temos então: pequenos animais (um galo e um papagaio); quantias de dinheiro; toalhas; fazendas; cortinas; vestuário (lenços, paletós, camisas, calças, sapatos e chapéus); e, claro, mercadorias (borracha, alimentos e latas de óleo). Nada era desviado em larga monta, à exceção de alguns casos de contrabando de borracha. Os principais alvos eram tecidos e peças de roupas; afinal, a surrada indumentária dos marítimos levava uma necessidade constante de trocas e reparos. Os soldos não custeavam roupas em Manaus, que eram duas ou três vezes mais caras que na Europa.[44] Dessa forma, acusar alguém de furto a bordo justificava aplicação de castigo físico sem necessariamente precisar provar o delito, bastando sugerir que o produto foi passado para frente ou escondido onde ninguém pudesse achar.

Em 1913, o comandante do *Sucre* José Vaz Ramalho de Brito entregou à Capitania do Amazonas o taifeiro Alfredo Pereira Gomes, acusado de furto a bordo. Alfredo chegou tão combalido fisicamente na repartição que seu estado chamou atenção da polícia, que passou a investigar o caso. O delegado ouviu Alfredo e ficou convencido do "espancamento do taifeiro pelo comandante, que o mandou fazer de um modo bárbaro; que a vítima fora amordaçada, tendo recebido toda espécie de castigos". Para aumentar o rol de infrações e justificar a tortura, Brito o acusou de

---

[44] Woodroffe, 1914, p. 300.

estuprar uma "passageira de nacionalidade peruana".[45] Um crime desses mobilizaria a opinião pública ao seu favor, se valendo de incômodos diplomáticos. Mas o objetivo mesmo era desmoralizar o taifeiro: o estupro maculava a honra perante a sociedade e seus pares. Ao redor do mundo, a violência sexual era uma das principais razões para o uso do chicote, artefato possivelmente usado contra Alfredo. O açoitamento servia para combater esse e outros "desvios sexuais", como a sodomia e demais afrontas à masculinidade.[46]

Na lógica da dominação colonial, o chicote podia reinscrever limites imprecisos entre mulheres e homens e entre homens e animais.[47] Tributário do sistema colonial e do tráfico atlântico, o açoitamento naval naturalizou a violência contra corpos insurgentes e tornou-se uma norma de disciplina, praxe nas marinhas que recepcionaram e atuaram no mercado de seres humanos. Nisso, o uso do chicote demarcava a hierarquização racial dentro dos navios e era uma prática que necessitava de plateia. Em navios brasileiros e estadunidenses, a correção procurava quebrar a altivez de homens negros que estimavam a vida em liberdade pelas águas e de brancos que desafiavam a autoridade naval. Para evitar que esses homens inflamassem eventuais motins, um verdadeiro espetáculo do terror era armado nos conveses e nos porões. Quanto mais brutal a execução dos castigos, mais efetivos eram a sensação de falta de liberdade e o ataque à autoestima e à virilidade de quem recebia e assistia às sevícias.

Os relatos minuciosos desses episódios foram importantes catalisadores para aderências aos abolicionismos ao redor do mundo. Contudo, o movimento pelo fim dos castigos físicos cruzou o fim do tráfico e permaneceu até depois da escravidão, com denúncias de um persistente vestígio desse mundo.[48] O episódio a seguir elucida a longa

---

[45] *JC*. Manaus, n. 3.123, 7 jan. 1913.
[46] Burg, 2007, p. 129.
[47] McClintock, 2019, p. 129.
[48] Ver Pirola, 2017, e Grider, 2010.

duração desse terrível espetáculo da autoridade, moldado nos negreiros e nas *plantations*.

O vapor *Itucuman* estava aportado em Manaus, na noite de 21 de novembro de 1904, quando o despenseiro espanhol Albertino Coutinho de Barros acusou o criado Cyriaco Agostinho Pereira, maranhense de "cor preta", de furtar um relógio de ouro. Albertino pegou revólver e correias e, junto com o cozinheiro argentino Jesus Perez Iglesias, que portava cacete e chibata, seguiram para o camarote de Cyriaco. Todo açoitamento era tenso o suficiente para desencadear motins; por isso, os executores costumavam conduzi-lo com superioridade de armas.[49] Comumente, eram os comandantes os portadores por excelência de armas letais, mas o protocolo foi seguido pelo despenseiro, que ultrapassou a autoridade máxima do navio para colocar um criado preto no seu "devido lugar". Essa sensação de superioridade orientava-se pela posição a bordo e pela cor da pele do criado.

Ele e o comparsa invadiram o recinto de Cyriaco "a fim de tomar sua desforra, e encontrando-o a dormir açoitou-o" no rosto. Acordado no sobressalto, o criado vibrou uma paulada no espanhol e o desacordou antes que fizesse uso do revólver. Em vista disso, o argentino decidiu recuar. Surge então um terceiro agressor, o copeiro português Felisberto Gomes de Freitas, que, munido de navalha, conseguiu ferir Cyriaco na orelha. A confusão acordou o dono do navio, o cearense Manoel Dias Martins, que correu para chamar a polícia.

Na delegacia, foi concluído que Albertino, Cyriaco e Felisberto cometeram crimes de ofensas físicas, sendo mais grave a "tentativa de morte" praticada pelo primeiro. Esse alegou que o criado era suspeito, pois "havia entrado para bordo há cousa de dois dias". Aquele novato era o alvo natural para um grupo entrosado de estrangeiros brancos da taifa, seguros para aplicar julgamentos morais condicionados ao racismo: eles não hesitaram em desconfiar de um nacional negro e de baixa posição

---

[49] Jaffer, 2015, p. 34.

a bordo. Em sua defesa, Iglesias declarou ter acompanhado Albertino "por curiosidade", negou que estivesse armado e contou que o espanhol foi surpreendido pela agilidade do criado em revidar com uma acha de lenha mantida ao alcance de sua rede. Num ambiente em que Cyriaco igualmente pouco conhecia quem o rodeava, dormia ele com chances de defesa numa eventual surpresa. Os taifeiros não duvidaram da justeza do castigo, afinal, queriam convencer de que lidaram com um gatuno.

Pelo que sugerem as testemunhas, havia oito tripulantes no momento, sendo apenas três deles brasileiros. Um era o comandante cearense Luiz Gonzaga Lopes Frota, que acusou Iglesias e Albertino de premeditarem o açoitamento a despeito de sua autoridade. Ele teria apurado que os dois decidiram justiçar um furto que, até o final da sua sindicância, não mostrava procedência alguma. Parece que os taifeiros decidiram agir por conta própria, pois não acreditavam que o comandante tomaria partido deles contra o criado. Não seria errôneo supor que a relação entre Frota e Cyriaco passasse por velhos códigos de proteção ou paternalismo, utilizados favoravelmente na experiência de liberdade por egressos do cativeiro ou descendentes de escravizados. O comandante fez boa imagem do criado, desacreditou o furto e sublinhou a crueldade de seus agressores à polícia.

Marítimos negros eram as principais vítimas de açoitamento, sobretudo os da cozinha e da criadagem. Essas ocupações orbitavam uma esfera ambígua, que não pertencia ao oficialato nem ao restante da marinhagem. O pessoal da taifa, especialmente despenseiros (como Albertino), respondia diretamente ao dono do navio e chegava a ignorar a autoridade do comandante. Já os criados atendiam aos oficiais em particular, podendo obter favoritismos malvistos pela tripulação. Muitas vantagens podiam ser recebidas bajulando superiores, uma antiga estratégia de escravizados/as no mundo doméstico.[50] São algumas das hipóteses válidas para o caso em tela, pois a documentação não revela

---

[50] Bolster, 1997, pp. 72-73, p. 81; J. J. Reis, 2019, p. 233.

muito das relações entre Cyriaco e o comandante, ou entre Albertino e o dono do navio. Mas o fato de o criado possuir um camarote próprio suscita algum privilégio, sendo coisa bem incomum para um criado. Certo é que ele gozava de simpatias a bordo, como demonstram as testemunhas que não endossaram a suspeita de furto ou a justeza do castigo, muito pelo contrário.

O primeiro interrogado foi o engenheiro naval Thomas Atinkson, inglês naturalizado brasileiro e residente no navio, mas ele driblou detalhes: apenas acordou com o barulho e encontrou os colegas já feridos. Na mesma linha foi o mestre português Manoel André Remédios, que não estava a bordo na hora da confusão. Outro residente do navio, o moço paraense Manoel Correa de Farias, disse que Cyriaco só reagiu quando foi "chibatado" por Albertino. Ele também contraditou o argentino, dizendo que esse empurrou o criado, que bateu a cabeça na queda. Depois disso, segundo ele, veio o copeiro português de navalha na mão, com a qual golpeou Cyriaco na cabeça e na orelha.

Cyriaco era natural do Maranhão e tinha 34 anos. Se ele nasceu antes da Lei do Ventre Livre (1871), pode ter vivido pelo menos 17 deles na sociedade escravista, sem sabermos sob qual condição jurídica.[51] Era mais velho que os três agressores que se arvoraram no direito de castigá-lo à surdina. A tentativa de chicoteá-lo malfadou na sua desconfiança daquele meio, quem sabe herdadas do trabalho cativo ou de histórias contadas pelos mais velhos. Afinal, no mundo marítimo brasileiro, os filhos e netos da escravidão constituíam maioria.[52] Nas águas do rio Amazonas, além do Maranhão, outros iguais a Cyriaco vinham, principalmente, do Pará, do Ceará, de Pernambuco e da Bahia. Chegavam a Manaus portando a memória do mundo da escravidão e das lutas pela liberdade de antepassados. Pode ser que Cyriaco não se autopreservasse como

---

[51] Quando Cyriaco nasceu, a população da Província do Maranhão era de 348.495 pessoas, sendo 274.528 livres e 73.967 escravizados. Y. Costa, 2018, pp. 248-254.
[52] Velasco e Cruz, 2000, pp. 270-271.

uma reação aleatória, mas conferisse sentidos e saberes históricos de resistência à escravidão e à violência racializada.

De volta ao processo-crime, o subdelegado concluiu que Albertino se dirigiu armado ao camarote de Cyriaco, "dizendo que ia tomar uma satisfação". Pelos depoimentos, ficou "provado que Albertino bateu em Cyriaco com uma correia e só não usando o revólver porque este deu-lhe uma cacetada na cabeça, prostrando-o sem sentido". Portanto, "o seu fim, é claro, era o assassinato". Albertino foi preso, e Cyriaco, inocentado. Mas a coisa não terminou por aí. O criado foi alvo de novo ataque de Felisberto na enfermaria da Santa Casa, em Manaus. A direção do hospital chamou a polícia, que conteve o português e o levou para o xadrez. Cyriaco não pretendia ficar muito tempo ali e pediu um novo exame para rever os 30 dias de licença médica que recebeu. Ele se declarava saudável para equipar novamente, não podia perder tempo e dinheiro no leito hospitalar.

No arquivamento do processo, em 1913, o promotor Virgilio Barbosa Lima contestou a decisão judicial. Para ele, se Albertino tivesse mesmo intenção de matar, teria entrado atirando no camarote de Cyriaco. Parece que esse era o cenário desejado pelo promotor. Pois, em grifo seu, Albertino "deu-lhe umas correadas" tão somente "para *punir* o furto, que lhe fora feito". Lima viu exagero na condenação do espanhol e nos 30 dias de licença dados a Cyriaco.[53] Quase uma década depois, a promotoria revisitava o caso, emitindo parecer antes do seu arquivamento. Mas enquanto Lima tentava abrandar a aplicação de açoitamento e desacreditava uma tentativa de homicídio, homens e rapazes iguais a Cyriaco organizavam a União de Marinheiros e Moços do Amazonas, naquele mesmo ano de 1914. Eles tinham por inspiração a revolta dos marinheiros no Rio de Janeiro (1910) e o auxílio de agitadores experientes no movimento operário e nas manifestações antirracistas da capital federal.

---

[53] TJAM. JMCRI – 3º D. Homicídio. Manaus, 9 dez. 1912. Cx. Criminal (1904). Constam nos autos, o memorando do Hospital da Santa Casa de Misericórdia sobre a prisão de Felisberto e a carta de Cyriaco requerendo novos exames.

O ano de 1914 foi bem agitado para o pessoal de convés. Em março, a União dos Marinheiros e Moços do Amazonas (UMM) ficou estabelecida e logo começou a receber denúncias de maus-tratos a bordo. Ao que tudo indica, ela passou a aglomerar os criados navais, oferecendo-lhes uma inédita forma de proteção. No dia 19, o menor Antonio Ramirez, criado da lancha *Yurimaguas*, foi à polícia queixar-se do marinheiro Manoel Mendonça "por ter aquele espancado ao queixoso há dias, querendo cortá-lo hoje a navalha".[54] Outros pareciam esgotados em ter a honra e a liberdade solapadas e passaram a reagir por conta própria. Acredito que a criação da UMM tenha encorajado esses movimentos, na medida em que circulavam notícias de que ela socorreria um grupo até então desprovido de assistência ou representação em meio às autoridades civis e portuárias.

Quatro dias após a denúncia acima, a lancha *Cezar* estava atracada no igarapé do Educandos, e a sua tripulação almoçando. "Iam e vinham, na azáfama do preparar a mesa, da cozinha à saleta de refeição e da saleta de refeição à cozinha, os dois taifeiros da referida embarcação". Um deles era o criado potiguar "de cor preta" Zacarias Custódio do Nascimento, de 17 anos. À mesa, estavam sentados três oficiais, incluindo o maquinista Manoel Antonio Ribeiro, amazonense "de cor morena", de 26 anos. Mas, "por um aborrecimento de ocasião, devido a uma questão de talheres", ele "ameaçou de severo castigo corporal o serventuário Zacarias", que tentou se justificar. Com o acirramento da discussão, Zacarias disse que não era filho do maquinista "para apanhar assim tão facilmente". Ao escutar o desafio, Ribeiro foi até seu camarote e trouxe de lá "um enorme e possante *cipó de boi*", uma chibata feita com couro do pênis bovino. A hora da refeição conferia um público para o maquinista estrelar o espetáculo da inferiorização de um insubmisso. O primeiro açoite visou o rosto de Zacarias para desmanchar o semblante de altivez e contrariedade.

---

[54] "Fatos policiais". *JC*. Manaus, n. 2.486, 20 mar. 1914.

Este deu de costas ao sofrer a pancada, pedindo que o acudissem da surra. Novas vergalhadas caíram sobre ele, alcançando-lhe, notadamente, a região lombar.

Reagindo num gesto decisivo e violento, Zacarias puxa de uma curta e afiada faca americana e em golpe instantaneamente mortal, toda inteira, em pleno peito esquerdo do seu agressor, varando-lhe o coração.

Caiu, como uma massa, sobre o assoalho, Manoel Antonio Ribeiro, exalando, num único e profundo gemido de dor, o último suspiro de vida.[55]

Zacarias desembarcou e foi se entregar na casa do guarda Benício de Araújo, que o levou até a delegacia, onde o escrivão Carlos Augusto Machado apiedou-se do rapaz e contratou o respeitado advogado Huascar de Figueiredo para defendê-lo. Aqui vemos a distinção feita pela imprensa, muito comum aos letrados da época, entre a criança (inocente) e o menor (delinquente). No mesmo dia, a equipe do *Jornal do Comércio* chegou ao local para tomar notas e fotografias. Horas depois obtiveram acesso ao retrato da ficha criminal de Zacarias, no qual vemos seu semblante abatido, o ferimento no lado esquerdo da testa e o dólmã branco de taifeiro manchado de sangue (Imagem 6).

Imagem 6: Fotogravura do taifeiro Zacarias Custódio do Nascimento. Fonte: *Jornal do Comércio*. Manaus, n. 3.560, 25 mar. 1914. Hemeroteca Digital da Biblioteca Nacional.

---

[55] "Refeição trágica. De um instrumento aviltante, defendeu-se à faca". *JC*. Manaus, n. 3.560, 25 mar. 1914.

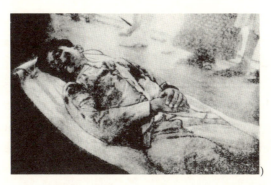

Imagem 7: Fotogravura do maquinista Manoel Antonio Ribeiro. Fonte: *Jornal do Comércio*. Manaus, n. 3.560, 25 mar. 1914. Hemeroteca Digital da Biblioteca Nacional.

Já a fotogravura de Ribeiro (Imagem 7) estendido no convés denota feições de origem indígena ou mestiça. Os legistas o classificaram como de "cor morena", no período, uma categorização racial genérica atribuída a indígenas e seus descendentes.[56] Ribeiro ocupava posto de oficial na *Cezar*. Na marinhagem amazônica não era incomum pilotos e maquinistas de origens indígenas. A Escola de Pilotos e Maquinistas do Pará formou levas desses profissionais, sendo a única instituição do tipo fora da capital federal.

A origem regional também estimulava antipatias e evidencia marcadores raciais. Um contemporâneo listou os apelidos que estigmatizavam o migrante pelo lugar de nascimento: cearense (cabeça--chata); paraibano (cabeça de coco); pernambucano (ladrão de cavalo); potiguar (cu rajado); maranhense (maranhôto); piauiense (espiga).[57] Notem que os apelidos dialogam com estereótipos e fenótipos associados a pessoas negras e também ao mundo da escravidão: os pernambucanos se referiam a fugas de escravizados em cavalos surrupiados dos senhores; os potiguares remetiam, possivelmente, aos "tigres", carregadores de dejetos humanos que ficavam com manchas e infecções cutâneas; os demais apontam traços físicos como diferenciadores raciais dos brancos.

---

[56] J. P. de Oliveira, 2016, p. 241.

[57] Cabral, 1949, p. 83.

Difícil saber se atribuições desse tipo agravavam a tensão entre o taifeiro e o maquinista, a qual suscita dinâmicas próprias que levaram um oficial de antepassados indígenas a afligir o corpo negro de um menino. É provável que a conturbada relação dos dois mobilizasse diferentes fronteiras de hierarquização, como raça, idade, ofício e local de origem.

Depois de preso, Zacarias ficou sob tutela do advogado Francisco Gomes Malveira, experiente na curatela de menores. Ele se dirigiu à Capitania para sacar o salário de 22 mil-réis de Zacarias para custas processuais. Malveira vinha se aproximando dos marítimos nacionais visando votos para lançar-se a deputado estadual.[58] Não consegui localizar o desdobramento desse caso, mas da sua notícia posso aferir que, se era custoso para um homem como Cyriaco construir uma reputação que o eximisse do estigma negativo da escravidão, para Zacarias a pouca idade dificultava ainda mais.

Os vestígios da escravidão continuavam impondo subserviência e servidão a meninos negros nascidos bem depois da Abolição. Como a repulsa a essas condições era perene, os adultos incorporavam-nos à força ao mundo do trabalho, submetendo-os a rigorosa disciplina, castigos corporais e tarefas estafantes. Na delegacia, Zacarias deu os nomes de sua mãe e de seu pai, mostrando condição diversa dos órfãos remetidos pelo Estado a mestres de ofício e à Marinha. Quem sabe seus genitores o enviaram para alguma escola de aprendizes-marinheiros, a fim de corrigir comportamentos e/ou assegurar-lhe teto e comida. Antes mesmo de se submeterem à hierarquia, era comum que meninos como Zacarias conhecessem diferentes meios de ridicularizar e questionar o mundo dos adultos. Era um conhecimento adquirido no mundo das ruas que podia explicar a resposta irônica de Zacarias a Ribeiro. Os adultos pensavam que o trabalho serviria para corrigir crianças e adolescentes, o que autorizava também aos adultos agirem como se fossem pais ou senhores desses meninos. Açoites e palmatórias eram formas de atacar a estima desses jovens, várias vezes, equiparando-os à condição de escravizados.

---

[58] *JC*. Manaus, n. 3.588, 23 abr. 1914.

Esse sistema de tutela foi utilizado como uma alternativa para fornecer mão de obra no pós-Abolição. Nada impedia que Zacarias estivesse em condição de tutela, que assumia faces de intensa violência no interior do Brasil.[59]

Os jornais mais poderosos de Manaus comungavam de antigas posturas abolicionistas e advogavam pelo fim dos castigos físicos a bordo. O *Jornal do Comércio* estava disposto a publicar as denúncias quando, para espanto dos redatores, poucos dias depois do caso Zacarias, reapareceu o "condenável vezo uso do vergalho em algumas das nossas embarcações fluviais". O "caso de açoite, bárbaro e inclemente" ocorreu no *Jonathas Pedrosa*, em viagem do rio Javari para Manaus. As denúncias acatadas pelo jornal limitavam-se aos excessos de violência, mas não condenavam o trabalho infantil, muito menos as condições nas quais era efetuado. Encontramos isso na forma jornalística conferida ao depoimento do criado Mário da Cunha Souto, "o mísero rapaz sobre quem recaiu, desta vez, a obra do chicote". Em primeiro lugar, vemos uma abordagem diferente à de Zacarias: "é de fisionomia simpática, compleição débil, bastante jovem. Conta, no máximo, quinze anos de idade. Branco de cor". O adolescente adentrou sozinho à redação do jornal para contar sua história "em voz fraca e acanhada".

Mário estava empregado há oito meses naquele navio, onde recebia 30 mil-réis mensais como criado. Ultimamente, tinha por tarefa auxiliar o preparo dos pães. "Levava nisto grande parte da noite, mas sempre se esforçando em não incorrer em falta perante seus superiores". Até aí o articulista não viu "nada demais". Para a história ganhar manchete, era preciso que Mário relatasse excesso de castigo, e não de trabalho. Acontece que o despenseiro foi suspenso, e o comandante achou por bem encarregá-lo do serviço, "duplicando-lhe, por tal forma, os afazeres, sendo forçado a trabalhar de dia e de noite". Seu corpo franzino não suportou a carga de trabalho, que o levava à exaustão.

---

[59] Fraga Filho, 1994, p. 116, p. 124; Pessoa, 2015, p. 157.

Às 17h do dia 23 de março, Mário desceu para o convés inferior, e dormiu sentado em um banco. O comandante e proprietário do navio, Henrique Lima, perguntou a ele o que era aquilo. Assustado, Mário negou que estivesse dormindo. Na hora do jantar, Lima acionou diversas vezes a campainha para que fosse servido. Mas sua comida não foi entregue, porque o menino havia adormecido outra vez. Enfurecido, o comandante lançou mão de sua "possante chibata de açoitar cavalo", com a qual brutalizou o pequeno, a ponto de 17 dias depois ainda serem visíveis as marcas da violência em suas costas.

Imagem 8: Fotogravura das costas do criado Mário da Cunha Souto. Fonte: *Jornal do Comércio*. Manaus, n. 3.574, 9 abr. 1914. Hemeroteca Digital da Biblioteca Nacional.

Os jornalistas fotografaram as feridas mal saradas do menino, revelando o contraste entre a imagem reproduzida de Zacarias (o rosto de um infrator) e a de Mário (as costas de uma vítima), numa visível desigualdade racial na produção das imagens (Imagem 8).[60]

---

[60] "O açoite em ação". *JC*. Manaus, n. 3.574, 9 abr. 1914.

A imagem do menino seviciado rodou a cidade e deixou o seu algoz malfalado. No dia seguinte, o comandante endereçou uma carta a Vicente Reis, redator-chefe do *Jornal do Comércio*. Alegou que os açoites foram para que Mário levasse o trabalho "a sério", porque andava muito desobediente. Disse, ainda, que "este castigo, porém, fiz com moderação, como faria a um meu filho". Assumia que as relações de trabalho com o criado eram mediadas pelo domínio pessoal e sentimento de propriedade do corpo alheio. "E o fiz, devo dizê-lo, por se tratar de uma criança a quem considerava mais como *pessoa particular minha*, do que como empregado do meu navio". Afirmou que não usou de chicote, mas de "pequena correia", com a qual "bati três vezes no pequeno, não lhe produzindo ferimento algum".[61] No final da carta, Lima levanta motivos escusos e enigmáticos para que Mário o tivesse denunciado. Ele suspeitava que inimigos seus tivessem feito a cabeça do garoto. Esses seriam da "própria classe a que pertencemos, e talvez qualquer dos empregados por último despedidos de bordo do meu navio". A situação visava prejudicá-lo e, segundo ele, ao próprio Mário, que perderia a sua "proteção". Suas lamúrias indicam alguma organização de marinheiros empenhada em denunciar e pôr fim aos maus-tratos. A tática de exposição dos comandantes tiranos parecia estar causando o efeito esperado: que os tiranos ficassem mesmo incomodados e atormentados. O caso a seguir revela um pouco mais sobre onde estariam se reunindo inimigos de homens como Henrique Lima.

Quatro dias depois da publicação acima, às 7 horas da manhã, os empregados da Manáos Harbour foram "tomados de admiração por uma cena estranha e digna de imediato protesto": dois meninos estavam amarrados nos mastros do *Marcílio Dias*, um na proa e outro na popa. Ambos tinham um par de machos presos aos pés (dobradiças de ferro ou madeira presas a cadeado, por onde se passavam braços ou pernas). Em pouco tempo se aglomerou uma pequena multidão em coro de

---

[61] "Carta". *JC*. Manaus, n. 3.575, 10 abr. 1914, grifos meus.

reprovação. Os presos eram o nacional João Gomes Tavares, 16 anos, menino "entregue por alguém ao comandante João Pires Monteiro", e Francisco Gusmão, 15 anos, "de naturalidade espanhola, servindo de criado particular ao mesmo oficial". Como ocorria com os adultos, os meninos europeus eram preferíveis pelos contratadores de igual origem. Dessa maneira, criavam laços de identidade e uma maior dependência do empregado em relação ao empregador.[62]

Havia boatos de que na última viagem do *Marcílio Dias* os dois viviam "descompondo-se mutuamente" e se "intrigando perante os superiores, chegando mesmo, por vezes, às vias de fato". Ao que tudo indica, a dupla media forças entre si, mostrando que coragem e violência eram símbolos de afirmação, algo comum a muitos jovens marginalizados pelo país.[63] A derradeira peraltice devia-se a "uma simples questão de pão ao café", quando o pequeno espanhol saiu com a "cabeça quebrada a cacete". Esse teria sido o motivo do castigo.

Um empregado da Manáos Harbour correu na sede da UMM para pedir ajuda. A entidade enviou um representante para apurar o caso dentro do navio. Alguém também foi avisar a imprensa para que viesse fotografar os adolescentes, mas, antes da chegada dos repórteres, o comandante liberou os dois. O oficial reportou aos jornalistas que os meninos deveriam ficar amarrados por uma hora, para serem expostos à vergonha perante a tripulação e o público em terra. Isso foi desmentido pelo representante da UMM, que interrogou a tripulação e descobriu que já haviam se passado mais de 13 horas daquele castigo físico e psicológico.

À noite, o *Jornal do Comércio* recebeu um ofício da UMM sobre a sucessão de castigos que se repetiam no porto de Manaus já há alguns meses. A entidade trazia novas informações recolhidas a bordo do *Marcílio Dias*, como a declaração do comandante de "que não tinha que dar satisfação, pois que ele a bordo era 'rei'". O representante da UMM

---

[62] Pessoa, 2015, p. 136.
[63] Fraga Filho, 1994, p. 118.

retrucou que aquilo ofendia a dignidade dos garotos. Mas Monteiro teria bradado "que pouco se importava com os outros!" e o expulsou do navio junto com os adolescentes. Em terra, o menino brasileiro deu outra identidade à UMM, talvez a verdadeira: José Cypriano Filho, filho de Pedro Cypriano. Ambos desabafaram que "neste vapor se aplicava a chibata e a palmatória" e que o comandante tinha o "hábito de despedir a tripulação, para ir metendo crianças pelo Baixo Amazonas e outros portos, a fim de fazer o que bem entende".

O ofício da UMM reiterava que atos semelhantes humilhavam e rebaixavam a marinhagem.[64] Independentemente da cor da pele das vítimas, a execução de penas análogas ao mundo da escravidão ofendia a todos, com tratamentos desconformes à ordem republicana e a seus preceitos de civilização. O documento era assinado pelo procurador da UMM João Gonçalves Demoniz.[65] Até 1916 não temos reincidência de maus-tratos semelhantes em Manaus; é capaz de a vigilância e a pressão da UMM terem influído na diminuição dos casos. Afinal, a exposição pública de oficiais tiranos nos jornais afetava a imagem das empresas armadoras.

Demoniz afirmou que o castigo físico humilhava e rebaixava toda a categoria. Essas mesmas conclusões podiam ser encontradas em outras associações de marítimos pelo mundo. Era um entendimento geral da prática ordenadora da exploração do trabalho, e não de episódios isolados desse ou daquele comandante.[66] Ademais, o autoproclamado rei do *Marcílio Dias* queria usar a humilhação para aterrorizar também os transeuntes em terra. Presumo se tratar de um recado a grupos como a UMM, cujos representantes ele fez questão de receber na sua "corte" para debochar deles. Entre homens como esse havia interpretações que teimavam em abandonar, alternando preconceitos de classe e racismo no cerceamento de expressões próprias dos trabalhadores, naquela nova

---

[64] "Os castigos corporais". *JC*. Manaus, n. 3.580, 15 abr. 1914.

[65] Voltaremos a reencontrar Demoniz no capítulo 7.

[66] Frost, 1999, p. 73.

ordem social e política. A nota emitida pela UMM defendia uma ideia de dignidade do trabalho que ia muito além do fim dos castigos físicos. Organizar-se em terra como classe representava uma forma de esses trabalhadores pleitearem melhores condições de trabalho e reivindicarem sua cidadania pela defesa e valorização dos lugares que ocupavam. Vamos conhecer de perto esse processo.

Parte III

O LUGAR DE LUTA

6
FRAGMENTAÇÃO ASSOCIATIVA

A virada do século em Manaus veio em atmosfera festiva e de euforia econômica. Os lucros da borracha carreavam altas somas aos cofres públicos, cujos recursos não ficavam atrás daqueles de estados mais ricos. O dinheiro circulava pela cidade como nunca, novos postos de trabalho surgiam a todo instante. Mas, como em todas as economias de súbito crescimento, as disputas por emprego impediam aumentos salariais, e o custo de vida tornou-se um problema.[1] Mesmo com estilo de vida nômade, os marítimos não deixavam de passar dificuldades para se manter em Manaus, onde o aluguel de imóveis era um dos mais caros do país.[2] Morar nos navios se tornou uma opção oportuna também para os patrões, pois mantinha os empregados sempre à disposição. Em contrapartida, os momentos de descanso acabavam atravessados pelas normas da vida marítima, tensionando as relações de trabalho. O apogeu náutico da Amazônia, no início dos 1900, era marcado por essa separação confusa entre a vida dentro e fora dos navios. Tal condição não legou uma identidade homogênea de categoria; ao contrário, reforçou diferenças no processo associativo da marinhagem.

Este capítulo analisa a criação das primeiras associações marítimas de Manaus. Vamos observar como as identidades de ofício alimentaram um associativismo fragmentado que valorizava cada lugar de trabalho

---

[1] Pinheiro & Pinheiro, 2017, p. 109; Weinstein, 1993, p. 43.

[2] D. Costa, 2014, p. 67.

como meio de acesso a melhores condições laborais e reconhecimento de cidadania. Essa fragmentação encampou variadas maneiras de angariar respeitabilidade pública, maior qualificação profissional e salários mais dignos. Antes, vejamos como a cidade de Manaus propiciou uma maior convivência entre os marítimos, mesmo entre empregados de diferentes casas armadoras. Quanto maior era o volume das viagens, maior era a presença desses trabalhadores pela cidade e, junto com eles, um rol imenso de experiências, ideias políticas e aspirações pessoais e coletivas.

No raiar do século XX, entre uma viagem e outra, o marítimo frequentava botequins, cafés, hospedarias e prostíbulos. Nesses espaços, cresciam as rodas de samba e de tango; em calçadas, becos, ruas e praças: a capoeira e o boxe. Pequenos momentos de fuga do trabalho permitiam confidências e troca de ideias sobre os rumos da política e do movimento operário, as melhores ações a serem tomadas etc. Vez por outra, a bebida turvava-lhes a mente, e até colegas de bordo se estranhavam por discursos inesperados. Aglomerado, o grupo acendia a tendência das autoridades a reprimir focos de ociosidade antes de desaguarem em rixas, greves e quaisquer ameaças à ordem urbana.[3] Um truque dos comandantes para atrapalhar esses momentos era remunerar a tripulação poucas horas antes das partidas, deixando seus subordinados perambulando de bolsos vazios, mas o risco disso desembocar em conflitos de hierarquia e desordens era muito alto.[4] De toda sorte, equipar homens satisfeitos com o tempo usufruído em terra era melhor do que deserções coletivas, que afetavam a imagem do comando diante dos donos de navios. Em contrapartida, uma maior convivência fora do local de trabalho era propícia a associações operárias e, consequentemente, à possibilidade de barganhar com armadores que lucravam como nunca. As práticas associativas serviriam para defender e reivindicar melhorias já discutidas pelos marítimos dentro e fora dos navios.

---

[3] Para o caso de Porto Alegre, ver Queirós, 2016, pp. 112-113.

[4] Nogueira da Mata, 1991, p. 27.

Em Manaus, já se via e ouvia falar de greves desde o final do século XIX, organizadas por diferentes categorias, embora sem legar lideranças expressivas. No início dos anos 1890, surgiram os primeiros jornais operários por iniciativa dos gráficos. Em 1897, foram criadas duas associações beneficentes, a Sociedade União Beneficente e a Associação Beneficente do Amazonas, destinadas a migrantes sertanejos sem especificação de classe ou ofício.[5] As primeiras associações por ofício vieram justamente dos marítimos, com o Clube União Marítima (1899) e a Sociedade Beneficente União dos Foguistas (1905). Antes de examiná-las, vale destacar a fragmentação de projetos de identidade coletiva abrigados na variedade profissional dessa categoria.

A associação operária materializa a experiência de construção da identidade coletiva, sendo ela própria fator de reprodução dessa mesma identidade. Isso não quer dizer que a consciência de classe se expressa apenas dessa forma, pois consciência e identidade estão presentes em toda e qualquer manifestação operária. Mas é no ato de criação das associações que a vontade de estabelecer uma identidade coletiva fica patente.[6] Cumpre aqui indagar como se processa a fragmentação da identidade coletiva de uma mesma categoria.

Para o caso marítimo, creio que a determinação dos lugares de trabalho a bordo e seu reflexo na subalternidade exigida fora deles é um elemento-chave: a fragmentação das associações expressa um movimento de ressignificação próprio dos lugares da marinhagem, que nos remete à modernização naval como momento crucial da diversificação de ofícios. O navio a vapor tinha rígidas secções internas, que segregavam trabalhadores, demarcavam novas imposições de disciplina e impunham tarefas estranhas à tradicional arte de marejar. As formas como esses ofícios se relacionavam em terra informam visões alternativas ao mundo hermético dos vapores. Convém saber quem eram esses marítimos

---

[5] Teles, 2018, p. 59; Pinheiro & Pinheiro, 2017, p. 87.
[6] Batalha, 1992, p. 123.

de vapores e quais lugares sociais e políticos eles buscavam construir desembarcados.

A introdução dos vapores no rio Amazonas, em 1853, afetou diretamente as formas tradicionais de navegá-lo. Com a hegemonia das linhas a vapor no século XX vieram, além dos ofícios mecânicos, homens e rapazes nascidos e criados longe das malhas fluviais. Com os novos ofícios vieram forasteiros, num meio eivado de tradições e costumes, introduzindo outras formas de resistir à exploração e ao abuso dos superiores. Em razão disso, o porto de Manaus virou palco de um movimento reivindicativo desconhecido no tempo dos remos e das velas.[7] Nesse contexto, a nova experiência associativa criada pelos marítimos não passou incólume do processo de racialização da navegação a vapor e, por isso mesmo, foi capaz de resolver e reforçar diferenças para defender tradições ou propor mudanças. Isso ajuda a entender as dinâmicas que levaram ao predomínio de uma identidade de ofício fragmentada: foi a partir dos lugares de trabalho que os marítimos se entenderam como trabalhadores, e como tal passaram a se valorizar nas suas diferenças, da mesma forma como tocavam os vapores: como "ilhas" de um "arquipélago".

Para melhor nos situarmos, agrupei as associações marítimas da seguinte forma: de oficiais (pilotos, mestres, práticos e maquinistas), de fogo (foguistas e carvoeiros) e de convés (marinheiros, moços e taifeiros). Os projetos de identidade coletiva desses setores diferiam segundo o perfil político e social dos associados, mas todas essas entidades guardavam culturas de trabalho referentes a condições e tradições de ofício. A partir dos lugares de trabalho, os marítimos lutaram por reconhecimento público e cidadania, num esforço latente em delimitar as noções de hierarquia e disciplina trazidas do mundo embarcado. Essas noções foram centrais nas disputas empreendidas pelo oficialato em subordinar as associações num sistema federativo. Contudo, a valorização da identidade

---

[7] A relação entre associativismo e navegação a vapor não é exclusiva de Manaus, ver Domingo, 2015, pp. 75-76.

fragmentada manteve-se preservada e nunca houve, em Manaus, um caso bem-sucedido de entidade marítima pluriprofissional, mas isso é tema para o capítulo seguinte.

A seguir, conheceremos os primeiros esforços agremiativos da marinhagem amazônica. Reforçando a hipótese da centralidade dos vapores no processo associativo, a primeira entidade marítima foi criada um ano após a inauguração da navegação a vapor no rio Amazonas (1853). De partida, os pioneiros em propor o associativismo foram oficiais matriculados em Belém. Desde então, a proposta associativa dos oficiais encontrou guarida nas Capitanias dos Portos e foi encorajada como uma forma de incutir mais obediência e deferência à marinhagem. Nessas entidades, encontramos sócios com acesso e funções nos órgãos de Estado, valendo-se disso para encampar projetos políticos para a marinha nacional através do associativismo. Contudo, tais projetos não eram os mesmos gestados nos porões e nos conveses dos navios.

OS CLUBES DE OFICIAIS

O número de oficiais em trânsito pela Amazônia só cresceu com a chegada dos vapores em 1853. A navegação mercante do rio Amazonas passou a abrigar militares reformados, atraídos pelas vantagens econômicas e políticas do negócio náutico. Não demorou muito para que esses homens criassem seus próprios espaços de confraria em Belém – na época, o principal porto e base da marinhagem do extremo norte.

Os anglófonos já estimulavam o assistencialismo entre marujos brasileiros desde os anos 1830. Grupos como a American Seamen's Friend Society enviavam missionários pelo país para evangelizá-los e, assim, prevenir revoltas, motins e greves. Seu programa associativo até previa melhorias na vida social e moral dos marítimos, como construção de abrigos, hospedarias, caixas de poupança, bibliotecas, salas de leituras, escolas etc. Mas o cerne da sua programação era os cultos para meditação da Palavra, que ocupariam os marujos nos dias de folga, evitando que usufruíssem dessa liberdade para se divertirem e tramarem rebeldias entre si.[8] Por sinal, um dos viajantes que conhecemos páginas atrás, Daniel Kidder, era membro evangelista dessa sociedade, mas suas difíceis relações com embarcadiços amazônicos não ajudaram muito na sua difusão.

Se o apelo religioso não serviu para frutificar o associativismo, talvez a obediência pela disciplina militar assim o fizesse. Após a segunda metade do século XIX, os comandantes de vapores passaram a residir em Manaus e Belém, integrando a *high society* dessas capitais. Eles se reuniam nos salões, nos bailes e nos cafés para trocar informações e saber dos melhores homens para se equipar e daqueles a serem evitados. Também se gabavam de seus feitos como autoridades e intermediários de negócios, numa convivência que gerava sentimentos de camaradagem e consciência de classe entre eles.[9] Assim, um ano após a instauração dos vapores, surge a primeira organização marítima da Amazônia: o Clube Marítimo de Belém (1854-1855).

Tratava-se de uma associação mutualista similar às demais entidades civis do Império. Era obra de oficiais mercantes (e talvez militares), "com o fim de promover e melhorar a construção naval e a navegação interior, servindo ao mesmo tempo de recreio". Mantinha uma biblioteca, organizou regatas e uma enfermaria para vítimas de febre amarela, em 1855. Mas, em junho do ano seguinte, o clube foi dissolvido por falta de membros.[10] Sua curta atividade não diminui o esforço dessa mobilização, que deve ter sido enorme, levando em conta a necessidade de trânsito entre as distantes Belém e Manaus, que eram cada vez mais frequentadas com o avanço das exportações do extrativismo. É possível que o Clube Marítimo acenasse à marinhagem, a fim de aproximá-la dos oficiais em

---

[8] Jeha, 2011, pp. 95-98.

[9] No século XVIII, isso era comum entre os capitães de navios negreiros, ver Rediker, 2011, pp. 319-320.

[10] *Treze de Maio*. Belém, n. 409, 14 nov. 1854; n. 444, 3 fev. 1855; n. 473, 10 abr. 1855; n. 772, 28 jun. 1856.

momentos fora dos navios. Essa convivência incutiria maior lealdade e obediência entre os subalternos, esmaecendo impulsos mais rebeldes. Após sua dissolução, não houve outra entidade na região até que ela passasse por um aumento no fluxo de navios e pessoas, após a abertura internacional do rio Amazonas (1869) e a expansão das linhas a vapor, nas duas últimas décadas do século XIX.

Conforme as linhas a vapor dinamizaram o contato do Rio de Janeiro com a Amazônia, experiências associativas vindas dali eram bem recepcionadas em Manaus. Em março de 1884, a Companhia Brasileira de Navegação tornou-se responsável pela conexão Manaus-Rio e demais escalas. Meses depois da inauguração da linha, mudanças políticas no interior das forças armadas levaram à criação do Clube Naval, em 12 de abril de 1884. Era destinado a congregar oficiais "pelos interesses da classe e seu desenvolvimento" e "confraternizar" com as "marinhas estrangeiras que aportassem ao Brasil".[11]

Belém foi a cidade escolhida para abrigar a primeira sucursal do Clube Naval no extremo norte, em 1891. Animado, o capitão do porto do Amazonas, Oliveira Freitas, enviou parte dos estatutos ao *Diário de Manáos*. Ele apresentava o clube como uma iniciativa de "oficiais de todas as classes da Armada", que visava à qualificação profissional dos sócios e o "desenvolvimento de suas forças físicas, destreza e perícia no jogo das armas brancas e de fogo portáteis, bem como das do salão". Mas alertava: "É proibido tratar-se de assuntos políticos em qualquer das sessões do Clube". O pedido de publicação mencionava ainda a Sociedade Protetora dos Homens do Mar, um braço do Clube Naval que assistia vítimas de naufrágios e seus familiares. Poucos dias antes, o *Solimões* havia naufragado, e uma caixa pia dessa entidade estava recebendo doações em Manaus.[12] Tal assistência revela membros em trânsito pelo Amazonas, pelo menos desde 1884. Somente em 1916 uma filial do Clube Naval seria

---

[11] Clube Naval, 1968, p. 23.

[12] *Diário de Manáos*. Manaus, n. 279, 16 jun. 1892.

formalizada em Manaus, mas suas atividades foram inexpressivas, sendo sombreada por associações de oficiais mais antigas e de maior prestígio social.[13]

Esse cenário associativo já estava alterado desde o surgimento de greves e mobilizações por ajustes salariais. Em março de 1893, os maquinistas da Amazon Steamship paralisaram exigindo aumento e saíram vitoriosos. Cinco meses depois, os práticos criaram uma corporação "cogumelo"[14] para exigir um tabelamento salarial, pelo qual os 1º práticos receberiam 500$000 (quinhentos mil-réis mensais) e os 2º práticos, 400$000 (quatrocentos mil-réis mensais).[15] A tabela foi imposta em abaixo-assinado por 13 profissionais do trecho Manaus-Belém. Sua tradição de trabalho anterior aos vapores e sua boa capacidade organizativa pavimentaram essa importante conquista. Tais vitórias estimularam um movimento próprio de oficiais mercantes, tanto para assegurar seus resultados quanto para evitar que seus comandados se sentissem encorajados para o mesmo. Entre 1897 e 1900, o aumento de 469,59% de matrículas no Amazonas chamou atenção dos oficiais para a necessidade de consolidar associações próprias na capital Manaus.[16] É necessário que se apresente uma liderança central para a primeira associação por ofício no Amazonas.

Roberto Lecoq de Oliveira nasceu em 1874, filho de Antônio da Costa Pinto Júnior, o visconde de Oliveira. Vinha de uma família de usineiros escravocratas do Recôncavo Baiano. Essa fortuna patrocinou sua entrada na Escola Naval do Rio de Janeiro, em 1890, aos 16 anos de idade. No ano seguinte, quando sargentos da Marinha se insurgiram a favor de Deodoro, o jovem Lecoq (do francês: "o galo") se testou bombardeando os revoltosos. Nas ações de repressão, "se fizera homem e marinheiro",

---

[13] *JC*. Manaus, n. 3.063, 28 out. 1912; n. 4.240, 12 fev. 1916.

[14] Entidades efêmeras criadas em prol de um objetivo.

[15] "A greve do Pará". *Diário de Manáos*. Manaus, n. 129, 24 mar. 1893; n. 42, 24 ago. 1893.

[16] Porcentagem calculada a partir de Silveira, 1899, p. 59, e Luz, 1901/1902, p. 74.

alçando a 2º tenente em pouco tempo.[17] Em abril de 1898, aos 24 anos, foi designado secretário e ajudante de ordens do comando da Flotilha do Amazonas, sendo promovido a 1º tenente.

Depois de entrosado com os manauaras, fundou e presidiu o recreativo New Club. Ficou conhecido na cidade como um elegante homem de salões, apreciador de boa gastronomia e de pendores literários. Aparecia nos finos encontros do New Club, com seu bigode à inglesa e metido no uniforme branco da Marinha de Guerra, fazendo o tipo *gentleman*. Nessas reuniões, Lecoq se aproximou de oficiais mercantes e de figurões do governo. Isso abriu o caminho da sua nomeação à fiscal da navegação no rio Negro, em 4 de janeiro de 1900. O posto daria livre acesso aos armadores, com quem poderia barganhar interesses do oficialato como seu representante.[18] As aulas de estratégia naval lhe ensinaram a não desperdiçar uma oportunidade dessas.

O momento era propício. As exportações em alta davam o clima perfeito para negociar melhores salários com os donos de navios. Os subalternos também sabiam disso, mas seus métodos eram o total oposto das boas maneiras do New Club. O motim do vapor *Cidade de Cametá* é um bom exemplo. Em 28 de novembro de 1899, sua guarnição armou-se de rifles contra o comandante, no porto de Manaus. O motim foi debelado sem sabermos de razões e participantes.[19] Os oficiais devem ter usado o episódio para acelerar os trâmites de uma associação própria que conquistasse a opinião pública a favor deles. Era urgente que a população de Manaus antipatizasse com qualquer mobilização semelhante e ficasse do lado de quem dizia proteger a navegação de rebeldes daquele tipo. O aumento de matrículas na Capitania do Amazonas exigiu uma aposta dobrada dos oficiais, que, a qualquer momento, seriam encurralados por

---

[17] "Coluna marítima – 1º Tenente Lecoq de Oliveira". *A República*. Belém, n. 578, 4 dez. 1900.

[18] "New Club". *A Federação*. Manaus, n. 237, 29 out. 1898; *A República*. Belém, n. 578, 4 dez. 1900; "New Club". *Diário Oficial*. Manaus, n. 1.440, 27 nov. 1898; Braga, 1957, p. 41; "Secretarias de Estado". *Diário Oficial*. Manaus, n. 1.766, 12 jan. 1900.

[19] *A Federação*. Manaus, n. 503, 30 nov. 1899.

seus subordinados. Enquanto o motim gerava notícias, os oficiais corriam para formalizar sua agremiação. As reuniões já haviam acontecido.[20] Lecoq usou da *expertise* com o New Club e fez a sua jogada.

Fundado em 11 de novembro de 1899, o Clube União Marítima publicou seus estatutos em 18 de abril de 1900. Era uma entidade assistencialista, destinada a pilotos, maquinistas, práticos e arrais (pilotos de pequenas embarcações), sem limites de idade e nacionalidade. O clube apelava a 479 marítimos qualificados em meio a mais de cinco mil subalternos, que vinham se organizando informalmente em motins e outras rebeldias.[21]

A casa do presidente, o piloto cearense Alexandre Sussuarana, serviu de sede provisória para o clube, situada na rua da Boa Vista (atual Marquês de Santa Cruz). Conforme os estatutos, o grupo propôs lutar pela "independência da classe marítima", talvez em relação à Capitania do Porto e aos armadores, protegendo-a "sobre todos os pontos de vista"; edificar "condições vantajosas de modo a ser ela considerada na altura que merece"; e "estabelecer, entre os seus associados, tabelas para ordenados" (art. 2). Esse último objetivo se vinculava às habilidades e boa colocação de Lecoq. Como fiscal de navegação, competia a ele avaliar e aprovar os valores de fretes e passagens sugeridos (e superfaturados) pelas companhias. Ele tinha o que negociar com os armadores em troca de melhores salários e condições para os oficiais. O clube orbitaria Lecoq para tecer uma rede de relações clientelistas.

Sobre a organização do clube, temos um estatuto relativamente curto, com 59 artigos.[22] Eles informam uma diretoria de 15 membros, contando presidente e vice, dois secretários, um tesoureiro e duas comissões. O sistema de eleição por voto em urna, sob escrutínio de dois fiscais, sugere alto número de associados ou pelo menos uma esperança disso. Dada a natureza do trabalho marítimo, as urnas eram usadas para eleições

---

[20] Segundo nota enviada aos jornais, o objetivo da entidade era "proteger as classes dos seus associados". *Comércio do Amazonas*. Manaus, n. 70, 17 nov. 1899.

[21] Luz, 1901/1902, p. 74.

[22] "Estatutos do Clube União Marítima". *Diário Oficial*. Manaus, n. 1.822, 18 abr. 1900.

que podiam durar dias, devido à esporadicidade dos membros nas reuniões (art. 47-50).[23] Os sócios dividiam-se entre fundadores, efetivos, honorários e beneméritos. Os honorários não precisavam pertencer à "classe marítima", desde que prestassem serviços relevantes ao clube ou doassem quantia superior a 200 mil-réis; beneméritos seriam os doadores de valor superior a 500 mil-réis.

A filiação era seletiva e ao molde da maçonaria: para se tornar sócio efetivo somente via indicação. Esse candidato deveria apresentar a caderneta de matrícula a uma comissão, comprovando seu pertencimento a uma das "classes estabelecidas" e atestando o "bom comportamento" (art. 6-9). Os direitos sociais dos sócios seriam suspensos por inadimplência ou por mau comportamento nas reuniões (art. 19). O ato solene e hierárquico delas não poderia ser interrompido ou discutido sob hipótese alguma, emulando o autoritarismo de bordo exercido por seus membros.

Na sua curta atividade, o clube só elegeu uma única diretoria, e, até onde apurei, seus membros não constam em outras associações de pilotos, práticos e maquinistas.[24] Alguns deles chegaram a ser rememorados como "velhos lobos do rio-mar", em crônica jornalística de Genesino Braga, sobrinho de Sussuarana.[25] As reuniões em salões de Belém e Manaus deram forma ao clube, que também promovia seus sócios como agentes de civilização. Braga reivindicou maior reconhecimento social aos comandantes de vapores, segundo ele, os verdadeiros responsáveis pela integração nacional da Amazônia. Tal adjetivação, partilhada pelos pilotos mais celebrados de seu tempo, consagrava a missão civilizatória

---

[23] Ver Batalha, 1997, pp. 96-97.

[24] Ficou composta assim: Assembleia Geral: 1º tenente Roberto Lecoq de Oliveira (presidente); Manoel Catharino dos Santos (vice-presidente); Diretoria: Alexandre Sussuarana (presidente); José Balisco de C. Pina (vice-presidente); Joaquim Wolfgang de Farias Teixeira (1º secretário); Raymundo Rates de Moura (2º secretário); Joaquim Mendes G. Pinheiro (tesoureiro). Comissão fiscal: Silvério Lima, Melchiades Acemia, Pedro Garrido e Antonio José de Paula. Comissão beneficente: Antonio Mendonça, Aureliano Reis, Floriano Cezar e Caetano Briones. "Clube União Marítima". *A Federação*. Manaus, n. 496, 21 nov. 1899.

[25] Braga, 1971.

da qual estariam incumbidos. Eles pensavam ter vencido a luta contra a natureza amazônica, ao contrário dos retirantes e seringueiros que adentravam seus navios, debilitados por trabalhos análogos à escravidão. Cumpre dizer que os mais pobres jamais foram vistos como vítimas dessa mesma civilização que os oficiais diziam levar ao interior da Amazônia.

Eles acreditavam merecer muito mais do que reconhecimento profissional, mas o protagonismo de uma missão histórica. Braga deve ter escutado de seu tio a ideia de que eles eram "timoneiros de naus e comandantes de almas" que levavam pelos vapores "as luzes radiosas da Civilização".[26] Objetivos supostamente altruístas não forjaram a identificação coletiva do oficialato, mas serviram para publicizar um domínio de classe pelo transporte fluvial. Como Lecoq, seus contemporâneos nasceram e cresceram no mundo senhorial, no qual códigos paternalistas pesavam no papel que cumpriam e na importância de associações que valorizassem isso publicamente. Outras entidades levaram isso adiante, pois o Clube União Marítima teve vida curta.

Logo no seu primeiro ano de atividades, quase todas as reuniões foram canceladas. Elas ocorriam na casa do presidente Sussuarana, mas seus filhos pegaram varíola em setembro de 1900, obrigando a interdição das reuniões no imóvel pelo risco de contaminações.[27] Mas o ponto-final foi mesmo o assassinato de seu principal articulador. Apesar da vida pública em Manaus, Lecoq de Oliveira morava em Belém com a família. A poucos dias de o Clube União Marítima completar um ano de existência, ele foi esfaqueado numa briga de bar, morrendo aos 26 anos de idade. Um assassinato que deixou paraenses e amazonenses escandalizados.[28] O fim de Lecoq foi também o do clube que ajudara a fundar, cujas premissas foram ecoadas nas posteriores associações de pilotos e práticos.

---

[26] Braga, 1957.
[27] "Higiene Pública". *Diário Oficial*. Manaus, n. 1.927, 2 ago. 1900.
[28] "O crime do Marco". *O Jornal*. Belém, n. 51, 8 nov. 1900; "Assassinato no Pará". *Comércio do Amazonas*. Manaus, n. 88, 11 nov. 1900.

Com a extinção do grupo de Lecoq, os pilotos se dividiram entre profissionais de longa e pequena cabotagem. Entre eles ferviam acusações de favoritismos na Capitania, um incômodo azeitado pela militarização da marinha mercante, o que explica a longa ausência de outra aglomeração similar aos clubes militares em Manaus.

O RACHA DOS PILOTOS (1903)

No fim da greve geral de 1903, no Rio de Janeiro, surgiu o jornal *Gazeta Marítima*, editado pelo tenente da Armada Eduardo de Lima, prometendo expor as injustiças da República contra essa categoria. Seu objetivo mais amplo era uma revisão da Constituição de 1891.[29] A *Gazeta* criticava que, ao tornar livre a longa cabotagem, a Carta entregou a navegação brasileira às potências internacionais. Daí que a equipagem nacional saíra prejudicada com essa facilitação a empresas estrangeiras que prefeririam empregar patrícios. Para impedir uma insurgência generalizada contra as companhias, o governo federal lotou as Capitanias com militares que limaram a participação civil nas suas atividades. Na coluna *Queixas,* foram publicadas duas cartas anônimas contra o militarismo das Capitanias. Uma delas veio da capital do Amazonas.[30]

"O que se passa aqui em Manaus, a respeito da classe marítima, é vergonhoso dizer, causa até nojo!", reclamava o ex-comandante do *Sabiá*. Na volta de uma viagem pelo rio Negro, ele havia sido substituído por um mestre "protegido pelo capitão do porto", José Gonçalves Leite. Segundo o piloto, havia conchavo de Leite com mestres e arrais. Os mestres estavam comandando navios em longas linhas do rio Amazonas, quando o regulamento das Capitanias lhes reservava somente pequenos trechos.

---

[29] "Aqui estamos". *Gazeta Marítima*. Rio de Janeiro, n. 1, 12 nov. 1903. Os quatro fascículos conhecidos (n. 1-4, de 12, 28 de nov. e 15, 20 de dezembro de 1903) estão acessíveis no AEL/Unicamp, nos microfilmes: J/1582.

[30] "Queixas". *Gazeta Marítima*. Rio de Janeiro, n. 3, 15 dez. 1903.

Os armadores e os mestres se aproveitavam de brechas do regulamento, que não contemplava especificidades amazônicas. Nele, os mestres eram autorizados à navegação interna do território, mas o regulamento não levava em conta que esse tipo de navegação na Amazônia compreendia longos cursos. Por isso, os pilotos formados para longas viagens sentiam-se preteridos perante os armadores que equipavam mestres no comando de extensas linhas. Ocorre que os mestres topavam salários menores do que seria pago a homens de vultosa formação naval.

Por isso o queixoso classificou os mestres como "indivíduos analfabetos" sem "a mínima noção da vida do mar" e "muitos deles não sabem nem escrever!". Seus alvos podiam ser antigos embarcadiços, nativos não brancos acostumados às malhas fluviais e, realmente, sem ensino formal. A associação entre baixa qualificação e corrupção mais se adequava ao entendimento de cidadania da época, quando apenas alfabetizados gozavam de direitos políticos e eram plenos cidadãos.[31] Havia sim negociações paralelas entre capitães do porto, mestres e armadores, mas elas não se orientavam pela qualificação profissional ou pela alfabetização. A discriminação do piloto fez tábua rasa de um grupo heterogêneo, embora a acusação de favoritismo procedesse.

Nosso piloto indignado acertou ao expor os casos de pistolão, quando alguém patrocinava a formação naval ou a compra de cartas de habilitação. Além das equipagens malfeitas, navios em péssimas condições circulavam normalmente: "O capitão do porto é um verdadeiro negociante: quando tem um vapor ou outra qualquer embarcação para vistoriar e o dono ou o consignatário não lhe mandando uma 'pelega' de 500$, o vapor é julgado em condições de navegar ainda que esteja desmantelado, caindo aos pedaços".

Precisamos entender a função social do suborno. Sua prática ocorre geralmente quando não é possível obter vantagem por meio da força, podendo remediar contradições internas entre setores sociais dominantes.

---

[31] Souza, 2021, p. 209.

Para ser socialmente aceito, ele precisa ser aberto e generalizado, estar de acordo com os costumes locais e dissimular (supostos) códigos de honra. Os ganhos também necessitam ser atraentes o bastante para seduzir pessoas que, muitas vezes, não estão sob perigo financeiro. De outra forma, configuram acertos pessoais e facilitações entre setores sociais que partilham interesses políticos e econômicos.[32]

O esquema das combinações envolvia Capitania, armadores, parte do oficialato de convés e da imprensa local. "Não temos aqui um jornal que aceite reclamação contra semelhantes abusos, todos temem o capitão do porto que aqui é um *Rei pequeno*; quer, pode e manda". Os empresários negociavam com ele o embarque de tripulantes específicos e subornavam a saída de navios fora dos padrões de segurança. O capitão, por sua vez, usava de autoridade para coagir os insatisfeitos com a sua gestão, recorrendo a punições contra "quebras da hierarquia". Os pilotos evidenciam o interesse de ampliar suas interlocuções ao apelar para a *Gazeta Marítima*, que visava circular pelo Brasil inteiro. O autor da queixa queria denunciar esse problema para todo o país, vinculando-o a questões gerais enfrentadas pela marinhagem: os fatos narrados seriam "belezas da época e da prepotência do militarismo marítimo nos negócios da marinha mercante". É preciso ainda abrir um parêntese sobre eventos que coincidem com tal afirmação.

A presença dos vasos de guerra na Amazônia e suas conexões com o comércio eram destacadas na imprensa desde a criação da Divisão Naval do Norte (1902-1904), que ocupou o Acre durante a disputa geopolítica entre Brasil e Bolívia. Esse destacamento era chefiado por Alexandrino de Alencar, futuro ministro da Marinha. Em março de 1903, quando chegaram os encouraçados da Divisão, os membros da Associação Comercial do Amazonas louvaram Alencar por ocupar uma importante área dos seus negócios. João Cândido também circulou pelo Amazonas, entre setembro de 1903 e abril de 1904, a bordo do navio

---

[32] Namier, 1978, p. 176.

Jutahy. Certamente, ele viu de perto os brutais castigos aplicados nos praças da Divisão, que chegavam a levar de 100, 300 a 885 chibatadas.[33] Esse absurdo sensibilizou a opinião pública, que passou a criticar a presença militar na região. A sensação era ainda pior entre os empregados da marinha mercante.

Acredito que o início das associações de ofício, que prometiam resguardo de abusos autoritários, não tenha passado ao largo desse acontecimento. João Cândido retornou ao Rio de Janeiro no calor do momento, em 1904, quando os marítimos de Manaus começavam a se mobilizar. É possível que temessem que esse tipo de punição fosse acolhido na marinha mercante, levando em conta o entusiasmo de comerciantes e armadores com aquela ocupação militar. Isso nutriu uma animosidade contra o militarismo da pior espécie exercido contra os subordinados do oficialato. Essa postura tomou forma na administração que a Capitania passou a fazer da navegação comercial. No texto do piloto, que agora retomo, fica clara a ligação feita entre corrupção e ineficiência com a militarização da Capitania. A ocupação militar da Divisão Naval do Norte estava na retaguarda das relações clientelistas do capitão José Gonçalves Leite, a ponto de ser chamado "rei pequeno", tamanha a segurança de suas ordens e seus privilégios. As críticas a ele também ecoaram em jornais mais afins à classe trabalhadora de Manaus.

O *Quo Vadis?* foi o único a produzir reportagens sobre os abusos da Capitania, não à toa era o principal receptor de denúncias contra a Divisão Naval do Norte.[34] Em queixas enviadas à sua redação, descobrimos

---

[33] *Quo Vadis?*. Manaus, n. 273, 30 jan. 1904. Sobre João Cândido no Amazonas, ver A. P. do Nascimento, 2020.

[34] Criado em 1902, o matinal, que tinha por subtítulo "órgão de interesses populares", se dizia alheio aos conflitos político-partidários e à disposição da população e dos direitos individuais. No primeiro semestre de 1903, o jornal foi alvo de um incêndio criminoso que paralisou suas atividades. Os marítimos foram os que mais ajudaram na contenção das chamas. Mas, meses depois de publicar denúncias à Divisão Naval do Norte, o jornal foi empastelado. *Quo Vadis?*. Manaus, n. 213, 19 nov. 1903; Faria e Souza, 1908, p. 55.

que os mestres estavam sendo autorizados a comandar navios não apenas em linhas internas como também nas que seguiam até Peru e Bolívia. Pelo regulamento das Capitanias, eles eram autorizados a dirigir barcos de pequeno porte, mas não grandes calados. Os pilotos argumentavam que pouca qualificação nesse tipo de navio ameaçava a segurança dos passageiros e onerava as companhias de seguros, sempre às voltas com naufrágios e acidentes motivados por falha humana. Segundo trouxeram ao jornal, os mestres vinham conseguindo suas cartas, respondendo "seis ou sete perguntas insignificantes" em exames realizados sem banca de avaliação. A burla visava facilitar e agilizar o emprego de estrangeiros no comando dos navios, na maioria, portugueses. Esses estrangeiros vinham equipando sem apresentar documentos de nacionalidade, ao arrepio do art. 251 do regulamento das Capitanias. Por isso, apelava-se ao capitão Leite que fizesse "cumprir a lei para o bem da marinha mercante".[35] Mas o militar tinha suas próprias ideias.

Antes de assumir a Capitania, José Gonçalves Leite sucedera o finado Roberto Lecoq no cargo de fiscal da navegação a vapor, em 1902. Nessa época, ele relatou ao governador do Amazonas, Silvério Nery, sua utopia de uma Amazônia povoada de europeus. Para ele, somente assim se afastaria um suposto "fantasma de insalubridade, de epidemia que os inimigos da Pátria fazem pairar corvejando sobre os Estados Brasileiros". Leite encampava um projeto de embranquecimento para a população, relacionando a isso uma melhoria da sociedade, inclusive no campo da saúde. No seu entender, o atraso regional da Amazônia ligava-se à condição étnico-racial dos trabalhadores. Segundo ele, apenas o investimento em companhias estrangeiras poderia "desvendar os oceanos ainda incultos da natureza amazônica, trazer para o Estado o braço e aptidões europeias e manter o comércio e indústria numa perene situação de prosperidade". Com falsa modéstia, Leite pediu desculpas ao governador por tocar em assuntos que excediam suas atribuições à

---

[35] "Irregularidades"; "É grave, sim!" *Quo Vadis?*. Manaus, n. 110, 28 mar. 1903.

época.[36] Mas, longe de ser repreendido, foi premiado com o melhor posto possível para colocar suas ideias em ação.

O visível racha no setor de pilotagem revela, portanto, um projeto de embranquecimento da marinhagem patrocinado pela Capitania. E a militarização dessa repartição era estratégica para desorganizá-la como categoria, plantando cisões para atrapalhar eventuais contestações a esse cenário.[37] Essa mistura entre Marinha de Guerra e marinha mercante foi fundamental para reforçar interesses comuns entre oficiais, armadores e marítimos estrangeiros. A equipagem combinada entre eles minava a organização em terra, semeando discórdia étnico-racial entre os marítimos. Em contrapartida, os abusos do militarismo parecem ter galvanizado os nacionais contra as desigualdades estruturadas por esses homens brancos, bem formados e armados.

Em 1904, uma comitiva composta por pilotos, práticos e maquinistas se reuniu na Associação Comercial do Amazonas para debater a militarização. A comitiva afrontou a entidade por conta do seu entusiasmo com a Divisão Naval do Norte. Também se mostrou favorável às greves e manifestações contra os sorteios da Armada – outro mecanismo dos militares para punir e separar os marítimos mercantes.[38] Esses não eram reconhecidos como trabalhadores dotados de direitos enquanto fossem entendidos apenas como "reservas da Armada". Os recrutamentos eram realizados por meio desses sorteios, que retiravam da marinha mercante quantos homens fossem necessários para preencher a Marinha de Guerra. Isso era muito conveniente para aplicar punições e tirar de cena aqueles mais rebeldes ou politizados. Não seria exagero dizer que os sorteios

---

[36] Leite, 1902, p. 269.

[37] O reforço policial nos anos seguintes a 1888 foi reativo à nova condição social da população não mais dependente do sistema paternalista que lhe definia lugares sociais de subalternização, como mostra Mata, 2002, pp. 57-58. A mobilidade de marujos não brancos e sua possibilidade de organização certamente estavam na mira de polícia e militares para constringir experiências de liberdade.

[38] Os levantes contra o sorteio ocorriam em diferentes estados. *Quo Vadis?*. Manaus, n. 261, 16 jan. 1904.

também alimentavam os vasos de guerra com o contingente não branco que se queria longe dos navios mercantes.

Naquela reunião, os oficiais não estavam representando apenas o seu segmento. Como nacionais e civis, seus incômodos eram iguais aos de ampla parcela da marinhagem, no caso, composta por descendentes de indígenas e africanos. Os oficiais colocaram os empresários contra a parede e reverberaram o protesto das ruas contra o autoritarismo incensado por eles. Sob pretexto de "proteger" a navegação, a Capitania queria controlar a marinhagem, definindo quem deveria ou não fazer parte dela, além de restringir movimentos que nutrissem perigosas ideias políticas. Nisso, a Capitania não logrou de todo êxito, pois acabou subvertida pelos marítimos como instrumento de legitimação da condição de trabalhadores livres. Quando passaram a guardar os regulamentos para assegurar direitos mínimos da profissão, as associações de subalternos faziam isso sob os mesmos argumentos de "proteção da navegação". Mas, para elas, essa "proteção" era resultado de boas condições de trabalho para a marinhagem, independentemente de classe, raça, nacionalidade ou disciplina definida pelos superiores. Chibatadas, equipagens combinadas e sorteios da Armada não foram capazes de brecar a luta por direitos. O associativismo era a resposta para fazer frente à Capitania e ao repertório de interdições rebocado por ela.

Voltando à *Gazeta Marítima*, o jornal celebrou a criação da Sociedade Beneficente União dos Foguistas, em 26 de setembro de 1903, no Rio de Janeiro.[39] O combate à militarização da marinha mercante exigiu agitação do timão às caldeiras contra a imposição de "reservas da Armada" e a favor da condição de *trabalhadores*. Os foguistas do Amazonas compreenderam o real sentido daquela associação e logo se articularam pela sua. O embarque combinado não alcançava seus postos de trabalho, sendo os mais desprestigiados do navio. Foram poucos os estrangeiros empregados ali. A condição de trabalhador tinha outro significado nos

---

[39] "Programa inicial da Sociedade União dos Foguistas". *Gazeta Marítima*. Rio de Janeiro, n. 3, 15 dez. 1903.

porões dos navios. Seus ocupantes, nacionais e não brancos em sua maioria, lutariam pela inclusão social garantida pelo reconhecimento de seus lugares de direito como trabalhadores. Mas, diferentemente dos pilotos, estavam cientes do que isso queria dizer em uma sociedade recém-saída da escravidão.

O MANÔMETRO E AS PÁS (1903-1906)

Em outubro de 1903, o cabo de esquadra José Honorato da Silva enviou ao *Quo Vadis?* os estatutos de uma nova associação de foguistas, acordados em 29 de setembro, no Rio de Janeiro. O Centro Geral dos Foguistas era uma cisão da Sociedade Beneficente União dos Foguistas, fundada três dias antes, e aceitava adesão de carvoeiros. Honorato estava sugerindo que se criasse algo similar em Manaus. Os seus objetivos visavam: assistir os desempregados; compor bibliotecas e escolas noturnas para sócios e seus filhos; e "manter relações de amizade com o operariado organizado, tanto do país como de qualquer parte do mundo, particularmente o marítimo".[40] O centro teve vida curta, mas o interesse por organizar o pessoal do fogo em Manaus estava latente.

A Sociedade Beneficente União dos Foguistas, do Rio de Janeiro, foi aquela a consolidar contatos e influência em Manaus, cuja posição geográfica era estratégica para o movimento operário nacional e internacional. Em 1904, a maior frota fluvial da época passava por ali, podendo-se trocar informações sobre a situação política e sindical entre diferentes portos. Em Manaus, os foguistas e carvoeiros traçavam paralelos de suas realidades e não se viam distantes dos colegas espalhados pelo mundo.[41]

No geral, a turma do fogo inclinava-se a ideias políticas radicais, mais até que a do convés. Desde a criação dos navios a vapor, os

---

[40] *Quo Vadis?*. Manaus, n. 188, 23 out. 1903.

[41] Sobre essa experiência na Costa Oeste dos Estados Unidos, ver Nelson, 1990.

armadores pensavam que o trabalho no fogo exigia apenas força física. Muitos acabavam equipados sem qualificação e aprendiam o ofício pela experiência ou tutela de veteranos. Não havia escola profissional de foguistas mercantes, e os que vinham da Armada não supriam a demanda amazônica. A formação do foguista ocorria entre eles próprios ou pela orientação de maquinistas. Na Amazônia, a turma do fogo era composta por pessoas de diferentes origens, vindas de estratos populares nos quais a força física podia ser a primeira qualificação profissional de alguém. Presumo que não embarcassem sem conhecimento prévio das dificuldades nos fornos, e que levassem consigo um repertório de resistências urbanas e/ou rurais, das lutas por liberdade e/ou dos tempos de escravidão. Essa dimensão de mobilidade foi crucial para definir suas escolhas políticas, porque, em portos onde a força de trabalho era constituída por pessoas de estilo de vida itinerante, o movimento operário sempre surge mais combativo, organizado e inclinado a ideologias mais radicais.[42] Os foguistas se radicalizaram não apenas pelas trajetórias individuais e coletivas, mas também pela dinâmica do ofício.

Para Gelina Harlaftis, a natureza laboral dos foguistas levava à militância operária por lembrar mais o mundo fabril do que o náutico: trabalhavam fechados na sala de máquinas e com pouco contato externo; a hora de maior atenção era o abastecimento e o controle das caldeiras; após isso, o tempo usado removendo ferrugem e fuligem acolhia diálogos confidenciais, sendo o local menos frequentado do navio. Nesse cenário, informações de condições parecidas, enfrentadas por colegas e demais categorias, germinavam ideias políticas. Assim, o calor das fornalhas e a sujeira com que lidavam diariamente tornavam-se gatilhos para ações radicais por melhores condições de trabalho.[43]

Em Manaus, o ofício do fogo foi o primeiro a organizar uma associação de ofício entre todo o conjunto de trabalhadores urbanos,

---

[42] F. T. da Silva, 2003, p. 141.
[43] Harlaftis, 2005, pp. 230-231.

e, desde sempre, sua articulação estendeu-se ao Atlântico. Em abril de 1904, Pedro Marques do Nascimento, tipógrafo do *Jornal do Comércio*, foi nomeado representante local da União dos Foguistas (RJ), ficando incumbido da correspondência que vinha semanalmente a Manaus pelo Lloyd Brasileiro.[44] A circulação de impressos e cartas trazia informações e instruções necessárias para a criação da filial amazonense.

Muitas entidades marítimas deixavam claras suas referências e seus modelos, que vinham de fora do local de origem, valendo-se de agentes que teciam conexões quase diretas com associações de outras regiões e até países.[45] Mas usar das viagens para ampliar contatos de militância exigia um esforço enorme para driblar a autoridade dos superiores. A filiação suprarregional de ofícios específicos chocava-se com a federalização marítima encontrada ao redor do mundo, uma alternativa criada pelos superiores para coordenar a militância de seus subordinados. A congregação autônoma por ofício conferia um poder de articulação usado contra os mesmos oficiais que propunham subordinação irrestrita dentro e fora dos navios. Para tanto, as coordenadas de militância que iam das matrizes às filiais precisavam passar por cima do oficialato, o que demandava muita informação em trânsito.[46] Os foguistas amazonenses foram exitosos em construir essa ponte com o Rio de Janeiro. O poder de mobilização vindo da capital federal era digno de nota.

A Sociedade Beneficente União dos Foguistas foi fundada em 26 de setembro de 1903, no Rio de Janeiro. Seu lema era o genérico "um por todos e todos por um". Era do tipo mutualista e sindical, filiada à Federação das Associações de Classe e ao Centro das Classes Operárias. Seus sócios deveriam ser maiores de 16 e menores de 50 anos (gerações nascidas entre os anos 1850 e 1880). "Tinha por fins a proteção da classe; auxiliar pecuniariamente o sócio e sua família; instruir e orientar seus membros por meio de biblioteca e conferências". Nos estatutos de 11 de dezembro

---

[44] *JC*. Manaus, n. 87, 12 abr. 1904.
[45] V. W. Oliveira, 2009, p. 166.
[46] Record, 1956, pp. 83-84.

de 1905, adotava o socialismo como ideal,[47] no caso, uma posição que remetia ao campo político daqueles que desprendiam esforços pelos interesses da classe operária, sem necessariamente criar um partido.[48]

Imagem 9: Emblema da Sociedade União dos Foguistas. Fonte: Estatutos da Sociedade União dos Foguistas. Rio de Janeiro, Imprensa Gutemberg, 1914. 1º Ofício de Títulos e Documentos/Estatutos das Sociedades Civis, 1906, vol. 4. Arquivo Nacional.

A União dos Foguistas não reivindicava pertencimento à "classe marítima", mas afirmava-se "essencialmente proletária". Nesse preceito, buscou reunir todos os foguistas nacionais num largo projeto associativo. Estabeleceu a criação de filiais estaduais que, simbolizando a unidade de propósitos e ação associativa, deveriam todas se chamar *Sociedade União dos Foguistas* (art. 1, §2). Isso fica expresso no emblema da associação, com 21 estrelas representando as unidades federativas. E, diferentemente dos demais emblemas de entidades marítimas, esse não contém cordas, âncoras, remos, salva-vidas ou caduceus. O desenho adotado por matriz e filiais compõe-se do manômetro usado para medir a pressão dos fornos e das pás que os abasteciam de carvão. Não há referência

---

[47] Batalha, 2009, pp. 262-263.
[48] Batalha, 1995, p. 16.

alguma à navegação, somente ao mundo da combustão, das máquinas e do fogo (Imagem 9).

Promover "o congraçamento de todos [os] companheiros dentro e fora da capital [federal]" implicava "manter correspondência ativa" entre eles. Tal finalidade significava estabelecer relações cordiais entre os trabalhadores, para resolver "amigavelmente todos os atritos que se derem entre os companheiros, maquinistas e [foguistas] industriais" (art. 2).[49] Buscava-se valorizar o bom relacionamento com os maquinistas, superiores diretos e um dos poucos que com quem partilhavam o mesmo universo de trabalho. Não menos estratégico era manter alianças com os foguistas industriais. Todas essas propostas foram bem abrigadas em Manaus.

Ali os maquinistas também andavam se reunindo de forma preparatória. No dia 25 de setembro de 1904, uma comissão convocou uma reunião na casa do político e aviador no rio Purus, José Bezerra da Rocha, localizada no bairro da Cachoeirinha.[50] No ano seguinte, foguistas e maquinistas anunciaram a fundação de suas associações. A primeira a dar notícia foi o Grêmio de Maquinistas em Manaus, instalado em sede própria na rua Epaminondas, no 8º, a 16 de junho de 1905. Dias depois, a imprensa anunciou a criação da filial da União dos Foguistas. Conforme instruções da matriz, a sessão preparatória ficou marcada para o dia 5 de novembro de 1905.[51] Nesse dia, foram aprovados os estatutos da associação, com a rubrica de 21 diretores.

Os estatutos da Sociedade Beneficente União dos Foguistas de Manaus (SBUFM) foram publicados no *Diário Oficial* de 16 de fevereiro de 1906.[52] Boa parte de seus artigos seguiam a linha da matriz, propondo

---

[49] "Estatutos da Sociedade União dos Foguistas". *Diário Oficial*. Rio de Janeiro, n. 32, 8 fev. 1906, p. 21.

[50] "Reunião". *JC*. Manaus, n. 232, 25 set. 1904.

[51] *JC*. Manaus, n. 463, 16 jun. 1905; *JC*. Manaus, n. 471, 25 jun. 1905.

[52] "Estatutos da Sociedade Beneficente União dos Foguistas de Manaus". *Diário Oficial*. Manaus, n. 3.535, 16 fev. 1906.

lutar por igualdade de direitos e deveres sociais; promover atividades recreativas; socorrer inválidos, órfãos e viúvas de sócios; criar uma caixa de resistência; conquistar a justiça gratuita como função obrigatória do Estado; e alcançar a proibição do emprego de menores de 16 anos. Havia um cuidado especial com a educação, orientada pelo ensino de valores socialistas em escolas teóricas e profissionais. A SBUFM comprometeu-se a manter um professor para aulas noturnas de Ciências e Artes. O projeto pedagógico também incluía divertimentos "baseados no princípio da ação moral": peças teatrais, músicas, passeios e leituras úteis. Comporia biblioteca e empregaria um bibliotecário para também dirigir a sala de leitura. Na falta de membros diretores, esse bibliotecário substituiria qualquer um deles (art. 1, 21).

A diretoria era composta por presidente e vice, dois oradores, bibliotecário e professor. O papel de liderança desses dois últimos reforça a educação profissional e intelectual como principal projeto da SBUFM. Além desses, havia dois secretários e dois tesoureiros. Entre outras tarefas, os oradores deveriam ocupar a tribuna das sessões e apreciar matérias de interesses sociais. Pessoas estranhas ao fogo também podiam ser oradores, desde que "provada sua competência" (art. 17-19).

Diferentemente da matriz, não se especifica a idade máxima de filiação, apenas a mínima, de 16 anos. Não havia restrição racial ou de nacionalidade, admitindo-se quem pagasse a joia de 20$000 (vinte mil-réis) e as mensalidades de 3$000 (três mil-réis) (art. 3-4). Sobre o público-alvo da associação, vale dizer que havia um decréscimo de matrículas em Manaus, por conta dos transtornos da reforma portuária, com 194 foguistas e 148 carvoeiros no Amazonas. A soma dos dois (342) era pouco menor que a dos marinheiros (375), mas ressalta um apelo perante 1.362 marítimos matriculados em Manaus. Fato é que a SBUFM não mediu esforços para compor sua base militante, que excedia e muito aos 75 maquinistas matriculados no Amazonas.[53] O processo de eleição

---

[53] Ver Alencar, 1907.

da diretoria aventa alguma força representativa, com comissão eleitoral, voto em urna e três escrutinadores. Assembleias extraordinárias eram convocadas mediante assinatura de 40 sócios quites (art. 28, 33). Não disponho de fontes para precisar o número de sócios, mas os indícios seguintes sugerem uma estreia promissora, mesmo em cenário pouco favorável à economia.

Entre 1906 e 1907, a cotação internacional da borracha amazônica sofreu uma forte queda. As praças comerciais de Manaus e Belém diziam não fechar a conta com o transporte e os impostos do produto.[54] As companhias armadoras começaram a cortar despesas nas viagens, o que significava diminuição de tripulações e de soldos. Em 3 de setembro de 1906, maquinistas e foguistas paraenses entraram em greve por aumento salarial. No sexto dia do movimento, os amazonenses decidiram aderir. No dia 18, os maquinistas enviaram à imprensa uma circular com suas demandas, dois dias depois foi a vez da SBUFM. Com a adesão dos carvoeiros, duas associações "cogumelo" foram formadas: a Corporação dos Foguistas e Carvoeiros e a Corporação de Maquinistas. Por trás delas, estavam a SBUFM e o Grêmio dos Maquinistas em Manaus. Apresentar-se como "corporação" talvez desassociasse a ação grevista das duas entidades beneficentes. Essa é a única greve conhecida em Manaus com certa coesão e articulação entre três ofícios náuticos, que pareciam alinhados tanto no método de protesto quanto na hora de barganhar com os patrões.

Os grevistas devem ter avaliado que o tal colapso econômico favoreceria de alguma forma o movimento. E sabiam que as companhias não conseguiriam resistir à paralisação, quando a dependência da mão de obra estava falando mais alto. As exigências enviadas aos armadores também eram publicadas nos jornais com assinaturas de 7 lideranças foguistas e 84 maquinistas. Se considerar os 168 maquinistas matriculados em Manaus, vemos que pelo menos metade deles aderiu à greve de forma

---

[54] Avelino, 2008, p. 101; Weinstein, 1993, p. 243.

assumida.[55] Lembrando que, no ano anterior, constavam 75 maquinistas matriculados. Isso indica um trânsito de matrículas proposital entre Belém e Manaus para reforçar a greve.

Depois de um mês e três dias de paralisação, em 6 de outubro de 1906, eles conquistaram uma vitória parcial. Naquele mês, a melhora da cotação da borracha permitiu a inclusão do aumento salarial nas contas dos armadores.[56] Ainda no curso da greve, os maquinistas aprovaram os estatutos da Corporação dos Maquinistas do Amazonas em substituição ao Grêmio dos Maquinistas em Manaus.[57]

A Corporação dos Maquinistas do Amazonas era exclusiva a profissionais diplomados, sem exceção de nacionalidade e aceitando residência em qualquer parte do Brasil (art. 2, §4). Objetivava fraternizar os maquinistas e trabalhar pelo seu melhoramento profissional. Buscava assegurar perante o "Governo da República e tribunais superiores o direito de seus membros, em tudo que se referir à arte mecânica" (art. 1). Não há menção nos estatutos sobre assistencialismo ou ações de resistência. Sua principal missão está no art. 8: "A sociedade envidará todos os esforços para a manutenção de todos os acordos realizados entre armadores de navios e os seus membros". Visava, portanto, garantir as conquistas da greve. A Corporação reuniu-se com regularidade no seu primeiro ano, mas desapareceu por volta de 1908. Tal como outras associações marítimas, os maquinistas voltariam a se reagrupar em 1911, dessa vez no Centro Beneficente dos Maquinistas do Amazonas.

No geral, os maquinistas pareciam menos coesos que os foguistas. O perfil étnico talvez seja parte da explicação. Desde a segunda metade do século XIX, o serviço de máquinas contava com profissionais qualificados

---

[55] Alencar, 1908, pp. 68-69.

[56] Mendes, 2004, p. 34.

[57] A diretoria foi toda composta com participantes da greve: Luiz Antonio Bentes (presidente); Guilherme de Oliveira (vice-presidente); Jovêncio Campos (1º secretário); João C. de Araújo e Silva (2º secretário); Lucio Gramacho (tesoureiro); Raymundo Pereira de Queiroz (procurador). "Estatutos da Corporação dos Maquinistas do Amazonas". *Diário Oficial*. Manaus, n. 3.736, 26 out. 1906.

vindos da Grã-Bretanha, da Alemanha, dos Estados Unidos e de Portugal. É possível que a lei de expulsão de estrangeiros (1907) tenha afetado sua energia associativa, pois as autoridades ficaram em alerta depois da greve de 1906. Após conquistarem seus objetivos econômicos, os maquinistas podem ter se apropriado de certos privilégios étnicos e profissionais para acentuar desigualdades com foguistas e carvoeiros, algo bastante útil para se reconciliarem com empresas e Capitania, ambas atentas à autonomia associativa de negros e mestiços, considerados naturalmente inclinados à desordem social, diferentemente de estrangeiros qualificados e em cargos de confiança dos armadores.

A greve de 1906 serviu de aprendizado político para consolidar uma base militante de foguistas e carvoeiros, que, caso único no Amazonas, uniu-se a maquinistas numa parede conjunta. Em eventos posteriores, o mais comum foi os maquinistas reprimirem com violência qualquer rebeldia de foguistas e carvoeiros. De toda forma, o legado imediato da greve fez de 1907 um ano crucial para os foguistas.

O "SETE DE SETEMBRO" DA UNIÃO DOS FOGUISTAS (1907)

O ano de 1907 iniciou com a borracha outra vez em queda. Isso se refletia no transporte do produto, afetando as relações entre patrões, trabalhadores e Estado. Os rumores de turbulência tomavam corpo com ameaças mais constantes de motins e greves marítimas. Quem tinha negócios e autoridade ameaçados pelos trabalhadores enxergava nisso os frutos de um sindicalismo prenhe de nocivas ideias estrangeiras. Essa leitura estava em voga desde 1903, quando a greve geral no Rio de Janeiro desafiou a ordem republicana, e o governo Rodrigues Alves culpou a influência de maus estrangeiros entre o operariado.

No dia 5 de janeiro de 1907, o *Jornal do Comércio* de Manaus estampou o seguinte artigo sem autoria: "A mutualidade na Inglaterra". A escolha por esse país não foi aleatória. Era um exemplo de ordem capitalista, e os ingleses gozavam de muita influência em Manaus, notadamente no setor portuário e de navegação, que dominavam. Apesar da frequência com que esse jornal acusava esses estrangeiros de parasitas, o artigo supõe favoravelmente uma despolitização do mutualismo praticado naquela ilha. Seu autor defende que lá as associações de socorro mútuo supriam apenas carências econômicas, não se metiam com política nem imiscuíam ideias estranhas entre o operariado. Tratava-se de uma inocente e "pura doutrina de solidariedade".[58]

Um mês depois, surge outro artigo, intitulado "Mal crescente". Dando sequência, esse discute as *trade unions* como sociedades de defesa dos direitos operários e de resistência ao despotismo industrial. Algo que nem era necessário no Brasil, onde não haveria indústria propriamente dita, os patrões trabalhavam tanto quanto seus empregados e, melhor ainda, pagando salários mais altos que dos europeus. Portanto, para o autor, não havia conflitos entre capital e trabalho no lado de cá, tornando greves e motins fenômenos estranhos à índole pacífica e obediente do povo brasileiro. Aliás, afirma que até no Velho Mundo a greve era o último recurso depois de esgotadas todas as tentativas de negociação. Os vilões no texto são o socialismo e o anarquismo, disseminados por maus estrangeiros que sabotavam a economia nacional com paralisações sem fundamento.[59] Saltava das folhas do jornal o receio das mobilizações alastradas não só no Amazonas como por todo o país.

A partir do 1º de Maio de 1907, São Paulo, Rio de Janeiro, Santos e Recife viram eclodir sucessivas greves por jornadas de oito horas.[60] No mês seguinte, a notícia da paralisação dos foguistas e carvoeiros do *Costa Martins*, em Belém, assustou as autoridades de Manaus.[61] Essa

---

[58] "A mutualidade na Inglaterra". *JC*. Manaus, n. 907, 5 jan. 1907. A principal referência do texto é o político liberal francês Yves Guyot, autor de obras como *Le Tyrannie Socialiste* (1893).

[59] "Mal crescente". *JC*. Manaus, n. 936, 3 fev. 1907.

[60] Hall & Pinheiro, 1979a, p. 64.

[61] "O que vai pelo Pará". *JC*. Manaus, n. 1.057, 7 jun. 1907.

tensão durou alguns meses e dizia-se que a próxima seria no Amazonas. A SBUFM veio a público acalmar os armadores, em 4 de agosto de 1907. Para demonstrar sua força de mobilização e influência, ela garantiu, com lista de 46 assinaturas, que não havia "nenhum propósito em promover greves" ainda, mas, caso acontecesse, "fariam de maneira pacífica e sem perturbar a ordem pública".[62] Todos ficaram avisados da capacidade de organização dos foguistas. Isso ficou provado no mês seguinte, não numa greve, mas num evento realizado em sua sede: uma festa de "inauguração" para mostrar que a entidade vinha para ficar. Com esse evento, a SBUFM apresentaria bases bem organizadas e um programa educacional bastante positivo para atrair homens notáveis e disputar espaços políticos decisórios.

A sessão de instalação, marcada sugestivamente para 7 de setembro, era um ato simbólico, pois a SBUFM já existia desde 1905. A turma do fogo subverteu essa data cívica para festejar o dia da *sua* independência. A festa ainda aproveitaria a visita do capitão-tenente Frederico Villar, da Liga Marítima Brasileira (LMB), que estava em Manaus para visitar a recém-criada filial dessa associação.[63]

Dois dias antes da reunião dos foguistas, o Teatro Amazonas lotou para ver o discurso de Villar sobre a LMB. No geral, o capitão-tenente agradou aos membros das associações marítimas, principalmente quando criticou os armadores estrangeiros que agiam com "crueldade e indiferença dos nossos costumes e das nossas leis, para com o operário

---

[62] "Ineditoriais". *JC*. Manaus, n. 1.117, 6 ago. 1907.

[63] A LMB se inspirava nas ligas inglesa e alemã, e tinha por finalidade aproximar a Marinha de Guerra da marinha mercante e incentivar a juventude à vida marítima. Sobre esse último objetivo, um dos argumentos era que o quadro de marinheiros não era suficiente nem qualificado para operar os modernos vasos de guerra da época. A solução seria seduzir aspirantes com forte material de propaganda, incluindo publicações, cursos, incentivos a esportes de remos e velas etc. A população do Norte era de grande interesse devido a seus costumes históricos de navegação. O papel de Villar era viajar para dar palestras e fazer propaganda da LMB. "Estatutos da Liga Marítima Brasileira". *Diário Oficial*. Rio de Janeiro, n. 224, 25 set. 1908; *JC*. Manaus, n. 1.436, 24 mar. 1908.

que sofre um acidente no exercício do seu rude mister, ou para com o marinheiro que se invalida no serviço de sua profissão". Com essa, o teatro teria sido tomado por "palmas e bravos ao mesmo tempo".[64] Os foguistas usaram desse entusiasmo e convidaram Villar para um assento de honra na sua solenidade. Talvez quisessem mostrar ao público que os fins da SBUFM não distavam tanto daqueles de uma associação respeitável como a LMB.

Às 19h, o salão da SBUFM se encheu de sócios e convidados. Segundo o repórter do *Jornal do Comércio*, a entidade contava com a "maioria dos homens que se dedicam ao serviço de sua classe, a bordo dos navios de navegação fluvial do Amazonas".[65] A maioria de 297 foguistas matriculados em Manaus nos dá uma ideia do número de convivas. Entre os mais distintos, além de Frederico Villar, notam-se: J. J. Rodrigues Martins, delegado amazonense da LMB; o coronel Caetano Monteiro, agente da armadora Leite & Cia.; o tenente Jacinto Dias Ribeiro, do 1º Distrito Militar; o capitão do porto Raymundo Valle e seu secretário, o tenente Mário Hess; o padre Raymundo Oliveira, representando a Diocese; uma comissão do Clube da Guarda Nacional; alguns oficiais dos batalhões de polícia e bombeiros; José Patrocínio Maia, alto funcionário da Alfândega; lideranças de outras associações e jornalistas. A presença de autoridades nessas reuniões evidencia certas escolhas políticas e, num contexto no qual o Estado desconfiava de qualquer aglomeração de trabalhadores, conotaria um caráter ordeiro e pacífico.[66]

Considerando a visão crítica dos foguistas à deferência irrestrita a autoridades, a extensa lista de convidados de boa cepa chama atenção. Suponho que havia momentos estratégicos em que manifestações de respeito e boa conduta eram ponderadas como o melhor caminho para acalmar os ânimos. Mesmo a escolha dos sócios honorários e beneméritos

---

[64] "Liga Marítima Brasileira. A conferência de ontem". *JC*. Manaus, n. 1.147, 5 set. 1907.

[65] *JC*. Manaus, n. 1.150, 8 set. 1907. Dessa reportagem recolhi as informações do evento.

[66] Batalha, 2004, p. 111.

informa a quem o grupo acenava para selar alianças e compromissos nos navios, nas ruas e nas urnas. Em 1906, os foguistas e carvoeiros exibiram desenvoltura organizando uma greve vitoriosa, agora mostravam à alta sociedade que sua conduta associativa não era desabonada por eventuais reivindicações. Isso fica patente na própria disposição da mesa de honra, na qual não havia assentos para foguistas. Eles foram apenas os mestres de cerimônia.

Por conveniência, foi dada a Frederico Villar a presidência da sessão. À sua esquerda, sentaram-se o capitão do porto, os dois tenentes e o professor João Du-Bosck.[67] À direita, o agente de Leite & Cia., o advogado Araújo Filho e o orador oficial João Maranhão. Coube ao orador e ao professor a representação da SBUFM, possivelmente escolhidos pela habilidade na oratória, embora fosse provável que nunca tivessem posto os pés numa casa de máquinas.[68]

A mesa de honra expressava as intenções da SBUFM de afastar o estigma da insubordinação pura e simples, para enfatizar seu empenho por melhoramento intelectual e profissional de um ofício tão desmerecido socialmente. Em outras capitais, os setores oligárquicos já vinham promovendo aproximações com os trabalhadores, pois se sabia que eles podiam ser decisivos nos pleitos eleitorais. Alfabetizar o quadro societário em aulas noturnas, como as dadas por João Du-Bosck, elevava a condição social dos trabalhadores pela educação, diante de uma lei eleitoral que exigia alfabetização para gozo de direitos políticos. Naquela noite, a SBUFM estava apresentando potenciais eleitores, plenamente capazes de participar do jogo político e eleger seus representantes, quem sabe

---

[67] Não encontrei nenhuma outra informação sua. O sobrenome indica alguma origem estrangeira, e as aulas noturnas para foguistas parecem ter sido sua única atividade em Manaus. Depois da momentânea dissolução da SBUFM, Du-Bosck desapareceu sem deixar pistas. Se ele estivesse incumbido de ensino político, baseado no socialismo, e imaginando que não fosse brasileiro, a lei de expulsão de estrangeiros pode ter brecado suas funções sindicais e até contribuído para a suspensão das atividades da SBUFM, como veremos adiante.

[68] A aparição de lideranças desse tipo era algo comum no período. Batalha, 1997, p. 93.

alguns dos presentes naquela mesa de honra, caso se comprometessem a encaminhar demandas. Aquela era a resposta de uma sociedade de homens negros e mestiços, considerados de menor qualificação profissional, sem educação formal e tidos como naturalmente fadados ao lugar da subserviência e de fora do campo político e da ordem republicana.[69] João Maranhão foi o escolhido para dar esse recado.

Apesar de nunca ter sido marítimo, outros elementos de identificação aproximaram João de Albuquerque Maranhão dos foguistas, por exemplo: o socialismo, a origem regional e a cor da pele. Afinal, naquele início de século, apenas compartilhar espaços de afirmação e defesa de direitos não era suficiente para que as pessoas deixassem de atentar para os diferentes tons de pele de seus parceiros cotidianos.[70] Aparentemente João Maranhão era natural do estado homônimo.[71] Além de escriturário público, era um elogiado poeta e um célebre folião de Manaus, que gostava de se fantasiar e pregar peças. No Carnaval de 1915, adentrou a redação do *Jornal do Comércio* "um preto vendendo cheiro e garrafas que encerravam feitiços diabólicos" para curar impotência sexual, "o preto levantou um pouco a máscara... e mostrou o rosto moreno do poeta João Maranhão".[72] Não é errôneo imaginar que estivesse trajado como sacerdote de religião de matriz africana.

A aproximação de João Maranhão com o movimento operário também veio pelas associações de socorro a conterrâneos, como o Renascença do Ceará e o Centro Pernambucano, os quais frequentava.

---

[69] Castellucci & Souza, 2022, pp. 17-20.

[70] Pinto, 2019, pp. 271-272.

[71] Posteriormente, Maranhão participou da Confederação do Trabalho no Amazonas (1908). Anos depois, foi o idealizador do famoso monumento em memória da violinista Ária Ramos, morta no Carnaval de 1915. Nunca se distanciou dos marítimos, criando uma efêmera Liga Naval, sediada em sua casa, em 1937. Assim como outros intelectuais maranhenses radicados em Manaus, vinculou-se a organizações operárias visando compor um partido político que atendesse aos trabalhadores. É pai do também poeta Petrarca Maranhão. *JC*. Manaus, n. 3.891, 23 fev. 1915.

[72] *JC*. Manaus, n. 3.885, 17 fev. 1915.

Vale afirmar que essas entidades abrigavam antigos abolicionistas que as faziam herdeiras desse movimento social.[73] No Amazonas, havia uma notória rede de intelectuais negros abolicionistas do Ceará, do Maranhão e de Pernambuco. Os maranhenses foram os mais expressivos na criação de jornais e associações em Manaus, com influência na circulação de ideias libertárias.[74] As reuniões nas associações, as missas, os terreiros e as festas foram vitais para o congraçamento coletivo e a reafirmação identitária desses migrantes não brancos em Manaus. No caso de Maranhão, o Carnaval parece ter sido ainda mais importante para que ele se enturmasse com diferentes categorias de trabalhadores. Para Eric Brasil, o Carnaval no pós-Abolição permitiu que a população negra colocasse em ação "diferentes estratégias de combate ao racismo e de superação das limitações políticas, econômicas e sociais impostas pelo regime republicano". Assíduos foliões como Maranhão costuravam teias sociais que passavam por relações de trabalho, educação, eleições, religiosidade etc.[75]

Nesses momentos, João Maranhão devia esbanjar carisma, bom humor e a astúcia das ruas que sedimentaram, junto com a identificação racial, a sua acolhida entre os foguistas. A SBUFM ganhou então um talentoso orador, sensível à causa operária e consciente do drama dos trabalhadores negros em legitimar sua cidadania no regime republicano. Eram os predicados certos para representar os foguistas naquela noite.

---

[73] Um exemplo é a missa promovida pelo Centro Pernambucano em memória do abolicionista branco José Mariano Carneiro da Cunha, na qual se pronunciou "uma pobre velha, que fora escrava e conta ter sido libertada por [ele] e Joaquim Nabuco, antes de 13 de maio de 1888". "Homenagens póstumas a José Mariano". *JC*. Manaus, n. 2.953, 9 jul. 1912. Para compreender melhor os esforços abolicionistas dessa dupla e o envio de fugitivos da escravidão para o Ceará e o Amazonas, ver Souza, 2022.

[74] Quanto a isso, a trajetória do literato negro maranhense Astolfo Marques é bastante elucidativa. Ele manteve uma relação bem próxima com o Amazonas através de amigos, associações e publicações que alimentaram uma rede social de abolicionistas entre esses estados, ver Gato, 2010.

[75] E. Brasil, 2018, p. 304.

Maranhão iniciou seu discurso falando da dificuldade que foi criar a SBUFM, "uma verdadeira epopeia" de "vontades e lutas". Agradeceu a presença de Villar, pois interesses comuns de educação irmanavam as duas entidades a que pertenciam. Então se dirigiu à plateia, conclamando: "nós, que somos os legítimos representantes do operariado e conseguintemente da classe dos deserdados da fortuna neste País", "[devemos] reagir contra este estado de cousas e com afinco trabalhar para que em breve possamos sacudir o jugo da ignorância que nos acabrunha". Via-se como igual entre os foguistas, que viviam a desigualdade histórica de produzir riquezas e serem alijados dos consequentes ganhos sociais e econômicos. Sua fala baseava-se na qualificação intelectual que chancelaria a participação no processo político decisório, negado à população de cor sob o pretexto do analfabetismo. O desprestígio social da profissão seria um empecilho ao reconhecimento político de seus ocupantes. A educação era um instrumento de luta política que qualificaria esses "deserdados" como cidadãos. O passo seguinte podia ser a criação de um partido operário ou a adesão a candidaturas favoráveis ao grupo. Nesse percurso, era estratégico manter bons advogados por perto. O palestrante seguinte era um deles.

O pernambucano Francisco Pedro de Araújo Filho, antigo abolicionista e conhecido pela defesa dos trabalhadores, "divagou sobre as classes proletárias" e os "serviços que elas têm prestado em todo o universo". Desembarcara em Manaus havia pouco tempo e mantinha com conterrâneos uma rede de contatos que circulava informações úteis sobre empregos e relacionamentos na cidade.[76] Essas associações aproximavam trabalhadores intelectuais e braçais pela identificação de origem. Uma das lideranças da maranhense Sociedade Beneficente São José de Ribamar, Paulino José de Carvalho, estava presente na festa dos foguistas. A Ribamar e a SBUFM tinham dois membros fundadores em

---

[76] Francisco Pedro de Araújo Filho (1870-1931) tornou-se respeitável advogado e professor da Faculdade de Direito de Manaus. É pai do político Ruy Araújo e do sociólogo André Araújo. A. Bittencourt, 1973, pp. 96-99.

comum: José Henrique da Silva e Martinho Boanerges Ferreira.[77] Ambas foram formalizadas em 1906, revelando o protagonismo de migrantes maranhenses e pernambucanos na agremiação foguista de Manaus, o que não deixa dúvida das convicções antirracistas gestadas no abolicionismo dos locais de origem de seus membros e simpatizantes.

Já perto do fim, o 1º secretário Francisco Azevedo agradeceu a presença de todos. A palavra final foi concedida ao tenente Villar, que deu uma corajosa aula de História: da "descoberta do Brasil até os nossos dias". Teria ele respondido a João Maranhão, que via a história do Brasil como uma longa expropriação de força de trabalho, responsável por deserdar a maior fatia da população? Não sabemos qual é o sentido atribuído a tal exposição nem a qual conclusão chegara. A solenidade foi encerrada com ovação, comida e espumantes, ao ritmo da banda musical do 36º Batalhão.

Porém, o cerimonial que marcaria uma "inauguração" da SBUFM caminhou para o sentido inverso: marcou o encerramento das suas atividades. Podemos supor algumas respostas quanto a isso, passando pela ampla desmobilização do período, com a polícia em cima das organizações operárias; pelos desentendimentos por posturas da diretoria, quem sabe desviada do sentido original de uma entidade nascida de uma greve; pelos atritos de representação com as lideranças não foguistas; e/ou pelas complicações sentidas na matriz carioca. Sucede que a militância foguista não abandonou a cidade nem o seu movimento operário. Ela foi abrigada na Confederação do Trabalho no Amazonas (1909) por intermédio de João Maranhão, que foi importante para a rearticulação da SBUFM, em 1913. Essa segunda fase da entidade apontou para uma direção mais radical, que cimentou a greve dos foguistas de 1916 (ver capítulo 8).

Por ora, vamos aos setores superiores dos navios para reencontrar pilotos e práticos em novas apostas associativas. Apesar desses dois ofícios se confundirem algumas vezes, os práticos eram ao mesmo

---

[77] "Estatutos da Sociedade Beneficente S. José de Ribamar". *Diário Oficial*. Manaus, n. 3.583, 19 abr. 1906.

tempo herdeiros e construtores de uma longa história de agrupamento, que remetia a tradições de trabalho anteriores aos vapores. Os práticos atravessaram essa transição tecnológica sem perder prestígio e tradição.

PRESTÍGIO E TRADIÇÃO NAS ASSOCIAÇÕES DE PRÁTICOS

Segundo o relatório do Ministério da Marinha, em 1897, a praticagem no Amazonas era "exercida livremente por particulares" e estava em "via de organização uma associação que conta 122 práticos já subscritos". Em 1904, essa quantidade subiu para 189.[78] Até então, nenhuma associação de práticos era sediada em Manaus. Eles estavam associados em entidades paraenses que não restringiam matrículas de fora. Até que, em 1906, sintonizados com a mobilização de maquinistas e foguistas, os práticos decidem criar uma associação em Manaus.

Os oficiais marítimos já haviam congregado juntos, por alguns meses, no Clube União Marítima (1899-1900). Desde então, práticos, pilotos e maquinistas nutriam um sentimento de irmandade entre eles. Assim, em janeiro de 1906, o Grêmio dos Maquinistas no Amazonas emprestou sua sede para uma reunião preparatória, liderada pelos práticos Zeferino Simões Cardash e Manoel dos Santos Loureiro.[79] Uma das pautas da reunião era encontrar uma forma de enfrentar o esquema de combinações entre mestres e capitães do porto. A chegada de forasteiros e imigrantes estrangeiros abalou o relativo domínio que práticos e pilotos nativos detinham sobre o comando dos navios. Importa dizer que, naquele momento, alguns práticos eram diferentes de seus antecessores não brancos. A navegação a vapor existia no rio Amazonas havia pouco mais de 50 anos, tempo de sobra para que forasteiros aprendessem o ofício com veteranos nativos. Porém, isso não impediu a coexistência de gerações e

---

[78] Barbosa, 1897, p. 86; Noronha, 1904, p. 89.
[79] "Convite". *Correio do Norte*. Manaus, n. 6, 27 jan. 1906.

origens diversas nos navios e nas associações. O proeminente líder dos práticos em Manaus, Zeferino Cardash, era um exemplo.

Sua origem e seu nascimento são desconhecidos, mas o sobrenome suscita alguma ascendência árabe; era membro da Sociedade de Tiro Brasileiro e capitão da Guarda Nacional. Na documentação, a grafia desse sobrenome variava entre "Cardaxo" e "Cadaxo", até que, por volta de 1907, durante o debate da nacionalização da marinhagem, convencionou-se pela lusitanização "Cardoso". Nesse mesmo ano, Cardash (ou Cardoso) liderou os preparativos de uma associação de práticos no Amazonas.[80] Seu objetivo era conduzir alguns sócios da Associação Beneficente de Práticos da Amazônia (Belém) para se associarem em Manaus, tarefa das mais difíceis. A entidade paraense tinha a tradição de abrigar práticos *da região* e não fazia restrições quanto ao local de matrícula. Certamente, o conflito com os mestres em Manaus foi decisivo para a migração associativa. E, em 1º de fevereiro de 1906, no dia de Santa Brígida, padroeira de marinheiros, a sociedade de práticos no Amazonas foi dada como certa.

Meses depois, Afonso Pena visitou Belém e Manaus em campanha eleitoral para presidente. Atento aos temas caros ao eleitorado, o candidato citou num comício o exame de habilitação de praticagem na Amazônia como exemplar, um sucesso da associação paraense que se incumbia da sua fiscalização. Caso eleito, prometeu banir "o patronato e a prática abusiva e escandalosa de serem os examinadores indicados pelo examinando, que tem o bom senso de escolher sempre dois amigos, incapazes de o reprovarem". A fala repercutiu nos jornais de Manaus e levou a praticagem local a endossar a continuidade disso fora de Belém: os práticos do Amazonas fariam "um centro possante e forte que há de segurar para sempre a utilidade e a sabedoria da praticagem da Amazônia".[81] Faltava oficializar a associação manauara.

---

[80] *Correio do Norte*. Manaus, n. 809, 16 dez. 1909; *JC*. Manaus, n. 2.237, 26 jun. 1910, n. 2.290, 18 ago. 1910.

[81] *JC*. Manaus, n. 793, 11 set. 1906.

A Sociedade Beneficente de Práticos do Amazonas (SBPA) foi fundada em 30 de setembro de 1906, e publicou seus estatutos em 9 de dezembro do mesmo ano. Eram admitidos os "práticos dos rios e lagos da Amazônia", independentemente de origem ou local de matrícula. A sede era Manaus, mas, por natureza de ofício, os sócios podiam residir em qualquer ponto navegável da região (art. 3).[82] A SBPA buscava manter a "independência da classe de práticos"; defender o emprego e o tabelamento salarial; e criar um fundo de beneficência (art. 2). Para ser admitido era preciso indicação de um membro, depois a diretoria avaliava o candidato, que seria aprovado por maioria de votos secretos. Já as expulsões vinham por mau comportamento ou inadimplência (art. 8, 12).

Os sócios fundadores pagariam a mensalidade de 5$000 (cinco mil-réis), uma joia de 30$000 (trinta mil-réis) e outros 5$000 (cinco mil-réis) pelo diploma, os efetivos contribuíam com 10$000 (dez mil-réis) mensais. Os valores eram empregados em apólices da dívida pública federal ou em imóveis (art. 42-46). Os capítulos mais detalhados são sobre assembleias, eleições e diretoria, atestando o caráter hierárquico da SBPA. Na assembleia geral, relatórios e contabilidades seriam discutidos e as demandas e sugestões, apuradas. A diretoria era eleita anualmente por maioria de votos e escrutínio secreto, ou, de forma "simbólica", por cinco ou mais sócios (art. 15-24). A SBPA prometeu replicar, no processo de seleção dos sócios, o mesmo rigor dos exames de habilitação na Capitania, pois não se preocupava com quantidade de membros, mas com a qualidade moral e profissional deles.

O presidente supervisionava a admissão de sócios, balanços contábeis, assinava a correspondência com sociedades congêneres e representava a SBPA publicamente (art. 30). Os confrades poderiam circular com o distintivo da associação no peito, utilizando as cores e o emblema social para distinguir-se dos não afiliados. A disposição mais original autorizava hastear a bandeira da SBPA como *jack flag* do navio equipado

---

[82] "Estatutos da Sociedade Beneficente de Práticos no Amazonas". *Diário Oficial*. Manaus, n. 3.771, 9 dez. 1906.

pelos sócios (art. 47), uma bandeira de proa que identificava a empresa dona do navio. Além de atestar a qualidade profissional do prático, o navio embandeirado pela SBPA passaria a sinalizar os valores de quem o praticava. O preço pago pelos patrões em troca do melhor da praticagem era a descaracterização de seus navios. E a associação amazonense parece ter sido bem-sucedida nisso.

As atividades da SBPA revelam uma regularidade incomum às demais associações marítimas, o que fez dela a mais respeitada das agremiações. Seus eventos solenes disputavam espaço nas colunas sociais da imprensa. As posses dos diretores aconteciam em salões nobres dos clubes de elite. Seus sócios brincavam que os candidatos a práticos chegavam a sair correndo quando viam que a banca examinadora era composta por gente da SBPA.[83] Algumas lideranças do grupo podiam mesmo intimidar. Como o presidente do biênio 1908-1909, Carlos Cardoso Fernandes de Sá, delegado de polícia que possuía carta de prático e pedia dispensas esporádicas do cargo para tripular. Seu posto era útil para aproximar a associação de certos setores sociais e políticos e até para exercer vigilância policialesca sobre o pessoal de fogo e convés.[84]

Em meados de 1914, algumas rusgas com práticos do rio Purus parecem ter alimentado uma sedição na SBPA, que levou à criação da União de Práticos da Amazônia (UPA), também sediada em Manaus. Possivelmente, isso foi obra dos descontentes com a escolha da SBPA em se filiar à Federação Marítima do Amazonas, cujo projeto de direção sindical não fora bem recebido pela categoria em geral, como veremos no capítulo seguinte.[85] Mas a cisão não durou muito, e, pouco tempo depois, as duas se fundiram outra vez.

---

[83] *JC*. Manaus, n. 971, 12 mar. 1907; "Práticos da Amazônia". *JC*. Manaus, n. 1.096, 16 jul. 1907.

[84] *Diário de Manáos*, n. 55, 10 set. 1892; *O Imparcial*. Manaus, n. 73, 6 jun. 1897; *Correio do Norte*. Manaus, n. 601, 27 jan. 1911; *JC*. Manaus, n. 3.617, 22 maio 1914.

[85] *JC*. Manaus, n. 1.691, 6 dez. 1908.

Feitas as pazes entre os práticos, a sessão de posse da nova diretoria da SBPA selou definitivamente a submissão do grupo à Federação Marítima. Os convidados que tomaram palavra no evento elogiaram o novo momento de solidariedade operária que a SBPA viveria dali em diante.[86] Realmente, a SBPA não enfrentou dilemas em sua longeva atividade, reinando sozinha por quase uma década, até o surgimento da Sociedade dos Mestres de Pequena Cabotagem, no início de 1922. Contudo, naquele mesmo ano, essa também foi absorvida pela SBPA, dando lugar à poderosa Associação Beneficente de Mestres e Práticos do Amazonas.[87]

O associativismo dos práticos era uma exceção em Manaus. Seu prestígio social e sua tradição remetiam a período pregresso aos vapores e garantiram uma sólida base militante, diferente das associações de subalternos, descontinuadas em 1907, sob alegada crise econômica e perseguição policial ao movimento operário. Vemos, portanto, que a fragmentação associativa preponderou contra a unidade da categoria, e que os lugares de trabalho foram importantes na manutenção disso. Uma série de clivagens internas, com reflexos da vida terrestre, impediu a existência de uma entidade pluriprofissional capaz de agregar diferentes ofícios marítimos. Os oficiais desfrutaram alguma margem de identidade coletiva pelo relativo nivelamento social e racial existente entre eles, embora com os práticos o cenário fosse um pouco diferente: a praticagem apresentava trajetórias de mobilidade social e de relações interétnicas, assentadas na tradição do ofício e no fato de ele haver persistido à alteração tecnológica. Com os ofícios de fogo e máquinas, a situação era bem diversa.

---

[86] "A consciência operária na Sociedade dos Práticos". *A Lucta Social*. Manaus, n. 1, 29 mar. 1914.

[87] Já na esteira do corporativismo varguista, passou a se autoidentificar Sindicato de Mestres e Práticos Fluviais em Manaus (1935?-1939?). Com os mestres aglutinados, surgiu o Sindicato de Pilotos e Práticos no Amazonas (1934?-1940?), pois os pilotos ainda não aceitavam dividir espaço com os mestres.

Após 1907, foguistas e carvoeiros estiveram desarticulados, mas nem tão desprotegidos, sendo auxiliados por outras entidades e até mesmo pela matriz da União dos Foguistas, no Rio de Janeiro. O ponto de virada foi o ano de 1910. No capítulo seguinte, analisarei o peso dessa conjuntura no associativismo marítimo de Manaus. Naquele momento, apesar de grande movimento náutico, uma crise política foi acrescida a uma crise econômica, prejudicando ainda mais a classe trabalhadora. Para os marítimos, a feroz concorrência para substituir o fim do contrato da Amazon Steamship motivou o oficialato a barganhar apoio com prováveis "novos" patrões (armadores de Manaus e Belém). Os pilotos e práticos viram nisso uma oportunidade para dominar de vez o mercado de trabalho e colocar os mestres no seu devido lugar.

Sabemos desde o capítulo 2 que o projeto dos armadores locais não vingou, e o contrato da Amazon Steamship passou à Amazon River, em 1911, legando outras relações entre marítimos, companhias e Estado. Conforme dito, com exceção da SBPA, em 1910, todas as entidades marítimas interromperam atividades. Ao longo de 1911, novas agremiações de práticos, pilotos e maquinistas foram criadas. Os subalternos estavam dispersos em grêmios de conterrâneos e centros operários. No meio disso, ocorre um golpe de Estado no Amazonas, com participação de oficiais mercantes que, durante a substituição da Amazon Steamship, principiam um projeto de unidade associativa para coordenar a marinhagem e impedir que seus impulsos por autonomia e participação política prejudicassem os seus interesses.

A criação da Federação Marítima foi uma resposta atravessada àqueles marítimos inconformados com interdições sociais vividas a bordo e em terra praticadas pelos oficiais. A interrupção da vida associativa dos subalternos não esmaeceu a aspiração do lugar de direito como trabalhadores, muito pelo contrário. A partir de 1913, o ressurgimento das associações deu forma política a essa luta, e a fragmentação das entidades dificultou o controle dos oficiais sobre a militância de seus subordinados. Cientes de que não poderiam impedir isso, os oficiais lançaram mão de um sistema federativo que resguardava a identidade de ofício, mas reinscrevia a autoridade de bordo no associativismo. Porém, as turmas de convés e de fogo buscavam alternativas para o que se vivia debaixo da hierarquia marítima. Os lugares da marinhagem estavam contrapostos à determinação da subalternidade reiterada pelos oficiais dentro e fora dos navios.

7
EM BUSCA DA UNIDADE ASSOCIATIVA

Desde que os foguistas do Amazonas se associaram em 1905, a oficialidade temia perder o comando sobre eles. Quanto mais se qualificassem profissional e intelectualmente, como propunha a União dos Foguistas, mais fracos ficariam os argumentos de uma submissão irrestrita àqueles de maior qualificação profissional. A eles, interessava que foguistas e marinheiros permanecessem desorganizados para a continuação da exploração a que estavam injungidos. Porém, simplesmente brecar esse associativismo mostrou-se ineficaz e estimulou mais radicalidade. Assim, os oficiais conceberam uma forma mais refinada de submeter a organização dos subalternos ao seu direcionamento. A isso podemos chamar *unidade associativa*: uma experiência coletiva conduzida pelo oficialato, na qual se reproduzia a subalternidade dos marítimos, várias vezes, através de lógicas de racialização dissimuladas nos discursos de disciplina e moralidade.[1]

Neste capítulo, analiso o processo que levou a unidade associativa a ganhar corpo na Liga Naval da Amazônia (1911) e na Federação Marítima do Amazonas (1914) – processo que ensejou disputas em torno da concepção do trabalho marítimo, múltiplos projetos de organização por ofício e uma rebeldia à tradução da autoridade de bordo nas associações.

---

[1] Sobre lógicas de racialização formuladas na escravidão e continuadas, embora não explícitas, na República, ver Albuquerque, 2009.

O primeiro passo nessa direção é observar que, em seus primórdios, a organização dos subalternos era facilmente assimilada à quebra de hierarquia e, por conseguinte, a uma ameaça ao setor de exportação.

Antes dos oficiais proporem a unidade associativa, a subordinação era exigida com violência e ameaças. O seu efeito, porém, foi inverso: sedimentou o ímpeto por autonomia associativa dos marítimos menos graduados. Afinal, na República, esses trabalhadores passavam a se ver como cidadãos de direitos, e não mais "reservas da Armada" ou objetos da vontade dos que buscavam contê-los para explorá-los. A prisão do líder foguista Alfredo Guimarães ilustra bem a constrição do associativismo pelo uso da força.

No início de 1907, Guimarães liderou um motim no vapor *Santo Antonio*, durante uma viagem entre Manaus e o Acre. Era membro da União dos Foguistas e um de seus militantes mais experientes, tendo liderado a greve de foguistas e maquinistas do ano anterior. O estopim da revolta ocorreu na sala de máquinas, numa discussão sobre quartos de hora com o 3º maquinista, o alemão Otto Berendt. Provavelmente, a questão envolvia sobrecarga de trabalho e/ou autoritarismo do superior. Os ânimos se elevaram, e os foguistas pegaram em armas para sublevar o vapor. Sem maiores detalhes, o comandante os reprimiu e pôs Guimarães a ferros até chegar a Manaus, assim ficando por oito dias, mesmo com o navio aportado. Tratava-se de uma ilegalidade. O prisioneiro devia ser conduzido à polícia para a abertura de inquérito tão logo o navio parasse as máquinas.

Seus confrades da União dos Foguistas foram às delegacias denunciar a infração do comandante. O prefeito de polícia Gaspar Guimarães solicitou à Capitania que esclarecesse a permanência daquela prisão. Mas o capitão do porto Raymundo Frederico Kiappe da Costa Rubim, de tradicional família cearense,[2] preferiu responder nos jornais. Afirmou que a Capitania era a única jurisdição competente para decidir sobre

---

[2] Nascera em 1856, em Tianguá, no Ceará, filho de um herói da Guerra do Paraguai. Iniciou a carreira na Marinha como aspirante em 1871, ocupando diferentes postos

castigos e prisões, e que não acatava interferência de outras repartições. Indiretamente, Costa Rubim também se dirigia à União dos Foguistas, sugerindo sua curta margem de ação enquanto o mundo marítimo estivesse sujeito a homens como ele. A contenção da marinhagem, na visão do capitão, estava dobrada a uma vontade pessoal espelhada na sua autoridade. Gabando-se dos caprichos autorizados por seus privilégios, comunicou que liberou Guimarães após julgá-lo "suficientemente castigado".[3]

O episódio podia ser um rescaldo da greve de 1906. É possível haver algum grau de ressentimento ali, dado que, no curso da greve, os foguistas e maquinistas negociaram diretamente com os armadores, rejeitando mediações da Capitania. O próprio Guimarães era um dos que foram à mesa barganhar com os patrões.[4] Talvez o motim revivesse atritos pessoais mal resolvidos com a cúpula da Capitania. Ao fim, temos uma ilustração eloquente da força e da intimidação contra quem ousasse falar mais alto que seus superiores. A rebeldia de quem devia permanecer em lugares de subserviência era um problema bastante ameaçador para eles.

Vimos no capítulo anterior que a União dos Foguistas se desarticulou no final desse mesmo ano – 1907 – e que as suas razões são incertas. Não é difícil imaginar repressões, como a de Costa Rubim, impondo um recuo estratégico para os foguistas. Podemos falar de recuo, pois eles não deixaram de se mobilizar. Durante a interrupção da sociedade, o grupo foi incorporado na Confederação Geral do Trabalho do Estado do Amazonas, criada em 1908, para abrigar trabalhadores manuais. Nela, João Maranhão abrigou seus antigos confrades até que a filial da União

---

até tornar-se almirante e, por fim, ministro do Supremo Tribunal Militar, em 1919. Superior Tribunal Militar, 2019.

[3] *JC*. Manaus, n. 973, 14 mar. 1907. "O caso do foguista Guimarães". *JC*. Manaus, n. 975, 16 mar. 1907.

[4] Ele está presente entre os representantes enviados para negociar com as companhias o tabelamento salarial de foguistas e maquinistas. "Sociedade Beneficente União dos Foguistas". *JC*. Manaus, n. 803A, 21 set. 1906.

dos Foguistas em Manaus se reorganizou em 1913.[5] Enquanto isso, a matriz carioca manteve um representante para auxiliá-los.

Essa assistência foi vital quando um foguista foi posto a ferros no vapor *S. Luiz*, após ser acusado de liderar um motim. Era outra vítima da vontade dos superiores que determinavam, de forma arbitrária, como e por quanto tempo um rebelde merecia ser castigado. Tal como na prisão ilegal de Guimarães, a polícia foi impedida de agir nesse caso. O representante da União dos Foguistas (RJ) foi quem advogou em favor do prisioneiro, sem sabermos do desfecho do caso.[6] O grupo não estaria de todo desamparado enquanto confrades de outros estados pudessem ir e vir pela cabotagem. Favorecida pelas linhas do Lloyd Brasileiro, a solidariedade em diferentes portos conectava marítimos da Amazônia com os do litoral. Cada estadia portuária botava em circulação notícias do mundo embarcado e do associativismo, da costa atlântica aos altos rios. Mais adiante, veremos que isso permitia a foguistas e marinheiros perceberem causas em comum, incluindo a identificação racial e a luta por cidadania.

O próximo e último exemplo desta introdução revela a percepção dos oficiais sobre a organização dos estratos baixos do navio e a manutenção da subordinação destinada a eles. Havia uma lógica de subalternidade avessa a qualquer exigência contrária à hierarquia naval, que devia imperar sem restrições ao domínio pessoal do oficialato sobre os comandados.

Rumo ao Amazonas, em junho de 1910, o vapor do Lloyd *Rio de Janeiro* passava pelo Pará quando houve um princípio de motim de foguistas contra o comandante Mário Aurélio. Antes da revolta se alastrar, três homens foram apontados como cabeças e detidos por falta de disciplina e moralidade. Ao chegar a Belém, foguistas e carvoeiros desse navio dirigiram-se aos outros vapores do Lloyd ali ancorados, convocando os companheiros do *Acre*, *Pará* e *Goyaz* a boicotá-los em

---

[5] *JC*. Manaus, n. 2.315, 12 set. 1910. Sobre a Confederação Geral do Trabalho do Amazonas, ver Pinheiro & Pinheiro, 2017, pp. 162-166.

[6] *JC*. Manaus, n. 2.359, 27 out. 1910.

protesto à prisão do colega, mantida pelo capitão do porto do Pará. O movimento escalonou uma greve portuária, e os foguistas dos quatro navios se negaram a embarcar.

No vapor *Goyaz*, dos 22 homens equipados no setor, 16 aderiram à greve. Mesmo assim, o navio partiu para São Luís com seis homens nas caldeiras. No meio da viagem, esses também cruzaram os braços, obrigando o comandante a substituí-los com maquinistas e passageiros da 3ª classe. Quando o *Goyaz* aportou na capital maranhense, "os grevistas recusaram-se a desembarcar, dizendo que eram passageiros e só saltariam no Rio, onde a companhia devia lhes pagar os seus ordenados". O comandante pediu ajuda ao capitão do porto do Maranhão, que chamou a polícia para retirar os grevistas do navio. Um grupo de passageiros da 1ª classe foi solidário aos comandantes do Lloyd e enviou à imprensa as informações que lemos acima. Um jornalista do *Pacotilha*, de São Luís, calcou sua reportagem em explicações possivelmente vindas dos oficiais do Lloyd: "Estavam, assim, aqueles vapores à mercê desse pessoal desenfreado pelas perigosas doutrinas que lhes vão infiltrando no cérebro os chefes de movimentos sediciosos e contrários à manutenção da ordem".[7]

Seguindo o exposto acima, se era possível "infiltrar" rebeldias no cérebro dos marítimos, os oficiais deviam infligir pelas suas carnes a disciplina e a moralidade. Vê-se a concepção da época, que associava aos trabalhadores braçais (negros e mestiços) uma propensão a estímulos irracionais, recorrendo-se a metáforas anatômicas para explicar traços de uma animalidade biológica.[8] Fica sugerida uma separação estanque entre aqueles que pensam e os que executam, isto é, o problema era fazer os subalternos entenderem a quem deviam obedecer. Motins e demais indisciplinas seriam obras de indivíduos "pensantes", externos à hierarquia marítima, que conseguiam convencer um "pessoal desenfreado" a virar

---

[7] "Greve a bordo". *Pacotilha*. São Luís, n. 153, 1º jul. 1910.
[8] Ver Chalhoub, 2012.

do avesso a "manutenção da ordem". Era um pretexto para recorrer à violência e, pelo direito da força, colocar a todos no seu devido lugar. O ordenamento pela obediência guiava a visão de mundo do oficialato, que, formado na cultura escravocrata, tinha por indispensável a execução de diferentes funções de forma disciplinada e ordeira.[9]

Autônoma e sem aval dos superiores, a organização dos marítimos fora dos navios era vista como nociva à hierarquia da Marinha. A greve do *Goyaz* resultou de uma ação coordenada e de efeito cascata, iniciada em uma rebelião no Pará e estendida ao Maranhão, sem que as ameaças interferissem no alastramento da rebeldia. É possível concluir que a organização de foguistas e carvoeiros já estivesse fora do controle dos superiores há algum tempo. Dessa forma, apesar da permanência do castigo físico, surgiu outra estratégia de contenção: assenhorear-se da "infiltração" das doutrinas no "cérebro" dos subordinados para estimular, pelo próprio associativismo, a morigeração e a obediência. Pilotos, práticos e maquinistas passaram a se esforçar para canalizar a mesma capacidade de mobilização do convés e do fogo e pacificá-los para melhor servirem à marinha mercante. A sua inclinação a lutas seria redirecionada contra adversários indicados pela oficialidade; no caso, armadores e marítimos estrangeiros, respectivamente, alegados exploradores da pátria e concorrentes dos nacionais nas equipagens. Tal incentivo à unidade associativa cobrava a sublimação de diferenças internas que orientavam outras identidades de lutas da categoria.

Certamente, as notícias da greve e das prisões, envolvendo os vapores do Lloyd, chegaram a Manaus.[10] O próprio *Goyaz* fazia escala na cidade

---

[9] A respeito da violência e da subalternização como núcleo da produção escravista, ver Lara, 1988.

[10] Menos de dois meses depois, lamentava-se no *Correio do Norte* a morte de um "grande homem", o conselheiro Andrade Figueira, notório divulgador de teorias racistas de viés "científico". O jornal resumiu algumas de suas principais ideias, que chegam a convergir, aparentemente sem intenções, com a explicação das recentes greves do Lloyd: "A raça negra, como raça inferior, se lhe afigurava como a mais incapaz de todas para entrar como o elemento formativo da nossa sub-raça nacional. Era uma raça que se aniquilava e por isso mesmo a mais imprópria, pela sua constituição cerebral,

antes de seguir para o Acre. Naquele momento, apenas pilotos, práticos e maquinistas mantinham-se organizados no Amazonas. Esses oficiais almejavam proteger seus postos e defender um projeto de substituição nacional ao monopólio da inglesa Amazon Steamship, que detinha a segunda maior subvenção no setor, ficando atrás apenas do Lloyd. Eles ponderavam outras formas de alcançar seus objetivos, através de uma ação política imersa nas tramas oligárquicas. Dessa forma, explica-se a condenação que faziam da "quebra de hierarquia", em prol de uma militância coordenada pelos oficiais, que exigiria, além de respeito e lealdade, compromisso nas urnas e submissão a eles. O pensamento expresso em São Luís sobre a greve do *Goyaz* ensejava outro modelo de associativismo. Os oficiais buscariam formas de apoderar-se daquilo que imaginavam ocorrer entre seus comandados: a imposição de "doutrinas" a homens suscetíveis, posto que intelectual e biologicamente inferiores. Acreditavam, erroneamente, que o trabalho braçal de foguistas e marinheiros remetia à escravidão e à racialização, e equivaliam a uma incapacidade de compreensão da ordem republicana. Por isso, deviam ser tutelados e doutrinados.

Havia uma concepção entre os oficiais que homogeneizava o trabalho livre a uma cor (branca) e reiterava processos de racialização remanescentes do Império. Dessa maneira, veremos como os marítimos se identificavam como trabalhadores para impor limites ao racismo entranhado no associativismo e, consequentemente, ampliar horizontes de luta por direitos e cidadania. A unidade associativa seria minada por dentro e por fora pela organização de foguistas, marinheiros e moços.

Adiante, a conjuntura política e econômica de Manaus, em 1910, nos ajuda a entender o comportamento associativo de oficiais e subalternos. Primeiro, examino as propostas de mobilização de pilotos, práticos e

---

para ser incorporada ao nosso destino etnográfico". Biologicamente inferiores, seus "cérebros" seriam mais suscetíveis a ideias rebeldes, portanto, deviam manter-se comandados e vigiados por homens brancos "cientificamente" mais aptos à civilidade. "Andrade Figueira". *Correio do Norte*. Manaus, n. 519, 18 ago. 1910.

maquinistas. Esse grupo dividia-se entre os críticos e os favoráveis ao controle militar da marinha mercante no Brasil, um debate acalorado com a disputa entre Rui Barbosa e Hermes da Fonseca pela presidência da República. Após a vitória de Fonseca, Manaus foi palco de um violento golpe de Estado. A proposta de unidade associativa é produto dessa conjuntura, quando os oficiais se aproveitaram dos conflitos oligárquicos para encampar seus próprios interesses. Já os subalternos voltariam a se mobilizar, reativando e criando novas associações. A seguir, vemos como a ação política vinda *de cima* buscou prevalecer sobre a luta por direitos e a legitimação política dos *de baixo*.

UNIDADE PELA AÇÃO POLÍTICA I.
A ELEIÇÃO DO PILOTO CARDOSO DE FARIA (1909)

O período de criação das primeiras associações marítimas (1900--1907) converge com o governo estadual da oligarquia Nery e uma relativa estabilidade econômica. O engenheiro militar Silvério Nery assumiu o governo em 1900, tendo por vice o coronel Antonio Bittencourt. Após manobras para burlar regras eleitorais, emplacou como sucessor o seu irmão, major Constantino Nery, em 1904.[11] Apesar dos escândalos de corrupção, esse governo fortaleceu a navegação comercial e inaugurou o novo porto de Manaus (1907). No ano seguinte, Bittencourt foi o escolhido para continuar o domínio dos Nery, mas os traiu em proveito do projeto de poder da sua própria família. De início, nomeou o filho Agnello Bittencourt à prefeitura da capital, ignorando a indicação dos padrinhos políticos. Mas o rompimento definitivo veio nas eleições presidenciais. Bittencourt declarou apoio ao civilismo de Rui Barbosa contra o militarismo de Hermes da Fonseca, candidato dos irmãos

---

[11] O processo de sucessão era proibido entre parentes próximos. Então Silvério renunciou ao cargo antes do prazo, o vice-governador Fonseca Coutinho assumiu o governo, e Constantino pôde ser eleito, "tudo dentro da Lei". A. Bittencourt, 1973, p. 171.

Nery. A cisão entre eles certamente envolve outras questões, mas não é de desprezar o incômodo dos Nery com a aproximação de Bittencourt do movimento operário e da campanha civilista.[12]

O civilismo encontrou boa acolhida entre os marítimos, que há muito tempo criticavam o poder exercido pelos militares na economia e na política do regime republicano. Isso ia de encontro aos anseios do grupo em separar de forma definitiva a marinha mercante da de guerra. Quando Bittencourt apareceu ao lado de Rui Barbosa, era natural que os marítimos se aproximassem ainda mais do seu governo.[13]

Os pilotos aliaram-se parcialmente ao governador contra a chapa militar, apesar de muitos virem da Armada. Um intuito muito específico justifica essa decisão: antagonizar a Capitania do Porto do Amazonas. Desde o capítulo anterior, sabemos que a Capitania era acusada de favorecer o emprego de mestres ou pilotos, especialmente os estrangeiros, que topavam salários abaixo dos tabelados e acertados pelas associações. Como as Capitanias respondiam diretamente ao Ministério da Marinha, os pilotos faziam seu cálculo político observando mudanças no Executivo que eram mais favoráveis aos seus interesses. Acresce que, como trabalhadores qualificados, eles reivindicavam virtudes que os convenciam de serem mais aptos para levar adiante a ordem republicana. Mesmo não sendo militares da ativa, os valores militares que julgavam ter haveriam de corrigir supostas imperfeições do mundo civil.

A concepção de cidadania dos oficiais mercantes definia que seus subordinados eram incapazes de exercer civilidade e participação política. Primeiro, pelo fato de sua natural (e falsamente científica)

---

[12] Os motivos da separação entre os grupos são incertos, mas cogita-se influência dos conflitos internos do Partido Republicano Federal. Feitosa, 2015, pp. 112-116.

[13] Em 7 de março de 1910, os socialistas da capital federal decidiram apoiar Rui Barbosa. Entre os marítimos, destaca-se a Associação de Marinheiros e Remadores e a União dos Foguistas. Essa última certamente deve ter encaminhado a decisão às suas filiais. Apesar de interrompida, a do Amazonas nunca perdeu contato com representantes da matriz e provavelmente deve ter se alinhado à campanha civilista. "Propaganda pró Rui-Lins". *Correio do Norte*. Manaus, n. 382, 11 mar. 1910.

inferioridade étnico-racial incapacitar uma maior compreensão da realidade. Segundo, o trabalho braçal exercido por foguistas, carvoeiros, marinheiros e moços aparecia como um sintoma de inadequação a discussões mais elevadas sobre os rumos do país, uma vez que não participavam sequer da decisão sobre os rumos dos navios. Terceiro, eles seriam suscetíveis a absorver (por força ou convencimento) ideias e comportamentos ditados por quem tivesse poder ou influência sobre eles. Os oficiais realmente acreditavam que os navios saíam do lugar pelo poder de suas ordens individuais.[14] Portanto, os comandantes viam-se como mais indicados para encaminhar as demandas da categoria pela via política, emulando o papel que desempenhavam na administração dos navios.

Os pilotos do Amazonas apresentaram 14 candidatos próprios em 1909, conquistando um feito inédito ao eleger deputado estadual o piloto, e coronel da Guarda Nacional, Joaquim Cardoso de Faria, membro da Associação dos Pilotos da Amazônia (Belém). Entre os 24 deputados eleitos, ele ficou em 14º, com 2.851 votos, a maioria dos quais obtidos em Manaus (1.948 votos), o que indica alguma mobilização das associações, embora não seja possível precisar como os marítimos votaram naquele pleito. No interior, Cardoso alcançou resultados modestos (903 votos), mas expressivos diante de população votante bem menor que a da capital.[15] Tal como outros trabalhadores qualificados, os pilotos passaram a compor a comunidade política, entendendo-se como promotores da ordem republicana.[16]

O jovem amazonense de 31 anos prometeu lutar pelos interesses da marinhagem, da mesma forma atrevida com que enfrentava seus

---

[14] No porto de Nova Orleans, os portuários brancos mais qualificados definiam sua representação política por uma distinção dos trabalhadores negros, que, em sua maioria, ocupavam-se de serviços pesados. Arnesen, 1994, p. 7.

[15] Ficou em 9º lugar em Manicoré (613 votos); 4º em Manacapuru (179 votos); 7º em Moura (28 votos) e em Ayapuá (83 votos). *JC*. Manaus, n. 2.043, 6 dez. 1909.

[16] Ver Castellucci & Souza, 2022.

adversários. Na sessão legislativa de 14 de fevereiro de 1910, Cardoso exigiu apuração sobre os gastos pessoais do ex-governador Constantino Nery, pagos com verba pública, entre 1904 e 1908.[17] Em julho, trocou insultos numa longa discussão nos jornais com o capitão do porto Francisco César da Costa Mendes.[18] Acusava-o de corrupção por causa dos embarques combinados com mestres e armadores. A alta cúpula da Capitania se mostrava pouco tolerante à organização dos marítimos, pior ainda seriam suas pretensões políticas expressas no mandato de Cardoso.[19]

De início, o deputado compôs a base de Bittencourt no Congresso e engrossou o rol de inimizades dos militares. Ainda voltaremos à trajetória de Cardoso; por ora cabe assinalar que seu mandato é outra evidência da busca dos oficiais mercantes por sublimar diferenças internas da categoria, divulgando supostas causas em comum através de um discurso nacionalista e favorável à qualificação profissional. Essas pautas da oficialidade dissolveriam os anseios e demandas da categoria, vindos *de baixo*. Isso fica mais nítido com a criação da Congregação da Marinha Civil, poucos dias após a eleição estadual de 1909.

---

[17] Feitosa, 2015, p. 114.

[18] Nascido em Paranaguá, Paraná, em 1860, ingressou na Marinha a 22 de fevereiro de 1877, tendo participado ativamente da segunda Revolta da Armada (1893-1894), quando parte da Marinha brasileira virou-se contra o presidente Floriano Peixoto, a 6 de setembro de 1893. No navio *Urano*, sob ordens do almirante Custódio de Mello, fora ator importante em um bombardeio na baía de Guanabara, do qual saiu com fama de herói. Após a anistia aos revoltosos em 1895, ele ingressou na marinha mercante. Antes de ser designado para a Capitania do Amazonas, o paranaense liderava a Capitania do Mato Grosso, em 1909. *O Estado*. Florianópolis, n. 353, 21 fev. 1894; Alencar, 1909, p. 99.

[19] A sucessão de cartas acusatórias era assinada por Dico Nunes (Cardoso) e Papança (Costa Mendes). *JC*. Manaus, n. 2.260, 19 jul. 1910; *JC*. Manaus, n. 2.261, 20 jul. 1910; *JC*. Manaus, n. 2.262, 21 jun. 1910; *Correio do Norte*. Manaus, n. 495, 21 jul. 1910; *JC*. Manaus, n. 2.263, 22 jul. 1910; *A Capital*. Rio de Janeiro, n. 3.039, 25 jul. 1910. O capitão do porto processou o deputado por conta das acusações.

UNIDADE PELA AÇÃO POLÍTICA
II. A CONGREGAÇÃO DA MARINHA CIVIL (1909-1910)

Em 10 de dezembro de 1909, foi instalada em Manaus uma delegação da Congregação da Marinha Civil, mutualista e fundada cinco meses antes, no Rio de Janeiro, por iniciativa de pilotos e oficiais maquinistas. Eles defendiam a nacionalização da marinha mercante (empresas e empregados) e buscavam bases estratégicas no Norte; afinal, a inglesa Amazon Steamship detinha a segunda maior subvenção do setor.[20]

O representante da congregação em Manaus era Antonio Müller dos Reis, então imediato do paquete *Ceará*, do Lloyd Brasileiro, que aproveitava desse posto para transitar as diretrizes da matriz carioca. Para dirigir a delegação amazonense, foram escolhidos dois conhecidos do associativismo marítimo: Casimiro Fontes, como presidente, e Lúcio Gramacho, como relator. Ambos eram membros da extinta Corporação de Maquinistas do Amazonas e participantes da greve de 1906.[21] Em seus estatutos, a congregação prometia oferecer auxílios pecuniários; manter a união com congêneres; defender e discutir interesses da "classe marítima"; e promover o desenvolvimento da marinha mercante, mantendo aulas, bibliotecas e uma revista. Os planos mais originais visavam a um serviço de *sauvetage maritime* (modelo francês de socorros a vítimas de naufrágios) e à criação de uma corveta-escola para a formação de oficiais, que tiraria da Marinha de Guerra essa incumbência.[22]

A congregação antepunha-se à Armada com o termo "marinha civil". Ela preconizava a formação de marinheiros cidadãos, sem interferência dos militares nesse processo. Argumentava-se que os oficiais formados no mundo militar mantinham outros níveis de lealdade, muitas vezes sujeitando o comércio ao domínio das relações pessoais de capitães dos

---

[20] A subvenção da Amazon Steamship (412:200$000 réis) só ficava atrás da do Lloyd Brasileiro (1.663:700$000 réis). A. Costa, 1910, p. 89.

[21] *JC*. Manaus, n. 2.048, 11 dez. 1909.

[22] Barbosa & Sampaio, 1922, pp. 227-228.

portos, a fim de favorecer interesses particulares que prejudicavam a marinhagem e a navegação. Nesse sentido, a congregação defendia a separação associativa entre a marinha mercante (ou civil) e a militar. Essa identificação era acompanhada por um discurso de nacionalização de todo o setor náutico. Com essas ideias, a congregação visava à acolhida entre os subalternos, aproveitando a resistência deles ao autoritarismo dos oficiais (de origem militar), e à luta contra a preferência por estrangeiros a bordo. Contudo, a condução de sua militância restringia-se a pilotos e maquinistas, longe de representar a heterogeneidade da marinhagem. Na esteira da campanha civilista de 1910, a congregação pautou politicamente o problema da influência militar na marinha mercante e a sua nacionalização.

A proposta ganhou força após a aprovação do decreto nº 7.836, de 27 de janeiro de 1910, que limitou a jurisdição das Capitanias dos Portos a serviços técnicos e de segurança da navegação, e não mais de ordenamento do mercado de trabalho, como por vezes interferia para favorecer companhias e marítimos estrangeiros. Outro aspecto que contemplava marítimos e armadores nacionais era o aperfeiçoamento da Inspetoria-Geral de Navegação (decreto nº 6.453, 18 abr. 1907). Essa fiscalizaria as empresas subvencionadas para fazer cumprir cláusulas contratuais de lotação, acomodação de passageiros e de cargas, quantidade de tripulação por navio etc. O decreto previa modernização das relações entre empresas e governos, mas os armadores continuavam acusando a má administração de monopólios herdados do tempo do Império.[23] A congregação endereçou essas reclamações aos deputados federais como se fossem de toda a marinhagem.

Em resumo, oficiais e armadores propunham uma reorganização da marinha mercante e a reavaliação do papel do Estado na navegação comercial, aparentemente para minar o poderio empresarial dos estrangeiros e, em troca, alargar domínio dos oficiais sobre o mercado

---

[23] Camargo, 2020.

de trabalho. Para tanto, os membros da congregação foram fazer *lobby* com políticos que tivessem alguma ligação com a vida marítima e representassem estados estratégicos para o setor de exportação, como o Amazonas e o Pará.

Em 26 de junho de 1910, a Câmara dos Deputados nomeou uma Comissão Especial a pedido do deputado federal pelo Amazonas, capitão de mar de guerra Antonio Nogueira, para discutir as propostas da congregação. A presidência coube ao deputado do Rio de Janeiro José Carlos de Carvalho Júnior, engenheiro naval veterano da Guerra do Paraguai. Os demais membros eram: Geminiano de Lira Castro (Pará) e Honório Gurgel (Rio de Janeiro). A relatoria coube a Afonso Costa (Pernambuco). As sessões da comissão foram assistidas por representantes de associações marítimas que sugeriam pautas, mas a nacionalização da marinha mercante era a matéria principal.[24]

Empresários brasileiros buscavam se livrar da concorrência estrangeira, prometendo melhores salários e condições de trabalho, quando, supostamente, os custos de navegação seriam abatidos. Pilotos e maquinistas eram os mais interessados na nacionalização de bordo, pois diminuiria a concorrência com os estrangeiros. A carta de um piloto ao capitão do porto do Amazonas, em setembro de 1911, informa esse incômodo: acusava a B. Levy & Cia. de sempre equipar um imediato espanhol no *Rio Machado*, que não era naturalizado nem matriculado na Capitania. Os sócios da empresa, judeus de origem marroquina, estariam equipando-o com assentimento daquela repartição.[25] A direção dos navios e o cuidado com o maquinário eram postos de confiança que os patrões preferiam ocupar com brancos e europeus.

Queixas iguais a essa foram levadas à comissão pela congregação. Aliás, esse grupo foi o mais atuante nos debates, a ponto de eleger o deputado Afonso Costa presidente dessa entidade, logo após a entrega

---

[24] A sua publicação foi patrocinada pela Liga Marítima Brasileira.
[25] "Ineditoriais". *JC*. Manaus, n. 2.670, 27 set. 1911.

do relatório final, em 1911. Outra informante foi nossa conhecida Liga Marítima Brasileira. A certa altura, seus representantes enviaram aos deputados os custos de uma viagem redonda do Lloyd, entre Rio de Janeiro e Manaus, que girava em torno de dois contos de réis gastos com tripulação, alimentação e impostos. Segundo a liga, esse valor diminuiria com investimento em estaleiros nacionais e substituição do monopólio estrangeiro por uma concorrência interna mais equilibrada.

Em setembro de 1910, o relatório passou pelo Senado e aguardou a sanção presidencial. Entre os pontos elencados no texto estão algumas vantagens para os armadores, como a diminuição de direitos de cabotagem. Para os marítimos, a criação e fortalecimento de escolas de pilotagem e máquinas, maior rigor na emissão de diplomas profissionais aos estrangeiros e a criação de um curso especial para a praticagem do rio Amazonas. Já a nacionalização das equipagens só seria atendida pelo decreto nº 20.303, de 19 de agosto de 1931, emitido por Getúlio Vargas, que, combinado com o decreto nº 20.291, de 12 de agosto de 1931, ganhou o apelido de Lei dos 2/3.[26] Esse dispositivo igualou salários de nacionais e estrangeiros numa mesma função e obrigou os patrões a manterem empregados 2/3 de trabalhadores nacionais.[27]

Como a maioria da marinhagem amazônica trabalhava em rotas nacionais, aos olhos dos tripulantes não fazia sentido equipar navios com estrangeiros, algo que soava como discriminação dos armadores e das Capitanias. Isso ajudará a esclarecer, ao fim deste livro, a boa recepção dos marítimos às leis trabalhistas da era Vargas, por absorverem décadas de luta pela preferência nacional do trabalho embarcado. Em parte, a Comissão Especial de 1910 apontou uma direção para nacionalizar o trabalho marítimo, embora destoasse do que isso realmente significava para a marinhagem rasa.

---

[26] "Marinha Civil". *Correio do Norte*. Manaus, n. 461, 11 jun. 1910; *O Século*. Rio de Janeiro, n. 1.648, 29 dez. 1911; *Diário Oficial da União*. Seção 1, 26 ago. 1931, p. 13.608.

[27] Alberti & Pereira, 2007, pp. 33-34.

De modo geral, a comissão agitou o associativismo marítimo em 1910. Pela primeira vez, cogitava-se uma mobilização nacional sem interferências internas, pois o que estava em jogo era o mercado de trabalho. Afonso Costa dizia que defender a marinha mercante era defender o emprego dos brasileiros, que deveriam fazer do patriotismo uma bandeira de luta. Nesses termos, urgia superar as clivagens de raça, classe, ofício etc., a fim de consolidar uma identidade nacional entre os marítimos. Para Costa, essa identidade se contrapunha à equipagem de estrangeiros, que não hesitariam em desertar de navios brasileiros para beneficiar suas terras natais. Ele também acusou a capacidade desses forasteiros portarem perigosas ideias políticas para a segurança nacional. Uma coisa seria insuflar greves em uma fábrica, outra bem diferente seria tomar o transporte das riquezas nacionais com um motim.

Bem nutrida no seio da marinhagem, a identidade nacional seria o remédio para pacificar as relações entre patrões, oficiais e colegas. Uma vez que os tripulantes eram vistos como propensos a sucumbir a ideias rebeldes de doutrinadores, a irmandade marítima de viés patriótico convenceria da importância do paternalismo exercido pela oficialidade nacional, que incluía, entre outras práticas, o uso do castigo físico disciplinar. Embora a Congregação da Marinha Civil criticasse a formação militar do oficialato mercante, isso não se estendia às noções de disciplina ali aprendidas. A limitação do poder militar sobre a marinha mercante defendida pela congregação falava da interferência das Capitanias no comércio e não sobre relações de hierarquia e subordinação a bordo.

Os principais alvos do relatório são supostos elementos estrangeiros (patrões e marítimos) que ameaçariam a ordem e a segurança da navegação mercante nacional.[28] Não por acaso, o texto nos remete ao início deste capítulo, quanto ao perigo da penetração de ideias e pessoas estranhas ao mundo marítimo brasileiro. Nesse sentido, importa

---

[28] A. Costa, 1910, pp. 100-102.

destacar um problema ignorado pela comissão: mais do que a disputa de nacionalidades, a hierarquia de bordo refletia a desigualdade étnico--racial presente naquela sociedade.

O relativo apoio dos marítimos à comissão revela uma possível apropriação deles: a nacionalização da cabotagem significava maior acesso de homens de cor a postos de trabalho, diante das políticas de imigração valorizadas desde o final do século XIX. O que se vivia nos porões e conveses podia ser mais nocivo do que as cores das bandeiras de empresas e seus empregados.[29] Distando da Comissão Especial, os não brancos sabiam que a militarização da marinha mercante assegurava privilégios e autoridade a herdeiros de famílias escravocratas. Uma das formas de combater a persistência dessa cultura escravista seria por meio de maior qualificação profissional e intelectual, entendida como via de acesso à participação política e à consolidação de cidadania.

Independentemente da nacionalidade dos patrões, a imagem de trabalhador/cidadão prevaleceu nas reivindicações pelos espaços decisórios de poder. Isso era encorajado pelas associações de foguistas, marinheiros e moços, que eram conscientes tanto do seu poder de barganha quanto do clientelismo de pilotos, práticos e maquinistas. Os problemas que geravam dissensões numa eventual identidade de classe passavam por formas racializadas de subordinação, silenciadas no projeto de nacionalização da marinha mercante.

Em 11 de junho de 1910, Müller dos Reis comunicou os passos seguintes da Congregação da Marinha Civil, a fim de "unificar a marinha mercante brasileira". O moral estava elevado pela vitória na Comissão Especial. Reis comemorava a boa recepção da congregação entre os manauaras,

---

[29] Atitudes violentas para colocar ordem nos navios afetavam a todos os tripulantes. Certa vez, um oficial do vapor *Gilberto* deu tiros para o ar e depois contra um conjunto de marinheiros que estariam causando desordens por embriaguez. Isso desencadeou um motim no navio, saindo detidos três brasileiros (dois paraenses e um maranhense) e um chileno. *JC*. Manaus, n. 952, n. 953, 21 fev. 1907, 22 fev. 1907. O problema era a recorrência desse tipo de comportamento que racializava a execução dos castigos e o nível de violência contra a tripulação.

que usavam até um regimento de sinais próprios para comunicação em segredo entre os sócios. Esse sucesso animou um congresso prometido para maio de 1911, no Rio de Janeiro, que contaria com a presença dos delegados estaduais. Após efetivação da agenda, a congregação enviaria, "a todas as sociedades marítimas do mundo, a proposta [do] primeiro Congresso Internacional das Marinhas Civis, em que serão tratados assuntos de alto valor para a navegação universal".[30]

O congresso não saiu do papel, mas aduz o esforço de pilotos e maquinistas em internacionalizar sua militância. Eles assumiam a identidade civil como elo identitário, diferentemente das Marinhas de Guerra que, sob pretexto de defesa, incentivavam distância com as guarnições de outros países. Isso também significava impedir o congraçamento de ofícios marítimos fora da tutela dos superiores. Sem uma devida organização patronal, era comum que os patrões chegassem a propor algum tipo de unidade associativa para conter greves e paralisações do setor.[31] Esse tipo de unidade deveria se sujeitar aos interesses nacionais (segurança e lucro), como bem entendeu a Comissão Especial de 1910. Naquele mesmo ano, observamos que entre os armadores de Manaus o que menos havia era unidade – embora a desejassem entre seus empregados, para aumentar a exploração do seu trabalho, como vemos a seguir.

ENTRE O FRENESI E O ABALO. A NAVEGAÇÃO FLUVIAL EM 1910

Em 1910, a borracha amazônica alcançou valorização máxima no mercado mundial, apesar dos abalos de 1907 e 1908, causados pela concorrência asiática. A libra-peso do produto registrou a cifra jamais igualada de 2,90 dólares. O porto de Manaus bateu recorde de

---

[30] "Marinha Civil". *Correio do Norte*. Manaus, n. 461, 11 jun. 1910.

[31] Bean, 1976; M. V. Wilson, 2008.

movimento: 1.675 navios levaram 345.079 toneladas de borracha ao exterior, 100 mil a mais do que a década passada e muito mais do que viria a levar um dia. A indústria automobilística dos Estados Unidos abocanhou boa parte do montante global.[32] No ano seguinte, para lucrar com o escoamento e facilitar o transporte do produto, esse país passou a participar da navegação amazônica.

No geral, a praça comercial de Manaus estava otimista, como atesta o Primeiro Congresso Comercial, Industrial e Agrícola realizado no Teatro Amazonas, em fevereiro de 1910. Havia uma crença na superioridade do produto brasileiro, embora não convencesse os mais cautelosos quanto à ameaça da concorrência do sudeste asiático, onde baixos custos de mão de obra e transporte barateavam a produção. Por conta disso, uma previsão de colapso econômico assombrava empresários e políticos locais. Os efeitos já eram sentidos pelos trabalhadores que sofriam com o custo de vida em Manaus, quatro vezes maior que o de Nova York. A produção agrícola era insuficiente, e o extrativismo absorvia toda a atenção do estado, encarecendo produtos básicos, como café, arroz e feijão.[33]

Entretanto, o alto movimento portuário não indicava estabilidade; ele se devia justamente à queda dos preços da goma nacional. Em maio de 1910, ela começou a despencar de forma vagarosa, mas constante. No segundo semestre, os comerciantes acenderam o sinal vermelho. Entre eles, havia quem aventasse projetos econômicos alternativos e aqueles que queriam esgotar o sistema vigente até o seu limite. Os donos de navios estavam entre esses últimos, tanto pela proximidade do fim do contrato da Amazon Steamship quanto pelas incertezas que rondavam sua substituição. Os empresários ligados à economia extrativista passaram a explorar vorazmente os seus negócios na iminência de uma derrocada.[34] Os armadores de pequeno e médio porte tentaram "compensar" a crise,

---

[32] Burns, 1966, pp. 26-27; Santos, 1980, p. 212, p. 223.

[33] A. Bittencourt, 2012, p. 162; Burns, 1966, p. 20.

[34] Burns, 1966, p. 34.

elevando os preços dos fretes, extorquindo nas passagens e reduzindo salários. Aparentemente, visavam retirar seu capital o mais rápido possível daquele cenário terrível.

Segundo Agnello Bittencourt, o filho do governador e prefeito de Manaus à época, entre os armadores locais não havia unidade ou organização para enfrentar a crise, mas sim uma "ambição de lucros imediatos" que afetava a navegação. Por isso, eles passaram a desrespeitar cláusulas de contrato que regulavam os horários de chegada e partida dos vapores, afetando as jornadas de trabalho a bordo e a mobilidade da população. As empresas privilegiavam o transporte de mercadorias, bem mais lucrativos que as passagens, para o qual encurtavam estadias nos portos, partiam sem avisar ou atrasavam de propósito a fim de sobrecarregar os navios.[35] Com essas práticas, a Amazon Steamship, em particular, aumentou e muito o nível de exploração de seus tripulantes, ávida por encerrar sua subvenção com algum lucro, ao final de 1910.

A voracidade dos armadores foi uma das queixas levadas ao Third International Rubber and Allied Trades Exhibition, realizado entre setembro e outubro de 1912, em Nova York. A delegação brasileira acusou a sobrecarga dos navios pelo aumento de acidentes e naufrágios, que elevaram os custos dos seguros de viagens. Outras reclamações da delegação provinham das cabines dos pilotos: a ordem de diminuir as marchas dos navios para poupar carvão e a propensão dos armadores a contratar não matriculados, de preferência estrangeiros, que aceitavam trabalhar por salários menores.[36] Desde o início dos 1900, pilotos e práticos brasileiros diziam-se preteridos e alegavam complacência da Capitania do Amazonas. Assim, a despeito do alto movimento portuário, na véspera da crise o quadro empresarial e as relações com a marinhagem eram bastante instáveis. No campo político, a falta de coesão entre oligarquias e proprietários não era melhor.

---

[35] A. Bittencourt, 1957, pp. 22-23.
[36] The International..., 1912, pp. 29-30.

No congresso ocorrido no Teatro Amazonas, em fevereiro de 1910, alguns proprietários trouxeram um projeto de proteção e valorização da borracha. A principal proposta era imitar o plantio sistemático de hévea na Ásia e modernizar a produção e o transporte das mercadorias. Medidas em prol da navegação incluíam a diminuição de fretes e impostos de exportação, além de uma drástica redução salarial dos tripulantes. Um novo modo de produção, somado a cortes de custos, entregaria uma borracha mais competitiva no mercado internacional. Outro ponto dizia respeito à qualificação racial dos trabalhadores, defendendo meios que facilitassem uma substituição gradual por imigrantes brancos. O principal problema a ser enfrentado era a fama das doenças endêmicas, que prejudicavam a imagem da Amazônia nas políticas de imigração. Afrânio Peixoto, membro da Academia de Medicina do Rio de Janeiro, expôs em palestra que "a imigração do estrangeiro não vem de fato preparada para esse clima", de modo que sugeriu investir em "boa higiene" para adaptar esse imigrante à produção de borracha.[37] De forma geral, o incentivo à imigração revela como os empresários articulavam ideais de branquitude como signos de avanço social e mão de obra qualificada.[38] Por razões que não cabe discorrer aqui, as propostas não foram acolhidas pelo governo estadual.

A frustração dos participantes do congresso alimentou ainda mais o racha entre as oligarquias Nery e Bittencourt. É possível compreendê-lo da seguinte forma: enquanto os Nery ladeavam empresários ávidos por explorar o negócio gomífero até esgotá-lo, sem se importar com danos à população e à natureza, os Bittencourt angariavam a simpatia do operariado, recepcionando e avaliando alternativas à crise. Governador e prefeito (pai e filho) visavam compor um eleitorado fiel, apoiando a campanha civilista e o associativismo operário.[39] Já os irmãos Nery

---

[37] "Congresso Comercial, Industrial e Agrícola". *JC*. Manaus, n. 2.124, 28 fev. 1910.
[38] Avelino, 2008, pp. 83-84.
[39] Teles, 2018, p. 71.

investiam na aproximação com a oficialidade da Marinha de Guerra, visando conter paralisações portuárias ou reprimir a canhão qualquer convulsão social.

Enquanto isso, os oficiais da marinha mercante se aproveitavam da desunião entre os armadores para encampar uma unidade associativa entre os marítimos. Como lideranças, eles se tornariam os canalizadores das insatisfações de bordo e "protegeriam" a categoria da ambição desmedida de armadores e dos conflitos oligárquicos. No seu cálculo, os subordinados retribuiriam com lealdade e obediência fora dos navios. O objetivo central era retirar deles qualquer possibilidade de autonomia político-eleitoral, num momento decisivo para a economia e a política, em troca de uma submissão irrestrita e tutelada. Porém, um importante elemento abalou a equação da unidade associativa: a execução de um golpe de Estado contra o governo Bittencourt, levado a cabo por alguns desses mesmos oficiais que diziam zelar pela marinha mercante, entre eles, o próprio deputado e piloto Cardoso de Faria.

O BOMBARDEIO DE MANAUS (1910)

Esse trágico evento, ocorrido naquele mesmo ano de 1910, deixou marcas profundas na vida política, no associativismo da classe operária e, literalmente, nas paredes e nos edifícios de Manaus. Para entendê-lo, precisamos examinar o resultado da eleição presidencial daquele ano, a primeira a trazer uma disputa de perfis ideológicos e reais incertezas no seu desfecho. O índice de participação popular registrou um recorde de comparecimento às urnas, quando Hermes da Fonseca (403.867 votos) vencera Rui Barbosa (222.822 votos), iniciando um novo cenário para um governo liderado por um militar, desde Floriano Peixoto (1891-1894).[40]

---

[40] Viscardi, 2019, p. 65, pp. 195-199.

Uma abordagem corrente na historiografia amazonense atribui à vitória de Hermes e à inimizade política, entre Bittencourt e o senador gaúcho Pinheiro Machado, o pivô do golpe de Estado executado poucos meses após a eleição presidencial.[41] Outras interpretações analisam o golpe como um desdobramento violento das disputas oligárquicas e partidárias, em vez de tão somente legá-lo a maquinações externas, embora essas tivessem certa responsabilidade ao estimularem golpismo entre opositores do governo estadual.[42] Há de se notar que o ímpeto golpista atingiu outros estados brasileiros, igualmente afetados pelo rearranjo do Catete, nesse mesmo período. Em breve análise do episódio de Manaus, focarei no papel de oficiais e repartições marítimas como atores políticos, para evidenciar como o golpe e o bombardeio também moldaram o comportamento associativo dos marítimos. Iniciemos pela querela mais referida neste capítulo, a das famílias Nery e Bittencourt.

Ao longo de 1910, o senador Silvério Nery fundara o Partido Republicano Conservador, dissidente do Partido Republicano Federal, liderado por Bittencourt. O diretório do partido nerysta foi composto por figuras como nosso conhecido deputado/piloto Cardoso de Faria, o senador Jônatas Pedrosa e o então vice-governador Antonio Gonçalves Pereira de Sá Peixoto.[43] Seu órgão noticioso era a *Folha do Amazonas*, que promovia ataques ao governo da situação. Um desses ataques era de que Bittencourt teria sociedade numa tipografia contratada por sua gestão. Essa acusação foi levada ao Congresso e acatada pelos deputados para embasar a ilegalidade que levaria à sua imediata deposição. No dia 5 de outubro, sob o beneplácito do senador Silvério Nery, o vice-governador Sá Peixoto participou dessa trama que consistia em um golpe de Estado para demover Bittencourt. Outros importantes atores foram o capitão

---

[41] Ver Loureiro, 1985, e A. Bittencourt, 1985.

[42] O principal estudo ao qual recorri sobre o bombardeio de 1910 é o de Feitosa, 2015, pp. 110 e ss.

[43] *Folha do Amazonas*. Manaus, n. 89, 23 nov. 1910.

do porto Costa Mendes e o coronel do 46º Batalhão, Pantaleão Teles de Queiroz, homens com poder de fogo para agir sob respaldo dos novos ocupantes do Catete.[44]

Na tarde do dia 7 de outubro, Silvério Nery encontrou-se com o capitão Costa Mendes para preparar a Flotilha do Amazonas para uma ofensiva. O ministro da Marinha Alexandrino de Alencar teria autorizado a manobra dos navios. Na sessão legislativa do mesmo dia, os deputados Cardoso de Faria e Adolpho Moreira se incumbiram de forjar a renúncia de Bittencourt. Às 10 horas da noite, o governador recebeu um ultimato para que deixasse o palácio do governo. Pouco depois, ele enviou um telegrama ao presidente Nilo Peçanha informando o ocorrido. Crendo se tratar de um blefe, o governador reforçou a guarda do palácio só por precaução.[45]

Na manhã seguinte, um tiro de canhão vindo da Flotilha iniciou o bombardeio contra a cidade. A população acordou com os estrondos das descargas ordenadas por Costa Mendes, artilheiro veterano da Revolta da Armada. Em pouco tempo, vários edifícios públicos e privados viraram escombros, envolvendo ruas, casas e quintais numa nuvem de poeira. Meia hora depois, 80 praças da Armada desembarcaram na ilha de São Vicente e subiram até o atual Paço da Liberdade, liderados pelo tenente Paulo Emílio Pereira da Silva, futura liderança da Federação Marítima, que logo reencontraremos. Outros 150 soldados do Exército posicionaram-se à frente do palácio. Então os dois grupos atiraram contra os guardas, matando dois.[46] A polícia resistiu por algum tempo, até a Associação Comercial do Amazonas e cônsules estrangeiros intervirem

---

[44] Feitosa, 2015, pp. 118-119.

[45] A. C. R. Bittencourt, 1911, pp. 9-11.

[46] Em 1913, entre outras testemunhas, um oficial militar relatou a Rui Barbosa que o cenário era de terror: "Combate não houve, já o disse e repito. Se, portanto, morreram vinte e um homens da polícia, ou foi a fuzil ou a surra". Disse ainda ao senador que, mesmo rendidos, os prisioneiros eram torturados e depois executados com tiros na cabeça. Barbosa, 1965, pp. 96-97.

no conflito. O bombardeio cessou às 3 da tarde, totalizando noves horas de ataque.[47]

Bittencourt se retirou da capital pressionado pelo capitão Costa Mendes, e Sá Peixoto tomou posse do governo. No Catete, Nilo Peçanha se reuniu nos dias seguintes com os ministros da Guerra e da Marinha e pediu a exoneração de Pantaleão Teles. Em 25 de outubro de 1910, Bittencourt retomou o governo mediante um *habeas corpus* concedido pelo Supremo Tribunal Federal. Dias depois, o Congresso anulou as decisões de Sá Peixoto como governador. Os deputados Adolpho Moreira e Cardoso de Faria foram acusados de falsificar a renúncia de Bittencourt, sem sabermos os motivos que levaram esse último a romper com o governo. Sem demora, o deputado-piloto fugiu no navio inglês *Lefranc*, alegando risco de vida em Manaus. No ano seguinte, ele ainda voltaria à cena pública como presidente da Associação dos Pilotos da Marinha Mercante de Belém.[48]

Por fim, o capitão do porto e os demais atores do golpe também foram punidos e processados na esfera federal. Nilo Peçanha, como última medida de seu governo, envidou esforços para restituir Bittencourt. Peçanha via na reposição do governador uma futura aliança política no Amazonas, considerando o pouco apoio que detinha no momento. Hermes da Fonseca assumiu a presidência em 15 de novembro de 1910. Num acordo político, Sá Peixoto reatou com Bittencourt e permaneceu como seu vice até o fim do mandato, em dezembro de 1912. Ao fim e ao cabo, o grupo político de Bittencourt saiu fortalecido do violento episódio, ele que vinha se afastando da elite proprietária para dialogar com um pequeno número de militantes socialistas.[49]

---

[47] Carone, 1977, p. 265; *Correio do Norte*. Manaus, n. 814, 1º out. 1911.

[48] Feitosa, 2015, pp. 127-128. Partidários de Bittencourt ironizaram a fuga: "Os vampiros têm medo da luz. Bons ventos os levem". *JC*. Manaus, n. 2.373, 14 nov. 1910; *Estado do Pará*. Belém, n. 146, 2 set. 1911.

[49] Carone, 1977, p. 266; Teles, 2018, p. 71.

Contudo, o governo Bittencourt pós-bombardeio não esteve imune a complicações, muito menos se comprometeu com questões sociais. Apesar do evento traumático, as alianças entre as oligarquias continuaram alternadas conforme interesses de ocasião.[50] Ao longo deste capítulo, perceberemos como os trabalhadores se valeram das brechas dessas disputas para impor suas vontades e galgar participação política e afirmação de cidadania, em vez de agirem como joguetes ou espectadores dos poderosos.[51] E, mesmo sem agência de uma multidão de militantes, o bombardeio de Manaus pode ser analisado à luz do movimento operário e civilista.

Primeiro, ao apoiar o civilismo, os subalternos ameaçaram a pretensão política de seus superiores em um importante ano eleitoral. Segundo, o oficialato tentou demonstrar força pelo bombardeio para intimidar eventuais protestos a favor de Bittencourt e Rui Barbosa e contra qualquer aliado dos Nery. Terceiro, com o objetivo de suportar uma indústria decadente, a elite proprietária encontrou apoio nos militares para depor um governo que dialogava minimamente com o operariado. Finalmente, minha hipótese sobre o esboço de uma unidade associativa pelos oficiais considera a instabilidade da hierarquia marítima, parcialmente afetada pelo fracasso do golpe, e o entusiasmo dos subalternos com a retomada do governo. Como a imposição pela força e a ação política não favoreceram o projeto de marinha aventado pela oficialidade, essa foi obrigada a outro tipo de abordagem para imiscuir-se nas associações. Mais adiante, veremos os atores do bombardeio transitando pela Federação Marítima do Amazonas. A incapacidade dessa federação em lidar com associações

---

[50] O próprio Bittencourt viria a prestar apoio a Hermes da Fonseca e se reconciliar com os Nery anos depois. Feitosa, 2015, p. 124.

[51] Nesse período, os trabalhadores organizados "mobilizavam-se eleitoralmente em torno de interesses próprios, eram cotejados por setores das oligarquias, podiam ser decisivos para os resultados dos pleitos e conseguiam eleger representantes legislativos. Esses aspectos devem ser compreendidos como parte de uma cultura política que dinamizou a disputa eleitoral nos centros urbanos durante a Primeira República". Castellucci & Souza, 2022, p. 20.

de subalternos resultava da dupla identidade imposta pelos militares aos mercantes, que sempre reivindicaram a condição de trabalhadores, e não forças militares reservas.

Na capital federal, sete dias depois da posse de Hermes da Fonseca, estourou a famosa revolta dos marinheiros. João Cândido e seus companheiros exigiam uma série de direitos e quase destruíram o mandato do novo presidente. Eles se apossaram dos navios de guerra mais modernos do mundo, viraram seus canhões contra a cidade e, obrigando a política a sair dos gabinetes para as ruas, de dentro dos navios, tomaram a escolha de suas vidas das mãos da Marinha e dos poderes instituídos pela República.[52] A revolta pode ser interpretada como uma subversão do bombardeio de Manaus, sendo bem recebida naquela cidade recém-abatida pela exibição do poder naval contra a população.

Os oficiais da marinha mercante guardavam semelhanças com os alvos de João Cândido e não desistiriam de sujeitar a marinhagem a critérios de disciplina diferentes dos dela. Certamente, João Cândido levava na memória as crueldades praticadas contra os marinheiros da Divisão Naval do Norte, em 1904, quando servira no Amazonas. Agora, num movimento de retorno simbólico, suas ações na baía de Guanabara não seriam esquecidas no porto de Manaus. Elas inspirariam o associativismo marítimo que se reerguia ainda mais combativo, buscando alargar a luta por direitos e impor limites a quem julgava a marinhagem inapta aos lugares da liberdade e da cidadania.

Para concluir, o bombardeio de 1910 marcou um ponto de inflexão nas relações entre as associações marítimas. A fuga do deputado Cardoso de Faria e a condenação dos golpistas, incluindo o capitão do porto, levou os oficiais a pensar noutra forma de sujeição da categoria. A exibição de força e a brutalidade da ala nerysta na marinha poderiam desencadear uma mobilização sem precedentes no porto de Manaus, num momento em que a normalidade da navegação era vital à combalida economia do

---

[52] A. P. do Nascimento, 2020, p. 87.

Amazonas. Daí pilotos e práticos, próximos a Bittencourt, aproveitarem da circunstância para encampar o primeiro projeto de unidade associativa para a classe marítima.

A LIGA NAVAL DA AMAZÔNIA (1911)

A tentativa de golpe incentivou as evasões de marítimos a municípios do interior do Amazonas e ao Pará. Desde o início de seu associativismo, eles queriam se fixar em Manaus, contanto que os salários estivessem à altura disso. Possivelmente, a recondução de Bittencourt contribuiu para um retorno a Manaus. Acresce que, para salvar a economia gomífera, uma redução de impostos sobre a compra de navios havia sido aprovada, o que significava mais opções de emprego embarcado.[53] De qualquer forma, a categoria se deparou com os estragos causados pelas disputas oligárquicas.

Um dos espaços que ainda permanecia sob influência dos Nery era justamente a Capitania. Em janeiro de 1911, a repartição se mudou para os altos da redação do jornal nerysta *Folha do Amazonas*, na avenida Eduardo Ribeiro. A mudança de endereço escancarou a posição da Capitania na política estadual e reduziu, propositalmente, o acesso às suas dependências: somente pequenos grupos conseguiam acessá-la de cada vez, os demais aguardavam do lado de fora, vigiados por gazeteiros nerystas.[54] Já o reempossado Bittencourt estimulava a criação de associações operárias. Foi então que os oficiais mercantes que queriam desassociar sua imagem da Capitania para se aproximar dos subalternos idealizaram um grêmio pluriprofissional de orientação socialista, inédito entre eles. Enquanto faziam filas nas calçadas da Eduardo Ribeiro, os marítimos possivelmente ouviam e espalhavam as notícias dessa nova aposta associativa.

---

[53] Santos, 1980, p. 249.
[54] *Correio do Norte*. Manaus, n. 596, 21 jan. 1911.

Em reuniões na Associação dos Empregados do Comércio, na rua Barroso, os proponentes da nova agremiação debateram sobre como driblar divergências para firmar a unidade associativa entre os marítimos. Foi assim que ficou estabelecida a Liga Naval da Amazônia (LNA), "associação que tratará do progresso da classe marítima do Amazonas", apelando "a todos os embarcadiços em geral, com especialidade os práticos, pilotos, maquinistas, foguistas e marinheiros". Um artigo do *Correio do Norte*, que foi órgão de divulgação da campanha civilista e era o porta-voz do governo Bittencourt, afirmou que ela preencheria "uma grande lacuna" do associativismo local, além de diluir o tom hierárquico presente nas organizações de oficiais e subalternos.[55]

Na reunião preparatória da LNA, compareceu mais de uma centena de pessoas. O jornalista Dejard de Mendonça, que cobria o movimento operário para o *Correio do Norte*, foi o escolhido para presidir a sessão. Em rápida exposição, o piloto Salvador Pires de Carvalho e Aragão defendeu "uma sociedade que congregasse todos os membros da classe marítima no nosso Estado, trabalhando esta pelo bom nome e pelo verdadeiro conceito que até hoje se tem querido negar aos marítimos do Amazonas". Ele sugeria a força repressiva da Capitania e suas relações políticas. Elegeu-se então a diretoria por "unanimidade de votos": Salvador Aragão, piloto (presidente); Alberto Serra Freire, piloto/prático (1º secretário); e Sigfredo Cícero Torres de Azevedo, piloto (2º secretário). Não havia representação do convés ou do fogo. Por fim, uma comissão foi estabelecida para redigir os estatutos da entidade e montar a redação de um jornal, chamado *O Marítimo*.[56]

Em curta existência de cinco meses, a LNA contou com suportes incomuns às entidades anteriores e posteriores a ela. Recebeu apoio dos principais periódicos de Manaus, como o *Jornal do Comércio* e o *Correio do Norte*; alugou um prédio na Eduardo Ribeiro para servir de sede,

---

[55] *JC*. Manaus, n. 2.503, 6 abr. 1911; "Liga Naval". *Correio do Norte*. Manaus, n. 659, 6 abr. 1911.

[56] "Liga Naval". *Correio do Norte*. Manaus, n. 696, 7 abr. 1911.

tornando-se vizinha da Capitania, no qual montou uma farta biblioteca e abrigou a redação d'*O Marítimo*; contou com 304 membros e dezenas de simpatizantes, entre armadores, políticos, jornalistas e funcionários públicos.[57]

Foram impressas duas edições d'*O Marítimo*, de 27 de abril e de 16 de maio de 1911. A meta era manter publicações semanais e um serviço de assinaturas para todo o país. A chefia da redação coube ao presidente Salvador Aragão. O jornal tem quatro colunas textuais e quatro páginas bem diagramadas, que apresentam avisos de reuniões; notícias portuárias; estudos de tecnologias náuticas e navegação marítima; artigos sobre socialismo e associativismo em Manaus; duas poesias de Maranhão Sobrinho; um folhetim do marítimo catarinense Virgílio Várzea, membro da Congregação da Marinha Civil; e anúncios publicitários, na maioria de casas armadoras. A folha é a principal fonte sobre a LNA.

Pelo editorial do jornal, acessamos o perfil da LNA: uma entidade socialista, pluriprofissional, assistencialista e de resistência à perseguição profissional e política de autoridades militares e armadores.[58] Segundo um articulista, esse apelo fora bem-sucedido. Na sessão inaugural, viam-se "congregados, os marítimos sem distinção, desde o oficial até o último grumete, notando em seus rostos a alegria que lhes ia no coração". Ele justifica: "É que a classe marítima do Amazonas vivia em uma apatia criminosa, mas que agora procura ressurgir com o esforço de um punhado de moços, que prometem reabilitá-la cuidando exclusivamente do seu progresso e engrandecimento".[59]

Nos dois fascículos d'*O Marítimo* temos 28 nomes de lideranças da LNA, e todos eram pilotos e práticos que comandavam navios. Um dos membros da redação e secretário substituto da LNA, o piloto Sansão Ferreira Valle, foi um dos 13 candidatos a deputado indicados pelos

---

[57] *JC*. Manaus, n. 2.765, 31 dez. 1911; n. 2.510, 13 abr. 1911; *Correio do Norte*. Manaus, n. 854, 2 dez. 1911.

[58] "O nosso dever". *O Marítimo*. Manaus, n. 1, 27 abr. 1911.

[59] "A marinha mercante ressurge". *O Marítimo*. Manaus, n. 1, 27 abr. 1911.

pilotos em 1909, mas não foi eleito. A ideia de unidade associativa da LNA passava pela tentativa dos oficiais de liderarem toda a categoria e, quem sabe, compor currais eleitorais. Além da ausência do convés e do fogo em postos-chave da LNA, as publicações d'*O Marítimo* não mostram interesse algum pelo restante da marinhagem.

Um artigo de Salvador Aragão, dando dicas para pilotos costeiros e de longo curso, não dialogava em nada com os outros ofícios. Parecia projetar na marinhagem o que considerava conhecimento de ponta: o do mundo oceânico, sem nem sequer citar a navegação fluvial.[60] O texto era dirigido aos pilotos e práticos formados no litoral e irmanados na LNA, deixando de lado os mestres fluviais, seus velhos rivais de profissão, que não tinham lugar naquele ideal associativo.

No restante de artigos e citações, temos mais pistas de que a LNA privilegiava os profissionais de longo curso. Sobre sua relação com a Sociedade Beneficente de Práticos da Amazônia (Belém), diziam que "as duas associações estão no firme propósito de estabelecerem a união e fraternidade entre os seus associados e entre todos aqueles que vivem e trabalham na vida marítima, para defesa e o levantamento da classe, até hoje tão esquecida e guerreada por quem a devia proteger". Os adversários seriam altos funcionários da Capitania, os quais foram apelidados de "amigos ursos".[61] Era uma indireta sobre a capacidade da Capitania de prejudicar enquanto prometia proteger a navegação. Outro indício da continuidade da disputa com mestres, que teriam sua vida facilitada pela Capitania.

Na segunda e última tiragem d'*O Marítimo*, alguns artigos iluminam tanto a posição política da LNA quanto sua opinião sobre valores e dimensões raciais do trabalho. O editorial discorre sobre o significado do 1º de Maio.[62] Inicia afirmando que "nada, realmente, há mais belo, mais significativo e mais liberal do que seja a confraternização do operariado

---

[60] "Para os nossos marinheiros". *O Marítimo*. Manaus, n. 1, 27 abr. 1911.

[61] "Amigos ursos". *O Marítimo*. Manaus, n. 1, 27 abr. 1911.

[62] "1º de Maio". *O Marítimo*. Manaus, n. 2, 16 maio 1911.

num impulso nobilíssimo de solidariedade comum". O articulista, talvez o prático Salvador Aragão, expõe seu entendimento de socialismo, bem ao estilo da época, misturando cristianismo, jacobinismo político e positivismo.[63] A história é mostrada como uma progressão de eventos que levam à redenção final, na qual a volta de Cristo serve de metáfora à revolução social. Leiamos:

> A Revolução Francesa, restituindo ao Terceiro Estado os direitos sociais, estabeleceu [...] as bases do socialismo ideal alevantado e bom, a risonha realidade de amanhã, e quem sabe se não a religião triunfante pela sua base de amor e de justiça.
>
> A luta contra o capital esmagador que preme num guante de ferro o braço que trabalha [o do negro?] e o cérebro que pensa [o do branco?], vem de há séculos atrás, e, à medida que as classes populares se aperfeiçoam pelo cultivo moral, mais se avolumam os elementos da vitória final e talvez ainda seja para os nossos dias o hino consolador da liberdade do trabalho [...]. Jesus – o maior dos sábios que registra a História – foi também um rebelde, um socialista, amparava o fraco, encorajava o humilde, consolava o pequeno e repudiava e anatematizava a Baruch, o sórdido argentário.
>
> É o rebelado da Judeia, [que] fará a volta dos milênios como símbolo do Bem e da Verdade.

Em outro trecho, argumenta que essa "marcha da humanidade", de cunho milenarista, "assinala-se pela ânsia de perfeição" rumo ao futuro. Tal ânsia poderia ser observada, no século XIX, pelo advento técnico das máquinas e, depois, pela transição da escravidão para o trabalho livre. Essa ideia de perfeição se realizaria no século XX, com a "confraternização das raças pela religião do trabalho". Trata-se aqui da valorização do trabalho morigerado e do silenciamento sobre a desigualdade racial. Na leitura do autor, o tempo da escravidão era um atraso histórico e um momento de desunião racial.

O autor homogeneíza o trabalho livre pela sublimação das diferenças raciais, certamente acionando mecanismos de racialização que faziam

---

[63] Hall & Pinheiro, 1979a, p. 36.

do trabalho livre o lugar da branquitude por excelência. A "harmonia" viria pela superação das divergências raciais presentes na marinhagem, realizada "à medida que as classes populares se aperfeiçoam pelo cultivo moral". Sobre "cultivo moral" entendamos: disciplina e obediência dos trabalhadores braçais a seus superiores (o "cérebro que pensa"), e aperfeiçoamento técnico contínuo para os mais qualificados – dado que, quanto mais qualificado o marítimo, mais distante ele estaria do "braço que trabalha", associado a atraso histórico e ao passado de escravidão. Com a deferência dos trabalhadores braçais e a qualificação contínua dos superiores, o mundo marítimo alcançaria uma espécie de paraíso, no qual, bem aos moldes do pensamento da oficialidade, tudo funcionaria com cada um no seu devido lugar. Só então o 1º de Maio atingiria sua apoteose, com "um reboar de aplausos por todo o universo, o próprio infinito [daria] a ilusão de um cenário novo".

O próximo texto destacado é um apelo de união entre os marítimos. A autoria é do pseudônimo V. Juca-Piramá, uma alusão ao herói do poema de Gonçalves Dias: o guerreiro tupi aprisionado pelos Timbira que canta seus feitos perante a morte. O articulista discorre sobre as dificuldades dos marítimos de se associarem em meio a apuros e perseguições. Aconselha suprimir diferenças que atrapalhavam o sentimento de irmandade: "a Marinha mercante do Amazonas, poderosa como é, pode muito bem trabalhar por seu progresso, olhando em cada marítimo um irmão e chamando-os a postos para defesa de seus interesses tão confiados a sua guarda".

É difícil não enxergar no texto um resquício da cultura das corporações de ofício oitocentistas, quando o mutualismo era exercido entre "irmãos" em associações leigas de caráter religioso e laboral, que abrigavam profissionais de um mesmo ramo ou ofício.[64] Isso ganha força se relembrarmos que os práticos e pilotos eram os marítimos mais antigos e conservadores, e muitos haviam persistido à transição

---

[64] Ver Cord, 2012.

tecnológica. Essa condição azeitava a sensação de irmandade prezada pela LNA, que repisava a mesma posição valorativa de pilotos e práticos sobre a profissão marítima, exaltada no mesmo artigo: "As classes navais têm seu justo orgulho, são elas realmente as precursoras da civilização, através do intercâmbio universal".[65] Temos novamente o argumento de bastiões de civilização frisando o valor profissional dos marítimos pelo prisma dos comandantes.

Segundo V. Juca-Piramá, a modernidade ocidental, os valores cristãos e a civilidade deviam orientar o associativismo do grupo. Significados que tinham pouco a ver com marinheiros e foguistas, que se viam mais como trabalhadores lutando por direitos e cidadania do que representantes de civilização e modernidade. Não havia um entendimento único sobre a profissão marítima. Isso dificultava a unidade associativa, ainda desafiada por clivagens de raça, hierarquia, cultura e valores. Enquanto a oficialidade requeria obediência para reproduzir nas associações a mesma subalternidade exigida a bordo, a vida ansiada em terra seguia na contramão disso.

Os redatores do *Correio do Norte* comentaram que, tão logo criada, a LNA enfrentava problemas com marítimos faltosos em disciplina necessária para o associativismo.[66] As lideranças da LNA sentiam mesmo era falta de reverência e sujeição irrestrita aos profissionais marítimos mais qualificados. Um dos desafios da LNA era arrefecer os impulsos radicais do convés e do fogo e sua orientação de luta, na qual a desigualdade racial talvez consistisse num tema a ser debatido. A LNA durou cinco meses e pode ter sucumbido pelas altas despesas e desfiliações, conforme aumentava a suspeita de seus propósitos. No fim, talvez tenha sido entendida como outra estratégia de dominação do oficialato. Não eram bem como "irmãos" que os figurões da LNA viam os ocupantes dos conveses e dos porões de seus navios.

---

[65] "Como podemos progredir". *O Marítimo*. Manaus, n. 2, 16 maio 1911.

[66] *Correio do Norte*. Manaus, n. 666, 14 abr. 1911.

O CENTRO BENEFICENTE DE MAQUINISTAS
NO AMAZONAS (1911-1915?)

Os maquinistas não participaram da LNA e focaram em criar uma associação própria. Eles viviam um dilema com a Capitania, que, havia algum tempo, fazia vista grossa à circulação de cadernetas falsas. Dizia-se que o capitão do porto Carlos de Paiva recebia propina para facilitar o acesso dos falsários aos navios, que ainda embarcavam com salários abaixo do tabelado pela greve de 1906. Os maquinistas formados nas escolas navais do Pará e do Rio de Janeiro estavam se organizando em Manaus para pressionar Paiva, recorrendo ao relatório final da Comissão de 1910.[67]

No início de novembro de 1911, os maquinistas encaminharam ao governador Bittencourt a proposta de uma nova agremiação. No dia 15, eles publicaram os estatutos do Centro Beneficente de Maquinistas no Amazonas (CBMA), uma associação de auxílios pecuniários e de educação intelectual e profissional.[68] O centro buscou assegurar as conquistas da Comissão de 1910 relacionadas à independência de sua educação profissional e a garantia de que o documento de habilitação fosse critério único nas disputas por emprego. Para participar, o sócio pagaria uma joia de 20$000 (vinte mil-réis) e mensalidade de 10$000 (dez mil-réis). Havia um corpo deliberativo (todos os sócios) e um executivo (presidente, dois secretários e um tesoureiro).[69] Seria admitido apenas quem apresentasse carta de maquinista emitida pela Escola de Maquinistas e Pilotos do Pará ou pela Escola Naval do Rio de Janeiro (art. 1-3).

---

[67] *JC*. Manaus, n. 2.751, 16 dez. 1911; n. 2.757, 20 dez. 1911; n. 2.766, 21 dez. 1911.

[68] *JC*. Manaus, n. 2.708, 4 nov. 1911; "Estatutos do Centro Beneficente de Maquinistas no Amazonas". *Diário Oficial*. Manaus, n. 5.218, 15 nov. 1911.

[69] Assinam os estatutos: Francisco A. Fernandes (presidente); André Raimundo dos Santos (1º secretário); José Maria dos Santos (2º secretário); Américo Salgado (tesoureiro). Fundadores: Eurico Bluhm Ferreira; Miguel Henrique de Lemos; Custódio Antonio da Rocha; Prudêncio Jansen Pereira; Pedro Alves Leão; João Lisboa da Cruz; Luiz Martins Gonçalves; Antonio R. de Almeida e Silva.

Convém ponderar a distância que os maquinistas buscavam manter do trabalho braçal, historicamente associado à escravidão e executado pelos seus subordinados foguistas e carvoeiros. A formação como maquinista conferia patente de oficial, e o domínio das teorias mecânicas garantia que fossem insubstituíveis por gente menos qualificada.[70] A qualificação incessante dos sócios resguardava a distinção social desse ofício. É o que vemos nas propostas do centro: estimular "observação constante dos fenômenos mecânicos e experiências adquiridas no exercício da profissão"; organizar conferências sobre "assuntos mecânicos" (ciência, arte, aparelhos etc.); fornecer aulas de Desenho e Português; fornir uma biblioteca com livros de Ciências Físicas e Matemática, revistas mecânicas etc. (art. 11, 16). Arcabouço intelectual os afastaria do estigma do trabalho braçal, além de reforçar a autoridade sobre quem o executava. Para que a instrução técnica se mantivesse atualizada, exigiu-se dos sócios o envio de relatórios ao fim das viagens, que seriam publicados numa revista anual (art. 11-13). Eles deviam conter detalhes sobre o funcionamento das máquinas que os sócios vinham operando e, se fossem pouco conhecidas, deveriam socializar uma explicação geral. Assim, todos estariam sempre nivelados nos conhecimentos e evitariam perder o emprego em vista de novas tecnologias.

O centro se filiou à Federação Marítima do Amazonas em 1914 e ficou ativo até o ano seguinte. Esse percurso carece de mais informações, mas vale destacar o protagonismo dos maquinistas no projeto de unidade associativa da federação – principalmente por sua concepção de marinhagem, que separava os mais e os menos qualificados como sinônimos de quem era mais ou menos apto à civilidade e à cidadania. Outro reforço quanto a isso veio das cabines dos pilotos, onde os timões davam a ilusão de capacidade para dirigir a categoria em terra tal como nas águas.

---

[70] Sobre como esse processo ocorreu com os artífices pretos do Recife oitocentista, ver Cord, 2012.

A ASSOCIAÇÃO DOS PILOTOS DA MARINHA MERCANTE DO AMAZONAS (1911-1922?)

A transferência de contratos à Amazon River (1911) encerrou a parceria entre pilotos e armadores locais, mas não a pretensão daqueles em consolidar influência sobre a categoria. Com o fim da LNA, alguns de seus membros lançaram mão de uma nova entidade, dessa vez só para pilotos.[71] Em novembro de 1911, os fundadores da Associação dos Pilotos da Marinha Mercante do Amazonas (APMMA) reuniram-se na sede da Associação dos Empregados no Comércio, orientados por um veterano do movimento operário amazonense, que ainda não havia estreado na direção de associações. Vamos conhecer um pouco de sua trajetória para entender melhor os novos rumos do associativismo dos pilotos.

O piloto e 1º tenente Thomaz de Medeiros Pontes reformou-se da Armada, em 1878. Em Manaus, tornou-se redator-chefe do jornal *A Epocha* (1889) ao lado de Bento Aranha, intelectual abolicionista e famoso radical republicano.[72] Anos depois, integrou a redação do *Operário* (1892), órgão dos gráficos de Manaus,[73] organizando com eles o Partido Operário no Amazonas (1892-1893).[74] Após a extinção do partido, Pontes decidiu viajar à Bahia para visitar uns parentes, mas durante sua viagem estourou a segunda Revolta da Armada (1893-1894). Ele então se enfileirou aos

---

[71] Em 1911, havia a Associação de Pilotos da Marinha Mercante de Belém, liderada pelo ex-deputado Cardoso de Faria. É provável que os amazonenses tenham criado outra entidade para se afastar de Cardoso e sua ligação com os golpistas de 1910.

[72] Existe uma única edição do título acessível na BNDigital: *A Epocha*. Manaus, n. 30, 5 dez. 1889. Sobre Bento Aranha e sua trajetória política e intelectual, ver L. B. Pinheiro, 2021.

[73] Ele está como redator no segundo e último número do título. Seu conteúdo apresenta notas sobre a limpeza pública de Manaus, análises das eleições municipais e estaduais, traduções do periódico francês *Le Parti Ouvrier* etc. Não há qualquer menção ao trabalho marítimo. *O Operário*. Manaus, n. 1, 12 dez. 1892; n. 2, 19 dez. 1892 (cópias do jornal cedidas gratuitamente pelo Governo do Estado do Amazonas. Secretaria de Cultura e Economia Criativa. Gerência de Acervos Digitais).

[74] Pinheiro & Pinheiro, 2017, pp. 105-106.

rebelados tão logo soube da notícia, ainda a bordo do navio que o levava à Bahia. Quando seu vapor encostou ao navio *Rei de Portugal*, ele embarcou e deu voz de prisão à oficialidade, uma ousadia reportada em diferentes jornais do país, que exigiram a sua imediata punição.[75]

A Revolta da Armada terminou com o asilo diplomático de 518 brasileiros em duas corvetas de guerra portuguesas. No Relatório do Ministério das Relações Exteriores, Pontes é listado entre os 267 refugiados na corveta *Mindello*, que partiu do Rio de Janeiro a Buenos Aires e depois para Portugal. A jornada dos asilados acarretou problemas diplomáticos. Ao longo das paradas houve fugas e dispersões pela Argentina e pelo Uruguai.[76] Pontes permaneceu na *Mindello* e chegou a Portugal em 1894.[77] No ano seguinte, quando o governo brasileiro concedeu anistia aos revoltosos, ele voltou para o Amazonas e se engajou nas eleições ao governo do estado.[78] Em 1899, Pontes foi nomeado piloto do vapor *Barés*, de propriedade do estado do Amazonas. O emprego era uma espécie de prêmio pelo apoio eleitoral prestado ao governo da situação e por sua militância republicana no Amazonas. No mesmo ano em que assumia o timão do *Barés*, era criado o Clube União Marítima, no qual aparentemente não teve participação.[79]

Não há indícios de Pontes como piloto na navegação comercial. Seu ingresso no associativismo marítimo resultava muito mais das proezas da Revolta da Armada e da sua fama na política amazonense. Essa biografia podia ser útil aos pilotos e ao cenário associativo com a volta de Bittencourt

---

[75] Um suposto conhecido seu traçou-lhe uma espécie de perfil criminal à imprensa carioca: um rebelde, caloteiro, bígamo e famoso criador de atritos onde trabalhava. *O Tempo*. Rio de Janeiro, n. 960, 24 out. 1893.

[76] A. Nascimento, 1894, p. 51. Esse episódio rendeu uma crise diplomática entre Brasil e Portugal até 1895, segundo J. J. dos Santos Júnior, 2014.

[77] "Boletim do Dia". *A Notícia*. Rio de Janeiro, n. 51, 6-7 nov. 1894.

[78] Estava empenhado na campanha do Partido Republicano Federal para eleger Fileto Pires Ferreira governador e José Cardoso Ramalho Júnior vice-governador. *A Federação*. Manaus, n. 426, 25 mar. 1896.

[79] "Vapor 'Barés'". *A Federação*. Manaus, n. 412, 3 maio 1899.

ao governo. Ademais, havia intenção dos oficiais de se reapresentarem como diferentes dos militares atrelados ao bombardeio. Em 1911, o piloto do *Barés* foi escolhido para liderar a Associação dos Pilotos da Marinha Mercante do Amazonas (APMMA). Na sessão inaugural, no dia 25 de novembro, compareceram o ajudante do capitão do porto; o imediato do navio de guerra *Jutahy*; e Carlos Falcão, decano dos pilotos e presidente da Associação dos Pilotos do Pará. Ainda se registrou grande número de associados elegendo sua primeira diretoria.[80]

Seus estatutos foram publicados a 31 de dezembro de 1911.[81] Chama a atenção a dedicada confecção de 101 artigos, divididos em 20 capítulos, redigidos por Joaquim Miranda de Lima Braga, Alberto Serra Freire e Sansão Ferreira Valle. Os dois últimos eram ex-redatores d'*O Marítimo* e ex-secretários da LNA, extinta havia poucos dias. A APMMA era uma associação beneficente, "composta de número ilimitado de Pilotos, diplomados por qualquer das escolas do país"; abrigava "toda e qualquer religião e cor pessoal, todo e qualquer credo político", mas proibia "discussões sobre qualquer destes assuntos" (art. 1, 100). O aceite independentemente de cor revela que a questão racial era um tema presente no associativismo marítimo. Esclarecer que não havia discriminação racial significava apreço por unidade, apesar da segregação naquele meio. A proibição de assuntos raciais e políticos em reuniões operárias sugere sua regularidade, inclusive como causas disruptivas. Mais do que manter a coesão do grupo, evitar tais temas naturalizaria submissões a lideranças presumidamente brancas,[82] caso de boa parte da pilotagem.

---

[80] Thomaz de Medeiros Pontes (presidente); Patrício da Gama Bentes (1º vice-presidente); Carlos Cardoso Fernandes Sá (2º vice-presidente); Virgilio Andrade (1º secretário); Theobaldo Ribeiro de Menezes (2º secretário); Antonio de A. Mesquita Pacheco (tesoureiro). Conselho fiscal: João Wilkens Lopes Braga, Joaquim de Castro Alves e José Domingues da Silveira. *Correio do Norte*. Manaus, n. 849, 26 nov. 1911.

[81] "Estatutos da Associação de Pilotos da Marinha Mercante no Amazonas". *Diário Oficial*. Manaus, n. 5.255, 31 dez. 1911.

[82] Roediger, 2013, p. 31.

Além de morais e instrutivos, os fins da APMMA visavam incitar entre os sócios o "gosto e o amor pelos trabalhos marítimos", educando "para que eles gozem da posição social a que têm direito, em virtude não só da sua árdua e arriscada profissão, como dos serviços que prestam ao país e especialmente ao comércio nacional"; incentivar a educação e a ilustração dos pilotos; oferecer apoio jurídico e pecuniário aos enfermos e desempregados; defendê-los de "abusos do governo ou particulares". Enfim, os pilotos deviam se amparar "mutuamente como irmãos, em todas as ocasiões precisas e em quaisquer transes e calamidades da sua vida" (art. 2). Vemos então, outra vez, a metáfora de laços familiares como superação de diferenças e valorização de uma pretensa unidade associativa, revisitando jargões e experiências das irmandades e corporações de ofícios do século XIX. Esse repertório vinha certamente de Serra Freire, ex-redator d'*O Marítimo*.

Tal união entre os pilotos exigiu maior rigor na sua estrutura funcional e na regularidade do caixa. Na sede social, havia um corpo de funcionários que percorria casas e navios, recolhendo ou cobrando as mensalidades (art. 85-86). Ninguém queria que a APMMA tivesse o mesmo fim que a LNA. Outra diferença entre as duas era que a primeira enfocaria mais na qualificação profissional dos sócios, valorizando a identidade marítima acima das cisões políticas e raciais. As lideranças queriam usar o associativismo para incutir unidade entre os subalternos, a fim de preservar sua voz de comando dentro e fora dos navios. Eram homens com perspectiva de carreira, que se entendiam civilizadores e agentes do transporte das riquezas da nação. Visando preservar esses lugares, eles apostaram numa qualificação contínua e atenta às inovações tecnológicas para se precaver de mudanças na indústria naval. É possível que essa exigência partisse de pilotos mais velhos e treinados antes da hegemonia dos vapores. Nesse sentido, investiu-se em uma biblioteca e um jornal próprio, na mesma linha da extinta LNA (§10, art. 2).

Os poderes estatuídos pela APMMA dispunham de assembleia geral e diretoria (presidente e dois vices, dois secretários e um tesoureiro). As eleições seriam a cada dois anos por voto secreto em urna e cédula única para os cargos (art. 27). Há um capítulo inteiro sobre o ritual de posse da diretoria, o que denota intenção de estabilizar a agremiação por meio de uma ritualização de poder e tradição.[83] Ocorria em sessão magna presidida pela mesa eleitoral, que lia um relatório "historiando os atos da administração finda". Em seguida, o novo presidente tomava assento na mesa e jurava o seguinte: *"Prometo, por minha honra, cumprir e fazer cumprir fielmente os presentes Estatutos e exercer, com dedicação, o desempenho do cargo para o qual fui eleito, pugnando pelo engrandecimento e prosperidade da associação"*.[84] Então convidava o antecessor para se sentar à sua direita e depois empossava os demais cargos eleitos. Ao fim, cedia-se a palavra aos convidados e representantes de outras agremiações.

Ao fundo, encimava a bandeira da associação com o desenho de

> [...] duas âncoras amarelas cruzadas, com o emblema do comércio representado por um caduceu também amarelo, sobre um salva-vidas encarnado, com 21 estrelas brancas, simbolizando os Estados da República brasileira, tendo no centro o globo terráqueo, azul com os contornos brancos, sendo a cor da bandeira, azul.[85]

Essa flâmula também podia ser hasteada pelos sócios nos navios de seu comando. Seus símbolos expressavam a ambição da APMMA de exceder as fronteiras amazônicas pelos estados brasileiros e, quem sabe, pelo "globo terráqueo". A principal diferença da APMMA, em relação a todas as outras entidades marítimas de Manaus, expressava-se por "estabelecer sucursais nos Estados do Brasil, ou aí ter, por nomeação, um delegado para fiel cumprimento destes Estatutos e das deliberações da assembleia geral ou ordens da diretoria" (§9, art. 2). Pontes e seus companheiros

---

[83] Batalha, 1986, p. 425.
[84] "Estatutos da Associação de Pilotos da Marinha Mercante no Amazonas". *Diário Oficial*. Manaus, n. 5.255, 31 dez. 1911, grifo no original.
[85] Infelizmente não localizei imagem alguma do emblema da associação.

queriam irradiar sua proposta associativa Brasil afora, tornar Manaus um epicentro de militância de pilotos e estreitar "laços de solidariedade com as associações congêneres nacionais e estrangeiras" (§8, art. 2).

Além das passagens por países da América do Sul e da Europa, Pontes realizou viagens de instrução a Nova York pela corveta *Nictheroy*, em 1876,[86] capitaneada pelo futuro ministro da Marinha Alexandrino de Alencar. Por sinal, era o ministro em exercício no período de criação da APMMA, e defensor do projeto de modernização material e do pessoal da Armada. Além de moldar visões políticas ao observar cenários do exterior, Pontes e outros oficiais devem ter se convencido do suposto atraso técnico e profissional da marinha, que embasava a modernização naval pleiteada por Alencar.[87] A associação dos pilotos estava afinada aos ideais de congraçamento marítimo e qualificação profissional para a elevação da Marinha. Pontes queria partir de Manaus para irradiar esse ideário e estabelecer conexões com marinhas ditas mais modernas e avançadas mundo afora.

Segundo o capítulo XV, as sucursais da APMMA seriam formadas "em capitais ou cidades marítimas e fluviais de grande desenvolvimento de navegação mercante" e regidas pelos estatutos da matriz manauara. A administração delas caberia a três sócios quites, dois deles nomeados por uma assembleia geral em Manaus, a quem prestariam contas trimestrais. A matriz manteria controle absoluto sobre as filiais, podendo nomear e demitir delegados livremente, além de proibir fusões com outras associações (art. 76). Havia um teor de autoridade inquestionável na APMMA, que imitava a forma como seus membros comandavam os navios. Apesar desse forte traço conservador, a APMMA tinha uma desenvoltura bem maior em aceitar ideias e visões de mundo transnacionais, possivelmente em razão do espelhamento da modernização naval em curso pelo país. Mas nem tudo foram ousadias e novidades.

---

[86] "Corveta *Nictheroy*". *O Monitor*. Salvador, n. 111, 15 out. 1876.

[87] S. C. Almeida, 2010a.

Além da propaganda associativa e da irradiação de sucursais pelos portos, a APMMA visava dominar o mercado de trabalho. A diretoria tentaria influenciar nas equipagens para empregar seus sócios, "e estes, quando em comando, empregarão em seus navios, de preferência absoluta, seus companheiros de associação" (art. 87). Dessa forma, combater-se-iam as tripulações combinadas na Capitania, em especial a preferência por mestres e pilotos não associados. Os problemas dos pilotos de longo curso persistiam desde que o rio Amazonas passara a receber vapores de grande calado, na segunda metade do século XIX.

Nesse período, o setor marítimo ao redor do mundo passara por uma substituição tecnológica que trouxe novas relações de trabalho e novas propostas políticas. Como resultado, vemos militâncias emaranhadas em contradições formadas pela convivência de diferentes gerações e tipos profissionais, que teciam suas próprias relações políticas, ideológicas e de classe, sem eximir ou superar de imediato a coexistência de velhas tradições associativas, desigualdades raciais silenciadas, diferenças culturais e de ofício etc.[88] Talvez por isso, a APMMA enfrentou dificuldades no seu ano inaugural, quando os mestres também se organizaram para continuar disputando postos de pilotagem. A Associação dos Mestres de Pequena Cabotagem (AMPC) foi criada em vista da APMMA e também buscou melhor preparo no mercado de trabalho.[89] Não localizei seus estatutos, e as poucas notícias sobre ela não deixam saber como se deram os embates com os pilotos.

No ano de 1912, a marinhagem amazônica passava por enormes dificuldades. Conforme decaía a atividade gomífera, mais intensificada se tornava a exploração dos marítimos. A chegada da Amazon River (1911) animou o mercado de trabalho e até reavivou o fôlego associativo dos pilotos, mas, em termos salariais e de condições de trabalho, o cenário era pior do que antes.[90] Não sabemos se isso contribuiu para definhar

---

[88] Contreras, 2013, p. 91.
[89] *JC*. Manaus, n. 2.788, 23 jan. 1912.
[90] *JC*. Manaus, n. 2.917, 3 jun. 1912.

a APMMA, mas nesse mesmo ano Pontes começou a desaparecer da cena pública.

Suas últimas aparições revelam envolvimento com o espiritismo kardecista. Na Federação Espírita do Amazonas, ele palestrou sobre a "relação entre o mundo espiritual e o mundo corporal" e uma "perpétua relação entre as leis e os fatos, os homens e as situações, a natureza e os seres; entre o passado e o presente e o futuro". Parecia-lhe o mundo espiritual tão conectado quanto o mundo da navegação e a irmandade dos pilotos?[91]

A APMMA e a AMPC não passaram dos anos 1920, quando o declínio náutico e a decadência das casas armadores eram latentes.[92] Desde o fim da LNA, o associativismo marítimo esteve marcado por comandantes buscando liderar toda a categoria. Os demais ofícios continuavam desarticulados, ao menos formalmente. A Capitania do Porto, em oposição ao governo estadual, antagonizava as organizações marítimas simpáticas à Bittencourt. Foguistas, marinheiros e moços começaram a se reunir e aspirar a suas próprias associações, entre 1913 e 1914. Já que entidades pluriprofissionais como o Clube União Marítima e a LNA se mostraram inviáveis, os comandantes criariam a Federação Marítima do Amazonas, em 1914, para coligar as associações, sem (supostamente) imiscuir-se na direção delas. Sua liderança contaria com a participação de militares reformados e da ativa, novamente misturando as duas marinhas numa sina de comando daquela vida associativa.

UM EPÍLOGO PARA CARDOSO DE FARIA

O ano de 1912 fora o último do governo Bittencourt. Numa eleição complicada e questionável, em 1º de janeiro de 1913, sucede-lhe o

---

[91] *JC*. Manaus, n. 2.814, 18 fev. 1912; n. 2.939, 25 jun. 1912.
[92] *JC*. Manaus, n. 11.290, 29 set. 1937.

médico baiano Jônatas Pedrosa, iniciando administração marcada por perseguições e capangagem. Entre as vítimas, operários e adversários políticos, como o próprio Bittencourt, espancado pela polícia em plena rua a mando de Pedrosa. Até que, em junho de 1913, outra tragédia atingiu o ex-governador e dessa vez também a sua família.

O piloto Cardoso de Faria andava por Manaus, depois de muito tempo ausente, desde que, em 1910, fugira para Belém, onde se autoexilou. Numa manhã de domingo, Miguel Bittencourt, filho caçula do ex-governador, conversava com amigos na avenida Eduardo Ribeiro. Em dado momento, surge Cardoso, e, depois de discutirem, ambos sacam seus revólveres para um tiroteio sangrento. Um dos disparos fulminou Miguel ali mesmo. Cardoso saiu cambaleando com uma bala alojada no pulmão. O crime soava como vingança pessoal do piloto e ex-deputado. A morte do filho afastou Bittencourt da vida pública por anos. Cardoso desapareceu até do associativismo, vindo a morrer em Manaus, no dia 20 de janeiro de 1918, por complicações do projétil de Miguel em seu corpo. Teve um velório esvaziado, com alguns membros da família Nery e da Guarda Nacional, além de uma tímida repercussão na imprensa.[93]

No governo Pedrosa, outros ressentidos iguais a ele buscariam acertar suas contas. O próprio governador era partidário dos Nery, subserviente a Hermes da Fonseca e guardava ódio de Bittencourt e seus apoiadores, entre os quais incluía boa parcela de trabalhadores. Assim, o que se seguiu a 1913 foi uma intensificação da violência policial promovida pelo Estado e acompanhada de dura crise econômica.[94] Nesse cenário desafiador, os foguistas reconstruíram sua organização e militância. Quanto mais os marítimos se organizavam como sujeitos de direito e não segundo a imagem que seus superiores tinham deles, mais agressiva era a inferiorização dos lugares que almejavam.

---

[93] "Coronel Cardoso de Faria". *A Capital*. Manaus, n. 187, 22 jan. 1918.
[94] U. Bittencourt, 1985, p. 68; J. C. de Oliveira, 1993; A. Bittencourt, 1973, pp. 251-254.

A VOLTA DA UNIÃO DOS FOGUISTAS EM MANAUS (1914)

Em setembro de 1913, o *Jornal do Comércio* noticiou que a SBUFM ia ser reativada. A decisão foi tomada em uma reunião domiciliar, na rua Bandeira Branca, bairro dos Tocos (atual Aparecida). Muitos marítimos que moravam no bairro cediam suas casas para reuniões pela distância segura das delegacias e da Capitania.[95] Segundo o Ministério da Marinha, naquele ano contavam-se 454 matrículas no Amazonas. Como venho afirmando, houve nesse tempo um expressivo êxodo ao Pará, que apresentava 14.094 matrículas. Numa dessas sessões preparatórias da SBUFM, compareceram 70 sócios, apesar de o Amazonas registrar 54 matrículas de foguistas. Possivelmente, foguistas de outras localidades atenderam ao convite do 2º secretário Benedito Teixeira Pinto, delegado local da União dos Foguistas (RJ), que permaneceu em Manaus até a reinstalação da filial, em 1914.[96]

Os novos estatutos da SBUFM foram publicados em 1º de outubro de 1913.[97] Os acréscimos feitos ao texto de 1906 mostram uma readequação para evitar outra paralisia da entidade. Embora os objetivos gerais permanecessem os mesmos, a nova diretoria não contava com nenhum dos membros de sua primeira fase (1905-1907).[98] Outra novidade estava na disposição de luta para "limitar as horas de trabalho e regularizar os seus ordenados", em vista da extensão das jornadas e dos cortes salariais recorrentes desde 1910 (art. 2). Cobrava-se mais frequência dos sócios nas reuniões, devendo-se justificar faltas. Passou-se também a exigir mais

---

[95] *JC*. Manaus, n. 3.381, 25 set. 1913; Ypiranga Monteiro, 2012, pp. 100-104.

[96] Alencar, 1914; *JC*. Manaus, n. 3.429, 13 nov. 1913; n. 3.676, 21 jul. 1914; *Voz do Povo*. Rio de Janeiro, n. 165, 23 jul. 1920.

[97] L. B. Pinheiro, 2017b, pp. 316 e ss.

[98] Diretoria: Francisco Gonçalves Rodrigues (presidente); Manoel Joaquim de Souza (vice-presidente); Raimundo Nonato Ribeiro (1º secretário); Manuel Soares de Carvalho (2º secretário); José Severino do Nascimento Gaya (orador). Conselho fiscal: Elpídio Dias; Raimundo Pery; José Calazans Sampaio; José Maria dos Santos; Terêncio de Souza; Antônio Bentes Correia.

disciplina e moderação da militância: vetaram custas médicas às doenças venéreas e às motivadas por abuso de álcool e punição para desordens fora da sede (art. 8). O art. 10 sublinha as causas de expulsões e uma maior agressividade nos enfrentamentos de classe: seria banido quem difamasse a agremiação, confabulasse com armadores, maquinistas e demais autoridades, na ocasião de greves ou qualquer outra razão (§4). Nesse novo momento, a SBUFM exigia cautela, mas também energia para enfrentar cortes salariais, déficits de equipagem, substituições por indivíduos alheios ao ofício e o aumento da velha repressão vinda da polícia, dos superiores e da Capitania.

O retorno das atividades em 1913 foi satisfatório. No ano seguinte, a boa adesão permitiu a mudança da sede social nos Tocos para um sobrado de esquina, nas ruas Saldanha Marinho e da Instalação, de frente à praça General Osório, área central da cidade. Alocar a associação numa encruzilhada conferia melhor visibilidade, evitava chegadas surpresas e, quem sabe, ligava-se à ideia de proteção espiritual.[99] A nova sede atendia trabalhadores residentes nos bairros próximos do centro, impedindo que a localização geográfica da ação e da organização marítima se restringisse à zona portuária. Para chegar nela, tomava-se um bonde na praça do Comércio e, numa curtíssima viagem, saltava-se à porta da sede. Era a mesma linha que os marítimos pegavam para ir a botequins e cafés, agora vizinhos da SBUFM. A comunidade portuária costumava frequentar as mesas e calçadas do 7 Bilhares e do Café Suisso, na rua da Instalação, onde se divertiam, conversavam e ajustavam suas diferenças.[100] Na rua Saldanha Marinho ficavam hotéis, pensões, hospedarias e prostíbulos. Nesses lugares, os marítimos criaram espaços de convivência e relações entre si e outras categorias, algo indispensável para firmar uma

---

[99] A escolha por encruzilhadas podia representar valor espiritual para os trabalhadores, ver J. J. Reis, 2019.

[100] Em setembro de 1913, foi noticiada a valentia de um maquinista no Café Suisso, coisa inaceitável para quem procurava distância das ordens e submissões dos locais de trabalho. Depois de uma confusão, foi morto a tiros por um homem acoitado pela multidão. *JC*. Manaus, n. 3.378, 17 set. 1913.

associação ou organizar uma greve, eventos que exigiam um mínimo de entrosamento e de vida social.[101]

Quanto mais estável a moradia ou a estada na cidade, maior a regularidade das reuniões. Apesar da evasão a Belém, o ressurgimento da SBUFM e a adesão a ela denotam um estreitamento dos laços sociais dos foguistas em terra. A boa situação do associativismo não se resumia à quantidade de membros, mas ligava-se à conjuntura que permitia forjar identificações com seus representantes. Com a diminuição do fluxo fluvial, a espera característica da profissão aumentou a permanência nos arredores da SBUFM. Os navios que iam e vinham continuavam alimentando a ânsia de notícias sobre o mercado de trabalho e o movimento operário. E o baixo número de matriculados, ao contrário de esmorecer a organização, facilitou uma convivência mais próxima e corriqueira, suficiente para uma vida associativa mais longeva e dotada de força para entabular uma greve portuária.

A eficácia da greve exigia saber dos acontecidos e circulá-los entre a comunidade. A nova sede da SBUFM estava no local perfeito para isso. Podia-se panfletar ou emitir avisos na calçada, na praça, alcançar foguistas indo se divertir ou repousar. De portas abertas às duas vias, era adentrada de domingo a domingo, das 9h às 11h e das 13h às 20h. Todo dia havia alguém no térreo para receber o público. No andar superior ficavam a biblioteca e a escola noturna. Pela noite, os boêmios podiam ser atendidos pela entidade, com a possibilidade de os associados acompanhá-los nos botequins (sem exageros, como regia os estatutos) após as aulas e reuniões, geralmente das 19h às 20h.[102] Além de ser uma oportunidade para colocar a conversa em dia, uma ida coletiva aos bares permitia dividir as contas e aliviar um pouco a fome que assolava a cidade.

---

[101] Para o caso dos marítimos e pescadores de Málaga, ver Muñoz, 1997, p. 260.

[102] *JC*. Manaus, n. 3.539, 4 mar. 1914.

Em Manaus, a carestia de vida foi implacável por causa do bloqueio marítimo no início da guerra. Havia crise de abastecimento nos mercados e escassez de alimentos, agravadas com atrasos e diminuição de salários, desemprego, luta por moradia etc.[103] Diversas categorias recorreram ao associativismo para combater essas mazelas, estendendo as horas de vida coletiva por circunstância e estratégia. Dessa convivência, foram organizadas novas entidades e retomadas outras.

É importante dizer que tais aglomerações alargaram o repertório policial de criminalização da vida coletiva da marinhagem. Cada vez mais, os marítimos passaram a ser ridicularizados nas colunas policiais dos jornais, detidos em condições de degradação física e sujeitos a violência racializada. Como na denúncia dos tripulantes da lancha *Amazonas* que, sem trabalho, perambulavam na beira do igarapé de São Vicente. "Dizem que dentre todos se salienta um preto, que vive sempre em trajes menores a fazer momices".[104] Certamente esse marítimo não tinha recursos para se vestir conforme a moral da vizinhança.

A bebida também levava a brigas mais sangrentas. Os motivos variavam entre desafios de masculinidade, valentias e disputas por vagas nos navios. Mais do que tema sexual, conflitos envolvendo romances também enunciavam concorrência por teto e divisão de despesas.[105] Os oficiais temiam que todos esses distúrbios afetassem o desempenho das equipes e se transmutassem em motins e greves nos navios. Arrefecer rebeldias do convés e do fogo estava na ordem do dia. No entanto, até aquele momento, nenhuma liderança mostrara-se carismática ou influente o suficiente para "pacificar" esses marítimos.

Outros grupos de trabalhadores passavam por diferentes processos de formação de lideranças e exibiam boas acolhidas no movimento operário.

---

[103] M. Araújo, 2018, p. 34.

[104] *JC*. Manaus, n. 3.609, 14 maio 1914.

[105] O foguista João Cassianá confrontou dois vizinhos de estância que assediavam sua companheira Maria Rodrigues. Aqueles homens solteiros e desempregados viram nela oportunidade para saciar desejos carnais e carência financeira, porque Maria trabalhava na rua. *JC*. Manaus, n. 4.406, 2 ago. 1916.

Os gráficos, por exemplo, fundaram o jornal *A Lucta Social*, em 29 de março de 1914, de perfil sindicalista-revolucionário. Eles mantinham conexões com o movimento operário de outras regiões e países ibéricos.[106] Naturalmente, o protagonismo operário que galgaram na cidade não era desprezado pelo oficialato mercante, que encarava "anarquia" de forma difusa e via nela gatilhos de indisciplina acionados por elementos estrangeiros. Para anarquistas e sindicalista-revolucionários, os marítimos se destacavam pela posição estratégica à circulação de informações e por sua importância numérica. Desde janeiro de 1914, as sessões preparatórias da Federação Marítima mostravam-se atentas a isso. Nessas reuniões, dois líderes se sobressaíam na disputa pelo controle do associativismo marítimo: o tenente-maquinista Luís Tirelli e o agitador anarquista João Gonçalves Demoniz.

DE MONICA A DEMONIZ

João Gonçalves Monica tinha ascendência ou herdara o sobrenome de algum português. Em 1903, morava na avenida Central, no Rio de Janeiro, onde mantinha amizade com outros trabalhadores da vizinhança. Essa boa relação explica o trânsito que ele teria em diferentes associações, mesmo sem exercer os ofícios dos membros. Ele era servente de 1ª classe da Central dos Correios, lotado na 3ª seção de Malas Marítimas. Vivia em meio a toneladas de cartas, jornais e publicações, uma ótima posição para absorver e depois propagar ideias libertárias.[107] Não sabemos exatamente quando ele passou a professar o anarquismo, mas sim o início do seu itinerário associativo.

Em maio de 1903, foi eleito presidente da Sociedade Protetora dos Empregados Domésticos e nunca mais parou de militar.[108] Ele permanecia

---

[106] Teles, 2020, pp. 64-67; ver Barros, 2015.
[107] *Anuário Administrativo, Agrícola, Profissional, Mercantil e Industrial*. Rio de Janeiro, 1910, p. 620.
[108] *Jornal do Brasil*. Rio de Janeiro, n. 127, 7 maio 1903.

pouco tempo nas agremiações, preferindo auxiliá-las nos estágios iniciais. Podia ser caracterizado mais como um agitador e propagandista de cultura militante.[109]

Monica participou da greve da indústria têxtil de 1903, que contou com adesão de diferentes categorias e virou uma greve geral. O movimento foi duramente reprimido, e suas reivindicações não foram alcançadas, porém lançou bases de um sindicalismo mais calcado na ação direta.[110] E Monica foi um dos mais empenhados em promovê-la. Em maio de 1905, ele liderou o sequestro de um bonde no bairro do Catete. Foi preso por conta disso, mas solto em junho com ajuda de Irineu Machado, advogado da Federação das Associações de Classe. No mês seguinte, foi detido outra vez pelo crime de greve, alegando ser estivador e depois canteiro para despistar a polícia.[111] Além das ações diretas, seu trânsito associativo e as trocas de identidade fizeram-no conhecido, de norte a sul, como um velhaco do movimento operário, apesar de prestar uma real contribuição às lutas dos trabalhadores.

No perímetro das ruas do Hospício (atual Buenos Aires), dos Andradas e Uruguaiana, Monica fizera a sua fama.[112] Nos comícios e sedes de associações nesses endereços quase todo mundo sabia das suas proezas e prisões. Depois de solto, Monica reapareceu em 1907, como cobrador da Liga dos Maquinistas, Eletricistas e Metalúrgicos.[113] Em outubro de 1909, num comício em homenagem ao martírio do pedagogo e anarquista espanhol Francisco Ferrer, Monica foi convidado a se manifestar. Ele era

---

[109] Por "cultura militante" contemplo todas as ideias e práticas culturais do mundo associativo, independentemente do perfil político: modos de vida propostos em discursos, práticas, rituais etc. de associações e militantes do movimento operário. Batalha, 1986, p. 424.

[110] Batalha, 2000, p. 40.

[111] *Jornal do Brasil*. Rio de Janeiro, n. 150, 30 maio 1905; *Correio da Manhã*. Rio de Janeiro, n. 1.465, 16 jul. 1905.

[112] Tratava-se de um reduto de entidades e redações de jornais operários. Maciel, 2016, p. 438.

[113] Essa também sediada na rua do Hospício. *Jornal do Brasil*. Rio de Janeiro, n. 225, 13 ago. 1907.

um conhecido divulgador de sua Escola Moderna, mas foi econômico e direto nas palavras: "O meu protesto é vivo e solene, contra o atentado à liberdade humana, como este que todo o mundo condena". Ouviram-se vivas e aplausos.[114] Dias depois, na Federação Operária, exigiu maior radicalismo contra os algozes de Ferrer e sugeriu que os marítimos ajudassem no boicote a mercadorias vindas da Espanha.[115] Naquela altura, Monica já era bem entrosado com a comunidade portuária, e sua fama vinha ultrapassando os círculos operários.

Durante a campanha à presidência da República de 1910, Monica foi exonerado dos Correios, acusado de orquestrar um atentado a dinamites em favor dos civilistas. Tal demissão foi explorada pela polícia nos jornais. A *Gazeta de Notícias* preparou um dossiê expondo a ação policial pró-Hermes da Fonseca. Os chefes de Monica atestaram sua idoneidade profissional e seu bom comportamento, corroborando a mera perseguição política que ele sofria.[116] Desempregado, Monica mergulhou de vez no movimento operário, passando a ganhar dinheiro com a militância e a sobreviver dela.

Em 1º de maio de 1910, ele integrou a direção da segunda fase do jornal anarquista *Novo Rumo*.[117] Era responsável pelo setor financeiro e pedia doações dos leitores para o custeio da oficina tipográfica encomendada da Europa. Os redatores diziam que o jornal seria um "eco poderoso das aspirações da nova época que se aproxima e o órgão da Escola Moderna de Barcelona e de todas as obras de Sociologia que possam contribuir para a inauguração do ensino racional e integral entre nós". Também intencionava a criação da Casa do Povo, um centro operário recreativo e instrutivo para afastar os operários das cervejarias e botequins.[118] A

---

[114] Romero, 1956.

[115] *Gazeta de Notícias*. Rio de Janeiro, n. 291, 18 out. 1909.

[116] "A perseguição. Demitido por ser... civilista!". *Gazeta de Notícias*. Rio de Janeiro, n. 35, 5 fev. 1910.

[117] A primeira fase corresponde à direção de Alfredo Vasques em 1906.

[118] Monica; Rangel & Martins, 1910; Monica, 1910.

imprensa anarquista era uma estratégia muito importante para a instrução da classe trabalhadora e a propaganda dos preceitos da Escola Moderna, que devia aliar diversão e ensino como instrumentos mobilizatórios.[119] Mas, apesar da riqueza das publicações, das traduções e do bom projeto gráfico, o *Novo Rumo* não passou de duas edições.

Em 1911, Monica se engajou no jornal operário *A Vanguarda* e no Comitê de Propaganda Socialista, no qual foi signatário do pedido de anistia aos prisioneiros da revolta dos marinheiros de 1910.[120] Nessa condição de ganhos improvisados em órgãos e entidades operárias, Monica virou sinônimo de confusão e vigarice. A primeira vez que ele foi acusado de apropriação indevida foi no caso dos cofres do jornal *A Vanguarda*, onde atuava como cobrador.[121]

A repercussão desse tipo de notícia em jornais contrários à causa operária era bastante negativa. Monica servia como exemplo para a tese das classes dominantes de que o movimento operário era uma maquinação de gente esperta que queria apenas enriquecer corrompendo o bom trabalhador. De quebra, ainda se mitigava a influência de Monica entre o operariado, uma influência sabidamente radical. O ataque à sua reputação vinha sendo encorpado desde a exoneração dos Correios. Dessa maneira, os jornalistas mostravam a sociedade o quão perigoso um militante desse tipo podia ser. A *Gazeta de Notícias* chegou a publicar a transcrição de um discurso atribuído a Monica, quando teria sugerido aos operários em um comício que eliminassem seus adversários, valendo-se de punhais ocultos em panos ou papéis. O texto ainda alude à antipatia de Monica à imprensa, colocando-o como um magoado pela exoneração e capaz de tudo por vingança – vigarista e assassino em um só personagem.[122]

---

[119] Hardman, 2002, p. 90.

[120] "Pela anistia aos prisioneiros da revolta de 1910". *Correio da Manhã*. Rio de Janeiro, n. 3.980, 11 jun. 1912; A. Oliveira, 2001, p. 102.

[121] "Abuso de confiança". *A Imprensa*. Rio de Janeiro, n. 1.313, 27 jul. 1911.

[122] "O 1º de Maio". *Gazeta de Notícias*. Rio de Janeiro, n. 122, 2 maio 1910.

Foi entre portuários e marítimos que Monica encontrou solidariedade. Ainda sobre a morte de Ferrer, ele foi secretário de uma sessão solene da Associação Resistência dos Trabalhadores em Trapiches e Café, que também reuniu maquinistas, estivadores, vendedores ambulantes e outros.[123] A despeito das perseguições, Monica já era razoavelmente conhecido para presidir sua própria sociedade mutualista e estabilizar sua vida financeira com alguma independência.

Em 19 de maio de 1912, associado com o sapateiro alagoano Cédio de Brito, Monica fundou a Mútua Modelar, sociedade pecuniária e de ensino racionalista, sediada na rua da Candelária, n.º 62. A inauguração contou com a presença do deputado Mário Hermes, filho do presidente da República, que vinha se aproximando do movimento operário.[124] Mas, em agosto desse mesmo ano, a sede da associação sofreu um incêndio devastador, que foi decisivo para uma mudança de rumos na vida de Monica: os dois sócios foram acusados, num inquérito questionável, de fraudarem o incêndio para receberem o seguro. *A Época* cobriu o caso com sensacionalismo, explorou a má fama de Monica contra a organização dos trabalhadores, sugerindo interesses mesquinhos na criação dessas sociedades.[125]

Sob risco de prisão por incêndio criminoso, João Gonçalves Monica fugiu para Belém, passando a se apresentar como João Gonçalves Demoniz. Desconheço como teria chegado a tal sobrenome, que parece abreviar o verbo intransitivo "demonizar" (compreensível se considerarmos as condições em que saía do Rio de Janeiro).[126]

---

[123] *A Época*. Rio de Janeiro, n. 77, 15 out. 1912.

[124] "Mútua Modelar". *Jornal do Brasil*. Rio de Janeiro, n. 141, 20 maio 1912.

[125] "Dois incendiários". *A Época*. Rio de Janeiro, n. 28, 27 ago. 1912.

[126] É sob essa identidade que o conheci, primeiro, na historiografia amazonense, como um larápio de associações operárias, abordado por: M. L. U. Pinheiro, 2015; D. Costa, 2014, e Teles, 2018. Após pesquisa com jornais de diferentes estados, é possível argumentar, com algum cuidado, que Monica/Demoniz trouxera algumas contribuições reais ao movimento operário do Amazonas e do Pará, sem precisar discordar dos trabalhos supracitados.

No final de 1912, "Monica" desaparece do Rio de Janeiro, legando a "Demoniz" o anarquismo, a ação direta, a pedagogia racional e a criação de associações. Essas credenciais ensejaram-lhe uma boa acolhida no Norte. Com base no que foi exposto até aqui, já seria possível defender que o associativismo virou o seu ganha-pão, diante da perseguição política e de uma extensa ficha criminal, que atrapalhavam e muito sua reinserção no mercado de trabalho. Quem sabe para Monica esse meio de vida fosse justificável enquanto ele patrocinasse ações diretas em favor da causa operária. Afinal de contas, era um operário sem patrão.[127]

"Demoniz" fez-se um desdobramento dos planos mais ousados de Monica para incendiar o operariado, um pouco por vingança à repressão que sofreu e/ou por confiar numa agitação tal que levasse a tento seus ideais. De qualquer modo, as fronteiras geográficas não limitaram suas pretensões libertárias e, como tantos outros,[128] ele viu no Norte um terreno interessante pela conveniência das rotas atlânticas e pela fecundidade de associações operárias. É possível que, em reuniões com marítimos e portuários, Monica tenha sabido das condições favoráveis à recepção de militantes capazes de mobilizar ensino e aprendizado às incipientes organizações operárias na região amazônica.

Mal arribado à capital paraense, o agora Demoniz organizou uma Federação Operária, em julho de 1913.[129] No mês seguinte, articulou a União Operária dos Sapateiros do Pará.[130] A convivência com os belenenses foi exitosa, e ele ganhou espaço no movimento operário. Era benquisto, e suas palestras disputadas – como a que ministrou aos alfaiates sobre "A propaganda associativa", no Centro Galaico da rua Padre Prudêncio, reduto de operários e portuários espanhóis. Defendeu um programa de ações para a Federação Operária, a exemplo do jornal *A Voz do Operário*, criado e dirigido por ele. Ajudou a fundar o Partido

---

[127] Tomo emprestado o termo de F. T. da Silva, 2003.
[128] L. B. Pinheiro, 2017a.
[129] "Federação Operária". *O Estado do Pará*. Belém, n. 818, 8 jul. 1913.
[130] "União dos Operários Sapateiros". *Estado do Pará*. Belém, n. 849, 8 ago. 1913.

Operário Socialista e a Mútua Paraense, tudo em menos de um ano. Ele parecia animado em congregar trabalhadores que desconheciam sua vida pregressa, para, assim, pôr em prática suas ideias políticas e, por que não, beneficiar seus bolsos.[131]

Os trambiques de Demoniz começaram a aparecer na ligeira escalada no operariado belenense: teria dado calotes na tipografia do *A Voz do Operário*, afanado o dinheiro para impressões de propaganda, e embolsado a contribuição dos sapateiros para o 2º Congresso Operário Brasileiro.[132] Demoniz se achegou então aos marítimos, essenciais para recrutar militantes através dos rios e facilitar deslocamento pelo interior do país. Ele sabia também que aquele era o maior grupo operário do extremo norte e seria estratégico mantê-los como aliados. Foi uma aproximação certeira, pois os práticos saíram em sua defesa. Em outubro de 1913, a União dos Práticos da Amazônia endossou a "ação esforçada e infatigável do Sr. João Gonçalves Demoniz em prol daquela agremiação", cuja postura era de um "devotado e inteligente organizador da classe e nunca a de um explorador". Mas o misterioso Demoniz não parava de levantar suspeitas sobre sua real identidade e fama pregressa.[133] Antes das suspeitas se espalharem de vez, ele acionou seus amigos marítimos e migrou para Manaus.

Como já sabemos, em 1913 os marítimos do Amazonas estavam empenhados em criar e reorganizar associações. A proximidade com a categoria pode ter facilitado a migração de Demoniz para Belém e depois Manaus. Na capital amazonense, ele contou boas histórias para os marítimos, que incluíam contatos de respeitáveis grupos cariocas, como a Resistência e a União dos Foguistas, além da participação em atos pela liberdade de João Cândido e seus companheiros. E foi entre

---

[131] "União dos Artistas Alfaiates". *Estado do Pará*. Belém, n. 850, 9 ago. 1913; n. 878, 6 set. 1913. A proximidade com a rede de imigrantes espanhóis pode ter facilitado sua estada em Belém, quando vemos a importância desse grupo na cidade, em A. Lima, 2020.

[132] Teles, 2018, p. 171.

[133] "União dos Práticos da Amazônia". *Estado do Pará*. Belém, n. 928, 26 out. 1913.

os marinheiros e moços, a maior parcela marítima, que Demoniz conquistou papel de liderança. É possível cogitar que tenha sido o próprio Demoniz o fomentador da inédita organização desses rapazes. Uma oportunidade de ouro para o militante anarquista, tanto pelo expressivo número quanto pela juventude do grupo, condições ideais para algumas lições de ensino racional.

A UNIÃO DOS MARINHEIROS E MOÇOS (1914)

Não consegui localizar os estatutos dessa sociedade, mas presumo certa similaridade com os da União dos Foguistas (1913). Algumas informações vieram por meio dos jornais. A primeira notícia da União dos Marinheiros e Moços (UMM) é o convite de inauguração de sua bandeira, marcado para 19 de abril de 1914, em sua sede. Importante atentar a especificação dos bem-vindos: marinheiros, moços, arrais, taifeiros e catraieiros com suas respectivas famílias.[134] Não se queria a presença de oficiais, sublinhando a autonomia associativa do convés contra a unidade associativa prezada pelos superiores. O aceno aos arrais (ou mestres) reforça isso, sendo rivais históricos dos pilotos, que insistiam em impor liderança à categoria. Já o convite aos catraieiros era estratégico, pois se tratava de fura-greves em potencial a serem utilizados em eventuais paralisações. Também eram pioneiros no quesito greve, respeitados por fecharem o porto de Manaus ao desembarque de escravizados, em 9 de maio de 1884.

O convite divulgado nos jornais era assinado por Demoniz, então procurador da UMM e, naquele momento, seu principal articulador. Vimos no capítulo 5 que, tão logo criada, a UMM foi vitoriosa no combate aos castigos físicos, expondo nos jornais as vítimas e os carrascos. Para conquistar a confiança e animar os rapazes, Demoniz deve ter contado seu

---

[134] "União dos marinheiros e moços". *JC*. Manaus, n. 3.569, 4 abr. 1914.

testemunho ocular da revolta dos marinheiros de 1910 e seu engajamento pessoal pela anistia dos prisioneiros. Isso também pode ter resultado na boa imagem da UMM entre a imprensa, especialmente no *Jornal do Comércio*.[135]

Além de Demoniz, a primeira diretoria da UMM foi composta por: Manoel Martins da Silva Graça, presidente; Bernardino de S. Rodrigues, vice-presidente; Paulo Campos Colares, 1º secretário; Afonso Tito de Araújo, 2º secretário; Manoel Ignácio dos Santos, tesoureiro.[136] Pouco descobri a respeito deles, exceto que eram bastante jovens. O presidente Silva Graça era português, casado e tinha 22 anos. Tito de Araújo era pernambucano, solteiro e tinha por volta de 18 anos quando assumiu seu cargo.[137] Talvez a mocidade da diretoria explique a influência exercida por um indivíduo mais experiente. O respeito aos mais velhos era uma constante entre os jovens marinheiros, um costume trazido dos conveses para dentro das associações.[138] Essa cultura de aprendizado marítimo tornava-se aprendizado político na convivência com homens como Demoniz, que podiam traçar a semelhança de suas lutas com as de outros iguais a eles mundo afora. Sem contar os preceitos da pedagogia racionalista, certamente trazidos a eles por Demoniz.

Outro provável elemento aglutinador da UMM era o tradicional elo identitário dos portuários brasileiros: a forte continuidade entre os escravizados e libertos do Império e os proletários da Primeira República. Demoniz tinha amizade com membros da Sociedade de Resistência dos Trabalhadores em Trapiche e Café, no Rio de Janeiro, um verdadeiro reduto negro.[139] A Resistência era um dos melhores exemplos de como se podiam assegurar postos de trabalho e direitos na República desde os

---

[135] Monica fez questão de enviar uma cópia dos estatutos da UMM à redação, convidando-a para os festejos do 1º de Maio. *JC*. Manaus, n. 3.586, 21 abr. 1914.

[136] *JC*. Manaus, n. 3.662, 7 jul. 1914.

[137] Pedrosa, 1914, p. 129. Os dados sobre Tito de Araújo estão em seu obituário: "Os mortos". *JC*. Manaus, n. 5.134, 11 ago. 1918.

[138] Conrad, 1982, p. 44.

[139] Velasco e Cruz, 2000, pp. 270-274.

tempos da escravidão, e o seu exemplo podia servir para a marinhagem enfrentar as desigualdades raciais vividas também em Manaus. Tais contatos abriram as portas das associações de marítimos e portuários a Demoniz.

Possivelmente, marinheiros e moços do Amazonas não se viam separados de outros movimentos pelo país, justamente por terem na cor da pele um elemento agregador tradicional. Já apontei que o mesmo se verifica entre foguistas e carvoeiros. Isso esclarece, em parte, o fato de os dois grupos coadunarem contra a Federação Marítima, coligação aventada em resposta à (re)organização deles. Essa iniciativa partiu de membros e ex-membros da Marinha de Guerra, a qual abrigava práticas disciplinares remanescentes da escravidão e combatidas por filhos e netos de indígenas e africanos, nos conveses e nos porões dos vapores. A Federação Marítima não obteve longevidade em seu intento de unidade associativa, justamente por conta dos limites impostos pelo associativismo de convés e de fogo. Um articulista do *Jornal do Comércio* chegou a afirmar, em 1914, que a UMM disputava com a federação o poder de representação da categoria.[140] Algo notável, pois enquanto a UMM abrigava somente marinheiros e moços, a federação visava aglutinar todos os ofícios.

Em Salvador, trabalhadores "desqualificados" ou "semiqualificados" resistiam à submissão associativa liderada pelos mais qualificados e vinculados a políticos e governos. Esses dissidentes conformavam largo número de homens negros que mais sentiam o peso do racismo e da exclusão. Isso os impelia a buscar formas próprias de organização, tal como fizeram os ganhadores de Salvador, em seus "cantos" no século XIX, e o pessoal da Resistência, na capital federal.[141] Tais experiências devem ter circulado por Manaus conforme os migrantes dessas cidades empregavam-se nos navios. Esses rapazes sabiam como e com quem se proteger e em quem deviam confiar.

---

[140] *JC*. Manaus, n. 3624, 29 maio 1914.
[141] Castellucci, 2010, p. 113; J. J. Reis, 2019; Velasco e Cruz, 2000.

Em 1940, a UMM se autodeclarava "Sindicato dos Marinheiros e Moços" e mantinha como zelador o "preto velho" baiano Antonio Vieira dos Santos, que morava na sua sede desde que se aposentara após perder uma perna. A notícia na qual Antonio aparece conta que ele impedira a hospedagem de um marinheiro na sede do sindicato, porque não havia permissão para tal. O velho lutou de navalha em punho para expulsá-lo, provando coragem.[142] O baiano Antonio pode muito bem ter sido um dos primeiros membros da UMM e mostrou como se reagia a um abuso de confiança, tanto de colegas quanto de superiores.

É preciso recuar um pouco antes de abordar propriamente a Federação Marítima do Amazonas. No caso, tratarei das alianças entre pilotos, práticos e maquinistas para o que ela viria a ser: uma coligação de sociedades que buscava uma unidade associativa liderada por oficiais mercantes. Seu principal objetivo era subordinar questões da categoria aos temas debatidos em 1910: a nacionalização da marinha mercante, a determinação de obediência a lugares circunscritos de subalternidade e a condução conciliatória dos conflitos, além da promoção de um modelo de marítimo ideal. É hora de conhecermos uma das lideranças desse projeto, o tenente-maquinista Luís Tirelli.

A FEDERAÇÃO MARÍTIMA I (1914-1915)

Luís Tirelli nasceu no Rio de Janeiro, em 15 de agosto de 1883, filho de Rafael Tirelli e Maria Ferreira Tirelli. Em 1898, aos 15 anos, ingressou na Escola de Maquinistas Navais. Nessa época, viveu sua primeira experiência associativa ao presidir o Boliche Infantil, clube destinado a popularizar o esporte. Como aluno da Escola Naval, navegou pelo Atlântico no navio-escola *Benjamin Constant*. Após progressão de carreira no maquinismo, tornou-se submaquinista, em 1910. Dois anos depois, com 29 anos

---

[142] "Coisas policiais". *JC*. Manaus, n. 12.119, 6 jun. 1940.

recém-completados, aparece como tenente-maquinista realizando reparos navais em Manaus, onde montou uma oficina.[143]

Maquinistas como Tirelli tendiam a valorizar o caminho da qualificação profissional como forma de ascensão social. Provindos de camadas médias da sociedade, eram marítimos que sobreviviam sem necessariamente sujeitar-se a outros, podendo desenvolver visões de mundo bastante individualistas. Nesse caso, a pregação de morigeração e moralidade mistificava uma passagem da condição de assalariado para a de dono do próprio negócio.[144] Isso implicava hierarquias rígidas e racializadas no trato com foguistas e carvoeiros, muitas vezes vistos como homens sem futuro. Desde a adolescência, Tirelli aprendeu o valor da morigeração, da disciplina física e do bom comportamento, além de ter presidido um clube. Como homem branco de ascendência italiana, o maquinista possivelmente não se via menor em nenhuma esfera da vida; pelo contrário, detinha incentivos e respaldo social para liderar os outros e até visar às urnas num futuro próximo.[145] Tirelli sentia-se superior por mérito e esforço próprio. Talvez fosse o homem ideal para "infiltrar doutrinas" no "cérebro" da marinhagem "desenfreada" em se associar e protestar.

Em 31 de janeiro de 1914, já como capitão-tenente, Tirelli presidiu uma reunião de marítimos no teatro Alcazar, quando Demoniz palestrou sobre tema desconhecido.[146] O anarquista havia sido nomeado presidente da União de Marinheiros e Moços. O teor do encontro era a preparação de uma federação de associações marítimas. A ideia corria paralela a uma série de sublevações, motins e greves que preocupavam autoridades marítimas e terrestres. Naquele momento, líderes como Demoniz eram

---

[143] *JC*. Rio de Janeiro, n. 326, 23 nov. 1899; "Atletismo". *O Paiz*, n. 5.267, 8 mar. 1899; *Almanak Laemmert*. Rio de Janeiro, n. 59, 1902; n. 67, 1910; *JC*. Manaus, n. 3.014, 8 ago. 1912.

[144] Arnesen, 1994, pp. 51-52.

[145] Na conclusão do livro, veremos a ascensão de Tirelli a deputado federal, nos anos 1930.

[146] *JC*. Manaus, n. 3.508, 31 jan. 1914.

considerados danosos à hierarquia naval, por não terem formação marítima e nada deverem à disciplina de bordo.

Numa segunda reunião, na sede da União dos Foguistas, em 11 de fevereiro de 1914, Demoniz e Tirelli tiveram fortes atritos. Tirelli acusava o outro de irregularidades na criação de associações no Pará e sugeriu que sua identidade era falsa. Presumo que, para o projeto de federação, era indispensável afastar Demoniz da maior parcela marítima do Amazonas. Tirelli recorreu ao método usado pelos adversários de Monica no Rio de Janeiro: exposição na imprensa de atos atribuídos a ele contra a ordem pública e de vigarices nas associações operárias. Divergência política e de militância levou à expulsão de Demoniz da comissão de propaganda da Federação Marítima. Sua vaga foi negociada com os foguistas, como um pedido de desculpas pela briga em sua sede.[147]

Mas a União dos Foguistas não se deixou convencer por Tirelli e enviou um telegrama para a filial paraense solicitando informações sobre Demoniz. A resposta do secretário Homero Monteiro da Fonseca alegava que ele, "quer em caráter particular, quer social, sempre se portou dignamente para conosco". Que jamais havia se imiscuído nos negócios da sociedade porque não era foguista, muito menos prejudicou interesses ou as "boas intenções no avanço de nossa solidariedade". Nunca questionaram sua identidade, pois o julgavam honesto e camarada: "Quando mesmo em conversação particular, sempre nos aconselhava para que continuássemos a conservar a nossa grande solidariedade, entre os da classe".[148] Não esqueçamos que o anarquista era benquisto entre os marítimos de pele escura. É de imaginar o perigo que isso representava àqueles que buscavam contê-los através da liderança de brancos bem instruídos, como Luís Tirelli.

Demoniz não ficou parado e distribuiu pelas ruas um pasquim de cunho próprio atacando seus detratores. Um deles era outro anarquista,

---

[147] "A comissão de propaganda". *JC*. Manaus, n. 3.524, 16 fev. 1914.

[148] "Sociedade Beneficente União dos Foguistas no Amazonas". *JC*. Manaus, n. 3.524, 16 fev. 1914.

o tipógrafo José Fernandez Varella, que retrucou com insultos e desafios no *Jornal do Comércio*.[149] Demoniz parecia isolado no meio operário, enquanto a federação formalizava-se e ganhava adeptos, não sem enfrentar resistências.

Naquela época, os oficiais estavam agrupados nas seguintes entidades: Associação dos Pilotos da Marinha Mercante do Amazonas; Associação dos Mestres de Pequena Cabotagem do Amazonas; Sociedade Beneficente dos Práticos no Amazonas; e Centro Beneficente dos Maquinistas do Amazonas. Os embarcadiços mais rasos tinham a União dos Foguistas e a União dos Marinheiros e Moços. O apelo da federação era bastante amplo e tinha de lidar com diferentes perfis de associações e membros. A primeira acusação de um possível controle político e disciplinar da federação veio da Associação dos Pilotos da Marinha Mercante do Amazonas (APMMA).

Um articulista favorável à federação, que assinava "Pimenta", ridicularizou um relatório produzido pela APMMA que definia se ela devia ou não coligar-se. Segundo os pilotos, a coligação colocava em pé de igualdade diferentes ofícios, trazendo quebras de hierarquia no ambiente de trabalho. Pimenta rebateu dizendo que o Clube Naval também abrigava variados postos e não havia "anarquia" por causa disso. Um argumento maldoso, afinal, os membros desse clube eram militares reformados, detentores de códigos disciplinares e elevadas condições sociais. Não era esse o caso da federação. O relatório dos pilotos ainda apontava que não estava claro como seriam protegidas as autonomias das sociedades, pois a federação parecia fecunda para o "jogo da politicagem". Mas Pimenta contentou-se em atacar os erros gramaticais do texto. A conclusão do relatório foi negar a coligação para proteger a autoridade dos pilotos no comando dos navios.[150]

---

[149] "João Gonçalves Demoniz". *JC*. Manaus, n. 3.538, 3 mar. 1914.
[150] "Parecer sobre parecer". *JC*. Manaus, n. 3.581, 16 abr. 1914. "Parecer sobre parecer II". *JC*. Manaus, n. 3.582, 16 abr. 1914. "Parecer sobre parecer III". *JC*. Manaus, n. 3.583, 18 abr. 1914.

No geral, a comissão de propaganda chefiada por Tirelli foi bem-vista por jornalistas, políticos e lideranças operárias. As críticas dos pilotos e os atritos com Demoniz não dificultaram a festejada fundação da Federação Marítima do Amazonas. Sua sessão de instalação foi marcada para as celebrações do 1º de Maio, distando de tudo o que se viu ou se veria num evento do tipo, com a ocupação do maior símbolo de recreação burguesa de Manaus: o Teatro Amazonas.

Aquela solenidade do 1º de Maio de 1914 ganhou cobertura da imprensa, inclusive do jornal carioca *A Voz do Trabalhador*, órgão da Confederação Operária Brasileira, que enviou o repórter Cabesil a Manaus. O roteiro foi o seguinte: por volta das 16h, um cortejo saía do largo de São Sebastião, com descida pela avenida Eduardo Ribeiro, dobrando na rua Henrique Martins, com passagens pela Fábrica Amazonense de Roupas, Casa Havaneza e término no teatro Alcazar, em frente à atual praça da Polícia, lugar de memória da luta contra a escravidão. No percurso havia paradas para discursos em frente de fábricas e sedes de associações. Os membros da Federação Marítima aguardavam na sede do Tiro Naval do Amazonas, na rua José Clemente, um clube de exercícios militares para reservas da Armada.[151] O Tiro tinha por liderança Paulo Emílio Pereira da Silva, um dos comandantes do bombardeio de 1910, desligado da Flotilha do Amazonas desde 1913.[152]

Diante do Tiro Naval, o rival de Demoniz, José Fernandez Varella, saudou a criação da Federação Marítima. Segundo Cabesil, Varella sugeriu "a ação direta para lutar em favor dos marinheiros e demais marítimos, que tão burlescamente eram vítimas dos armadores infrenes". Pela federação, o piloto Ângelo Cruz prometeu meios para que se "procurasse minorar o mal que a classe marítima vinha observando através de alguns anos".[153]

---

[151] *JC*. Manaus, n. 3.597, 3 maio 1914. A revista *O Malho* publicou, em 1913, uma foto de 34 sócios do Tiro Naval do Amazonas, uniformizados e em diferentes poses após praticarem exercícios nos arredores de Manaus. A legenda aduz uma "disciplinada e correta sociedade". *O Malho*. Rio de Janeiro, n. 557, 17 maio 1913.

[152] *O Imparcial*. Rio de Janeiro, n. 169, 22 maio 1913.

[153] *A Voz do Trabalhador*. Rio de Janeiro, n. 55, 15 maio 1914.

Por volta das 18h, o préstito se dispersou em frente ao Teatro Alcazar, com grupos seguindo para o Teatro Amazonas. O governador Jônatas Pedrosa cedera o espaço para a sessão de instalação da Federação Marítima. O gesto dirigia-se a lideranças ditas capazes de frear marinheiros, moços e foguistas em sua nova onda associativa, perigosa para quem já enfrentava as consequências do colapso econômico. Não era à toa que militares como Paulo Emílio reapareciam na vida pública, dessa vez dentro das associações, quem sabe vigiando antigos partidários de Bittencourt, da campanha civilista e os entusiastas da revolta dos marinheiros de 1910.

A solenidade da Federação Marítima iniciou-se às 20h, com a presença de homens do governo, empresários, jornalistas, políticos, dirigentes operários e do capitão do porto.[154] A sessão foi presidida pelo prefeito de Manaus Dorval Porto, o primeiro a discursar. Em seguida, pronunciaram-se jornalistas, políticos e presidentes de associações. Enquanto isso, o correspondente Cabesil ocupava assento no teatro, tomando notas assustadas com o ambiente "burguês" e nada "operário" do evento. Para ele,

> [...] pensávamos assistir a uma reunião de operários, porém atônitos ficamos ante o aspecto *deslumbrante* da festa. Ali só se viam autoridades representadas – a burguesia em síntese – e não uma reunião de trabalhadores, onde se respirasse o ambiente límpido exalado nas camadas do trabalho, pelo proletário. Era o verdugo ao lado da vítima – um representado no Estado – a outra – alguns operários que, ao igual que nós, pensavam presenciar algo que se relacionasse com as modernas aspirações operárias, porém, com pesar o dizemos, *aquilo* era a negação nítida da ação reivindicadora que deve caracterizar todo e qualquer ato de trabalhadores propriamente dito.
>
> Uma festa burguesa, sim, e não de operários, foi a que assistimos nesse teatro, o qual, apesar de ter sido construído por operários – nossos irmãos – poucas vezes ali se veem, devido talvez ao monopólio que das próprias forças físicas fez o terrível flagelo da liberdade humana – o capital.[155]

---

[154] *JC*. Manaus, n. 3.597, 3 maio 1914.
[155] *A Voz do Trabalhador*. Rio de Janeiro, n. 55, 15 maio 1914.

A Liga Marítima Brasileira usou o Teatro Amazonas em 1907 para comunicar o seu programa, como vimos no capítulo anterior. Em desempenho bem recepcionado pela categoria, ela encenou a aproximação dos trabalhadores com a política palaciana e seus representantes. A apropriação daquele espaço pela Federação Marítima cumpria outro sentido: mostrar às autoridades poder de mobilização sobre a categoria, tanto por parte de sua liderança, que buscava alinhar interesse com Estado e patrões, quanto pelos subalternos que se exibiam diante deles em associações mais bem estruturadas que antes. Isso inclusive justificava a própria criação da federação. Cabesil não captou o clima de tensão que pairava acima da pompa e dos figurões ali presentes. Nem tudo eram flores naquele cenário decorado, em 1895, pelo pintor negro Crispim do Amaral.

O tipógrafo e líder anarquista Tércio Miranda também compareceu ao Teatro, sendo mais ponderado que o colega carioca, no editorial do *A Lucta Social*. Crítico do sentido festivo atribuído ao 1º de Maio, ele parabenizou os marítimos pela federação, que lograria êxito caso não se desviasse das lutas sociais e esvaziasse o sentido político daquela data.[156] Miranda apreciava as camadas mais aguerridas da marinhagem e não acreditava que seriam facilmente cooptadas ou transformadas em curral eleitoral.[157] Mas assinalou o árduo trabalho de coordenação associativa que a federação havia de enfrentar. A previsão de Miranda se provou correta, como veremos adiante.

No Quadro 2, visualizamos quais associações aderiram à unidade associativa e os seus devidos representantes, em tese, detentores de poder legislativo nas tomadas de decisões.

---

[156] Para uma análise do 1º de Maio em Manaus, ver Candido, 2021.

[157] "Marítimos em festa". *A Lucta Social*. Manaus, n. 2, 1º maio 1914.

QUADRO 2: COMPONENTES COLIGADOS DA FEDERAÇÃO MARÍTIMA (1914-1915)

Associações	Representantes
Centro Beneficente dos Maquinistas do Amazonas	Raymundo Cabral David de Queiroz Heliodoro Cavalcante
Associação Beneficente de Práticos no Amazonas	Manoel Pinto Bandeira Alberto Rubens de Serra Freire Antonio Malcher Pereira de Souza
Associação de Mestres de Pequena Cabotagem no Amazonas	Francisco Lemos Pedro Aleixo Fournier Manoel D. dos Passos Gomes
Sociedade Beneficente União dos Foguistas	José do Nascimento Gaya Firmo Assunção F. da Costa e Silva
Sociedade União dos Taifeiros do Amazonas[158]	Mário Ramos Serafim de Andrade José Gomes Aparício

Fonte: *Estado do Pará*. Belém, n. 1.184, 10 jul. 1914.

A filiação da União dos Foguistas pode corresponder ao seu longo empenho por respeitabilidade pública e mostra de comportamento ordeiro e disciplinado, a despeito da sua posição desqualificada, como se o trabalho braçal equivalesse a pouca adaptação à sociedade dita civilizada. A aliança com os foguistas permaneceu instável, culminando em cisão definitiva quando o representante José Gaya liderou a greve de foguistas e carvoeiros, em 1916 (ver capítulo 8).

A União dos Marinheiros e Moços e a Associação dos Pilotos da Marinha Mercante do Amazonas são as únicas que ficaram de fora da federação. A primeira, engajada na recente luta contra os castigos físicos, dificilmente se submeteria a um grupo liderado pelos mesmos algozes que enfrentava a bordo. Ademais, a influência anarquista de Demoniz

---

[158] Infelizmente há pouquíssimas informações dessa associação, além de que fora inaugurada um mês antes da Federação Marítima, na sede do Tiro Naval. *JC*. Manaus, n. 3.569, 4 abr. 1914. Ela parece ter ficado inativa depois de 1915, voltando, com maior regularidade, nos anos 1920.

incomodava a Luís Tirelli. Sobre a segunda, já sabemos algumas de suas objeções, podendo presumir outras, como a oposição aos mestres de pequena cabotagem, acusados pelos pilotos de trapacearem com a Capitania para tomar suas vagas; ou suas concepções de liberdade associativa, que visava criar filiais pelo Brasil e quiçá em outros países.

Sem conseguir localizar os estatutos da federação, soube pelos jornais acerca da diretoria empossada naquela noite: Luís Tirelli, maquinista (presidente); Raymundo Eleuthério Cabral, maquinista (vice-presidente); Ângelo Cruz, piloto (1º secretário); e André Raymundo dos Santos, maquinista (tesoureiro).[159] É possível que, igual ao que ocorria na Liga Naval da Amazônia, maquinistas e pilotos encabeçassem a organização e as atividades da federação, como, por exemplo, a criação de escolas noturnas e do jornal *Folha Marítima*.

Das escolas, os militares reformados Antonio Godinho (piloto) e Antonio Malcher Pereira de Souza (prático) eram, respectivamente, secretário e tesoureiro.[160] Elas funcionaram na sede da federação, na avenida Sete de Setembro, nº 48. Temos notícia de uma aula ministrada pelo citado Paulo Emílio, então comandante da Escola de Aprendizes--Marinheiros, sobre o tema "O propulsor hélice". A aula terminou bastante aplaudida pela turma do Centro Beneficente dos Maquinistas do Amazonas, que prezava pelo ensino técnico atualizado, e a federação os contemplava nesse sentido. O próprio Tirelli era um dos maquinistas interessados nessas atividades, que foram apoiadas na sua gestão.[161]

Aliás, Paulo Emílio foi nomeado redator-chefe da *Folha Marítima*, cujo secretário era o prático Serra Freire, ex-redator de *O Marítimo* (1911).[162] O semanário da federação também não pôde ser localizado, mas notas de

---

[159] *JC*. Manaus, n. 3.652, 27 jun. 1914; *Estado do Pará*. Belém, n. 1.184, 10 jul. 1914.

[160] *JC*. Manaus, n. 4.000, 15 jun. 1915.

[161] *JC*. Manaus, n. 3.652, 27 jun. 1914.

[162] Outros membros eram: Antonio Malcher, piloto (diretor-tesoureiro); André Santos, maquinista (diretor-gerente). Redatores: Ignácio Azevedo, prático; Francisco Fernandes, maquinista; Patrício Bentes, piloto; Aroldo Santos, piloto; Manoel D. Passos Gomes, mestre. "Folha Marítima". *JC*. Manaus, n. 4.034, 19 jul. 1915.

outros jornais informam suas características e seus objetivos. O *Jornal do Comércio* publicou o programa da folha, dito impassível a "paixões políticas partidárias" para se entregar a "ideias de congraçamento da classe a que está ligada". Publicou notícias e "assuntos científicos para a marinha em geral", herdando propósitos do extinto *O Marítimo*, inclusive o batido lema "um por todos e todos por um". A diferença entre a federação e a Liga Naval da Amazônia consistia na implacabilidade "com aqueles que cometem faltas dentro do exercício de suas funções", uma postura punitiva típica do oficialato, tal como o gesto paternalista de "galardoar os atos justos e nobres, apontando-os como exemplo de conduta".[163] A federação seria um projeto de unidade associativa que visava conter impulsos rebeldes e premiar os mais ordeiros, ao mesmo tempo, mantendo um clima de repressão e intimidação resguardado pela polícia do Amazonas. Não se tratava de coordenar lutas em comum, mas de reproduzir lugares de subalternidade regidos pela racialização das relações de mando e obediência nos navios e nas associações.

Por várias razões, a *Folha Marítima* foi um sucesso de vendas e de público. Para os encarregados de anúncios e assinaturas, o jornal foi "bem recebido não só por todos os membros da classe marítima, como também de parte do comércio desta cidade".[164] Os redatores levavam exemplares em suas viagens para distribuir em redações de longínquos municípios.[165] Além das boas vendas do jornal, a federação celebrou um contrato com a Santa Casa de Misericórdia de Manaus para tratamento gratuito de marítimos sem recursos. Também organizou um festival beneficente de cinema e teatro no Polytheama.[166] Convém não ignorar que ações beneficentes promovidas por entidades lideradas por trabalhadores mais qualificados, ou mais bem posicionados socialmente, serviam para angariar lealdade dos membros e fazer cumprir propostas

---

[163] *JC*. Manaus, n. 4.034, 19 jul. 1915.
[164] *JC*. Manaus, n. 4.002, 17 jun. 1915.
[165] *O Município*. Seabra/AC, n. 235, 5 set. 1915.
[166] *JC*. Manaus, n. 4.034, 19 jul. 1915; "Polytheama". *JC*. Manaus, n. 4.492, 27 out. 1914.

de submissão associativa.[167] Outras informações a respeito das políticas assistencialistas da federação permanecem desconhecidas.

Após instalar a Federação Marítima, Luís Tirelli iniciou uma peregrinação de propaganda. Viajou pelo Pará, Maranhão, Ceará, Pernambuco e o Sul do país. O tenente-maquinista entregava cartões que o apresentavam como presidente.[168] Mas, enquanto estava fora, uma série de insubordinações entraram em ebulição, e elas vinham se radicalizando com o desemprego crescente. Até a primeira interrupção de suas atividades, em 1916, a Federação Marítima foi acionada pela Capitania e pela polícia para persuadir e intimidar foguistas, carvoeiros, marinheiros e moços. Concluindo, vejamos o desfecho da passagem de Demoniz por Manaus, que acabou por ressaltar a sina dos oficiais em conter ideias rebeldes porque se sentiam incapazes de controlar os marítimos dentro e fora dos navios.

O "RETORNO" DE MONICA E A "DESPEDIDA" DE DEMONIZ

No final de maio de 1914, revelações sobre quem seria Demoniz chegaram à União dos Marinheiros e Moços, que decidiu apurar sua atuação como presidente e tesoureiro, confirmando o uso indevido de dinheiro. A expulsão de Demoniz forçou a nomeação de uma nova diretoria, que emitiu boletim alertando outras sociedades. O grupo passou a chamá-lo pelo verdadeiro nome, João Gonçalves Monica, o tratante do Rio de Janeiro e do Pará. Para evitar que isso afetasse a respeitabilidade pública do movimento operário, a marujada alertou aos confrades: "Se tendes consciência, se tendes amor à causa de vossa liberdade, botai as trancas nas portas para que os mistificadores e ladrões nelas não penetrem. Avante, pois!".[169]

---

[167] Arnesen, 1994, p. 40.

[168] *Pacotilha*. São Luís, n. 133, 8 jun. 1914; *Jornal Pequeno*. Recife, n. 132, 15 jun. 1914.

[169] "Uma sociedade lograda". *JC*. Manaus, n. 3.662, 7 jul. 1914.

Dias depois, a União dos Trabalhadores na Estiva foi ao *Jornal do Comércio* relatar suas experiências com Monica. Contaram que ele havia emprestado certa quantia dos cofres da sociedade, dizendo que lhes pagaria quando recebesse um dinheiro trazido por um navio do Lloyd.[170] Estava revelada uma das estratégias de Monica, a de fomentar dissidências entre as associações para gerenciá-las diretamente, como ocorrido com os estivadores. As denúncias resultaram no completo banimento de Monica das associações operárias de Manaus.[171] Não havia mais espaço para ele na cidade. Indispôs-se até com o pacato Tércio Miranda, a quem ameaçou mobilizar 12 mil marítimos para tirar-lhe o sossego. Miranda ironizou, dizendo que ele não tinha mais tanta moral assim com a categoria.[172] Se isso for verdade, é interessante notar que, em algum momento, ele sentiu dominar o maior contingente operário do Amazonas. Sua ameaça desdenhava inclusive do projeto da Federação Marítima: Monica declarava, ele sim, capacidade de articular a unidade marítima em torno de um propósito. Talvez ele tenha entendido, realmente, que os laços de solidariedade da categoria não estavam assentados em termos simples de obediência e meritocracia.

É possível que Monica tenha vivido em Manaus o ápice de sua vida libertária. Saía com o saldo positivo de ter solidificado a UMM, combatido os castigos físicos e obtido amigos sinceros, como os foguistas amazonenses e paraenses que, de início, duvidaram das acusações contra ele. Seria perigoso reduzir sua participação a desonestidades, sob risco de nublar reais contribuições ao movimento operário, especialmente para marinheiros e moços do Amazonas. O comportamento criminoso e as fraudes também não se explicam sem considerarmos a perseguição política que sofrera e as estratégias de sobrevivência na condição de foragido e notório agitador radical.

---

[170] "Ainda o Monica". *JC*. Manaus, n. 3.666, 11 jul. 1914.

[171] L. B. Pinheiro, 2017a, p. 83.

[172] "Preocupação". *A Lucta Social*. Manaus, n. 6, 1º nov. 1914.

De toda forma, a aventura de Monica chegava ao fim na capital amazonense. O dinheiro que ele afanara dos estivadores custeou uma passagem clandestina no *Rio Jamary* para Porto Velho, talvez facilitada por algum tripulante. Levava nos bolsos o livro de talões e mais 1:524$500 réis retirados dos cofres da UMM. E então perdemos o seu rastro. Quem sabe visava à organização dos trabalhadores da ferrovia Madeira--Mamoré, destino partilhado por outras lideranças marítimas, como o próximo capítulo há de mostrar. Por fim, a última notícia envolvendo Monica é a prescrição da acusação de incêndio da Mutual Modelar, em junho de 1930, razão da sua fuga do Rio de Janeiro.[173] Teria ele retornado à cidade natal? Não sabemos.

Sem Monica, Manaus ficou com um agitador a menos, o que não afetou muito a radicalidade marítima, ainda mais acentuada durante a Grande Guerra. A unidade associativa estava ameaçada por aquele "pessoal desenfreado" e ciente de quais "doutrinas" eram úteis ou não às suas aspirações políticas e sociais. Mas motins e greves continuaram sendo os movimentos mais associados a esses trabalhadores, desde que a primeira caldeira fora acesa nas águas do Amazonas. Nas páginas seguintes, temos as insurreições que impuseram limites à subalternização dos lugares da marinhagem.

---

[173] *O Jornal.* Rio de Janeiro, n. 3.555, 17 jun. 1930.

8
DOS MOTINS ÀS GREVES

Em 1911, o desenrolar da revolta de João Cândido e seus companheiros ganhou as ruas de Manaus. Os marítimos acompanhavam tudo pelos jornais ou deles escutavam as notícias, ansiando também por atualizações trazidas pelos colegas do Lloyd. No Roadway, na praça do Comércio, nas mesas dos botequins e dos cafés, homens da mesma cor de pele daqueles amotinados debatiam, opinavam, conjecturavam e vibravam com os feitos de que certamente gostariam de ter participado. Afinal, a revolta foi vitoriosa na extinção dos castigos físicos, com seus líderes ganhando fama e prestígio entre a marinhagem.[1] Além disso, eles arruinaram a falaciosa unificação marítima sob identidade nacional, ao denunciarem a desigualdade racial presente em noções de disciplina e obediência. Na cidade de Manaus, ainda abalada pelo bombardeio executado por oficiais da Armada, a rebeldia dos marinheiros militares foi muito bem acolhida entre os mercantes. Armadores e oficiais estavam cientes do risco de imitações dentro de seus navios.

Em 12 de janeiro de 1911, o cabeçalho de uma notícia dizia o seguinte:

Essa tristemente célebre sublevação da marinhagem da Armada nacional veio trazer um mau gérmen para os que sempre foram uns pacatos servidores

---

[1] A. P. do Nascimento, 2002, p. 39.

da marinha, da guerra ou mercante. Ontem foram os marinheiros nacionais. Hoje, são os da marinha mercante. Queira Deus, porém, que o fato se não reproduza mais.

No caso, o "mau gérmen" penetrara o vapor *Cruzeiro do Sul*, que atendia o rio Macauã, no Acre. Segundo o articulista, o navio gozava de ordem até o dia 28 de dezembro, próximo à Sena Madureira, quando "a guarnição amanheceu sublevada". O motim foi liderado pelo marinheiro Vicente Pereira de Souza, que, frisa o texto, "já serviu na Armada nacional". Após a revolta de 1910, os vasos de guerra passaram a ser encarados como viveiros de homens perigosos, principalmente os de pele escura. Por alguma razão, a tripulação do *Cruzeiro do Sul* insurgira-se contra o comandante Aprígio Cabral e o imediato Antenor Leite. "Dispostos para a luta, armados, investiram contra essas duas autoridades de bordo, alguns com alavanca de bolinete". Cabral perdeu o controle sobre os comandados e valeu-se de brutalidade para reavê-lo. O imediato, seguindo suas ordens, disparou três tiros de pistola contra Vicente, "que caiu gravemente ferido, no convés de bordo". O fuzilamento obrigou os tripulantes a se renderem, e então "voltou, ao *Cruzeiro do Sul*, a calma e a ordem necessária para o prosseguimento de sua viagem".[2]

Pela reportagem, parecia justo que a eliminação de rebeldes intimidasse outros inspirados pelo novembro de 1910. Na marinha mercante, o receio de patrões e autoridades de Manaus era que a insurgência a bordo fosse estendida à terra firme, onde os marítimos vinham estreitando laços sociais e estabelecer do moradia. Havia riscos reais de paralisações no porto de Manaus, o que nos leva a caracterizar e diferenciar levantes marítimos dentro e fora dos navios.

Ao longo do tempo, *motim* foi o termo mais usual para definir uma sublevação a bordo. Conforme Jaime Rodrigues, no final do século XVIII, a palavra era sinônimo de "alvoroço" e "gente amotinada", isto é, "ação e sujeito se confundiam no mesmo vocábulo, diluindo as identidades de

---

[2] *JC*. Manaus, n. 2.430, 12 jan. 1911.

gênero, classe e cor dos sujeitos em um comportamento de multidão ou de turba". Seu uso informa movimentos destinados a impor limites ao poder dos oficiais e resguardar condições acordadas antes das partidas ou costumes reconhecidos como direitos básicos da marinhagem. Dessa forma, esclarece Rodrigues, "o motim não era necessariamente um movimento rápido e efêmero, concluído após a vitória ou a derrota dos amotinados em sua tentativa de se assenhorear de uma embarcação".[3]

Um motim como o do *Cruzeiro do Sul* podia vir de uma longa maturação, em vez de uma ação imediata e decisiva para depor oficiais e tomar o navio. Como destaca Vinicius Oliveira, muitas ações rotuladas como insubordinação ou turbulência guardavam relação profunda com leituras divergentes que os marítimos teciam quanto às relações de poder e de trabalho a bordo.[4] Acrescento que, apesar de nem sempre dependerem de articulações prévias, a insatisfação e a organização dos marítimos em terra também eram importantes catalisadores de rebeldias a bordo.

Fora de seu elemento natural (a água), os marítimos eram conhecidos por costumes e comportamentos descritos como inapropriados à suposta rotina ponderada do trabalho em terra.[5] Com olhar crítico a tais estereótipos, este capítulo destaca a capacidade dos marítimos de canalizar energias de revolta em movimentos organizados e dotados de reflexões sobre as condições de vida e trabalho, da tirania e do racismo dos superiores, dos baixos salários e dos déficits de equipagem, durante a crise náutica ocasionada pela queda da borracha e agravada com a Grande Guerra. Veremos um escalonamento de tensões, desde a interiorização da revolta dos marinheiros de 1910 – como parte de uma memória coletiva de insurgência – até a eclosão de piquetes e greves, entre 1914 e 1919. Nesse passo, sublinho as lógicas dos motins a bordo para visualizar culturas de protesto praticadas também em terra firme.

---

[3] Rodrigues, 2022, p. 2, p. 14.

[4] V. P. Oliveira, 2013, p. 205.

[5] Rodrigues, 2021, p. 631.

Para abordar uma ideia de cultura, convém atentar aos modos de ver e de ser dos trabalhadores, isto é, além de suas ações e hábitos, compreender o que representam e significam "no curso de engajamentos ativos entre estruturas e práticas culturais e sociais".[6] Quanto a associar uma ideia de cultura à experiência de protesto dos marítimos, é preciso considerar níveis de solidariedade e valores partilhados em longas distâncias, que reinterpretavam subjetividades individuais e coletivas, desenvolvidas e vividas em espaços fluídos (águas) e restritivos (navios) ao mesmo tempo. Estudando o caso indiano, Gopalan Balachandran é uma importante referência.

Os marítimos indianos preferiam aguardar a deflagração dos protestos no momento em que o navio aportasse, quando havia uma dispersão da autoridade concentrada na oficialidade de bordo. Em terra, o comandante virava apenas mais uma autoridade, entre tantas outras, de forma que os marítimos recorriam a diferentes canais institucionais para encampar suas reivindicações. Tal peculiaridade distinguia os indianos dos europeus, que tinham uma tradição mais enraizada de motins em alto-mar.[7] Inspirado nisso, defendo que a possibilidade de estender protestos a bordo para terra firme, e vice-versa, sempre esteve no horizonte dos marítimos amazônicos. As margens dos rios nunca deixaram de ser consideradas vias de acesso para deserções, pedidos de ajuda ou denúncias às instituições terrestres. Assim, a autoridade dos oficiais na navegação fluvial não hesitava em debelar rebeldias com violência, facilmente recorrendo ao assassinato. As constantes paradas das viagens amazônicas não permitiam muita negociação com os comandantes fluviais, que, diferentemente dos de alto-mar, não estavam totalmente imersos na coletividade de bordo. A beira dos rios era uma constante nessa experiência, e tanto comandantes quanto subalternos sabiam como se aproveitar disso para levar a melhor.

---

[6] Kirk, 2004, pp. 51-52.
[7] Balachandran, 2008, pp. 49-50.

Na longa cabotagem oceânica, o confinamento duradouro das travessias era usado pelos tripulantes para formar maioria contra a autoridade do navio. Nos altos rios, também havia sensação de confinamento, mas a possibilidade de atracar e desembarcar insubmissos a qualquer momento tornava a organização de levantes mais complexa: era preciso escolher o momento ideal para inocular a oficialidade antes que ela fizesse uso de armas de fogo, sempre ao seu alcance. Também era importante escolher o local certo para isso, com chances para desertar do navio e denunciar às autoridades os motivos da deserção. Por isso, a marinhagem manuseava com maestria os regulamentos das Capitanias, muitas vezes interpretando-os melhor que os capitães dos portos. Dessa forma, compreendo que a cultura de protesto desses trabalhadores unia a tradição dos motins a bordo aos levantes terrestres, visualizando outros canais institucionais além dos marítimos.

Neste capítulo, destaco as relações entre motins sobre as águas e greves organizadas em terra firme. Afinal, as associações de ofício são outro elemento importante para considerar na organização de protestos e greves. Veremos como os marítimos orientaram sua insubordinação dentro e fora dos navios para alcançar lugares de direito e cidadania, invertendo o ordenamento institucional da Capitania e dos lugares racializados de sua subalternidade. Não foi por acaso que a oficialidade idealizou projetos de unidade associativa logo após a revolta dos marinheiros da capital federal, em novembro de 1910. A seguir, temos a repercussão dela no porto de Manaus e o modo como isso desencadeou uma escalada de rebeldia marítima por quase uma década à frente. O "mau gérmen" no *Cruzeiro do Sul* era apenas uma fagulha da reviravolta sem precedentes que se viu na orla do rio Negro.

"ALTOS FEITOS DE CORAGEM BARULHENTA"

O dia 13 de janeiro de 1911 amanheceu de forma incomum no porto de Manaus. Uma multidão de trabalhadores estava em polvorosa com o navio que acabava de aportar. Todos queriam pelo menos um vislumbre dos passageiros aboletados no vapor *Satélite*, que trazia, segundo o *Jornal do Comércio*, "295 vagabundos, gatunos, caftens e assassinos, 44 meretrizes" e os mais notórios "105 ex-marinheiros nacionais que tomaram parte na recente revolta na baía do Rio de Janeiro". Eram 444 indesejáveis enviados para o desterro na Amazônia, "ruim gente, colhida nas malhas da polícia" carioca.[8]

A maioria dessas pessoas seguia para o trabalho forçado na construção da Estrada de Ferro Madeira-Mamoré e da Comissão de Linhas Telegráficas Estratégicas de Mato Grosso ao Amazonas. A viagem por si só era excruciante: má alimentação, péssima acomodação e levantes forjados para justificar execuções.[9] O *Satélite* não era o primeiro navio--prisão aportado em Manaus após a revolta dos marinheiros de 1910,[10] mas era o mais temido, pela radicalidade de seus prisioneiros, cuja influência havia se provado dois dias antes no motim do *Cruzeiro do Sul*. Na verdade, o navio trazia verdadeiros heróis da marinhagem. A elite amazonense horrorizou-se com sua estadia de dez dias no Roadway, como se fosse um foco de contaminação à ordem do trabalho.

A preocupação não cessou nem com a chegada do *Satélite* em Santo Antonio, onde atualmente fica Porto Velho. O potencial subversivo daqueles passageiros continuava alimentando as páginas dos jornais com boatos e preconceitos. Em 10 de fevereiro de 1911, o *Correio do Norte* noticiou "que os marinheiros revoltosos e os vagabundos que foram

---

[8] "Gente perigosa". *JC*. Manaus, n. 2.432, 14 jan. 1911. O líder mais célebre da revolta, João Cândido, não estava no *Satélite*. Era prisioneiro numa masmorra da Ilha das Cobras, desde 22 de dezembro de 1910, onde tentaram assassiná-lo por asfixia a cal. Dos 18 detentos, apenas ele e mais outro sobreviveram. Em abril de 1911, João Cândido foi transferido para o Hospital dos Alienados, depois retornou para a Ilha das Cobras e foi solto em 1912. A. P. do Nascimento, 2020, pp. 114-117.

[9] F. B. da Silva, 2010, p. 177.

[10] O *Correio do Norte* denunciou a falta de humanidade dessas viagens e publicou uma carta do advogado Assis Braga, passageiro do também navio-prisão *Manáos*. Braga narrou o fuzilamento a céu aberto de dois deles para conter um motim visivelmente forjado. "Indigno e selvagem". *Correio do Norte*. Manaus, n. 592, 11 jan. 1911.

deportados do Rio de Janeiro e levados a bordo do *Satélite* até Santo Antonio do rio Madeira, revoltaram-se nesse lugar, praticando toda sorte de distúrbios". Eles teriam saqueado uma firma e sequestrado um navio para retornar a Manaus. O boato ganhou tintas de um ataque pirata.[11] Parte da imprensa queria formar opinião negativa contra os desterrados e indispor a população com a reprodução de seus feitos na orla do rio Negro. Mas a boa recepção dessas rebeldias já era irreversível.

No dia 30 de maio de 1911, a lancha *Comendador Eduardo* estava sendo preparada para zarpar de Manaus rumo ao Solimões, quando chegou um dos seus marinheiros supostamente "bastante embriagado".[12] O comandante o repreendeu, mas foi desafiado pelo marinheiro que se dizia "assaz destemido para afrontar qual de seus companheiros se lhes aproximasse". Ninguém parecia disposto a contê-lo. O comandante ordenou então que amarrassem o rebelde no mastro de proa, "ordem que foi executada não sem surdos rumores do resto da marinhagem". Era conhecimento geral que a marujada andava "sempre revoltada contra essa natureza de castigo, e que julgam ignominiosa". Sem demora, os tripulantes José dos Santos e José Soares de Almeida, vulgo Bahia, pediram ao comandante que dissuadisse daquela ordem. Mas ele se mostrou inflexível, obrigando a guarnição a lançar mão de outros meios: "passaram às ameaças". A tripulação se reuniu em uma conferência e votou por uma revolta geral caso o colega continuasse amarrado como um animal. Santos e Bahia foram eleitos líderes do levante por unanimidade.

Ocorre que o apelido "Bahia" tinha duplo sentido: referia-se ao estado de origem do marinheiro e ao navio que tripulara até novembro de 1910, no Rio de Janeiro. Bahia era solteiro, contava 21 anos de idade e "se tornou célebre na rebelião [dos marinheiros], tempo em que se achava

---

[11] "Será verdade?". *Correio do Norte*. Manaus, n. 613, 10 fev. 1911.

[12] As informações seguintes foram recolhidas da notícia "Revolta de marujos, reclamações inéditas, o Bahia age, a ação da polícia, coragem e xadrez". *JC*. Manaus, n. 2.551, 31 maio 1911.

engajado no scout *Bahia*". Pela pouca idade, presumo que fosse grumete quando participou, na baía de Guanabara, das manobras espetaculares dos encouraçados tomados pelos amotinados (*Minas Gerais, São Paulo, Deodoro* e *Bahia*) sob comando de João Cândido. Durante a sublevação do *Bahia*, José Soares de Almeida esteve sob as ordens do marinheiro Francisco Dias Martins, outra célebre liderança do movimento, que pode ter se tornado um modelo moral para o ainda jovem "Bahia".

Após as prisões pela revolta, Bahia foi enviado à Amazônia no *Satélite*. O seu nome consta na lista de passageiros feita pelo comandante Carlos Storry e aponta Santo Antonio como destino final.[13] É difícil precisar quando ele se engajara na marinha mercante, sendo possível que tenha evadido dali pouco depois de o *Satélite* aportar, em 3 de fevereiro de 1911. Com a chegada dos prisioneiros, as autoridades afrouxavam a vigilância, como se a permanência na região fosse punitiva o bastante. Em maio desse mesmo ano, os jornais já tomavam Bahia por "famosíssimo" nas "crônicas policiais manauenses", visto continuamente "a cometer desordens" na cidade, apesar de não se encontrar outras evidências disso. Mas, aos olhos de seus pares, suas ações evocavam virtudes: "os seus companheiros temem-no e o respeitam, emprestando-lhe altos feitos de coragem barulhenta". As façanhas de 1910 renderam-lhe um aprendizado de luta organizada muito valorizada entre os marinheiros. Era, portanto, o líder ideal para um levante contra maus-tratos a bordo.

Representando os sublevados, Bahia e Santos foram à cabine do comandante comunicar a decisão coletiva: o colega "seria solto por bem ou por mal, pois estavam dispostos a tudo e se achavam armados para o fim que visavam". Muito a contragosto, o comandante acedeu e libertou o marinheiro. Mas, logo em seguida, acionou a polícia para se vingar do que considerou uma humilhação.

---

[13] Consultei a transcrição do manuscrito em F. B. da Silva, 2010, p. 360. O documento original ("Relatório de viagem do navio Satélite") possui 22 folhas manuscritas, foi salvo do incêndio do arquivo do Lloyd Brasileiro e depois obtido por Edmar Morel, que doou à Fundação Casa de Rui Barbosa, seu abrigo atual.

O subdelegado Cabral enviou cinco praças, um inspetor e dois agentes ao Roadway para prender os líderes do motim. A dupla reagiu com energia, e a muito custo se prendeu Bahia, que conseguiu escapar e subir na lancha *Montenegro*, ancorada logo ali. Por algumas horas, os policiais perderam o seu rastro. Acredito que contasse com alguém para acoitá-lo na lancha, pois se escondeu no depósito de carvão. Mas o maquinista da *Montenegro*, "que não se incorporava ao sedicioso movimento", trancou a casa de máquinas e acuou o fugitivo. Minutos depois, a polícia invadiu a lancha e "foi encontrar o chefe da insubordinação", "nu da cintura para cima e deitado naquele departamento, muito sujo e muito a gosto, como se nada houvesse praticado que merecesse recriminação". Bahia sabia o que estava em jogo naquele momento: não havia motivos para demonstrar medo perante homens cuja autoridade ele aprendera a confrontar de forma aberta e sem hesitar para recusar a naturalização de sua subalternidade. As lições de 1910 certamente foram assimiladas por ele.

Na iminência da prisão de Bahia, seus companheiros protestaram com veemência e só não entraram em choque com a polícia porque passageiros e funcionário das companhias intervieram. Os policiais, intimidados com o nível da revolta, ficaram encurralados na *Montenegro* com Bahia sob custódia. O cenário só foi alterado quando o chefe de polícia chegou com reforços, ordenando que amarrassem as mãos e os pés de Bahia para descê-lo ao Roadway e levarem-no escoltado até a Primeira Delegacia, na rua Marechal Deodoro. O ex-companheiro de João Cândido e Francisco Dias Martins foi exibido como um troféu perante os colegas, forçados a voltar ao serviço sob duras ameaças. Após a prisão, não localizei mais pistas de seu paradeiro.

Um evento desse tipo não passava impune na percepção dos marítimos de que os oficiais fariam de tudo para assegurar o lugar da sua autoridade e restringir a autonomia de seus comandados. O sufocamento daquela revolta não interditou que outras "coragens barulhentas" se fizessem ouvir pela Amazônia.

No final de 1912, o vapor *Vitória* foi fretado para viagens ao rio Madeira. Recebia um carregamento de borracha em Santo Antonio, quando o cozinheiro avisou ao comandante Eliziário Barbosa que parte da tripulação "declarara-se em revolta, tomando atitude hostil". Notícias e boatos vindos dali estavam em alta na imprensa manauara por conta da influência que os desterrados exerciam sobre os mercantes. Os amotinados estariam em cinco: João Ferreira Lima (moço); Pedro Antonio Mendes (moço); Luiz Cardoso (foguista); Manoel Correia (marinheiro) e Theodorico Cruz (ofício não especificado). Um navio como o *Vitória* equipava o mínimo de quatro moços e quatro marinheiros, o que permitia a cinco sublevados tomar pelo menos o convés.[14]

O jornalismo amazonense já exibia traquejo nesse tipo de notícia: "Esses movimentos de bordo desenrolados no palco estreito de um tombadilho de navio, quase sempre chefiados por desordeiros perigosos, requerem uma energia e coragem privilegiadas, para que não tenham consequências funestas". Para o jornalista, "essa energia teve-a o comandante Barbosa". Sem qualquer menção aos motivos da revolta, abordada como irracionalidade de "desordeiros perigosos", a notícia resumiu-se a descrever o pulso firme dos oficiais e a expor os rebeldes para que os armadores os evitassem. O motim do *Vitória* podia resultar de más condições de trabalho e alimentação, maus-tratos, obrigação de exercer funções externas à equipagem, como carregamento de mercadorias etc. Mas é o nível de agressividade desses movimentos que informa a escalada das injustiças sentidas pela tripulação, que só abria conflito quando o diálogo fosse infrutífero. A maioria das reivindicações acertadas por outras vias com o comando não alimentava o noticiário nem produzia registros. Para optar pelo confronto, o desconforto da tripulação do *Vitória* devia ser duradouro e sem sinal de melhora por vias pacíficas.

O comandante Barbosa encontrou os cinco no convés de proa, "em disposições belicosas, armados de faca e revólveres, parecendo dispostos

---

[14] "Vapor Vitória". *JC*. Manaus, n. 2.550, 27 maio 1911; "Insubordinação a bordo do vapor 'Vitória'". *JC*. Manaus, n. 3.131, 15 jan. 1913.

a reagir corajosamente a qualquer medida de ordem que fosse posta em prática". Seu líder era o moço João Ferreira Lima, "ex-marinheiro da Armada, de onde fora expulso após a revolta de 1910" e, semelhante a Bahia, seria um "temível arruaceiro, do que a bordo já por vezes dera prova". Essa abordagem mostra o quanto a imprensa estava obcecada com a rebeldia maruja do Rio de Janeiro. Não localizei outras fontes que corroborem a origem militar ou a participação de Lima na revolta de 1910; contudo, essa atribuição pode revelar uma livre apropriação do movimento pela marinhagem. A possibilidade de os marinheiros reivindicarem participação para obter prestígio e respeito entre os colegas é muito plausível. E o teor sensacionalista dos jornais também podia retratar esses rebeldes como vestígios exclusivos do ocorrido na capital federal, como se a radicalidade de bordo fosse algo estranho às águas amazônicas.

Barbosa chegou ao convés acompanhado de passageiros e tripulantes fiéis a ele, e intimou os revoltosos a se renderem, ao que teria sido respondido com "insultos e ameaças". Ele parecia preocupado com a influência de Lima sobre os outros. O comandante então disparou seu revólver contra o assoalho para "atemorizar" o grupo. Ao contrário do esperado, Lima teria reagido esfaqueando um dos homens de Barbosa. Em seguida, o comandante apontou o "revólver ao peito do insubordinado, gesto a que este se furtou, segurando-lhe o braço armado ao mesmo tempo, vibrando-lhe uma facada, que o alcançou de raspão, triscando as calças". Barbosa deu dois tiros no seu tórax, à queima-roupa, levando Lima à morte no dia seguinte.

No inquérito policial, o comandante alegou legítima defesa e foi salvo de indiciamento. Não é possível descartar a hipótese da simples execução de um moço dotado de perigosas credenciais para o trabalho de bordo e, ainda mais, para o associativismo marítimo, que vinha sendo reorganizado no Amazonas.

A experiência do desterro na Amazônia revela uma das formas como o Estado republicano enxergava a região: um lugar distante dos grandes centros econômicos e políticos do país, para onde podiam ser enviados os excluídos da ideia de nação em voga naqueles anos seguintes ao fim da escravidão. Termos como "inferno verde" sinalizam a percepção de instabilidade institucional nas relações de trabalho no extremo norte, que concedia uma autoridade quase ilimitada à elite proprietária. Para os exilados, a sensação de deslocamento deveria brecar impulsos rebeldes e influências sobre outros grupos populares.

No caso dos marinheiros, a Amazônia podia ser transformada num espaço para ideias de liberdade e reconstrução de vida. O deslocamento característico do ofício marítimo ensejava a criação de novos lugares no mundo. Dessa forma, entendemos como Bahia e Lima não interditaram suas lutas por dignidade no trabalho, mas, ao contrário, o trânsito deles dinamizou um aprendizado político que germinou onde devia ser relegado ao esquecimento. Eles transformaram a si mesmos em agentes de seu próprio movimento, adaptando-se às circunstâncias para reafirmar identidades coletivas, forjadas na luta por melhores condições de trabalho.[15]

Os episódios acima coincidem com a unidade associativa aventada pela oficialidade, justamente após o bombardeio de Manaus (outubro de 1910) e a revolta dos marinheiros no Rio de Janeiro (novembro de 1910). A extensão dos motins de bordo à organização dos subalternos em terra reafirma o espaço político almejado por sujeitos indispostos a serem tutelados por superiores no trabalho e na vida associativa. Os anos seguintes a 1910 demonstram tentativas do oficialato de restringir a propagação de radicalidade no convés e no fogo, controlando suas associações em um sistema federativo. Vamos discutir a incessante rebeldia a esse projeto que definia a autoridade plena dos oficiais sobre a navegação, os navios e as equipagens.

---

[15] Não podemos negligenciar o peso do trabalho marítimo como dinamizador de identidades coletivas partilhadas em diferentes contextos de tempo e espaço, como nos mostra Landers, 2010, *passim*.

CONTRA OS DÉFICITS DE EQUIPAGEM (1914)

No início de 1914, a Federação Marítima já era cogitada diante da reorganização da União dos Foguistas, no ano anterior. Mais do que impulsionar o associativismo, o projeto federativo visava manter a segregação entre as entidades para reforçar a subalternização e pautar sua militância, uma vez que, com o reaparecimento da entidade foguista, surgiam rumores de greves e outras rebeldias. Os motins a bordo geralmente eram deflagrados contra más condições de trabalho e maus-tratos; em terra, a organização marítima estava focada em problemas sentidos antes das partidas. Em meados de 1913, a crise gomífera servia de pretexto para que os armadores diminuíssem a quantidade de tripulantes por navio, mesmo sob risco de naufrágios e acidentes. Os déficits de equipagem devem ter incentivado a volta da União dos Foguistas, em 1913, e um enfrentamento de classe mais duro que antes.

O vapor *Alto Acre* estava atracado no Roadway, em 24 de janeiro de 1914, quando eclodiu um princípio de greve a bordo. Os foguistas e carvoeiros acusavam o comandante José Florêncio da Costa de não equipar o mínimo exigido para aquela classe de vapor: quatro foguistas e dois carvoeiros. O grupo acionou a União dos Foguistas, representada por Aníbal Augusto Dias, que se dirigiu ao capitão do porto. O comandante foi intimado na Capitania para esclarecimentos, defendendo-se que ia partir com oito homens em vez dos quatro com que vinha equipando. O capitão deu razão ao oficial, encerrou a discussão, mas não convenceu "os foguistas que se encontram desembarcados, em número bastante elevado" e que passaram a suspeitar de conluios da Capitania nessas infrações.

Os foguistas tentaram então sublevar os poucos ocupantes do fogo no *Alto Acre*, mas foram repelidos com violência pelo comandante. A polícia estadual foi acionada para retirar os revoltados do navio, uma operação recorrente no governo Jônatas Pedrosa, que aparelhou a força policial com equipamentos de ponta para reprimir a classe trabalhadora.[16] O articulista dessa notícia foi convencido pelo capitão do porto de que tudo estava nos conformes e os foguistas não tinham razão, mesmo depois de Aníbal Dias ir à redação desmentir essa história.[17]

Pouco tempo depois, a União dos Foguistas retornou ao jornal para acusar a conivência da Capitania em despachar navios com equipes para três dias de viagem, em cursos que excediam oito dias, "assim só levando a bordo um maquinista e dois foguistas, com verdadeiro prejuízo da classe e grave ofensa ao respectivo Regulamento".[18] Naquele mesmo ano de 1914, o deputado federal Eloy de Souza, do Rio Grande do Norte, discursou na Câmara Federal sobre o problema das equipagens brasileiras. Seu argumento principal dizia que a cabotagem no interior do país se prejudicava por empregar uma "tripulação excessiva". Os marítimos gozariam de direitos demais e oneravam o negócio náutico brasileiro.[19] Falas como essa disseminavam e robusteciam a imagem dos armadores como vítimas de seus empregados. Nesse passo, a Grande Guerra tornou-se o pretexto ideal para que eles lucrassem ainda mais com a paralisação da longa cabotagem. A maioria das mercadorias passou a ser movimentada pela navegação interna, o que começou a ser evocado pelos armadores como razão das dificuldades econômicas para manter tripulações completas. Essa conjuntura seria aproveitada para solapar lugares de trabalho conquistados a duras penas pela marinhagem. O episódio a seguir revela a que ponto os armadores podiam chegar para fazer valer suas ambições e vontades.

---

[16] Basta observar uma licitação de seu governo que incluía mais de mil sabres, mil carabinas e 59 pistolas semiautomáticas Mauser. *Diário Oficial*. Manaus, n. 5.557, 12 jan. 1913.

[17] *JC*. Manaus, n. 3.502, 25 jan. 1914.

[18] *JC*. Manaus, n. 3558, 23 mar. 1914.

[19] "Imprensa (Cabotagem)". *O Município*. Tarauacá, n. 232, 15 ago. 1915.

O ASSASSINATO DE JOAQUIM THOMPSON DE CASTRO

Joaquim Thompson de Castro nasceu no Amazonas em 1888, era branco de cor e residia em Manaus, no Boulevard Amazonas, nº 43. Aparece como prático/piloto por volta de 1913, nos seus 25 anos de idade. Naquele tempo, igual a outros marítimos, ele vivia sem dinheiro. Emprestou uma quantia com o colega paraense Euclydes Monard, mas não conseguiu pagar. Passou uma vergonha imensa quando foi cobrado em público e acabou se atracando com Monard, na rua Teodoreto Souto.[20] Portanto, não se tratava de um prático de boa cepa, como era boa parte deles. Thompson tinha mais a ver com a maioria da marinhagem de origem pobre. Ele e a família habitavam as imediações do cemitério São João Batista, no limite extremo da malha urbana de Manaus. Não devia ser desconhecido na vizinhança nem nos arredores do Roadway, parecendo benquisto entre os colegas, por, entre outras razões, não baixar a cabeça aos poderosos com facilidade.

Meses depois da confusão com Monard, em 14 de dezembro de 1913, Thompson conseguiu um serviço e zarpou rumo à Bolívia, comandando a lancha *Campinas*, de Demétrio Padilha – empresário possivelmente boliviano que costumava seguir no vapor para vigiar de perto os seus negócios. Padilha embarcou com os amigos Eduardo Fuller e Miguel Joseph Scot – um francês que negociava aviamentos e borracha com a Suarez Hermanos. Mas, com alguns dias de viagem, Padilha e Thompson passaram a discutir e se ofender com frequência. O empresário já não escondia sua raiva contra o empregado pouco deferente e famoso pelo orgulho e pela valentia. Até que, às 11h do dia 12 de janeiro, próximos ao porto boliviano de Cobija, os dois travaram uma briga violenta.

Segundo testemunhas, aquele conflito parecia um pretexto qualquer para Padilha e seus comparsas eliminarem Thompson em um local

---

[20] TJAM. PPC. Inquérito criminal. Manaus, 20 maio 1913. Cx. Criminal (1913). Em virtude de terem se ferido mutuamente e depois terem pagado fiança, o inquérito foi arquivado em 7 de agosto de 1913.

distante. No meio da confusão, o comandante não teve chance quando Scot sacou a pistola Mauser e atirou três vezes no seu abdômen. O cozinheiro João de tal saiu em seu socorro, mas foi impedido por Fuller, que, com outra Mauser, alvejou-lhe a perna. A tripulação da *Campinas* se amotinou, mas viu-se em desvantagem ante três homens com pistolas capazes de rajadas de mais de 30 tiros. Segundo se soube mais tarde, o crime parecia premeditado para quando a *Campinas* estivesse em águas bolivianas e, portanto, sob outras jurisdições.

Os tripulantes só obtiveram socorro quando o vapor *Andirá* passou próximo. Seu comandante João Paulo Bandeira saltou para o tombadilho da *Campinas* e descobriu o cadáver do colega. Bandeira execrou os empresários, ordenando que a lancha voltasse para a margem brasileira, ao que Padilha retrucou possuir 200 contos para subornar a polícia e a Justiça. Daí foi a vez da tripulação da *Andirá* ensejar uma sublevação para justiçá-los ali mesmo. Bandeira conseguiu conter os ânimos e garantiu que a prisão formal dos criminosos seria menos danosa à marinhagem, que sofreria retaliações no futuro caso linchassem os três empresários.

Bandeira prosseguiu à prisão de Scot no município acreano de Brasília (atual Brasiléia), mas, tal como alegou Padilha, nada conseguiu fazer contra ele e Fuller. Padilha despediu a tripulação da *Campinas* e pagou-lhe os ordenados. A lancha fez a viagem de retorno com outra equipagem e comandante, levando os incólumes Padilha e Fuller. Entre a marinhagem, a sensação de impotência alimentou a revolta e transformou o enterro de Thompson, às margens do igarapé da Bahia, num ato político de intensa emoção.

Em 3 de fevereiro de 1914, os ex-tripulantes da *Campinas* chegaram a Manaus e foram direto à Capitania para protestar. Quando a notícia do crime ganhou as ruas e os jornais, ela já era considerada uma expressão da prepotência dos armadores, que faziam o que queriam e agiam como bem entendiam, segundo seus bolsos e influências sociais.[21] Em terra, os

---

[21] "Os crimes no interior". *JC*. Manaus, n. 3.512, 4 fev. 1914.

marítimos buscaram enfrentar o controle desses homens sobre a marinha mercante e as Capitanias, clamando urgência por uma mobilização autônoma que amparasse as vítimas da violência promovida contra a categoria. No dia 11 de fevereiro de 1914, os marítimos passaram o dia anunciando um protesto em frente ao Teatro Amazonas, marcado para as 20h. Um boletim entregue de mão em mão convocava todos para denunciar o assassinato do comandante Thompson.

Na hora combinada, o largo de São Sebastião foi tomado por marítimos que pediam "justiça aos poderes competentes".[22] Foi combinada uma passeata saída dali para a avenida Eduardo Ribeiro, com paradas nas redações dos jornais, onde discursos foram proferidos. À porta do *Jornal do Comércio*, falou o tenente-coronel José Augusto da Silva. Era considerado herói por alguns, por ter liderado um destacamento de policiais na Guerra de Canudos. Atualmente, estava lotado numa delegacia e se aproveitou da manifestação, pois vinha pleiteando candidatura à intendência municipal. Em seu discurso, exigiu maior rigor na apuração do crime, já visando a eventuais votos dos marítimos. Dizia-se consternado com o episódio, algo difícil de convencer, caso a vítima em questão tivesse a mesma cor de pele e origem social dos canudenses.

A marinhagem não branca vivia situações piores que a de Thompson, com execuções quase que diárias e sem qualquer tipo de proteção ou investigações. Quando a violência acometeu um oficial branco, embora pobre, a categoria aproveitou para chamar atenção da opinião pública e de órgãos competentes para as arbitrariedades cometidas a bordo por patrões e oficiais. Só assim a participação de gente como Silva pôde ser tolerada; ademais, foi justamente por causa dela que o redator do *Jornal do Comércio* entendeu que na "manifestação de ontem presidiu a máxima ordem".[23]

---

[22] *JC*. Manaus, n. 3.520, 12 fev. 1914.

[23] "A classe marítima fez ontem um comício de protesto contra o assassinato do piloto Joaquim Thompson". *JC*. Manaus, n. 3.521, 13 fev. 1914.

Outro ponto de destaque na repercussão desse assassinato é a possível origem estrangeira dos criminosos. Já vimos que, desde 1911, os armadores nacionais implicavam com os benefícios concedidos aos concorrentes estrangeiros, buscando apoio entre as tripulações para antagonizá-los. É possível que a Federação Marítima, criada poucos meses após essa manifestação, ainda capitalizasse com o ocorrido. Sabemos que, quando suas lideranças frisavam "exploração" de armadores e Capitania, a federação referia-se aos favorecimentos federais às companhias estrangeiras. Em contrapartida, a marinhagem nacional preocupava-se com as desigualdades no lugar de trabalho e evitavam seus reflexos no associativismo. O maior indício encontra-se na interiorização da revolta dos marinheiros do Rio de Janeiro (1910) e na aclamação de seus participantes no porto de Manaus. Nesse sentido, o assassinato de Thompson podia remeter à violência recorrente nos navios, e não à xenofobia estimulada por armadores, oficiais e seus aliados na imprensa, gente que reivindicava unidade associativa em torno de uma suposta identidade nacional.

A União dos Marinheiros e Moços foi criada concomitantemente à Federação Marítima, mas negou sua coligação. Poucos dias após a pomposa instalação da federação, em 1º de maio de 1914, no Teatro Amazonas, marinheiros e moços já mostravam suas divergências com os presentes nesse evento, quando organizaram um piquete no Roadway. Eles manifestavam seu descontentamento na véspera das partidas, quando oficiais e subalternos definiam as condições para permanecerem confinados nos navios por dias e até meses. O trágico fim de Thompson provava o quanto isso podia ser perigoso.

OS PIQUETES DOS MARINHEIROS E MOÇOS (1914)

Nove dias se passaram desde a instalação da Federação Marítima, e seu primeiro desafio foi colocado pela União dos Marinheiros e Moços (UMM). Já sabemos que a UMM fora uma das duas associações que negaram a federação. Naquele momento, João Gonçalves Monica, ainda chamado Demoniz, era procurador da UMM e foi apontado como líder de um movimento de certa relevância no Roadway.

Na manhã do dia 9 de maio de 1914, a UMM patrocinou um alvoroço para fazer cumprir um artigo de seus estatutos, que estabelecia a base mínima de ordenados para marinheiros (100 mil-réis) e moços (80 mil--réis). Tal objetivo integrava o conjunto de reivindicações marítimas na Manaus dos anos 1910, que incluía também o combate aos maus-tratos a bordo; a luta contra o déficit de equipagem; e, em 1919, a inserção da categoria na chamada questão social. Na véspera da manifestação no Roadway, a UMM via-se às voltas com alguns não associados que, por conta do desemprego, andavam aceitando salários menores, o que prejudicava um tabelamento mais digno a todos.

Segundo o *Jornal do Comércio*, os marinheiros e moços fizeram piquetes no Roadway para impedir o embarque desses não associados. Estavam atracados os vapores *Rio Curuçá*, *Acarahú*, *Manáos* e as lanchas *Melita* e *S. Martin* com suas equipagens, supostamente, de acordo com os soldos oferecidos pelos armadores. Às 10h, os sócios da UMM decidiram subir nesses barcos para convencer os colegas a abandoná-los. Quando a paralisia portuária avançou pela tarde, o capitão do porto José Martini pediu providências à polícia para, cinicamente, impedir que os não associados fossem "vítimas de qualquer violência" dos membros da UMM (chamo a atenção das leitoras e dos leitores para esse personagem, conhecido no capítulo 2, pois ele será recorrente de agora em diante). Após esse pedido, um verdadeiro destacamento foi mobilizado para o Roadway, com policiais civis e praças do Batalhão Militar. Mas o piquete dos marinheiros e moços resistiu bem e atrapalhou a busca por substitutos aos paredistas. Ao fim do dia, apenas a lancha *Melita* e o vapor *Acarahú* partiram de Manaus. O restante dos navios ficou parado e vigiado por policiais e militares, sem sabermos até quando.[24]

---

[24] "Uma encrenca". *JC*. Manaus, n. 3.606, 10 maio 1914.

No dia seguinte, Demoniz enviou à imprensa uma nota sobre rumores de o capitão Martini ter sugerido ao comandante do *Rio Curuçá* a substituição dos paredistas com catraieiros, funileiros e sapateiros. No mesmo dia, Martini respondeu que, se acaso disse coisa similar, "foi talvez como recurso de eloquência para dominar o auditório". Quanto às demandas dos marinheiros e moços, ele recomendou prudência e confiança no mercado autorregulador: "se os fatos sociais, que se pressentem, têm origens normais e legítimas, eles terão igualmente o seu desfecho lógico, e as soldadas se elevarão ou não, conforme as condições naturais da oferta e procura, procedendo o comércio e trabalhadores de conformidade com os seus respectivos interesses". Em seguida, reafirmou sua imparcialidade nas decisões, a fim de garantir a ordem e a segurança da navegação.[25] Mas Demoniz e seus camaradas da UMM conheciam muito bem o feitio e o clientelismo das relações de Martini.

Não descobri o desfecho do piquete dos marinheiros e moços por tabelamento salarial, mas é possível presumir a reação de autoridades, oficiais e membros da Federação Marítima. A associação passou a ser encarada como elemento de instabilidade à unidade associativa, proposta pela Federação Marítima para "pacificar" a categoria naquele tempo de incertezas e falências de empresas. Possivelmente, a UMM tornou-se a materialização da propagação de rebeldias marujas organizadas, temidas desde novembro de 1910.

No fim do mês de maio, a UMM voltaria a agir. Dessa vez, um articulista do *Jornal do Comércio* pondera a força da associação diante da Federação Marítima e arrisca explicação por julgamento de valor: "há em Manaus duas sociedades que se disputam a primazia na benemerência de atos prodigalizados à classe que defendem". Uma era a Federação Marítima, a outra era a UMM: "aquela, talvez porque possua na sua direção vultos de maior responsabilidade e de maior representação no seio da classe, é a de mais valor, a que maior número de associados possui

---

[25] "Ofício no 399". *JC*. Manaus, n. 3.607, 11 maio 1914.

e a que mais seguro prestígio desfruta".[26] O jornalista tomava a UMM por solo fértil à radicalidade de agitadores forasteiros, como Demoniz.

Certamente o racismo calcava opiniões sobre a associação dos marinheiros e moços, vista como reunião de gente suscetível a estímulos irracionais, comportamento criminoso e influência de homens brancos inteligentes (de boas ou más intenções), como por vezes vimos por aqui. Por outro lado, a Federação Marítima era tida como respeitável por possuir "vultos" que ofuscariam homens e rapazes mais parecidos com os prisioneiros do *Satélite*. Após o piquete do início de maio, os oficiais da federação estavam em alerta quanto aos movimentos da UMM. A divergência entre as duas ficou ainda mais clara quando marinheiros e moços do vapor *Chandless* organizaram um motim contra o embarque de um prático membro da federação. A imprensa não informa as motivações da revolta, mas o alvo do protesto sugere receios de represálias vindas da federação por aquele prático, em razão dos recentes motins e piquetes. A confusão começou pouco antes da partida, tão logo a equipagem do prático fora anunciada. O levante tinha um líder em particular, membro da UMM, que foi detido pela polícia a pedido do comandante do vapor.[27]

A tensão entre a UMM e a federação perdurou algumas semanas. Em junho, a UMM organizou um boicote à partida do vapor *Jonathas Pedrosa*, que homenageava o então governador. Na redação do *Jornal do Comércio* se conjecturou a participação da União dos Foguistas, mas a Federação Marítima corrigiu o equívoco dizendo que seu conflito era com a UMM, e não com os foguistas.[28] Até então, a União dos Foguistas era filiada à federação, que preferia manter relações cordiais para evitar atritos iguais aos que tinham com a turma do convés. Os piquetes e a luta contra os castigos corporais, ambos de 1914, fizeram da UMM um repositório simbólico da rebeldia "trazida" a Manaus pelos ex--marinheiros desterrados na Amazônia. Com razão, o oficialato

---

[26] "Entre marítimos". *JC*. Manaus, n. 3.624, 29 maio 1914.
[27] "Entre marítimos". *JC*. Manaus, n. 3.624, 29 maio 1914.
[28] "As queixas do povo". *JC*. Manaus, n. 3.636, 10 jun. 1914.

via-se como alvo primordial dos membros da UMM. Isso preocupava autoridades tanto civis quanto militares, que temiam a forma organizada conferida pela UMM a atos de rebeldia antes esporádicos e isolados. Também era impossível ignorar certa conotação antirracista dessas ações dirigidas contra oficiais brancos de cultura escravocrata.

Dessa forma, os ataques de Luís Tirelli contra João Gonçalves Demoniz podem ter servido para deslegitimar a militância da UMM nos anos seguintes. Depois de 1914, a entidade parecia malvista entre os próprios trabalhadores, pela influência de um trapaceiro. Após a partida do desmascarado Monica, a militância da UMM possivelmente empenhou-se em imprimir respeitabilidade e uma postura menos radical no enfrentamento de classe. Também não é de desprezar que quase todos os distúrbios ocorridos no Roadway, no primeiro semestre de 1914, deram-se na ausência do presidente da Federação Marítima Luís Tirelli, que fazia uma longa viagem de divulgação.

Mesmo após a partida de Demoniz/Monica de Manaus, a unidade associativa continuou na abstração da oficialidade, que reivindicava sua execução, reprimindo qualquer divergência com brutal violência. Já a Capitania, que veiculava imparcialidade, passaria a ser encarada como uma antagonista da mobilização dos subalternos, tendo em José Martini sua personificação mais completa. Essas conclusões partem das tensões acirradas após a deflagração da Grande Guerra, em julho de 1914. A partir de então, a fome e o desemprego tomariam as pautas dos trabalhadores e, aproveitando-se disso, a Federação Marítima tentaria desviar o foco do autoritarismo dos oficiais para fortalecer a militarização das relações entre suas coligadas, tendo a conflagração mundial como pretexto.

A GRANDE GUERRA PARA OS MARÍTIMOS DE MANAUS

Durante a Grande Guerra, Manaus ficou isolada do mundo. Por conta dos bloqueios marítimos à cabotagem internacional, a cidade passou a sofrer escassez de alimentos. Boa parte do seu comércio dependia de produtos importados transportados por navios ingleses e alemães. Além do bloqueio, os ataques aos navios mercantes no Atlântico geravam insegurança. Buscando uma solução, a Associação Comercial do Amazonas propôs ao governo federal, em agosto de 1914, a utilização de navios do Lloyd Brasileiro na navegação entre Manaus, Belém, Europa e Estados Unidos. Essa e outras propostas, que incluía até apropriação nacional de navios estrangeiros, não progrediram, e a cidade padeceu até o fim do conflito. O fracasso serviu para robustecer a ideia, fértil entre empresários locais, de que o governo federal pouco se importava com o extremo norte. Não havia um navio sequer para escoar os principais produtos da Amazônia: a borracha e a castanha.[29]

A navegação que continuava atendendo Manaus era de pequena cabotagem. Para se beneficiar disso, os armadores aumentaram os valores de fretes e passagens, negando qualquer reajuste de salários a seus empregados, vítimas da carestia de vida e de aluguéis extorsivos cobrados em Manaus. Houve uma forte propaganda de discurso xenofóbico nos jornais da capital, acusando os países beligerantes como os verdadeiros responsáveis por essa calamidade. Novamente, os estrangeiros eram apontados como elementos de instabilidade social. Em contrapartida, jornais operários de Manaus, como *A Lucta Social*, relacionavam ideias de "pátria" e "nação" como causas de guerras como aquela, empreendidas pelos patrões para fraturar a classe trabalhadora e arrancar-lhes direitos.[30] A tese do jornal se mostrava correta, pois os pequenos e médios armadores já estavam se aproveitando do contexto beligerante para atacar conquistas da marinhagem no tabelamento salarial e por melhores condições de trabalho.

O momento dava condições materiais para a eclosão de protestos. Assim como no resto do mundo, a crise estava ligada ao crescimento econômico e aos problemas de abastecimento, sem que os salários

---

[29] M. Araújo, 2018, pp. 35-37.
[30] *Idem*, p. 45.

acompanhassem o aumento dos preços e dos lucros e, finalmente, sem intervenção por parte do Estado para amenizar a situação. Esse contexto permitia que uma greve tivesse margem de negociação, porque havia emprego, ainda que precário e de exploração intensiva.[31] Mas uma greve marítima diferia um tanto dos motins praticados desde antes da guerra.

Uma greve por melhores condições de vida e trabalho tendia a extrapolar o ambiente de bordo e necessitava de uma rede de apoio terrestre. É importante considerar que a escassez de armações levou os marítimos a permanecerem por mais tempo em Manaus, onde teciam laços sociais e afetivos cruciais para a fecundidade do associativismo e da mobilização operária. A despeito disso, o oficialato recrudescia códigos disciplinares para não perder o controle sobre eles. A tensão vivida no *front* europeu chegou a influenciar as autoridades no trato de revoltas fora da zona de guerra, como se o conflito endossasse contenções mais violentas contra quem não estivesse defendendo a "pátria".[32] A parcela de origem militar da marinha mercante criou uma atmosfera de combate interno a quem considerava pouco leal à ordem naval ou contra agitadores do movimento operário.

Em julho de 1915, a Federação Marítima tomou uma medida polêmica ao aprovar um projeto que alterava o perfil da entidade e suas relações com as coligadas. O projeto autorizou a filiação de militares da ativa "de todas as classes da Armada" e obrigou que todos os representantes das filiadas fossem oficiais marítimos, excluindo qualquer participação legislativa da marinhagem rasa nas decisões da Federação Marítima.[33] A mudança operou uma cisão definitiva no associativismo marítimo e escancarou o objetivo dos oficiais em dominar a vida associativa de seus comandados. Os inconformados também estavam sendo "convidados" a se retirarem da coligação, o que abriu comportas para revoltas sem precedentes no porto de Manaus.

---

[31] Biondi & Toledo, 2018, p. 87.
[32] Canfora, 2014, p. 64.
[33] *JC*. Manaus, n. 4.018, 8 jul. 1915.

A Federação Marítima oficializava a subordinação associativa a líderes militares inspirados pela guerra. Em caso de greves no convés e no fogo, a tensão social ao redor do mundo era o pretexto ideal para rechaçar o diálogo e enquadrar como indisciplina qualquer tipo de insatisfação. Outro ponto considerado era a possibilidade de uso da marinhagem mercante como força militar reserva em eventual participação no conflito, que também embasava maior policiamento à organização dos trabalhadores. Por fim, a proposta de maior militarização da Federação Marítima acompanhou o retorno de Luís Tirelli a Manaus, que reassumiu o cargo de presidente da coligação, em 4 de novembro de 1915.[34] A partir de então, as tensões com as associações de convés e de fogo alcançariam um patamar inédito nas águas do Amazonas, aproveitando o clima militarizado da guerra.

A GREVE DO FOGO I. ALIMENTANDO AS CHAMAS

Em 26 de janeiro de 1916, a lancha *Branquita* era preparada para viajar a região do Purus. Por volta do meio-dia, três foguistas procuravam o comandante Antonio Couto, solicitando a equipagem de três carvoeiros para os auxiliarem naquela longa jornada. O superior afirmou que a *Branquita* "era de muito pequenas dimensões para que fossem necessários carvoeiros" e que "havia a bordo moços de convés que fariam perfeitamente o serviço". Os foguistas acharam aquilo inadmissível e cruzaram os braços, atrasando a partida por um dia inteiro, sendo por fim demitidos pelo comandante. No dia seguinte, a lancha partiu com foguistas substitutos, sem carvoeiros e com moços de convés sobrecarregados.[35] Os demitidos tomaram o rumo da União dos Foguistas e foram espalhar os disparates de algo que se repetiria ao longo do ano.

---

[34] *JC*. Manaus, n. 4.142, 5 nov. 1915.
[35] "A bordo da lancha 'Branquita' três tripulantes insurgiram-se, ontem". *JC*. Manaus, n. 4.224, 27 jan. 1916.

De janeiro a dezembro de 1916 lemos nos jornais, quase que diariamente, as insatisfações de foguistas e carvoeiros e sua consequente perseguição em terra e a bordo. Partindo disso, teremos uma paulatina escalada de tensões até o ponto culminante de uma greve do fogo, a principal greve marítima do Amazonas, que ganhou repercussão nacional. A razão do pedido dos foguistas da *Branquita* ao comandante Couto é a melhor maneira de explicar o conteúdo da greve de meses depois. A insatisfação deles referia-se aos cuidados necessários para um serviço seguro nos fornos. Atentemos a isso.

Os carvoeiros e foguistas trabalhavam em harmonia para operar o sistema de combustão dos motores. Cada foguista era responsável por uma fornalha, sendo substituído durante os quartos. A maioria dos barcos vistos aqui possuía fornos únicos, que exigiam apenas alternância no suprimento da fornalha e no carrego de lenha ou carvão. Os carvoeiros abasteciam a quantidade necessária de lenha ou carvão para os foguistas alimentarem e vigiarem os fornos. Aqueles utilizavam uma logística nos depósitos de combustível para atender a estes de forma ágil e eficiente. Após alimentar o fogo, o foguista dedicava algum tempo observando as chamas, controlando-as sem tirar o olho do barômetro. Por isso o número de carvoeiros devia ser suficiente para que o foguista cuidasse com calma da combustão. Essa vigilância saía prejudicada caso ele precisasse cobrir outras funções. Sucede que, para "economizar" durante a guerra, os armadores diminuíram a quantidade de carvoeiros e desequilibraram o serviço no fogo. Além de relegar carvoeiros ao desemprego, isso elevava os riscos das viagens com tripulantes estressados e exaustos, mais propensos a equívocos que geravam incêndios e explosões. Os riscos eram assumidos pelos armadores, que se garantiam na cobertura dos seguros. Aliás, em muitos casos, levar o navio a pique podia até ser mais lucrativo do que completar as viagens.[36]

---

[36] Na Grã-Bretanha desse mesmo período, os armadores executavam procedimento idêntico, assim como era idêntica a mobilização dos foguistas contra esses métodos de ganhar dinheiro. Kennerley, 1997, p. 23.

Vale dizer que não estamos tratando somente de uma questão econômica. Os armadores viam o serviço no fogo como um trabalho braçal facilmente substituível e associavam sua execução à incapacidade intelectual de seus ocupantes: homens e rapazes de ascendência indígena e africana. Por conta disso, os foguistas lutavam por formas mais humanizadas de exercerem seus ofícios, serem reconhecidos como operários capazes de determinar suas próprias vidas, e não corpos à disposição da "nação" e de sua economia de exportação. Associações como a União dos Foguistas evidenciam em seus estatutos a vontade incessante de atestar a qualidade dos ofícios de fogo para combater a ideia de inferioridade atribuídas a eles. Daí o estímulo à leitura e ao comportamento regrado fora do local de trabalho. O cuidado com as equipagens consistia também em evitar sobrecargas de trabalho prejudiciais à qualificação intelectual dos trabalhadores fora dos navios. A luta de foguistas e carvoeiros pelo lugar de trabalho dizia respeito à defesa das garantias que o trabalho livre propiciava no pós-Abolição, ainda que de forma precária. Outro tipo de chama vinha sendo alimentada naqueles porões, e ninguém seria capaz de contê-la diminuindo o número de carvoeiros e foguistas.

Dias após as demissões na *Branquita*, os foguistas espalhavam que a Capitania seria cúmplice na autorização irregular daqueles desfalques. O caso mais recente era do vapor *Rio Jamary*, que partiu de Manaus com déficit de foguistas. Uma nota em defesa da Capitania foi enviada ao *Jornal do Comércio*. Após denunciar o que chamou de infâmias, o texto defende que o vapor saíra com tripulação até maior do que viera de Belém, embora sem esclarecer se o setor de fogo ia devidamente equipado ou não. Na conclusão, o texto conclama ao "público que avalie o critério de *certa gente*",[37] no caso, os militantes da União dos Foguistas que andariam caluniando a Capitania e insuflando quebras na hierarquia naval. Textos assim foram recorrentes ao longo de 1916 e refletiam o cinismo do capitão

---

[37] *JC*. Manaus, n. 4.229, 1º fev. 1916, grifos meus.

do porto José Martini. Abramos um parêntese para o maior antagonista dos foguistas e carvoeiros.

Em 1913, José Martini ganhou notoriedade na imprensa carioca por um episódio de autoritarismo. Então capitão de fragata do vapor de guerra *Carlos Gomes*, ele teria obrigado o desembarque do imediato Alexandre Messeder por pura antipatia. A justificativa de Martini à Inspetoria de Portos e Costas foi "indisciplina", mas era conhecimento geral que "os dois oficiais não se olhavam muito bem".[38] Os jornais deram atenção especial ao caso, trazendo duas leituras distintas que tinham a revolta dos marinheiros (1910) por eixo central. Para *A Época*, o oficial agiu bem, porque a Marinha de Guerra andava "já tão abatida pelos constantes revezes que tem sofrido de dois anos a esta parte". Nessa versão, o imediato merecia a reprimenda, pois a Marinha precisava reaver a autoridade do oficialato para podar novas insurreições. Apesar disso, o articulista lamentava reportar incidentes tais por parte de uma Marinha que devia merecer louros e não diatribes.[39] A segunda versão jornalística, publicada no *Correio da Manhã*, foi mais repercutida e nos ajuda a tracejar o perfil do futuro capitão do porto do Amazonas.

Para o jornal, "o caso ocorrido no vapor de guerra *Carlos Gomes* é o mais vergonhoso possível". O jornalista tentou expor o quão absurdo era um comandante encolerizado desembarcar outro oficial, "mandando que o pusessem em um escaler e o jogassem na praia" aos gritos. Isso causara "o maior escândalo em rodas navais", enquanto a Marinha lutava para se levantar "das peias que aprendeu desde 1910" com João Cândido e seus companheiros.

Martini era exposto como um elemento do mundo violento e racista denunciado pela revolta de 1910. Seria um "mau exemplo que pode frutificar", isto é, representava um risco de retrocesso autoritário da Marinha. Martini é ainda repisado como um "oficial reconhecidamente

---

[38] "Ainda o curioso caso do 'Carlos Gomes'". *Correio da Manhã*. Rio de Janeiro, n. 5.130, 15 fev. 1913.

[39] "Um caso lamentável em nossa Marinha". *A Época*. Rio de Janeiro, n. 199, 14 fev. 1913.

ríspido", "arbitrário" e "déspota".[40] Em vista disso, ele reagiu como viria a fazer rotineiramente em Manaus: fazendo dos jornais o seu palco para se vangloriar e debochar de adversários. Enviou uma resposta ao *Correio da Manhã* para "declarar aos vossos leitores, sob a garantia do meu nome, que é absolutamente falso aquilo quanto narraram à imprensa a respeito do desembarque do capitão de corveta Messeder". Dizia ter cumprido um protocolo disciplinar para substituir Messeder por outro. Em seguida, alegando-se vítima, ele se autoelogia: "Não sei se a Marinha está desorganizada. No meu navio, porém, impera a lei. E tanta confiança tenho que o meu proceder só merece louvores, embora não os alcance".[41] Martini utilizaria qualquer poder incumbido para prevalecer sua vontade pessoal sobre os demais, resguardando o mundo vestigial da escravidão presente na Marinha e saudado por oficiais brancos iguais a ele.

Não é errôneo cogitar que o Ministério da Marinha tenha encontrado nele a figura ideal para lidar com os motins no Amazonas, elevados à sombra dos ex-marinheiros desterrados na região, em 1911. Martini aglutinava predicados de oficial ressentido com a marinhagem negra e mestiça, de forma a fazer questão de afirmar que seu comportamento ignorava o estado em que a Marinha se encontrava desde 1910, para prevalecer a "lei" da (sua) força. Isso explicaria por que a sua posse como capitão do porto do Amazonas, em 1916, foi tão festejada em Manaus.

Desde 1914, ao que parece, Martini ocupava interinamente a Capitania do Porto do Amazonas. Em 18 de fevereiro de 1916, o oficial tomou posse do cargo em definitivo. Foi recebido com pompas em um evento que contava com representantes da Associação dos Empregados do Comércio, do Clube Naval, da Associação dos Pilotos da Marinha Mercante e da Federação Marítima.[42] O apoio prestado pelas entidades de oficiais mostrava que Martini não estaria sozinho no freio das ações radicais da União dos Marinheiros e Moços e da União dos Foguistas.

---

[40] "Escândalo naval". *Correio da Manhã*. Rio de Janeiro, n. 5.129, 14 fev. 1913.
[41] "Escândalo Naval". *Correio da Manhã*. Rio de Janeiro, n. 5.132, 17 fev. 1913.
[42] *JC*. Manaus, n. 4.247, 19 fev. 1916.

Enfim, cabe lembrar que os comandantes agiam como intermediários dos armadores e teciam elos entre seus patrões e a Capitania para pleitear vantagens aos seus negócios. A presença de um déspota na autoridade máxima da marinha mercante do Amazonas, além de rancoroso à revolta de 1910, deve ter animado os promotores da unidade associativa e os mais sedentos por punições severas aos marítimos. Dito isso, retomemos os levantes do pessoal do fogo.

Algumas semanas após a posse de Martini, no dia 20 de março de 1916, o vapor *Comendador Eduardo* foi interditado por membros da União dos Foguistas. Perceba-se o mesmo padrão de tempo e espaço desses protestos: um vapor ancorado no Roadway, com rol de equipagem pronto e na véspera da partida. Aquele era um lugar propício para piquetes: um porto flutuante facilmente tomado pelos trabalhadores, mas, em contrapartida, também pela polícia. Eles podiam ficar encurralados na ponte, sem rotas de fuga para além das águas do rio Negro. Ali o *Comendador Eduardo* recebia mercadorias quando diversos membros da União dos Foguistas embarcaram procurando o carvoeiro Francisco Luiz da Silva, que havia equipado por 60 mil-réis mensais, quantia bem abaixo das tabelas aprovadas na greve de 1906, que definiu salário de 120 mil-réis para esse posto.[43] Francisco não sabia dos seus direitos e foi com o pessoal da União dos Foguistas solicitar aumento ao comandante Joaquim José da Matta, que não concordou e demitiu Francisco e outro carvoeiro. Matta também havia equipado foguistas com salários inferiores a 200 mil-réis. Pouco antes da partida, o presidente da União dos Foguistas, José Severino do Nascimento Gaya, tentou novamente adentrar o navio, mas foi barrado por Matta. Naquele momento, o líder perdera voz na Federação Marítima por não ter patente de oficial, o requisito tornado obrigatório para representar as coligadas.

José Gaya era possivelmente natural do Rio de Janeiro. Formou-se como foguista na Marinha de Guerra em meio a colegas majoritariamente

---

[43] "A Corporação de Foguistas e Carvoeiros". *JC*. Manaus, n. 802, 22 set. 1906.

negros e mestiços, o que nos leva a presumir que também não fosse branco. Na época da revolta de 1910, ele era foguista no aviso *Tefé*.[44] Como outras lideranças vistas por aqui, Gaya era testemunha e, quem sabe, agente naquela revolta. Em 1914, Monica/Demoniz e ele eram as principais lideranças dos subalternos da marinha mercante do Amazonas e tinham muito em comum: ambos vinham do Rio de Janeiro, viram de perto o movimento de João Cândido e seus companheiros e passaram a liderar associações marítimas, cujas pautas eram visivelmente inspiradas pela mobilização antirracista dos marinheiros da Armada. Gaya, em particular, pode ter sido designado diretamente pela matriz da União dos Foguistas para auxiliar a militância no extremo norte. Em 1916, ele já era um líder foguista com fama de agitador e de cabeça por trás das sublevações após o rompimento com a Federação Marítima. A maioria da turma do fogo lhe rendia alguma lealdade e respeito.

De volta ao *Comendador Eduardo*, o foguista mais antigo do navio, Afonso Coelho, convenceu outros dois colegas a cruzarem os braços contra o destrato feito a Gaya pelo comandante e a favor da tabela salarial. O vapor teve seu setor de fogo esvaziado e não conseguiu partir de Manaus. Enfurecido, o comandante levou tudo aos ouvidos do capitão Martini naquele mesmo dia.[45]

Um articulista do *Jornal do Comércio* classificou o episódio como um "movimento de solidariedade de classe" entre foguistas e carvoeiros, sem condená-los de imediato, como se fazia com rebeldias individuais. José Martini, claro, pensava o contrário e não tardou em chamar a força policial e ordenar que recrutassem foguistas e carvoeiros substitutos. Os policiais usaram de ameaças e chantagens para buscar uma equipagem, algo não muito incomum na cidade. O historiador Rocha Pombo visitou Manaus no ano seguinte, e se assustou com uma marcha da força policial

---

[44] *A Imprensa*. Rio de Janeiro, n. 1.004, 21 set. 1910.
[45] "Os foguistas e os carvoeiros do 'Comendador Eduardo' abandonaram, ontem, o seu navio". *JC*. Manaus, n. 4.277, 21 mar. 1916.

pelas ruas, sendo prevenido de que "aquilo por ali era assim mesmo: quando menos a gente se apercebia, estava o batalhão na rua... e quase sempre também na rua o Governo...". As marcas de tiros pelos muros também chamaram sua atenção: a polícia era um Exército em guerra com a própria população.[46] Mas um dos foguistas coagidos pelos policiais zombou do autoritarismo com astúcia: furou a greve, embarcou, recebeu a quantia abaixo da tabela e logo desertou para se juntar aos paredistas no Roadway. A polícia não sabia que "recrutara" Victorino Cruz, foguista da lancha *Cézar* e conhecido militante da União dos Foguistas. Para amenizar a falha grotesca, os policiais o jogaram no xadrez da Primeira Delegacia de Manaus, e o *Comendador Eduardo* tomou seu rumo com outras substituições.[47]

No dia seguinte, 21 de março de 1916, José Martini continuou perturbado por marítimos revoltados. Os foguistas Antonio Amaxin, Manoel Rocha Lima e Aprígio Jansen, e os marinheiros Antonio Joaquim Pereira, Alberto Gato e Leovegildo Costa, da lancha *Maracarú*, estavam com soldadas atrasadas e bem abaixo do tabelamento acordado com a União dos Foguistas e a União dos Marinheiros e Moços. Em retaliação ao dono da lancha, João Bezerra de Vasconcellos, eles decidiram denunciar uma grave infração do patrão. Esse mandava a lancha carregar e descarregar borracha pouco antes do porto de Manaus, na Ponta do Ismael, para evitar o pagamento de impostos. Feito isso, seguia para o alto rio Negro, burlando a fiscalização da Capitania e da Alfândega e sem pagar a tripulação.

Como já afirmei, uma tática de resistência marítima consistia em manusear o regulamento das Capitanias para enquadrar quem estivesse de fora, invertendo regras utilizadas contra eles próprios para reivindicar direitos ou punir antagonistas. O pessoal não obteve as soldadas de direito, mas prejudicou e muito as transações de Vasconcellos, que teve

---

[46] Rocha Pombo, 1918, p. 199.

[47] "Ainda o caso do Comendador Eduardo". *JC*. Manaus, n. 4.279, 23 mar. 1916.

a lancha apreendida. Ao capitão do porto restou assentir à denúncia bem fornida de provas e argumentos.[48] Mas, àqueles considerados mais radicais ou influenciados por agitadores, o estímulo a punições mais severas partia diretamente de José Martini.

Não é difícil imaginar tensões vividas no Roadway afetando as relações de hierarquia durante as viagens. Um dia depois do pessoal da *Maracarú* denunciar o seu patrão, a lancha *Patavina* partiu de Manaus rumo ao baixo Amazonas. Tarde da noite, quando ela alcançou Amatari, entre Manaus e Itacoatiara, "o foguista Gabriel Luiz da Silva tentou enxovalhar a moralidade e o respeito que deviam reinar a bordo". A notícia do *Jornal do Comércio* se cala sobre as razões. Restando-nos deduzir alguma das motivações já lidas aqui: baixos salários, maus--tratos ou perseguição por levantes anteriores. O comandante Alípio Maciel mandou prender Gabriel e o entregou ao vapor *Rio Jamary*, que o trouxe de volta a Manaus. Martini remeteu o foguista à polícia, sendo recolhido no xadrez da Primeira Delegacia.[49] Ele deve ter dividido cela com Victorino Cruz, que já amargava quatro dias de detenção ali, desde o boicote do *Comendador Eduardo*.

Enquanto os tipógrafos do *Jornal do Comércio* preparavam as pranchas da notícia acima, José Gaya adentrou a sua redação. O presidente da União dos Foguistas trazia uma nota contra a prisão do confrade Victorino Cruz, mantida por mero capricho de José Martini. Gaya apontava que o colega era vítima de uma prisão política, pois não fora instaurado inquérito algum.[50] No Arquivo Público do Amazonas, consultei o Livro de Ocorrências da Primeira Delegacia de Manaus e, de fato, não consta registro formal da entrada de Victorino entre os presos daquele ano.[51] Nesse tempo, a Capitania localizava-se na avenida Eduardo

---

[48] "Um espertalhão de marca". *JC*. Manaus, n. 4.278, 22 mar. 1916.
[49] "Indisciplina". *JC*. Manaus, n. 4.280, 24 mar. 1916.
[50] "Queixas do povo". *JC*. Manaus, n. 4.280, 24 mar. 1916.
[51] Livro de Ocorrências da Primeira Delegacia de Manaus (1916), manuscrito, Arquivo Público do Amazonas.

Ribeiro, paralela à rua Marechal Deodoro, onde ficava a Primeira Delegacia de Manaus. Em poucos passos entre uma e outra, as duas eram alcançadas facilmente. As duas estavam numa ação conjunta para reprimir indivíduos e dispersar aglomerações de marítimos, que se tornaram alvos de uma intensa e violenta repressão. Vamos a mais um caso.

O marítimo Rufino Virgolino da Costa estava no botequim Sereia, na rua Municipal (atual avenida Sete de Setembro), às 16h30 do dia 27 de março de 1916. Não sabemos que tipo de conversa travava ou que aviso emitia no recinto, mas "um guarda civil à paisana deu voz de prisão a Rufino, que não se opôs e se deixou revistar". Rufino foi algemado e conduzido por um guarda que o seguia atrás. Iam os dois pela calçada do Ginásio Amazonense, quando o guarda atacou Rufino pelas costas com uma bengala. Bateu com tanta força que espatifou a arma na sua cabeça. O assassinato só não se consumou em pleno dia porque "populares intervieram, levando o embarcadiço para a farmácia Galeno, enquanto o guarda civil criminoso seguia pela rua Dr. Jorge de Moraes, calmamente, com os pedaços da bengala na mão".[52] O artigo do *Jornal do Comércio* deixou implícita uma onda de violência orquestrada contra esses trabalhadores. A tentativa de homicídio soava encomendada e podia ser um aviso para outras. Os foguistas, em especial, estavam cientes da perseguição do capitão do porto, que todo dia encontrava alguém para prender ou alguma reunião para dispersar.

Poucos dias depois, por alguma razão, quatro foguistas atrasaram seus embarques no *Antonio Bittencourt*. Martini acusou-os de deserção e mandou recolhê-los por 15 dias na Primeira Delegacia, que, naquela altura, era uma masmorra de marítimos. Esse tipo de atuação era noticiado no *Jornal do Comércio* como ameaça e reforço de poder do capitão, na coluna "O que houve na Capitania". É provável que os presos fossem membros da União dos Foguistas que atuavam em favor do embarque de

---

[52] "Um embarcadiço foi, ontem, espancado". *JC*. Manaus, n. 4.284, 28 mar. 1916.

carvoeiros.[53] No dia seguinte a essa publicação, o comandante da lancha *Herman* consultou o capitão do porto para saber se era obrigatório levar a quantidade de carvoeiros exigida pelos foguistas, sendo respondido na mesma coluna que não era.[54] Martini estava incomodado com essa mobilização e por isso buscou atingir José Gaya, a principal liderança da luta contra os desfalques no fogo. O episódio a seguir não deixou pista alguma na documentação produzida no Amazonas, mas foi abordado pela imprensa carioca.

Poucos dias após os eventos supracitados, José Martini abriu um inquérito administrativo contra Gaya. Possivelmente deve ter arrolado o foguista como um difusor de desordem ou de quebra de hierarquia, que comprometiam a segurança da navegação. Contudo, o presidente da União dos Foguistas não atendeu à intimação do capitão do porto e foi preso sem demora. Gaya impetrou então um *habeas corpus* a um juiz federal do Amazonas, concedido em 12 de abril de 1916, autorizado pelo Supremo Tribunal Federal. O relator foi o ministro Sebastião de Lacerda, que considerou a prisão ilegal porque o foguista estava fora da jurisdição do capitão do porto do Amazonas. Presumo que Gaya fosse matriculado na Capitania do Pará, uma manobra astuta para restringir o poder de Martini. Por fim, no *Correio da Manhã* sublinhou-se certo "aspecto político" no procedimento do capitão do porto contra Gaya.[55] Perante os colegas, o líder foguista saiu da cadeia com moral bastante elevada. Não sem razão, nesse mesmo mês de abril, a tensão entre foguistas e Capitania atingiria o ápice com aquilo que a marinhagem mais abominava: o uso do castigo físico a bordo.

---

[53] "O que houve na Capitania". *JC*. Manaus, n. 4.293, 6 abr. 1916.

[54] "O que houve na Capitania". *JC*. Manaus, n. 4.294, 7 abr. 1916.

[55] *O Imparcial*. Rio de Janeiro, n. 1.197, 13 abr. 1916; *Correio da Manhã*. Rio de Janeiro, n. 6.258, 13 abr. 1916. Não localizei outra documentação referente ao caso no fundo do STF no Arquivo Nacional do Rio de Janeiro.

ESTOPIM. O CASO *WALTER*

No dia 17 de abril de 1916, um homem bastante debilitado adentrou a redação do *Jornal do Comércio*. Há mais de dois anos, os jornalistas não publicavam algo similar ao que seria narrado pelo visitante. Chamava--se Alfredo Alves Maia, foguista do vapor *Walter*, comandado por José de Macedo Vianna. Acomodado pelos redatores, Maia contou que foi "perseguido atrozmente pelo comandante dessa embarcação, quando em viagem". A coisa se deu após um princípio de motim no qual Maia fora apontado como líder e, por ordem de Vianna, "amarrado ao mastro, tendo uma ligeira refeição de 24 em 24 horas". Nessas condições ainda sofreu "pancadas inúmeras" do próprio comandante, depois foi jogado do navio e preso em algum lugar no Acre. Mas ele fugiu da prisão e embarcou num vapor para Manaus. "E, aqui mesmo, não cessaram as perseguições". O comandante Vianna saiu com a polícia para caçar Maia e seus colegas, que, ao chegarem a Manaus, desertaram do *Walter* quando foram obrigados a viajar para Belém com o mesmo salário pago para seguirem ao Acre.[56] Havia um conluio entre polícia e Capitania para permitir que os oficiais usassem a crise como pretexto para massacrar trabalhadores e minar direitos costumeiros, como o prévio aviso da alteração de rotas. O caso de tortura e tirania tocou aos redatores, que elaboraram um editorial criticando o comportamento do oficial, tal como fizeram durante a campanha da União dos Marinheiros e Moços contra maus-tratos, em 1914.

Na manhã seguinte, Maia e seus companheiros informaram à União dos Foguistas sobre o uso do castigo físico e o desrespeito à viagem acertada com eles. Por volta das 17h, próximo à entrada do Roadway, o comandante Vianna seguia para o *Walter* depois de aprovar na Capitania a mudança de rota para Belém, quando três foguistas avançaram contra ele "armados de cacete, vibrando-lhe um deles fortes pancadas na cabeça,

---

[56] "Tratamento bárbaro". *JC*. Manaus, n. 4.303B, 18 abr. 1916.

inutilizando-lhe completamente o chapéu de palha que trazia". O grupo ainda teria disparado três tiros de revólver e evadido pela avenida Eduardo Ribeiro. Nenhum dos supostos tiros acertou o alvo.

Com as pernas bambas e uma baita dor de cabeça, Vianna voltou à Capitania para relatar o atentado. José Martini tomou nota e pediu uma escolta policial para que o comandante embarcasse no *Walter*. Quanto ao uso de castigo físico, Martini recebeu mais tarde dois foguistas do mesmo vapor que exigiram uma posição sua. A dupla era matriculada no Pará e podia denunciar sem temer represálias de Martini. Já os agressores de Vianna fugiram, e ninguém soube dizer quem eram eles. Mas, segundo o *Jornal do Comércio*, "nossa reportagem conseguiu saber que são todos eles membros da União dos Foguistas". Certamente, a fonte do jornalista eram as convicções do capitão do porto.

À noite, a redação do *Jornal do Comércio* recebeu uma circular da União dos Foguistas sobre a aprovação de uma "parede pacífica" contra a tortura a bordo. Algum empregado do jornal deve ter descido a avenida Eduardo Ribeiro até o Roadway para avisar Vianna, pois o navio partiu rapidamente antes que os tripulantes soubessem da greve. Quando os tipógrafos estavam quase encerrando o serviço, chegou outra circular dos foguistas, comunicando a suspensão da greve em razão da saída precipitada do *Walter*.[57] Mas o rumor de uma paralisação ganhou as ruas e se alastraria na manhã seguinte.

O fascículo do *Jornal do Comércio* sobre o episódio do *Walter* circulava de mão em mão nas primeiras horas do dia 21 de abril de 1916. O atentado a Vianna era o assunto do momento, e não se sabia ao certo se a greve estava em curso ou suspensa. O prático do *Walter* Manoel Pinto Bandeira, que não tinha seguido para Belém, andava pela avenida Eduardo Ribeiro "a arrotar valentias" e "ameaçava quantos encontrava". Portava um revólver, dizendo que responderia à bala se os foguistas repetissem com ele o que fizeram a Vianna. Quando o prático contava

---

[57] "O caso do 'Walter'". *JC*. Manaus, n. 4.304B, 19 abr. 1916.

vantagens na Casa Ramos, um foguista denunciou à polícia o seu porte de arma, e ele foi conduzido à Segunda Delegacia. Bandeira contou ao delegado que era alvo em potencial de uma agressão promovida por foguistas. Logo em seguida, foi posto em liberdade, porque tinha patente da Guarda Nacional.[58] Eram dias difíceis para esses oficiais que estavam colhendo o que plantaram com o castigo físico.

José Gaya pediu ao *Jornal do Comércio* uma retificação acerca do caso *Walter*. Segundo ele, todos os foguistas desse navio eram matriculados no Pará, mas sempre saíam de Manaus porque ali residiam.[59] O comandante Vianna, portanto, não cumpriu com a palavra sobre a mudança da rota para Belém e valeu-se da matrícula dos tripulantes para obrigá-los a servirem noutra empreitada, diferente do combinado. O presidente da União dos Foguistas evidenciou a tática usada para burlar a jurisdição de Martini e evitar ações de vingança e abertura de inquérito no Amazonas: ele e sua militância transferiam matrículas conforme o ambiente político e associativo das cidades.[60]

Na verdade, a Capitania do Amazonas não detinha controle algum sobre o movimento de marítimos, pois a quantidade de residentes não correspondia ao número de matrículas. Um marítimo podia muito bem trabalhar em rotas de leste a oeste do rio Amazonas, manter matrícula no Pará e morar em Manaus. Essa última condição é que era determinante às filiações, e não a subordinação a essa ou aquela Capitania. Assim, frequentemente o órgão federal apelava ao direito da força para fazer valer autoridade sobre quem agia nas fímbrias do seu domínio.

Os foguistas e carvoeiros de Manaus estavam cientes de que qualquer ação contrária ao funcionamento da Capitania seria enquadrada como indisciplina grave, principalmente articulações coletivas que afetassem a

---

[58] JC. Manaus, n. 4.305, 20 abr. 1916; JC. Manaus, n. 4.306, 21 abr. 1916.

[59] JC. Manaus, n. 4.306, 21 abr. 1916.

[60] Por isso, o Ministério da Marinha reportava números insignificantes de matrículas, mas discrepantes à presença da categoria em Manaus e sua importância associativa. Por exemplo, nesse ano de 1916, havia pouco mais de 200 matriculados no Amazonas, ver Alencar, 1916 e 1918.

navegação comercial. Mas, contando com apoio de figurões da política, bons advogados e manuseio dos regulamentos da Capitania, às 20h do dia 25 de abril, a União dos Foguistas deu sinal positivo para a greve.[61]

A GREVE DO FOGO II. A CAPITANIA DOS MARÍTIMOS NA "COSTA MARROQUINA"

A União dos Foguistas declarou-se em greve "pacífica" após a assembleia do dia 25 de abril. Entre os objetivos do movimento, estavam: punição da Capitania ao comandante do *Walter* pelos castigos físicos e maior rigor para que isso nunca mais se repetisse na marinha mercante; cumprimento do tabelamento salarial de 1906 e da lotação mínima dos navios; e proteção aos foguistas contra os cortes no setor. O líder Gaya não se indispôs diretamente com os armadores, mas através de pressão exercida contra a Capitania para fazer valer o regulamento e evitar a interferência de interesses privados. Os grevistas exigiam que a repartição atuasse como um órgão receptor de demandas da categoria e que agisse conforme o interesse público, como uma espécie de corte trabalhista. Como a Capitania se subordinava ao Ministério da Marinha e não aos governos locais, os foguistas conquistaram a atenção nacional às suas exigências. Uma tática usada pelos grevistas para circular informação em longas distâncias era comunicar à imprensa sobre o envio e o conteúdo de telegramas dirigidos à Capitania e ao Ministério da Marinha.

Às 14h de 15 de maio de 1916, o Correio entregou na Capitania dois ofícios anônimos endereçados a José Martini e a seu secretário Souza Cruz. A carta dirigida ao primeiro "aconselha[va] o capitão do porto a tomar providências na questão dos foguistas, pois, não o fazendo, teria o dissabor de ver perturbada a ordem em sua repartição". Dizia ainda "que a causa preponderante em tal questão" era o "comandante do vapor *Walter*

---

[61] "Associações – Convite". *JC*. Manaus, n. 4.308, 23 abr. 1916.

não ter recebido a necessária punição". Aquele castigo físico ofendia as conquistas galgadas no Rio de Janeiro (1910) e em Manaus (1914). Ocorre que Martini era um inimigo dos companheiros de João Cândido e vibrava com demonstrações de crueldade dos oficiais. Naquela altura, os foguistas conheciam sua má fama, senão pelos jornais cariocas, por meio da matriz da União dos Foguistas. A carta enviada ao secretário avisava para ele parar de autorizar desfalques no fogo, uma vez que os grevistas zelavam pelas lotações mínimas.[62]

A greve não visava brecar todo o movimento náutico enquanto não fossem atendidas suas reivindicações, mas sim ocupar as funções da Capitania: no curso da greve, os navios só partiriam se cumprissem as obrigações previstas no regulamento, sendo fiscalizados pela União dos Foguistas. Martini considerou que a mobilização ameaçava sua vida e então requereu ao chefe de polícia João Lopes Pereira que cercasse o prédio da Capitania. Isolado na repartição, Martini passou a dissertar sobre a greve em cartas enviadas ao *Jornal do Comércio*. Nelas conferia desatino e irracionalidade à rebeldia maruja, imagens bem recepcionadas pela imprensa desde 1911. Eivadas de cinismo, essas cartas consistem na principal fonte sobre a greve do fogo. Na primeira página do *Jornal do Comércio* de 17 de maio de 1916, José Martini assinou "A greve dos foguistas". O capitão do porto recuperou parte da cronologia do movimento, levando-nos para alguns dias antes.

Desde o dia 10 de maio, os foguistas faziam piquetes no Roadway. Segundo Martini, os grevistas retiravam à força os tripulantes embarcados, que eram ameaçados e intimidados por um número expressivo de paredistas. O movimento era orquestrado por "capangas" da União dos Foguistas, que portavam armas de fogo e cacetes. Martini desenhou esse cenário em um telegrama cifrado, enviado ao inspetor de portos e costas Adelino Martins, no dia 13 de maio, no qual pedia autorização para "completar o pessoal de fogo com gente de convés, no

---

[62] "Graves ameaças". *JC*. Manaus, n. 4.331, 16 maio 1916.

intuito de evitar a interrupção do tráfego comercial". O uso de fura-greves foi concedido. Além de tentar enfraquecer a greve, equipar marinheiros e moços no fogo era uma forma de semear discórdia entre a marinhagem. Entretanto, a medida não surtiu efeito, e os piquetes continuaram de pé. Martini não controlava mais o porto, tampouco a Capitania. O próprio Martini reclamou que o conflito mundial impedia que o governo federal enviasse um vaso de guerra até Manaus para abrir fogo contra aquela gente.[63] Certamente os foguistas e carvoeiros também sabiam que isso não ocorreria.

O capitão do porto chegou a revelar uma interessante constatação: José Gaya, líder da greve, havia tomado a Capitania pelos foguistas e carvoeiros, passando a proceder com a fiscalização da lotação e despachos de navios com plena autonomia. Não existem, até o momento, evidências de algo parecido nas greves marítimas do Brasil. Pela primeira vez, o órgão federal era gerido pelos trabalhadores. Eles estavam garantindo viagens mais seguras para os navios, com equipagens completas, remuneradas conforme a duração das rotas e até melhor do que antes. Tratava-se de uma espécie de autogestão de uma corte trabalhista. Foi nesse contexto que Martini e seu secretário receberam as cartas dos grevistas: estavam acuados no prédio da Capitania, cercado de policiais, enquanto foguistas e carvoeiros mostravam como fazer o seu trabalho do lado de fora. A audácia de Gaya em "tornar-se, efetivamente [...], a primeira autoridade naval do Porto" durou dois ou três dias. Com porto e Capitania nas mãos dos ocupantes mais rasos da marinha mercante, a orla do rio Negro converteu-se, nas palavras de Martini, numa "costa marroquina".[64]

O capitão do porto possivelmente referia-se à "crise de Agadir". Agadir é um porto do Marrocos meridional. Em 1910, um cruzador francês aportou ali, afirmando a soberania francesa sobre o lugar. Em seguida, a Alemanha reagiu e enviou, por ordem de Guilherme II, um

---

[63] "A greve dos foguistas". *JC*. Manaus, n. 4.332, 17 maio 1916.
[64] "A greve dos foguistas". *JC*. Manaus, n. 4.332, 17 maio 1916.

contratorpedeiro como aviso e protesto à ocupação francesa do interior do Marrocos. A França não controlava o interior do país, por uma série de levantes endêmicos naquela zona. Tais rebeliões eram o pretexto para que os franceses levassem adiante uma intervenção. Os alemães consideravam que as rebeliões eram produzidas pelos franceses a fim de criarem uma desculpa para alargar influência no interior marroquino. Já a França acusava a Alemanha de insuflar as revoltas e provocar a revisão dos acordos, favorecendo os interesses alemães de penetrar na África. As tensões se estenderam até 1912, e pensava-se que uma guerra entre França e Alemanha estouraria a qualquer momento. O acordo final foi o seguinte: Marrocos tornou-se um protetorado francês, enquanto colônias na África equatorial seriam concedidas à Alemanha.[65]

Não sabemos ao certo quem Martini via como franceses ou alemães na disputa entre ele e o pessoal do fogo, mas podemos aferir sua interpretação de que o porto estava sendo disputado por duas forças: oficiais e subalternos. E as reivindicações desses últimos seriam um pretexto para a tomada de poder daquele "território". Baseado no que sabemos de Martini, dificilmente ele veria habilidades diplomáticas em foguistas e carvoeiros, quando os acusava justamente de agir por impulsos e estímulos externos. Contudo, é sintomático que o capitão do porto tenha buscado paralelos no continente africano para o que se via em Manaus. Embora o norte da África tenha suas próprias experiências de exploração e colonização – um tanto distante do tráfico de escravos que vitimou os antepassados de boa parte daqueles grevistas –, a associação entre esses dois portos sugere uma racialização da subversão de foguistas e carvoeiros ao tomarem e controlarem a Capitania e o porto de Manaus.

José Martini lamuriava que, se os foguistas e carvoeiros não tivessem transformado "o litoral do rio Negro na costa marroquina", a Capitania teria dado mais atenção à lotação dos navios. Em caso de déficits de

---

[65] Canfora, 2014, pp. 63-64.

equipagens, ele encorajaria os armadores a negociarem com seus empregados. Ele repetia que cada armador seguia um protocolo próprio, independente dele, e que "tudo se resolveria suavemente" pelas "condições sociais da oferta e da procura". Mas tanto ele quanto os grevistas sabiam que não havia paridade de forças nessas negociações, e que as exigências podiam desaguar em castigos corporais por indisciplina. Para os leitores do *Jornal do Comércio*, Martini posava de vítima de homens incapazes de ponderar seus próprios atos. E, quanto a isso, o capitão se contradizia ao elencar o que considerou um absurdo dos grevistas.

A União dos Foguistas telegrafou ao ministro da Marinha, Alexandrino de Alencar, "proclamando a sua independência para com a Capitania e substituindo-se a esta". Em nome dos grevistas, a entidade exigiu do ministro a demissão de José Martini. O capitão do porto viu-se encurralado na repartição enquanto um grupo de subalternos assumia suas funções com mais afinco e responsabilidade que ele próprio. Pior ainda, pedindo sua cabeça!

Martini rechaçou parte da opinião pública que o via como pivô daquilo tudo. Circulavam boatos que o pintavam como um oficial obcecado com a própria imagem que só pensava em candidatura política no futuro. Em resposta, dizia não ter interesse em "politicagem" e que só mantinha "relações de cortesia ou afetuosas com todas as pessoas dignas que o consideram, independentemente das opiniões políticas destas". Nem só de cortesia era a proximidade entre Martini e Jônatas Pedrosa, pois a sua Capitania dispôs da polícia estadual como nenhuma outra gestão. Martini também afirmava que recebera a "herança da greve em formação" quando assumiu o cargo, referindo-se aos conflitos de hierarquia ocorridos desde 1911.

Por três dias os grevistas impediram que os navios saíssem desfalcados do Roadway. Membros da União dos Foguistas faziam as vezes de fiscais e guardiões da navegação. Cada navio chegado a Manaus era interpelado por escaleres tripulados por foguistas, que embarcavam e verificavam as condições de trabalho das tripulações. O mesmo procedimento era repetido nas partidas, com os grevistas vigiando acordos de salários e rol de equipagem.

No dia 16 de maio, Martini cantava vitórias por ainda não ter sido demitido. Não via a hora de entregar nas mãos do ministro Alencar as "provas" da sua inocência. Carregou a pena com mais ironias, convencendo a si mesmo de que estaria por cima: "folgo com a greve porque me diverte. Nada há tão encantador como o boato, principalmente o boato terrorista". Dizia que as cartas anônimas e a abordagem que os grevistas faziam aos navios eram "sempre fonte de riso: enfim, são fatos novos a cortar a monotonia do trabalho habitual".

Destituído de sua autoridade, o patético Martini escrevia isolado no prédio, onde se negava a receber emissários da União dos Foguistas. Não buscava diálogo. Queria que a greve se estendesse ao máximo para que a repressão fosse a mais cruel possível, "o que não será difícil com o apoio incessante da polícia estadual, as quais estão [sic] acrescidas as forças federais de terra e mar, se porventura se tornarem insuficientes".

O capitão do porto ainda duvidava que foguistas e carvoeiros tivessem chegado sozinhos a um movimento tão sofisticado. Ele reescreve a máxima de que alguém, mais astuto, estaria "enchendo o cérebro" desses homens com "supostos direitos" que eles não tinham condições de compreender. Tal entendimento embasava a necessidade da tutela associativa da marinhagem e, quando possível, do uso do castigo físico como medida disciplinar. Para ele, a marinhagem estava sendo

> [...] arrastada a isso por uma individualidade mais astuta (realizando o prolóquio: em terra de cegos o caolho é rei) está hoje bem como o chefe [Gaya], sugestionados por advogados inescrupulosos, que lhe enchem o cérebro de supostos direitos, omitindo os seus deveres e fascinados por políticos que a desviam do caminho reto: aqueles [...] absorvendo-lhe o dinheiro, estes cobiçando-lhe os votos. Assim, os homens hoje não sabem ao certo porque se meteram em greve, nem porque ainda continuam nela.[66]

---

[66] "A greve dos foguistas". *JC*. Manaus, n. 4.332, 17 maio 1916.

Martini torcia para que os fura-greves trazidos de Belém formassem um exército de reserva tal que afetaria o salário do pessoal do fogo. O seu desfecho ideal seria os foguistas e carvoeiros terminarem em condições piores que antes da greve, com a "lei da oferta e da procura" gerando uma competição violenta entre eles. Isso solaparia a solidariedade entre pessoas tidas como inaptas ao trabalho livre, incapazes de entender noções básicas de economia e de política e que, por isso, eram manipuláveis por espertalhões e caçadores de votos.

Nas eleições estaduais de 1918 descobrimos alguns dos aliados dos grevistas de 1916. A União dos Foguistas indicou quem apoiaria para deputado estadual; entre eles, o ex-governador Antonio Bittencourt, inimigo do governo Pedrosa e de seus simpatizantes. Outros candidatos eram figuras estratégicas para os interesses da associação, como o redator--chefe do *Jornal do Comércio*, Vicente Reis, e o advogado da associação, Francisco da Rocha e Silva, acusado por Martini de "encher o cérebro" dos foguistas com "supostos direitos". A lista da União dos Foguistas para a eleição de 1918 decerto era tributária das alianças compostas em 1916.[67]

A greve, portanto, é outra evidência da luta dos trabalhadores por legitimar sua condição de sujeito político. Porque, embora imersos nas disputas oligárquicas, eles conseguiram se aproveitar de suas brechas para valer seus próprios interesses, enquanto sabiam ser decisivos nas eleições

---

[67] União dos Foguistas. "Ao eleitorado amazonense". *A Capital*. Manaus, n. 472, 10 nov. 1918. Os indicados a deputado estadual eram, na grande maioria, de estratos sociais mais elevados que os dos membros da União dos Foguistas, mas denotam a teia de relações que ela vinha tecendo para sobreviver à dura repressão de 1916. São eles: Antonio Bittencourt (funcionário público aposentado); Manoel Miranda Simões (advogado); Vicente Reis (jornalista); Vivaldo Lima (médico); José Cardoso Ramalho Júnior (proprietário); Epaminondas de Albuquerque (jornalista); Caio de Campos Valadares (advogado); Aggeo da Costa Ramos (oficial do Exército); Joaquim Vidal Pessoa (oficial do Exército); Hidelbrando Luiz Antony (proprietário); Francisco Laurentino do Bonfim (advogado); Virgílio Xavier de Souza (empregado do comércio); Joaquim de Barros Alencar (advogado); Elviro Dantas (advogado); José Alves de Souza Brazil (advogado); Olavo Machado (oficial da Armada); Francisco da Rocha e Silva (advogado); Joaquim Gondim de Albuquerque Lins (jornalista); Permínio Damasceno (comandante da marinha mercante).

estaduais. Os foguistas e carvoeiros estavam provando, diante de várias interdições sociais, que buscar seu apoio importava tanto pelos votos quanto por sua capacidade de mobilização.[68] A greve de 1916 demonstrou o poder coletivo de foguistas e carvoeiros por aquilo que consideravam justo e uma capacidade de gerir de forma autônoma seus lugares de trabalho. A greve era como que um retorno simbólico à autonomia das equipagens antes dos vapores, quando os tripulantes detinham relativo controle sobre pagamentos, jornadas de trabalho, papel dos contratadores e diziam altivos: "Não posso, patrão!" (*vide* capítulo 1).

A greve perdeu força aos poucos, conforme os armadores se negaram a atender às exigências e à medida que a polícia estadual avançava para desmobilizá-la. No dia 17 de maio, a União dos Foguistas solicitou à Delegacia Fiscal a entrega da importância de 500 mil-réis depositada na sua caderneta. Presumo que o valor seria utilizado como um fundo de greve, mas isso não foi suficiente para estender o movimento.[69] Os grevistas recuaram quando a polícia de Pedrosa armou uma operação que rendeu prisões arbitrárias, violência física e muita intimidação armada.

Se levarmos em consideração a reunião do dia 25 de abril, que possivelmente deliberou sobre a greve, e sua dispersão pela força policial entre os dias 22 e 23 de maio, somam-se por volta de 29 dias de mobilização, sendo três deles de tomada da Capitania e do porto de Manaus. É digno de nota que foguistas e carvoeiros tenham sido os senhores da navegação por quase um mês. Eles podem não ter alcançado plenamente seus objetivos, mas fizeram ouvir sua "coragem barulhenta" para além das águas do rio Negro. Foguistas e carvoeiros provaram para homens como José Martini que a segurança da navegação era interesse de quem nela trabalhava, além do quão desumano era despachar navios com marítimos sobrecarregados e incertos de que voltariam com vida. O movimento sugere ainda que a União dos Foguistas tenha atuado na

---

[68] Castellucci & Souza, 2022, p. 20.
[69] *JC*. Manaus, n. 4.333, 18 maio 1916.

regulação do trânsito náutico. A greve não se resumiu a exigir demandas, mas expressou a capacidade de um exercício de autoridade humanizado que valorizava os lugares de trabalho da marinhagem, e não uma posição como corpos subalternizados e obedientes.

A VINGANÇA DE JOSÉ MARTINI

No dia 20 de maio de 1916, uma operação policial normalizou parcialmente o tráfego naval. "Os foguistas, por sua vez, mantiveram-se na atitude hostil que haviam tomado e o seu presidente [José Gaya], dizendo-se perseguido, requereu *habeas corpus*" ao juiz Francisco Tavares da Cunha Mello. O advogado da União dos Foguistas Francisco da Rocha e Silva apelou por Gaya, tendo em vista que ele estava "ameaçado de ser preso e deportado por ato de violência da polícia, que assim cumpre ordens do capitão do porto, em cujo desagrado se afirma ter incorrido o paciente, pelo motivo de vir prestando solícita assistência a seus companheiros de classe, membros daquela sociedade". Talvez Martini ameaçasse Gaya com o mesmo destino dos ex-marinheiros: o desterro no sudoeste amazônico. Em juízo, José Martini e o chefe de polícia João Lopes Pereira negaram a acusação de que trabalhavam juntos para constranger a liberdade de Gaya. O juiz foi favorável aos dois, negou o *habeas corpus*, baseado na falta de provas da acusação e na parcialidade dos testemunhos dos membros da União dos Foguistas.[70] Gaya tornara-se o maior desafeto do capitão do porto e o principal alvo da polícia do Amazonas.

O *Jornal do Comércio* de 23 de maio de 1916 noticiava que José Martini havia baixado uma portaria, afirmando que "a situação atual dos foguistas é mais grave que anteriormente, pois que os seus vencimentos agora serão menores". Após essa provocação, decidira "considerar desertores não só os que foram violentamente privados de embarque, como os que,

---

[70] *JC*. Manaus, n. 4.337, 22 maio 1916.

sugestionados, abandonaram os navios, sem ameaça pessoal, multando a todos na quantia de 36 mil-réis". Segundo Martini, a multa deveria ser mais elevada, não fosse sua "compaixão" com a redução dos soldos dos foguistas.[71] Suas ironias provavam que a ameaça dos foguistas à sua autoridade o abalara profundamente. Armadores, comandantes e políticos passaram a pressioná-lo para que o feito dos grevistas nunca mais se repetisse.

Martini incumbiu-se de recuperar sua imagem de chefe viril e impoluto, ao procurar uma maneira de evitar que rebeldias, muitas vezes gestadas dentro dos navios e, portanto, fora do domínio das Capitanias, desencadeassem greves e outras mobilizações. No Rio de Janeiro, um grupo de comandantes acusava certas "dificuldades para agir nos casos de graves faltas disciplinares ou mesmo de crimes [...], praticados a bordo dos navios dos seus respectivos comandos". Reclamava que "os delinquentes conseguem facilmente 'habeas corpus', ou escapam-se imediatamente, pela falta de diligências essenciais ao pedido de prisão preventiva". A reação de José Martini na experiência da recente greve de foguistas foi citada como exemplar: o capitão solicitou a um advogado de Manaus, Ricardo Amorim, a produção de um formulário de procedimento em caso de crimes praticados a bordo dos navios mercantes e enviou ao Ministério da Marinha.[72] No dia 25 de julho de 1916, o ministro Alexandrino de Alencar mandou adotar o formulário em toda a marinha mercante.

Anexado no relatório do ministro Alencar, temos o formulário de Martini. Primeiro, a versão provisória apresenta o procedimento a ser tomado por comandantes para executar uma prisão em flagrante. Segundo, a formação de culpa segue o rito de registro das delegacias de polícia: consta uma autuação com arrolamento do(s) acusado(s), assinada por quem servisse de escrivão; a exposição de tempo e lugar da ocorrência, com descrição detalhada do delito. O acusado seria trazido

---

[71] *JC*. Manaus, n. 4.338, 23 maio 1916.
[72] "Os delitos de bordo serão doravante devidamente punidos". *A Rua*. Rio de Janeiro, n. 199, 22 jul. 1916.

perante o comandante, assim como três testemunhas, que assistiriam "à execução do delito e ao ato de prisão do delinquente".

Todos os arrolados deviam informar naturalidade, idade, profissão, estado civil, lugar de residência e grau de alfabetização. Em caso de ferimentos, era aconselhado exame de corpo de delito feito por médico a bordo, se houvesse. O exame se baseava nos realizados em terra, valendo destaque o modelo do registro físico do paciente: "casado, solteiro ou viúvo, alto, branco, robusto" – verdadeira descrição do tipo exemplar de marujo para oficiais como Martini. Em seguida, sugere-se como realizar os termos de apreensão de armas etc. Preenchido o formulário, o comandante prenderia o acusado até entregá-lo à próxima autoridade terrestre.[73] A proposta de Martini buscava padronizar o modelo de comando que ele próprio valorizava desde o tempo que comandara o *Carlos Gomes*: uma irrestrita autoridade sobre as águas, que, quando não fosse conquistada por força, seria por temor das suas consequências.

Lido a contrapelo, o documento revela a estratégia de Martini para coibir o alastramento de revoltas em terra firme, adiantando o sumário de culpa e uma sentença com o navio em movimento. Queria brecar ações individuais ou coletivas quando o navio estivesse completamente sob jurisdição do comandante. O acusado desembarcava com a culpa formalizada e ia direto para a prisão, sem direito a defesa e diálogo com advogados e associações marítimas. O isolamento de indivíduos ou grupos impediria que a sublevação a bordo ganhasse contornos de greve e engrossasse fileiras de descontentes nas associações. Era a resposta do capitão à humilhação que passou com o sítio da Capitania: debelar o motim antes que ele virasse greve.

A adoção do formulário de Martini em toda a marinha nacional demonstra como a greve dos foguistas alterou a repressão às insurgências marítimas no país. O capitão do porto do Amazonas ganhou projeção nacional e foi promovido a capitão de mar e guerra, em 11 de agosto

---

[73] Alencar, 1917, pp. 123-131.

de 1916. Um evento foi organizado na Capitania do Amazonas para colocar as platinas nos ombros de Martini, estando presentes membros da Federação Marítima, da imprensa e autoridades.[74] Mas em outubro de 1916 o rescaldo da greve bateria novamente à porta da repartição. Para evitar uma nova sublevação, Martini reuniu-se com maquinistas "para estudar e organizar um mapa, determinando o número de foguistas e carvoeiros para cada vapor e lancha, de acordo com o regulamento, armadores e classe". No *Jornal do Comércio*, louvou-se a atitude que poria "termo às intermináveis questões, que a limitação do número de tripulantes dos nossos gaiolas diariamente suscita". Porém, tal estudo foi realizado a portas fechadas entre oficiais, armadores e o capitão do porto, sem a participação dos marítimos, que decidiram reclamar no jornal. Pequenos barcos que antes seguiam com 18 tripulantes passaram a ser equipados, por força dos marítimos, com 20 e até mais.[75]

Antes que uma nova greve eclodisse na cidade, Martini avisou ao Ministério da Marinha a eliminação das matrículas dos seguintes nomes, por falta de "disciplina necessária a bordo dos navios": Antonio Barroso das Neves (foguista), Raymundo de Oliveira (carvoeiro), Luiz João da Costa (aprendiz de maquinista) e, o mais importante, José Severino do Nascimento Gaya (foguista).[76] A extinção das matrículas cassou a profissão marítima desses trabalhadores, decerto para tolher alguma influência entre os demais. Estava completa a vingança pessoal do capitão José Martini.

---

[74] *JC*. Manaus, n. 4.417, 13 ago. 1916.

[75] *JC*. Manaus, n. 4.469, 4 out. 1916.

[76] "O que houve na Capitania". *JC*. Manaus, n. 4.522, 26 nov. 1916. Escolhendo o mesmo destino de João Gonçalves Monica, José Gaya se mudou para o rio Madeira, onde formou família. Gaya tornou-se foguista da ferrovia Madeira-Mamoré e continuou ativo no movimento operário, como diretor do Sindicato e Artistas de Porto Velho, em 1922. *Alto Madeira*. Porto Velho, n. 35, 16 set. 1917; *A Capital*. Manaus, n. 84, 8 out. 1917; *JC*. Manaus, n. 5.598, 2 dez. 1919; *JC*. Manaus, n. 6.374, 23 jan. 1922; *JC*. Manaus, n. 6.526, 6 jul. 1922.

UMA ÚLTIMA GREVE EM 1916

A única evidência desse movimento é uma pequena nota no *Jornal do Comércio*, em 25 de dezembro de 1916, chamada de "greve parcial". Os marinheiros e moços da Amazon River haviam decidido cruzar os braços para obrigar os agentes da companhia a aceitarem um tabelamento de salários. Os valores seriam alterados da seguinte forma: marinheiros passariam de 80 para 100 mil-réis mensais; e os moços de 60 para 80 mil-réis mensais. Tratava-se da mesma tabela proposta em 1914. Dessa vez, exigiam 500 réis a mais para cada hora carregando achas ao longo das viagens, a serem pagas pelos vendedores de lenha. Já que a turma do convés estava sendo usada em funções alheias, que pelo menos fosse paga por isso. Mas "nada conseguiram os reclamantes, que voltaram ao trabalho por intervenção do capitão do porto".[77] Os usos da força e da ameaça tornaram-se hegemônicos no trato das divergências entre capital e trabalho.

No final de 1916, estava mais que provado o fracasso do projeto de subordinação da unidade associativa, aventado desde 1911. Tal como os foguistas e carvoeiros, marinheiros e moços não participavam da Federação Marítima. A tão aclamada coligação de associações passava por uma séria crise interna, motivada pela militarização da entidade, que enfraqueceu sua influência entre a categoria. Vamos a uma última abordagem da Federação Marítima em sua hora derradeira para verificar como as greves de fogo e de convés ajudaram a minar o poder da coligação.

A FEDERAÇÃO MARÍTIMA II (1916-1918)

Durante a desorganização da Federação Marítima Brasileira (entre 1912 e 1913), a Federação Marítima do Amazonas (1914) foi tida como um

---

[77] *JC*. Manaus, n. 4.551, 25 dez. 1916.

caso de sucesso no tipo de organização sindical por setor. Parece que o Amazonas servia de referência para o associativismo marítimo nacional. Quando a Federação Marítima Brasileira foi reorganizada em 1916, no Rio de Janeiro, seu presidente era Müller dos Reis, antigo delegado da Congregação da Marinha Civil em Manaus (1910). Mas a Grande Guerra afetou a dinâmica das associações marítimas compostas por oficiais. A pioneira federação amazonense e a brasileira foram alvos de pressões, por um lado de armadores e oficiais que visavam aos lucros a despeito da crise e do bloqueio alemão, e, por outro, da parcela subalterna que deixou de se ver representada nesse sistema de coligação, que mais servia para coagir a militância do que formar bases comuns.[78] Isso deteriorou a Federação Marítima do Amazonas, que dava sinais de esgotamento em 1916.

Em agosto de 1917, a sociedade se reuniu por uma reorganização e por novos estatutos. Foi concedida associação a velhas figuras, como Luís Tirelli e Paulo Emílio; Mário Nery, representando sua família; e o próprio José Martini.[79] A segunda fase da Federação Marítima foi marcada por sua oficialização como espécie de braço da Capitania do Porto no associativismo, possivelmente como desdobramento das recentes greves e motins.

A posse da nova diretoria, no dia 13 de setembro de 1917, foi presidida pelo sucessor de Martini na Capitania, o capitão de corveta Carlos Alves de Souza. De tradicional família de oficiais da Marinha, o novo capitão do porto foi auxiliar de Martini no *Carlos Gomes*.[80] Seria supostamente menos colérico que o amigo, mas isso pouco influiu na posição de subalternidade sempre exigida dos marítimos. O novo presidente da federação era o engenheiro Mário Nery, filho do ex-governador Silvério

---

[78] A Federação Marítima Brasileira foi desmembrada entre 1916 e 1920, dando lugar à Federação de Trabalhadores Marítimos e Anexos (1920-1921?), que, por iniciativa dos subalternos, excluiu os oficiais dos seus quadros. Batalha, 2009, p. 135 e pp. 222-223.

[79] "Federação Marítima". *A Capital*. Manaus, n. 43, 27 ago. 1917.

[80] "Federação Marítima". *A Capital*. Manaus, n. 61, 14 set. 1917.

Nery. A Federação Marítima buscou apoio nas forças oligárquicas, visando formar um curral eleitoral. Além do nome, não havia nada para a categoria marítima se identificar com a coligação.

Os marinheiros e moços continuavam sem se filiar à federação, mas a União dos Foguistas buscou uma reaproximação durante a presidência de Raimundo Nonato Ribeiro, um líder completamente oposto ao perfil de Gaya. Como forma de marcar essa distinção, Ribeiro endereçou um verdadeiro pedido de desculpas pela greve de 1916. Na despedida de Martini de Manaus, desejou-lhe "feliz viagem e felicidades pessoais, bem como [queria] publicamente salientar a retidão e justiça com que sempre decidia as divergências levadas ao seu julgamento e, se, contrariamos vossa incontestada modéstia, pedimos [que] releve este nosso ato, por ser expressão sincera da verdade".[81] Por uma reincidência de castigo físico a um foguista, essa reaproximação voltou à estaca zero em questão de meses, conforme se verá adiante.

Nesse mesmo ano de 1917, os paraenses criaram sua própria Federação Marítima. Diferente da congênere do Amazonas, essa era mais orientada para o enfrentamento de classe. O presidente Areolino Santos ainda procurou a entidade amazonense para "estreitamento das relações entre as classes marítimas da Amazônia", mas sua visita não passou do protocolo.[82] Quando a Federação Marítima do Pará liderou uma grande greve por tabelamento salarial e buscou apoio vizinho, a federação amazonense foi a público declarar-se contrária àquela parede e desaconselhou maiores ânimos com essa possibilidade.[83]

Por fim, a Federação Marítima do Amazonas teve uma efêmera passagem na sua segunda fase. Entre 1917 e 1918, a entidade não teve muita relevância e mais parecia um clube de oficiais do que uma coligação de associações. Suas inserções na imprensa não passavam de avisos

---

[81] *JC*. Manaus, n. 4.693, 19 maio 1917.

[82] *JC*. Manaus, n. 4.877, 24 nov. 1917.

[83] "A greve dos marítimos". *A Capital*. Manaus, n. 138, 3 dez. 1917.

esporádicos de reuniões com constantes mudanças de endereço. Ela não tinha caixa para arcar com o aluguel de uma sede e passou a se reunir num pavilhão do Mercado Público.[84] Antes da dissolução definitiva, os últimos temas debatidos foram: a nacionalização da marinhagem para asseverar a infiltração de estrangeiros subversivos; o apoio prestado a uma "comissão da borracha", a fim de preservar o negócio amazônico; e a sugestão de uma Liga Marítima da Amazônia, que não foi levada adiante.[85]

O presidente Mário Nery atraía pouca simpatia dos marítimos, aliados históricos dos rivais políticos da sua família. E subsumiu a entidade às suas próprias querelas oligárquicas, como, por exemplo, vetando publicações no *Jornal do Comércio*, o qual considerava um órgão da oposição. Enquanto a Federação Marítima do Pará enfrentava uma dura disputa com os armadores por aumentos salariais, que devem ter absorvido a atenção dos marítimos de Manaus, a amazonense minguava em importância e carisma. Não é errôneo considerar a força exibida pela União dos Marinheiros e Moços e pela União dos Foguistas, como grupos mais afins às questões da categoria, minando a federação entre as bases militantes. No final de 1918, a Federação Marítima foi dissolvida, cedendo à marinhagem maior autonomia na condução de seu associativismo.

O caso analisado a seguir dá pistas de que as autoridades portuárias e policiais exerceriam outro tipo de controle sobre a marinhagem em vista da influência praticamente nula da Federação Marítima para dissuadir movimentos radicais. Essa repressão visava a punições exemplares e individuais para intimidar a categoria como um todo e quebrar a irradiação de qualquer rebeldia.

---

[84] "Federação Marítima". *A Capital*. Manaus, n. 185, 20 jan. 1918; "Federação Marítima". *A Capital*. Manaus, n. 320, 7 jun. 1918.

[85] "Federação Marítima". *A Capital*. Manaus, n. 215, 20 fev. 1918; "Federação Marítima". *A Federação*. Manaus, n. 322, 9 jun. 1918.

MAIS UMA VEZ O CASTIGO FÍSICO.
O CASO GUERREIRO (1917)

A lancha *Georgina* foi de Janauacá para Manaus no dia 15 de junho de 1917. Quando o passageiro Manoel Lyra se arrumava para desembarcar, teria notado que sua mala estava violada e que lhe roubaram 1 conto e 50 mil-réis. Lyra foi até a Primeira Delegacia de Manaus para prestar queixa. O delegado João Cavalcante Silva apontou como autores do roubo os foguistas Antonio Felix Guerreiro e Antonio Vieira da Silva, que foram recolhidos ao xadrez. À noite, a polícia levou Guerreiro a bordo da *Georgina*, "para confessar onde havia escondido o dinheiro". Ao se aproximar do Roadway, Guerreiro lançou-se no rio Negro e tentou escapar "nadando como peixe", mas foi agarrado novamente.

"Chegando a bordo, conservou-se calado, motivo por que foi conduzido outra vez à Primeira Delegacia". Aquela era a tradicional masmorra de marítimos e continuava sendo utilizada quando conveniente a comandantes e policiais. Antes da meia-noite, três guardas "surraram barbaramente a Guerreiro, para que confessasse o delito". É possível aferir que o formulário de culpa criado por Martini elevou a violência policial, que passou a tolher qualquer irradiação de rebeldia no porto de Manaus. Naquela noite, Guerreiro foi torturado na delegacia, de modo que "o homem gritou com tanto desespero ao ser supliciado pelos látegos da polícia civil, que toda a vizinhança da Chefatura despertou horrorizada".[86]

A sevícia durou mais de uma hora. Durante a madrugada, um automóvel saiu da Primeira Delegacia até o Hotel da Madama, na rua da Matriz, levando Guerreiro e outros policiais. Ali morava uma conterrânea do foguista, que guardava uma mala e outros objetos seus. Chegando lá, a polícia não localizou o produto do crime e mandou Guerreiro trocar a roupa empapada de sangue. Depois o levaram de volta à delegacia e ao xadrez.

---

[86] "Suplício bárbaro". *JC*. Manaus, n. 4.722A, 17 jun. 1917.

"Ao alvorecer da manhã, os mencionados agentes aplicaram-lhe outra surra, desta vez com mais perversidade ainda. O desgraçado não resistiu de pé às chibatadas e caiu desfalecido". O grau de violência nos leva a suspeitar de que o motivo fosse apenas retirar a confissão de um suposto roubo. O foguista foi levado desfalecido para uma solitária nos fundos da delegacia, onde ficou até o fim do dia seguinte. Moradores dos arredores da rua Marechal Deodoro conseguiram bisbilhotar e viram o estado de Guerreiro: "apresenta o rosto completamente transfigurado pelos açoites, o peito e as costas apresentam duas enormes chagas e a vítima vomita sangue de quando em quando".

Um repórter do *Jornal do Comércio* tentou adentrar a delegacia, mas teria sido duramente repelido pelos policiais. Havia "ordens de não fazer transpirar o menor detalhe". A reportagem comparou os intramuros da Primeira Delegacia a um Tribunal do Santo Ofício, com Cavalcante Silva no papel de Tomás de Torquemada. Apelava-se para que o sucessor de Pedrosa, o governador Alcântara Bacelar, tomasse uma providência contra aquele "estado de cousas, incompatível com a civilização e com as leis de humanidade".[87]

No dia seguinte, o escândalo era o principal assunto de Manaus. "A impressão produzida no espírito público foi espantosa, ficando a população desta cidade plenamente convencida de que as autoridades policiais não oferecem de modo algum a menor segurança à vida de quem quer que seja". O repórter, que assumiu para si o papel de investigador, continuou a denunciar a truculência da Primeira Delegacia e a pedir providências ao governo. Por causa disso, o redator-chefe do *Jornal do Comércio*, Vicente Reis, também entrou na mira de Cavalcante Silva, que passou a ameaçá-lo, "declarando em altas vozes, por toda a parte, que possui um revólver, que não tem nada a perder e que há de tomar uma desforra!".[88]

---

[87] "Suplício bárbaro". *JC*. Manaus, n. 4.722A, 17 jun. 1917.
[88] "Suplício bárbaro". *JC*. Manaus, n. 4.723, 19 jun. 1917.

A União dos Foguistas delegou uma comissão composta pela diretoria encabeçada pelo presidente Raimundo Nonato Ribeiro para visitar Guerreiro e confrontar Cavalcante Silva. A imprensa não obteve informações sobre o conteúdo da visita nem sobre o parecer da comissão. A nova presidência adotou uma postura menos radical, que não lembrava em nada a sociedade que declarou greve após denúncias de torturas iguais a essa.[89]

Não obtive mais informações sobre Guerreiro nem sobre o desdobramento do seu suplício. O que nos cabe examinar é a repercussão do episódio e as reações da opinião pública e de parte da imprensa – essa frequentemente se comovia com lances de crueldade, embora nem sempre estivesse atenta às desigualdades de raça e classe ali presentes, muito menos compreendesse aquilo à luz da perseguição política da classe trabalhadora, naquele ano de 1917. O país vivia os primeiros impactos da revolução bolchevique, que transformou grupos políticos e associações operárias, inspirando greves em São Paulo, Recife, Rio de Janeiro, Porto Alegre e outras cidades.[90]

Sobre o caso, o *Jornal do Comércio* empreendeu uma árdua investigação e apresentou algumas hipóteses, apesar de nebulosas e inconclusas. Primeiro, o objeto inicial da prisão, o tal roubo, perdera-se em meio a depoimentos e informações recolhidas pela reportagem. Segundo, apurou que a tortura havia sido premeditada pelo delegado Cavalcante Silva. Alguns depoimentos se contradiziam, como o do comandante da polícia militar Luiz Marinho de Araújo, amigo do delegado, que confessava a premeditação da tortura, mas relegava sua autoria aos guardas. Já esses disseram ao repórter que tinham ordens do delegado para levarem o foguista preso "para intimidá-lo".

Para valorizar sua iniciativa individual, o repórter dizia ter se esgueirado pela delegacia e escutado uma conversa irônica entre

---

[89] *JC*. Manaus, n. 4.724, 19 jun. 1917.
[90] Toledo, 2017.

Cavalcante Silva e um dos guardas sobre a reportagem investigativa: "– Então João [Cavalcante Silva], já leste o jornal de hoje? Que é do teu cacete? A essas palavras respondeu-lhe Cavalcante: – Tu sabes que não cacete, apenas ando com esta insignificante bengala que me custou cento e cinquenta mil-réis".[91] "Bengalinhas" era a forma como a população se referia aos policiais de Manaus que usavam o objeto como instrumento de tortura. Não sabemos o desenrolar desse caso, nem pela imprensa nem pelo arquivo histórico do Judiciário do Amazonas. Contudo, antes de concluir, avaliemos um elemento da trama que escapou ao *Jornal do Comércio*: as medidas de prevenção a greves em 1917, em vista dos rumores do que se tornaria, logo depois, a greve marítima de Belém.

Poucos dias após a repercussão do caso Guerreiro, o capitão do porto Alves de Souza recomendou aos comandantes que não equipasse nenhum tripulante antes das cadernetas serem vistoriadas pela polícia, que passou a atuar como avalista moral dos marítimos.[92] Capitania e polícia estavam numa operação conjunta para debelar qualquer tipo de mobilização coletiva. Isso explicaria por que a União dos Foguistas agiu de forma tímida na prisão de Guerreiro. A nova presidência procurava distância do enfrentamento de classe. E, desde a criação do formulário de Martini, o oficialato reprimia duramente qualquer sombra de rebeldia individual ou coletiva. Em novembro de 1917, o ministro Alexandrino de Alencar enviou um telegrama à Capitania do Porto do Pará, orientando que o "capitão do porto proceda com toda energia diante de casos que visem perturbar a navegação, agindo com exemplar severidade em tais emergências".[93] O conselho era prender, punir e constranger antes que paredes e piquetes eclodissem dentro e fora dos navios, mas foguistas e carvoeiros não dependiam de greves e associações de ofício para se fazerem ouvir. Os eventos a seguir revelam outras táticas de protesto contra armadores e oficiais respaldados por torturadores como Cavalcante Silva.

---

[91] "Suplício bárbaro". *JC*. Manaus, n. 4.726, 21 jun. 1917.

[92] *JC*. Manaus, n. 4.736, 6 jul. 1917.

[93] "Ordem do ministro da Marinha". *A Capital*. Manaus, n. 133, 28 nov. 1917.

OS DÉFICITS DE EQUIPAGEM (1918)

Possivelmente, a repercussão da tortura do foguista Guerreiro e a falta de punição aos seus algozes elevaram o grau de radicalidade no fogo. E o principal gatilho seria o déficit de lotação nesse setor, persistente desde o início da Grande Guerra. Dessa vez, a ação direta foi incorporada no repertório de bordo, talvez para evitar atritos com a polícia em terra.

O foguista Rodolpho de Souza e o carvoeiro Laudelino Victorino da Costa foram presos em meados de 1918, acusados de sabotar as caldeiras do *Joazeiro*. Em protesto a um conflito de hierarquia, eles teriam acendido bastante fogo nos fornos e fechado as válvulas, para gerar uma explosão no navio ou pelo menos causar algum pânico. Quando o 3º maquinista se recusou a participar da ação, ele alegou que o ameaçaram queimá-lo vivo na caldeira. O foguista Manoel Deocleciano Costa também teria declinado do motim e foi intimidado pelo revólver do carvoeiro Laudelino. Enquanto isso, outros dois foguistas tentavam agredir o 2º maquinista, e o marinheiro Octaviano Marques Adriano partiu para cima do comandante. O saldo do motim foram três foguistas, um carvoeiro e um marinheiro indiciados por insubordinação.[94]

Creio que foguistas e carvoeiros não contassem mais com suporte da União dos Foguistas nos casos de injustiças, castigos físicos e demais infrações de superiores, que se valiam da segurança policial e da Capitania para praticar abusos de poder. Assim, o pessoal do fogo lançou mão de outras vias para protestar, denunciar e até ajustar por conta própria suas diferenças com armadores e oficiais.

Em 11 de julho de 1918, foguistas e carvoeiros permaneciam em confronto com armadores, especialmente os de pequenas lanchas, que os demitiam com assentimento da Capitania e zarpavam com déficits nas caldeiras. Segundo o *Imparcial*, "as ameaças eram feitas aos comandantes quase diariamente". Nesse mesmo dia, quando a *Rivalisa* estava de

---

[94] *JC*. Manaus, n. 5.046, 13 maio 1918.

saída para Jutaí, um grupo de foguistas e carvoeiros "tentou assaltar a lancha, [...] querendo obrigar o comandante a admitir alguns de seus companheiros".[95] O comandante Adolpho Pires desatracou a lancha, e os manifestantes foram obrigados a retornar para o Roadway sob duras ameaças.

Mais tarde, Pires precisou retornar a terra para resolver pendências da viagem. Ele e mais dois práticos da *Rivalisa* caminhavam pela rua Marechal Deodoro, quando pararam no Café Marques. "Mal se sentaram à mesa do botequim, eis que ali surgiram cerca de 15 homens" perguntando a Pires por que não aceitava carvoeiros na *Rivalisa*.[96] Respondeu-lhes que procurassem a Mendes & Cia, dona da lancha, mas que seria inútil, porque o regulamento das Capitanias estava ao seu favor.[97] Após ouvir a esnobe resposta do oficial, o grupo começou a gritar "lincha!... lincha!...". Então o comandante e o prático viraram alvo de bengaladas e pedradas. Encurralado no botequim, Pires sacou seu Smith and Wesson .22 e atirou para matar: metade dos quatro tiros acertaram dois marítimos. O dono do estabelecimento e alguns clientes chamaram a polícia, e o comandante foi preso em flagrante, conduzido até o capitão do porto e finalmente à Primeira Delegacia.[98]

Segundo exames de corpo de delito, os feridos eram: João Sant'Anna, foguista, paraibano, 36 anos, viúvo, levou um tiro na parte interna da coxa; Anastácio Mendes Santos, foguista, maranhense, 24 anos, solteiro, foi alvejado pelas costas, teve o pulmão perfurado e morreu em poucas

---

[95] "Agressão". *Imparcial*. Manaus, n. 193, 11 jul. 1918.

[96] "Cena de sangue". *A Capital*. Manaus, n. 355, 12 jul. 1918.

[97] Ele se referia ao art. 406 do dito regulamento de 1915, que facultava aos proprietários decidirem o tamanho das equipagens em barcos de baixa tonelagem, uma vantagem e tanto para os armadores amazônicos, cujas frotas compunham-se basicamente de lanchas e pequenos vapores, que vinham carreando altos lucros durante a Grande Guerra e a restrição da navegação apenas ao interior. *Diário Oficial da União*. Rio de Janeiro, seção 1, 8 abr. 1915.

[98] "Tarde rubra". *JC*. Manaus, n. 5.104, 12 jul. 1918.

horas; os ferimentos de Adolpho Pires e de um dos práticos foram considerados leves.[99]

Em solidariedade ao comandante Pires, o capitão do porto Alberto Moutinho "mandou também abrir inquérito para averiguar a responsabilidade dos culpados", a fim de puni-los "severamente, cassando as cadernetas" deles. Moutinho tentava se precaver de outra insurreição no porto, aterrorizando quem porventura arremedasse aquelas ações. No fim do dia, o *Jornal do Comércio* apurou que a abordagem ao comandante não se devia apenas ao déficit de equipagem, mas ao fato de ele ter ofendido "os brios dos tripulantes, ameaçando-os até de morte" na ocasião em que protestavam na *Rivalisa* – ameaça que Pires veio a executar horas depois no Café Marques.[100] Já *A Capital* confirmou que o capitão do porto solicitou naquele mesmo dia "providências ao dr. chefe de polícia, no sentido de serem garantidas as tripulações das embarcações que estiverem de saída de nosso porto".[101] Novamente, os foguistas e carvoeiros entraram no radar da repressão policial e portuária de Manaus. Os comandantes sabiam que esses episódios de autoritarismo encadeados em curto espaço de tempo tinham potencial para insuflar outra onda de mobilizações.

Na noite do dia 14 de julho de 1918, cerca de 50 comandantes se reuniram no salão nobre da Associação Comercial do Amazonas para discutir um meio "de garantia de suas vidas e segurança de suas propriedades, devido à atitude censurável que tomaram os foguistas e carvoeiros". O comandante Domingos Souza sugeriu a criação de um livro "que pertencerá ao comandante da embarcação, no qual serão registradas todas as más ações que eles pratiquem, sendo essas notas lançadas nas cadernetas e comunicadas aos demais comandantes". Tratava-se de um sistema de informação sobre trabalhadores considerados subversivos.

---

[99] "Cena de sangue". *A Capital*. Manaus, n. 355, 12 jul. 1918; "Agressão". *Imparcial*. Manaus, n. 193, 11 jul. 1918.

[100] "Tarde rubra". *JC*. Manaus, n. 5.104, 12 jul. 1918.

[101] "Cena de sangue". *A Capital*. Manaus, n. 355, 12 jul. 1918.

O presidente da sessão, Trajano Costa, propôs a abolição dos elogios anotados em cadernetas, mesmo em se tratando de bons trabalhadores, pois todo marítimo virou um suspeito. Por fim, uma comissão foi nomeada para levar ao capitão do porto as seguintes propostas: abolir a emissão de segundas vias de cadernetas (evitando que marítimos cassados retornassem aos navios); inscrever os nomes dos foguistas que agrediram Adolpho Pires em panfletos e distribuir entre os oficiais, para que fossem evitados; e solicitar que comandantes andassem armados em serviço. O documento não deixa dúvidas da função destinada ao mais alto órgão portuário da República: atender a interesses particulares de comandantes e armadores a despeito da representação da marinhagem mercante e da proteção da navegação.[102]

Na manhã do dia seguinte, a comissão de comandantes conseguiu uma audiência com o capitão do porto, que acatou todas as propostas elencadas acima. Ele ainda incrementou a sugestão sobre a segunda via de cadernetas, comprometendo a Capitania de fornecê-la após obter, "do comandante do último navio onde tenha servido o marítimo, as informações imprescindíveis a respeito de sua conduta". O capitão entregava aos comandantes a decisão sobre a vida profissional dos marítimos, que poderiam ser julgados por suas escolhas políticas e (por que não?) pela cor de sua pele. Outras providências tomadas pela Capitania, em conjunto com os comandantes, foram discutidas a portas fechadas, "visto serem de caráter reservado".[103] Domingos Souza afirmou ao *Imparcial* que o chefe de polícia também se prontificou a auxiliá-los no que fosse preciso.[104] Os comandantes fecharam o cerco da mobilização de foguistas e carvoeiros. A União dos Foguistas não podia mais ficar à parte daquilo tudo e foi pressionada a tomar uma posição.

---

[102] "A reunião dos comandantes de embarcações fluviais". *Imparcial*. Manaus, n. 196, 14 jul. 1918.

[103] "O sr. capitão do porto e os comandantes da marinha mercante". *A Capital*. Manaus, n. 359, 16 jul. 1918.

[104] "Marinha mercante". *Imparcial*. Manaus, n. 198, 16 jul. 1918.

Em meados de agosto de 1918, a União dos Foguistas enviou um ofício ao jornal carioca *Correio da Manhã*, para informar ao ministro Alexandrino de Alencar sobre "o ato, que a mesma [associação] qualifica de arbitrário, do capitão do porto de Manaus, referente à lotação do pessoal de fogo nas embarcações". O texto apresenta "a classe de foguistas e carvoeiros [como] a mais sacrificada" pelos cortes de empregos em lanchas e pequenos vapores. O presidente Raimundo Nonato Ribeiro, que havia "reconciliado" a entidade com José Martini, atribuiu a esse a normalização dos engajamentos após a greve de 1916. Tal afirmação parecia oportuna para veicular a conquista dos grevistas como uma concessão que eles queriam apenas resguardar. Isso convenceria a opinião pública de que a exigência era feita de forma ordeira e merecia a atenção do ministro.[105]

O gesto da União dos Foguistas soou como insolência ao capitão Alberto Moutinho, que se sentiu desmoralizado. Ele vociferou nos jornais contra a "classe dos foguistas em caráter de sublevação e à mão armada", que, mais uma vez, desafiou a autoridade da Capitania. Moutinho aconselhou aos comandantes que não acatassem as intimidações de foguistas e carvoeiros, porque era ele "a primeira autoridade naval militar com jurisdição nas águas deste Estado" e estava "disposto a manter em todas as circunstâncias, como manterá, a autonomia dos encargos da Capitania do Porto". Declarou ainda pouca tolerância às "sociedades de marítimos, porquanto as mesmas, em vez de cuidarem do congraçamento dos matriculados no serviço da marinha mercante para trazê-los sob uma sólida harmonia, procura a discórdia e a rebeldia, provocando o desrespeito à Lei e às autoridades constituídas".[106] Estava apavorado com a possibilidade de outra tomada da Capitania pela turma do fogo.

O capitão reforça a hipótese aqui levantada de que os oficiais até incentivavam o associativismo marítimo, desde que servisse para apazi-

---

[105] "Um protesto da S. B. União dos Foguistas no Amazonas". *Correio da Manhã*. Rio de Janeiro, n. 7.117, 22 ago. 1918.

[106] "Editais". *A Capital*. Manaus, n. 364, 22 jul. 1918.

guar diferenças em prol de uma unidade que só interessava ao negócio mercante e que incutia o costume da subordinação entre os matriculados. O fato de as associações serem usadas para lutar por direitos e pressionar a Capitania a exercer suas competências era intolerável. Moutinho afirmou que o pessoal do fogo estava organizando outra greve. Não consegui apurar essa informação, mas, caso seja procedente, presumo que tenha sido uma parede mais curta que a de 1916. Mas pode não ter sido menos impactante ao trânsito marítimo do Amazonas, pois o jornal *A Época* noticiou uma "deficiência de locomoção, motivada pela greve", que afetou a peregrinação dos fiéis de Itacoatiara ao Círio de Nazaré, na capital paraense.[107]

Posso concluir que uma cultura de protesto cultivada pelos marítimos do Amazonas levou-os a questionar o papel das Capitanias no seu mundo de trabalho, a pressionar os patrões por melhores condições laborais, combater o racismo entranhado no ordenamento naval e impor a recepção dessas demandas em canais institucionais não circunscritos aos limites da federação. Foram os embates travados pelos marítimos do Amazonas que os levaram a se identificar como representantes de toda uma categoria e jamais como periféricos, pois sabiam como lidar diretamente com os gabinetes da capital federal. Em longas distâncias, levantes como o de João Cândido incentivaram uma cultura de protesto que entrevia possibilidade de trazer a política para as ruas e para dentro dos navios. A maior expressão disso está no desfecho da Grande Guerra, quando os marítimos do Amazonas passaram a pleitear a inserção da categoria na legislação social discutida em 1919. Essa ação política não pode ser desvinculada das mobilizações em curso desde 1911, que, de diferentes formas, aventaram o interesse dos mercantes de se dissociarem da influência militar, sendo reconhecidos como sujeitos de direitos, legitimados pelos seus lugares de trabalho e de luta.

---

[107] "Festa de Nazaré". *A Época*. Itacoatiara, n. 67, 26 nov. 1918.

A LEGISLAÇÃO SOCIAL
E A JORNADA DE OITO HORAS (1919)

Com o fim da Grande Guerra, em 1919, a Liga das Nações foi criada por meio de um tratado de paz conhecido como Pacto de Versalhes. Uma seção dela determinou a criação da Organização Internacional do Trabalho (OIT), cujo ponto de partida resultava do tratamento dispensado aos conflitos trabalhistas antes e durante a conflagração mundial. Tais conflitos eram perpassados por relações de competição e colaboração entre diferentes países, que lidavam com a ascensão dos fascismos e a expansão do comunismo. Para Norberto Ferreras, nesse período o Brasil vivia sob influxo das migrações de massa, e havia uma tendência no pensamento social e político nacional a ver o país como "parte" de um "todo", que no caso seria a Europa. As preocupações europeias passaram a ser incorporadas como preocupações nacionais. Não há de se ignorar que o Brasil compôs o primeiro corpo executivo da Liga das Nações e atuou como agente de pacificação e superação dos conflitos armados. Dessa maneira, era mister que o país atendesse às questões recepcionadas e discutidas pelas instituições criadas nesse rearranjo do mundo.[108]

Apesar de a indústria marítima haver sido, desde as grandes navegações, considerada a primeira indústria verdadeiramente global, até o final da Grande Guerra ela não gozava de regulações de trabalho "globais". Por conta de rotinas de trabalho estafantes, de remunerações miseráveis e da natureza cosmopolita do trabalho marítimo, a identificação dessas questões em nível transnacional gerou um tema de discussão que tornou a categoria marítima uma participante proativa da OIT nos anos 1920. Para Leon Fink, o momento ressalta nas lutas dos marítimos uma passagem simbólica de um radicalismo no enfrentamento de classe para uma postura mais reformista, preponderante no sindicalismo marítimo

---

[108] Ferreras, 2009, pp. 1-2.

nas décadas seguintes. Isso também refletia as expectativas do pós-guerra, quando, dependendo de quem observava, concebia-se um futuro apocalíptico ou milenarista no que tange ao movimento operário.[109]

Não irei me aprofundar nas inserções dos marítimos nas convenções da OIT, mas sim ambientar a conjuntura de uma legislação trabalhista discutida pela própria categoria, que soube se aproveitar do momento para pautar a antiga luta para ser reconhecida como parte da classe trabalhadora, e não um apêndice da força naval. Nesse sentido, interpreto que o final da guerra foi ressignificado pelos marítimos para esmaecer o argumento de sua necessidade na defesa do território. Apropriando-se do Pacto de Versalhes, a categoria pôde aplainar seus objetivos aos de outros marítimos pelo mundo, naquele clima de congraçamento mundial. Isso permite compreender como demandas operárias do século XIX, a exemplo da jornada por oito horas de trabalho, somente ao final da década de 1910 foram reivindicadas por marítimos ao redor do globo.[110]

Na sessão da Câmara Federal do dia 15 de maio de 1919, entre as requisições lidas no expediente havia uma "representação de foguistas do Amazonas, pedindo ao Congresso a codificação do trabalho da marinha mercante".[111] Consta que a Câmara enviou "à Comissão Especial de Legislação Social uma representação em que os foguistas do Amazonas pedem ser o trabalho da Marinha Mercante incluído na Lei que o Congresso tenha de elaborar sobre a questão social". A comissão se reuniu e deliberou sobre a legislação social orientada pelas definições do Código Internacional do Trabalho, estabelecido pela OIT. Os pareceres dissertaram sobre higiene e segurança no trabalho; trabalho infantil e das mulheres; trabalho rural; trabalho noturno; salário mínimo e seguro social; descansos semanais e férias; jornada de oito horas, entre outros temas. Além dos marítimos, muitas categorias enviaram textos

---

[109] Fink, 2011, p. 149.

[110] Viaud, 2005, p. 90.

[111] "Câmara". *O Paiz*. Rio de Janeiro, n. 12.636, 16 maio 1919; *JC*. Rio de Janeiro, n. 134, 16 maio 1919.

e referendos à comissão, vários deles lidos e discutidos, especialmente pelo deputado Maurício de Lacerda. É inegável a agência do operariado nos trabalhos da comissão, mesmo sobre a nuvem de questões trazidas pelos deputados, como de "perigosas revoluções", incentivo à "anarquia" etc. Contudo, muito pouco se pode sublinhar sobre o conteúdo do encaminhamento dos foguistas do Amazonas.

Uma pista pode ser apreendida na tribuna, quando Maurício de Lacerda comentou sobre uma greve de foguistas do Lloyd meses antes, no Rio Grande do Sul. O deputado esmiuçou uma ameaça feita por um comandante de "prender como desertores os grevistas marítimos [...] por entender que, estando a marinha civil classificada como reserva da marinha militar, aqueles que abandonassem as fornalhas dos navios mercantes eram desertores militares". Ele alertou para o risco de a concepção jurídica dos militares invadir a esfera civil, na qual habitam todos os cidadãos até serem convocados para o serviço militar. De outra forma, "não há deserção entre os que não exercem uma atividade militar; daí para o reservista da Armada não haver deserção".[112] Sua leitura referia-se à liberdade de trabalho garantida pela Constituição, que deveria abarcar a marinha mercante. Vale dizer que esse deputado era filho do ministro Sebastião de Lacerda, que concedeu o *habeas corpus* a José Gaya. Todavia, ainda são dados insuficientes para discutir a contribuição dos foguistas do Amazonas àquela comissão.

A pressão de marítimos para serem contemplados por leis de trabalho foi uma tendência geral em diferentes países nesse período, como Estados Unidos, Canadá, França e Inglaterra, quando as condições de trabalho marítimo se deterioraram no pós-guerra. Acredito que o recente histórico relativamente vitorioso, das greves dos foguistas amazonenses, conferiu-lhes alguma relevância para chamar atenção do Legislativo. Eles haviam tomado uma Capitania, afinal. Em nível internacional, suas lutas contra o déficit de equipagem, tabelamento salarial e melhores condições de

---

[112] Câmara dos Deputados, 1920, p. 752.

trabalho alinhavam-se ao movimento dos "Direitos Marítimos".[113] Mas uma causa específica sintonizava a categoria aos trabalhadores terrestres de forma inédita: a jornada de oito horas de trabalho.

A greve referida pelo deputado Maurício de Lacerda era uma greve geral de marítimos, promovida por empregados do Lloyd, em favor da jornada de oito horas de trabalho e contra decisões da companhia, eclodida no mesmo mês em que os foguistas amazonenses escreviam para os deputados. Eles encaminharam suas demandas à comissão em meio a outra greve no porto de Manaus.

A greve nacional dos marítimos iniciou-se em 7 de maio de 1919 e irradiou-se do Rio de Janeiro para outros estados, como Rio Grande do Sul, Pernambuco, Bahia, Alagoas e Amazonas. As filiais de associações cariocas, como a Associação dos Marinheiros e Remadores e a União dos Foguistas, desempenharam um papel de orientação na greve. Na raiz do movimento estava a luta contra um novo regulamento baixado pelo Lloyd, que retirava pagamento de horas extras, alterava o horário das refeições (o almoço passaria das 10h para as 12h; e o jantar das 16h para as 19h) e criava uma associação patronal para fazer frente às associações marítimas.[114]

Estavam já paralisados 46 navios do Lloyd pelo litoral, quando os marítimos em Manaus aderiram à greve, no dia 15 de maio de 1919. Nesse mesmo dia, a diretoria do Lloyd recebeu o seguinte telegrama de seu agente em Manaus: "Rebentou hoje a greve geral. Operários exigem somente 8 horas de trabalho. Serviço das docas paralisado".[115] Na capital amazonense, a parede foi estendida para os setores dominados por capital estrangeiro, como a Manáos Harbour; a empresa de bondes Manáos Tramways; a companhia elétrica Amazon Engenering; e os marítimos da Amazon River e da Booth Line. Segundo o governador

---

[113] Forbes, 1987.
[114] Castellucci, 2001, pp. 93-94.
[115] "Estalou a greve em Manaus". *A Razão*. Rio de Janeiro, n. 880, 15 maio 1919.

do Amazonas Alcântara Bacelar, era um movimento pacífico e todos se irmanaram em torno da jornada de oito horas.[116]

Para Maria Luiza Ugarte Pinheiro, essa atitude demonstra que o processo de conscientização dos trabalhadores de Manaus ia caminhando para formular interesses próprios, passando por uma percepção mais clara da dominação de classe.[117] Os grevistas criaram o Comitê dos Operários Amazonenses para organizar o repertório de ação do movimento. Os manauaras estavam conscientes de que a melhor forma de pressionar o projeto de lei em tramitação no Congresso era por meio da greve. Atendo-se aos marítimos, notemos que a maior parcela dos paredistas era empregada em companhias estrangeiras. Isso implicava que suas demandas, além de passarem pelas instituições brasileiras, eram reverberadas nos escritórios das empresas no Atlântico Norte. Mas o que significava adotar uma jornada de oito horas a bordo dos navios?

A jornada de oito horas nos navios ia de encontro ao modelo em voga das divisões de quartos exercidas em dois turnos pelas tripulações.[118] Durante a guerra, tanto os marítimos do Amazonas quanto os de outros países sofreram com os cortes de equipagens. Sem a desculpa do conflito mundial, eles encamparam um movimento que visava, além da obrigatoriedade das equipes completas por viagem, a três horas de descanso e alimentação. Aparentemente, essa proposição foi feita pelos foguistas do Amazonas ao Congresso Nacional, naquele contexto de paralisação geral. Como já conhecemos a forma violenta da polícia amazonense de lidar com grevistas, o pleito não seria uma tarefa fácil para os marítimos.

Uma tropa da Primeira Região foi destacada para Manaus a pedido de Bacelar. As forças da repressão conseguiram sufocar a greve e debelar o seu comitê. Os patrões estrangeiros responderam que acatariam a jornada de oito horas, desde que ela correspondesse a uma redução de

---

[116] "A greve em Manaus". *A Época*. Rio de Janeiro, n. 2.495, 17 maio 1919.

[117] M. L. U. Pinheiro, 2015, p. 189.

[118] Viaud, 2005, p. 90.

salários equivalente às horas abolidas.[119] No dia 17 de maio, após dois dias de parede, a Manáos Harbour entrou em acordo com os estivadores, e o Lloyd com seus marinheiros. Mas outras greves localizadas em navios ainda eclodiriam ao longo do ano.[120] Ainda são necessários mais estudos sobre a simultaneidade das greves marítimas no Brasil e no mundo naquele ano – 1919 – para avaliar o conteúdo dos debates na OIT sobre os direitos da categoria realizados na década seguinte.

Por fim, não seria correto afirmar que os marítimos do Amazonas tenham sido fragorosamente derrotados, pois os foguistas, em especial, aparecem com a terceira melhor média salarial do ramo (6$709 réis), segundo o recenseamento de 1920, atrás do Distrito Federal (7$656 réis) e Goiás (8$000 réis).[121] Claro, o número também abarca os foguistas terrestres, mas é razoável ponderar as reivindicações do grupo e sua projeção nacional como fatores desse resultado.

É possível concluir que, entre 1911 e 1919, os marítimos do Amazonas passaram a se identificar como sujeitos políticos, aquém das interdições sociais ou da subalternização de seus ofícios. Nesse período, a culminância das mobilizações legou-lhes um aprendizado crítico da definição de seus lugares de trabalho, levado a cabo por homens que se julgavam racialmente superiores aos ocupantes de convés e de fogo. E, apesar de ainda carecer de pesquisa mais atenta, a pressão de foguistas pela legislação social, como representantes dos trabalhadores da marinha mercante nacional, sustenta a hipótese de que a categoria visava conquistar um lugar de direito para exercitar sua cidadania, em vez de ser tutelada ou forçada a sujeitar-se a quem a via como incapaz de fazer política.

---

[119] M. L. U. Pinheiro, 2015, p. 195.

[120] *JC*. Manaus, n. 5.456, 12 jul. 1919.

[121] Ministério da Agricultura, Indústria e Comércio, 1927, f. XVII.

CONCLUSÃO
O LUGAR ALCANÇADO

No dia 23 de dezembro de 1930, o ministro do Trabalho, Lindolfo Collor, recebeu no salão de audiências do Catete uma comissão das classes marítimas do Brasil. Superadas as divergências internas sobre a política varguista, a categoria prestou seu apoio definitivo ao Governo Provisório. Estavam ali presentes os representantes das seguintes associações do Amazonas: Associação Beneficente de Práticos do Amazonas, Associação dos Mestres de Pequena Cabotagem do Amazonas, União dos Marinheiros e Moços, União Beneficente dos Maquinistas do Amazonas. Eram as únicas entidades sediadas fora da capital federal com parte na comissão. Os foguistas e carvoeiros do Amazonas estavam representados pela matriz da União dos Foguistas. Os marítimos do Amazonas conquistaram esse espaço ao exibirem sua força de mobilização em nível nacional, que levou ao protagonismo na luta pela integração da categoria como parte da classe trabalhadora e, assim, reconhecida na sua condição de sujeito de direitos.

O grupo apresentou ao ministro a "esperança pela pronta regulamentação da lei no 5.109, de 20 de dezembro de 1926, que tornou extensivos à marinha mercante os favores das pensões e aposentadorias". O porta-voz da comissão dizia que o Conselho Nacional concluiu a regulamentação dos ferroviários e portuários, mas nada fizera pelos marítimos. Collor os confortou, dizendo que manteria um constante "contato com a laboriosa classe dos marítimos, lembrou que o fim principal de seu Ministério era o de harmonizar as relações entre os que dão e os que recebem trabalho". O ministro prometeu inserir os marítimos na legislação social e fixou um canal de diálogo com o porta-voz da comissão.[1]

Não se tratava ali de assentir a uma relação paternalista com o Estado, mas de levar a termo uma luta de longa data pelo reconhecimento da profissão marítima e por sua independência do jugo militar, que representava também a limitação do racismo sobre o destino de uma multidão de homens de pele escura. A inserção dos marítimos no conjunto de leis sociais assentia ao histórico da sua luta como categoria para afastar as lógicas de racialização insistentes na marinha mercante.

No Amazonas, os reflexos de "1930" sobre os marítimos foram bastante difusos. Por exemplo, Luís Tirelli, fundador da extinta Federação Marítima, tornou-se uma liderança política importante e criou o Partido Trabalhista Amazonense, em 1933. Ele pretendia construir uma plataforma política para concorrer a deputado nas eleições daquele ano. Para tanto, passou a atuar como um agente da política varguista junto das associações operárias, especialmente as marítimas, reunindo posições antagônicas para veicular a propaganda trabalhista pelo jornal *Tribuna Popular*. Assim, Tirelli foi eleito deputado na Assembleia Nacional Constituinte pela Aliança Trabalhista Liberal do Amazonas. Seu maior destaque foi na apresentação de uma emenda sobre a nacionalização da cabotagem, exigência debatida desde a Comissão Especial de 1910, provocada pela Congregação da Marinha Civil.

Tirelli foi ainda deputado federal pelo Amazonas (1934-1937), até o Estado Novo dissolver o Legislativo.[2] O principal expoente da unidade associativa construiu seu capital político promovendo a sindicalização dos marítimos na esteira do corporativismo varguista, quando, a partir de 1934, todas as associações passaram a se autodenominar sindicatos

---

[1] "Uma comissão das classes marítimas no Ministério do Trabalho". *A Noite*. Rio de Janeiro, n. 685, 23 dez. 1930.

[2] Ver Pio Júnior, 2016, p. 55.

e aderiram ao governo. Tirelli encarnaria o estereótipo do "coronel marítimo", caso nossa leitura desconsiderasse o significado da recepção das demandas marítimas naquele período e por aquele governo. Um longo caminho foi percorrido no tempo e no espaço pela marinhagem do Amazonas até o decisivo encontro com o ministro do Trabalho.

O processo de identificação de ofício marítimo na Amazônia coincidiu com a transição tecnológica para o vapor, na segunda metade do século XIX, momento em que armadores e oficiais buscavam tornar indígenas, mestiços e negros menos imprescindíveis no trabalho embarcado. Ocupações nas máquinas e nas caldeiras foram a grande novidade num mundo regido pela navegação artesanal de mulheres e homens de diferentes etnias e condições jurídicas. Foi também importante destacar como a hegemonia masculina do trabalho a bordo, promovida pela Marinha, serviu para alijar essa presença feminina da navegação. Com a propagação do marítimo ideal (branco, robusto e viril), o oficialato cerceou as navegadoras e ignorou suas qualificações náuticas. Os promotores da modernização concebiam-na como indissociável do branqueamento e da masculinização hegemônica da força de trabalho marítima. Assim, gênero e raça são categorias que se informavam umas às outras no espaço de trabalho nos vapores.

Também a difusa transição da escravidão para o trabalho livre mobilizou diferentes fronteiras de liberdade para dentro dos vapores, precarizadas por outras formas de coerção ao trabalho. Importa dizer que a adoção do modelo a vapor, que solapou outras experiências tradicionais de navegação, introduziu na Amazônia navios idealizados no contexto norte-americano, onde a secção dos setores impedia uma maior convivência entre os tripulantes. Quando o fim da escravidão nos Estados Unidos impôs às elites proprietárias idealizar novas formas de subordinação à população egressa do cativeiro, o navio a vapor tornou-se um espaço antissocial que reproduzia segregação racial pela disposição verticalizada dos seus setores. Uma das formas de interdição da mobilidade social e política dos não brancos atribuía-lhes incapacidade de adaptação ao mundo da liberdade, refletida numa baixa qualificação

CONCLUSÃO

profissional, como se eles estivessem fadados ao trabalho braçal associado à escravidão. Desse modo, tais particularidades do pós-Abolição norte-americano se cruzaram com as do brasileiro, quando armadores da Amazônia se tornaram os principais compradores de navios norte-americanos, durante a expansão da economia gomífera na segunda metade do século XIX.

Acredito que este livro contribui para uma reflexão acerca dos lugares imaginados para e pela marinhagem, nos primeiros anos do Brasil republicano, examinando como ela criava suas experiências de espacialidade dentro e fora dos navios, subvertendo a inferiorização dos ofícios de convés e de fogo e reconstruindo-os como vias de participação política e de luta por cidadania no novo regime. A escolha por um recorte fluvial, o maior do continente sul-americano, serviu para apreender como os temas do pós-Abolição se desdobraram no interior do território, frequentemente desconsiderado por olhares centrados no litoral. O grupo estudado revelou como a natureza do ofício marítimo ultrapassou distâncias, surpreendentes para a época, para mobilizar ideias e projetos de organização operária que traziam consigo experiências abolicionistas, antirracistas e correntes libertárias de diferentes lugares do Brasil e do mundo.

Minha abordagem do associativismo marítimo levou em conta a dimensão dos conflitos hierárquicos e horizontais dentro dos navios. Vimos que as fronteiras raciais e regionais, no interior da categoria, eram móveis e respondiam às condições de trabalho, ao autoritarismo e ao racismo de superiores e colegas, às estafantes jornadas de trabalho, às disputas de virilidade, às prolongadas estadias nos navios aportados etc. Contudo, eram através delas que os marítimos ajustavam suas diferenças e refletiam sobre o próprio ofício. Os limites da obediência, por exemplo, eram delimitados pelo respaldo das ordens e dificilmente se dobravam a uma simples imposição da autoridade. O contexto da marinha mercante, no qual os códigos disciplinares pareciam mais frouxos que na Armada, na verdade abrigava uma disciplina orientada pelos costumes dos marítimos, que prezavam por sua autonomia e seu direito à mobilidade acima de qualquer deferência. E eram nas disputas verbais e físicas, entre oficiais e subalternos, que as reivindicações ganhavam forma, de modo que a vida em terra não fosse contaminada pelo mandonismo ou pelo regramento das condutas. Por isso, o associativismo marítimo apresentou, desde 1905, uma inclinação a sociedades de resistência com *nuances* de socialismo e anarquismo, críticas à condução da militância pela unidade associativa defendida pelos oficiais.

Os oficiais expressavam a superação das divisões raciais e sociais em prol de uma identidade nacional da marinhagem, que só deveria ser dividida em termos de qualificação, numa competição "saudável" por empregos. Porém, marinheiros, moços, foguistas e carvoeiros estavam menos empenhados em ascender para o oficialato do que humanizar suas relações e condições de trabalho, bem como a forma como eram tratados pelos superiores. Suas associações alinharam as demandas com as de outras entidades de perfis similares, mas sempre cuidando de pautas específicas, como o combate ao déficit de equipagem e ao embarque combinado; o tabelamento salarial; o fim dos castigos físicos; o maior rigor na punição de oficiais autoritários; o aperfeiçoamento e a imparcialidade da fiscalização da Capitania; a jornada de oito horas; e a inserção dos marítimos na legislação social de 1919. Perceber causas em comum com outros trabalhadores brasileiros e estrangeiros evidenciou a luta pelo reconhecimento da profissão marítima como ação política de seus sujeitos, e não uma abstração do Estado ou das forças armadas, os quais a via como estratégica no setor de exportação e na defesa do território.

Procurei, enfim, enfocar sujeitos históricos pouco nítidos, embora atuantes em período ricamente estudado, como o chamado "ciclo da borracha". Apesar de a navegação a vapor ser considerada fundamental àquela economia, certa historiografia apologética desse período manteve seus marítimos ofuscados por seringueiros, seringalistas e demais trabalhadores transportados pelos rios da região. Os navios pareciam operados como se a navegação não fosse uma atividade humana e as viagens fossem caminhos de passagem para o que de fato importava:

lucro, modernização urbana, influência cultural e social da Europa, exploração dos seringais etc. Propus entender como a navegação a vapor era governada por mulheres, homens, rapazes e crianças que, além de dotarem-na de sentidos, apropriaram-se dela para conquistar lugares mais dignos naquela sociedade. Um desses lugares menos aparentes era o direito à mobilidade.

A dimensão da mobilidade dos marítimos redireciona o olhar dos mundos do trabalho para espaços flutuantes que revelam aspectos importantes sobre a fuga do domínio terrestre. Isso movimenta temas da História Marítima e da História Portuária para longe do litoral e das águas salgadas, para observar como a navegação e o trabalho marítimo foram moldados no interior do continente durante a transição tecnológica para os vapores, sem descuidar de continuidades e rupturas de modelos anteriores, inclusive do tráfico atlântico. Esse olhar se alarga ao ritmo dos deslocamentos e seus abrigos a lutas, esperanças e sonhos de uma vida mais digna. Dito isso, entendemos melhor o significado de os marítimos pressionarem o ministro Collor, tão longe do Amazonas, para que toda a categoria tivesse seu lugar reconhecido entre a classe trabalhadora, um lugar alcançado na condição de sujeitos de direitos e da sua própria história.

REFERÊNCIAS

MANUSCRITOS

ARQUIVO PERMANENTE DO PODER JUDICIÁRIO DO ESTADO DO AMAZONAS

TJAM. JD. Autos de Crimes: roubo. Manaus, 28 abr. 1873. Cód. JD.JD. PJ.ACRO1873:14(04).

TJAM. JMCRI – 3º D. Ofensas físicas. Manaus, 10 ago. 1904. Cx. Criminal (1904).

TJAM. JMCRI – 3º D. Auto de ofensas físicas. Manaus, 30 ago. 1904. Cx. Criminal (1904).

TJAM. JMCRI – 3º D. Homicídio. Manaus, 9 dez. 1912. Cx. Criminal (1904).

TJAM. JCRI – 3º D. Ofensas físicas. 24 abr. 1906. Cx. Criminal (1906).

TJAM. JDCRI – 3º D. Habeas-corpus. Manaus, 19 maio 1913. Cx. Criminal (1909-1916-1922).

TJAM. PPC. Inquérito criminal. Manaus, 20 maio 1913. Cx. Criminal (1913).

TJAM. JMCRI – 3º D. Ofício de auto de infração. Manaus, 24 abr. 1916. Cx. Criminal (1916).

ARQUIVO PÚBLICO DO AMAZONAS (APAM)

Livro de Registro de Ocorrências Diárias da Primeira Delegacia de Polícia desta Capital, 1916.

REFERÊNCIAS

IMPRESSOS

Dicionários

BARÃO DE ANGRA (dir.). *Diccionario Maritimo Brazileiro*. Rio de Janeiro, Imperial Instituto Artístico, 1877.

BATALHA, C. (coord.). *Dicionário do movimento operário: Rio de Janeiro do século XIX aos anos 1920, militantes e organizações*. São Paulo, Perseu Abramo, 2009.

BITTENCOURT, A. *Dicionário amazonense de biografias: vultos do passado*. Rio de Janeiro, Conquista, 1973.

CAMARGO, A. "Inspetoria-Geral de Navegação". *Dicionário da Administração Pública Brasileira da Primeira República*, jan. 2020. Disponível em <http://mapa.an.gov.br/index.php/dicionario-primeira-republica/873-inspetoria-geral-de-navegacao>. Acesso em 30/1/2022.

FIGUEIREDO, C de. *Novo diccionário da língua portuguesa*. Lisboa, Liv. Clássica Ed., 1913.

MORAIS, R. *O meu dicionário de cousas da Amazônia*. Brasília, Senado Federal, 2013.

SILVA, B. da. *Gíria marinheira (como falam os homens do Mar)*. Rio de Janeiro, [s.n.], 1964.

Estatutos de associações (APAM)

Associação de Pilotos da Marinha Mercante no Amazonas. *Diário Oficial*. Manaus, n. 5.255, 31 dez. 1911.

Centro Beneficente de Maquinistas no Amazonas. *Diário Oficial*. Manaus, n. 5.218, 15 nov. 1911.

Clube União Marítima. *Diário Oficial*. Manaus, n. 1.822, 18 abr. 1900.

Corporação dos Maquinistas do Amazonas. *Diário Oficial*. Manaus, n. 3.736, 26 out. 1906.

Liga Marítima Brasileira. *Diário Oficial*. Rio de Janeiro, n. 224, 25 set. 1908.

Sociedade Beneficente de Práticos no Amazonas. *Diário Oficial*. Manaus, n. 3771, 9 dez. 1906.

Sociedade Beneficente S. José de Ribamar. *Diário Oficial*. Manaus, n. 3.583, 19 abr. 1906.

Sociedade Beneficente União dos Foguistas. *Diário Oficial*. Rio de Janeiro, n. 32, 8 fev. 1906.
Sociedade Beneficente União dos Foguistas de Manaus. *Diário Oficial*. Manaus, n. 3.535, 16 fev. 1906.

Periódicos

Biblioteca Digital Da Fundação Biblioteca Nacional (Bndigital). Disponível em <hemerotecadigital.bn.br>. Acesso em 6/6/2024.

A Capital, 1917-1918, Manaus.
A Época, 1912-1919, Rio de Janeiro.
A Época, 1918, Itacoatiara/AM.
A Epocha, 1889, Manaus.
A Federação, 1898-1900, 1918, Manaus.
A República, 1900, Belém.
A Rua, 1916, Rio de Janeiro.
Alto Madeira, 1917, Porto Velho.
Amazonas, 1866-1881, Manaus.
Anuário Administrativo, Agrícola, Profissional, Mercantil e Industrial, 1910, Rio de Janeiro.
Comércio do Amazonas, 1898-1900, Manaus.
Correio da Manhã, 1905-1918, Rio de Janeiro.
Correio do Norte, 1906-1911, Manaus.
Correio do Purus, 1906-1910, Lábrea/AM.
Correio Paraense, 1892, Belém.
Diário de Manáos, 1892-1893, Manaus.
Diário de Notícias, 1883-1891, Belém.
Estado do Pará, 1911-1914, Belém.
Estrela do Amazonas, 1862, Manaus.
Folha do Amazonas, 1910, Manaus.
Gazeta de Notícias, 1909-1910, Rio de Janeiro.
Imparcial, 1918, Manaus.
Jornal de Caxias, 1903, Caxias/MA.
Jornal do Amazonas, 1884, Manaus.
Jornal do Comércio, 1899, 1919, Rio de Janeiro.

Jornal do Comércio, 1904-1995, Manaus.
Jornal do Comércio, 1917, Itacoatiara/AM.
Jornal Pequeno, 1915, Recife.
La Voz de España, 1907, Manaus.
O Chicote, 1913, Manaus.
O Cruzeiro do Sul, 1907, Cruzeiro do Sul/AC.
O Jornal, 1900, Belém.
O Jornal, 1921, 1930, Rio de Janeiro.
O Malho, 1913, 1939, Rio de Janeiro.
O Observador, 1943, Manaus.
O Paiz, 1919, Rio de Janeiro.
Pacotilha, 1910, São Luís.
Quo Vadis?, 1902-1904, Manaus.
Treze de Maio, 1854, Belém.

Laboratório de História da Imprensa no Amazonas/Universidade Federal do Amazonas (LHIA/UFAM)

Confederação Operária, 1909, Manaus.
O Marítimo, 1911, Manaus.

ARQUIVO EDGARD LEUENROTH/UNIVERSIDADE ESTADUAL DE CAMPINAS (AEL/UNICAMP)

A Lucta Social, 1914, Manaus.
Gazeta Marítima, 1903, Rio de Janeiro.
Novo Rumo, 1906, 1910, Rio de Janeiro.

Outros acervos

A Voz do Trabalhador, 1914, Rio de Janeiro. Disponível em <http://www.mundosdotrabalhopi.com.br/p/jornais_17.html>. Acesso em 21/5/2022.
Coast Seamen's Journal, 1911, San Francisco. Disponível em <https://archive.org/>. Acesso em 21/4/2020.
Los Angeles Herald, 1886, Los Angeles. Disponível em <https://cdnc.ucr.edu/>. Acesso em 21/4/2020.

Operário, 1892, Manaus (Centro de Documentação e Memória da Amazônia – CDMAM).
Redempção [revista], 1926, Manaus (CDMAM).
The Evening Star, 1899, Winchester. Disponível em <https://www.newspapers.com/>. Acesso em 21/4/2020.
The Pittsburgh Dispatch, 1892, Pensilvânia. Disponível em <https://chroniclingamerica.loc.gov/>. Acesso em 21/4/2020.

Obras literárias

ALVES DE MENEZES. "A Xiborena". *Selva*, n. 2, nov. 1946 (Centro Cultural Povos da Amazônia – CCPA).
CAMINHA, A. *Bom Crioulo*. São Paulo, Todavia, 2019.
CONRAD, J. *Lord Jim*. Trad. Mário Quintana. São Paulo, Abril Cultural, 1982.
HUGO, V. *Os trabalhadores do mar*. Belo Horizonte, Itatiaia, 2009.
MADRUGA, M. "De Manaus a Cataí". *La Voz de España*. Manaus, n. 35, 31 ago. 1907.
MAIA, A. *Beiradão*. Rio de Janeiro, Editor Borsoi, 1958 (CCPA).
MELVILLE, H. *Moby Dick*. São Paulo, Cosac Naify, 2013.
PINHEIRO, A. *O desterro de Humberto Saraiva*. Manaus, Livraria Clássica, 1926 (CCPA).

Relatórios

Disponível em <http://ddsnext.crl.edu/brazil>. Acesso em 6/6/2024.

ALENCAR, A. de. *Relatório do ministro da Marinha*. Rio de Janeiro, Imprensa Nacional, 1907-1914/Imprensa Naval, 1916, 1918.
ARANHA, J. B. T. *Relatório do presidente da Província do Amazonas*. Manaus, Typ. do Ramos, 1852.
BARBOSA, M. *Relatório do ministro da Marinha*. Rio de Janeiro, Imprensa Nacional, 1897.
BITTENCOURT, A. C. R. *Mensagem do governador do Amazonas*. Manaus, Imprensa Oficial, 1911.
D'AGUIAR, F. *Relatório do presidente da Província do Pará*. Belém, Typ. de Santos & Filhos, 1851.

DUARTE, J. G. *Relatório do ministro da Marinha*. Rio de Janeiro, Imprensa Nacional, 1894.

LUZ, J. P. da. *Relatório do ministro da Marinha*. Rio de Janeiro, Imprensa Nacional, 1901/1902.

MACHADO, J. *Exposição do presidente da Província do Amazonas*. Manaus, Typ. do Amazonas, 1889.

MOURA, R. S. de. *Relatório do ministro da Marinha*. Rio de Janeiro, Imprensa Naval, 1920.

NASCIMENTO, A. *Relatório do ministro das Relações Exteriores*. Rio de Janeiro, Imprensa Nacional, 1894.

NORONHA, J. C. de. *Relatório do ministro da Marinha*. Rio de Janeiro, Imprensa Nacional, 1903, 1904, 1906.

PARANAGUÁ, J. *Relatório do presidente da Província do Amazonas*. Manaus, Typ. do Amazonas, 1883.

PEDROSA, J. *Mensagem do governador do Amazonas*. Manaus, Seção de Obras da Imprensa Pública, 1914.

PEREIRA, A. C. G. *Relatório do ministro da Marinha*. Rio de Janeiro, Imprensa Naval, 1919.

SILVEIRA, C. B. da. *Relatório do ministro da Marinha*. Rio de Janeiro, Imprensa Nacional, 1899.

LEITE, J. G. "Inspetoria das linhas de navegação subvencionadas do Amazonas". *In*: NERY, S. *Mensagem do governador do Estado do Amazonas*. Rio de Janeiro, Typ. do *Jornal do Comércio*, 1902.

Relatos de viajantes

ACUÑA, C. de; CARVAJAL, G. de & ROJAS, A. de. *Descobrimentos do rio das Amazonas*. Rio de Janeiro, Editora Nacional, 1941.

ADALBERTO, P. *Brasil: Amazônia-Xingu*. Brasília, Senado Federal, 2002.

AGASSIZ, E. & AGASSIZ, L. *Viagem ao Brasil, 1865-1866*. Brasília, Senado Federal, 2000.

AMORIM, A. *Viagens pelo Brasil: do Rio ao Acre – aspectos da Amazônia. Do Rio a Mato Grosso*. Rio de Janeiro, Garnier, 1917. (Biblioteca do IBGE/RJ).

ANDRADE, M. de. *O turista aprendiz*. Brasília, Iphan, 2015.

ANDREWS, C. C. *Brazil: its Condition and Prospects*. New York, D. Appleton and Company, 1887. Disponível em <http://www2.senado.leg.br/bdsf/handle/id/518707>. Acesso em 26/8/2022.

ARTHUR, R. *Ten Thousand Miles in a Yacht Round the West Indies and Up the Amazon*. New York, E. P. Dutton & Co. 1906. Disponível em <https://hdl.handle.net/2027/hvd.hw3e70>. Acesso em 26/8/2022.

AVÉ-LALLEMANT, R. *No rio Amazonas*. Belo Horizonte, Itatiaia, 1980.

BATES, H. W. *Um naturalista no rio Amazonas*. Belo Horizonte, Itatiaia 1979.

BONNEFOUS, J. de. *En Amazonie*. Paris, Kugelmann, 1898. Disponível em <http://bd.camara.gov.br/bd/handle/bdcamara/34299>. Acesso em 26/8/2022.

CABRAL, A. *Dez anos no Amazonas (1897-1907): (memória de um sertanejo nordestino emigrado àquelas paragens em fins do século passado)*. João Pessoa, Escola Industrial de João Pessoa, 1949 (CDMAM).

COSTA E SILVA, B. da. *Viagens no sertão do Amazonas: do Pará à costa do mar Pacífico pelo Amazonas, Bolívia e Peru*. Porto, Typ. de Arthur J. de Sousa & Irmão, 1891 (CDMAM).

DIAS, A. *O Brasil atual: informações geográficas, políticas e comerciais*. Rio de Janeiro, Imprensa Nacional, 1904. (Biblioteca do IBGE/RJ).

EDWARDS, W. H. *A Voyage Up the River Amazon, Including a Residence at Pará*. New York, D. Appleton & Company, 1847. Disponível em <https://digital.bbm.usp.br/handle/bbm/4986>. Acesso em 17/5/2022.

FERREIRA PENNA, D. *A região ocidental da Província do Pará: resenhas, estatísticas das comarcas de Óbidos e Santarém*. Pará, Typ. do Diário de Belém, 1869 (CDMAM).

FRISCH, A. & KELLER-LEUZINGER, F. *Resultado de uma expedição fotográfica pelo baixo Solimões ou alto Amazonas e pelo rio Negro*. Acervo: Convênio Leibniz-Institut fuer Laenderkunde, Leipzig/Instituto Moreira Salles, c. 1867.

FONSECA, L. *No Amazonas*. Lisboa, Companhia Geral Typographica, 1895 (CDMAM).

KERBEY, J. O. "Across a Continent: Brazilian Officers are the Greatest Tyrants on Earth". *The Pittsburg Dispatch*, 18 Dec. 1892. Disponível em <https://panewsarchive.psu.edu/>. Acesso em 26/8/2022.

____. *The Land of To-morrow: a Newspaper Exploration Up the Amazon and Over the Andes to the California of South America*. New York, W. F. Brainard, 1906. Disponível em <https://hdl.handle.net/2027/txu.059173018247019>. Acesso em 26/8/2022.

KERBEY, J. O. *An American Cônsul in Amazonia*. New York, W. E. Rudge, 1911. Disponível em <https://hdl.handle.net/2027/hvd.32044080495104>. Acesso em 21/4/2020.

KIDDER, D. *Reminiscências de viagens e permanências nas províncias do Norte do Brasil*. Belo Horizonte/São Paulo, Itatiaia/Edusp, 1980.

KOCH-GRÜNBERG, T. *Dois anos entre os indígenas: viagens ao noroeste do Brasil (1903-1905)*. Manaus, Edua, 2005.

LOWE, F. & SMYTH, W. *Narrative of a Journey from Lima to Para, Across the Andes and Down the Amazon*. London, John Murray, 1836. Disponível em <https://archive.org/details/narrativeofjourn00smyt/page/n7/mode/2up>. Acesso em 17/5/2022.

LUSTOSA, A. A. *No estuário amazônico (à margem da visita pastoral)*. Belém, Conselho Estadual de Cultura, 1976 (CDMAM).

MATHEWS, E. D. *Up the Amazon and Madeira Rivers, Through Bolivia and Peru*. London, S. Low, Marston, Searle & Rivington, 1879. Disponível em <https://hdl.handle.net/2027/coo.31924064123577>. Acesso em 26/8/2022.

MATTOS, P. *Trinta dias em águas do Amazonas*. Rio de Janeiro, Calvino Filho, 1933 (CCPA).

MAW, H. L. *Narrativa da Passagem do Pacífico ao Atlântico, através dos Andes nas províncias do norte do Peru, e descendo pelo rio Amazonas até ao Pará* [1831]. Manaus, ACA, 1989.

PEREIRA, J. *Amazônia (impressões de viagem)*. Rio de Janeiro, Civilização Brasileira, 1940 (CDMAM).

PINELL, G. de. *Un viaje por el Putumayo y el Amazonas: ensayo de navegacion*. Bogotá, Imprenta Nacional, 1924. Disponível em <https://archive.org/embed/unviajeporelputu00pine>. Acesso em 26/8/2022.

ROCHA POMBO. *Notas de viagem (Norte do Brasil)*. Rio de Janeiro, Benjamin de Águila, 1918. Disponível em <https://archive.org/embed/notasdeviagemnoroooroch>. Acesso em 26/8/2022.

SPIX, J. B. *Viagem pelo Brasil*, 3 vol. Rio de Janeiro, Imprensa Nacional, 1938. Disponível em <https://digital.bbm.usp.br/view/?45000031024&bbm/7757>. Acesso em 26/8/2022.

TOMLINSON, H. M. *The Sea and the Jungle: Being the Narrative of the Voyage of the Tramp Steamer Capella from Swansea to Santa Maria de Belém do Grão-Pará in the Brazil's*. London, Duckworth & Co. 1912. Disponível em <https://archive.org/embed/in.ernet.dli.2015.459565>. Acesso em 26/8/2022.

WALLACE, A. R. *Viagens pelos rios Amazonas e Negro*. Belo Horizonte, Itatiaia, 1979.

WALLE, P. *Au pays de l'or noir: Para, Amazonas, Matto Grosso*. Paris, Librarie Orientale & Américaine, 1909. Disponível em <https://gallica.bnf.fr/ark:/12148/bpt6k65494725>. Acesso em 26/8/2022.

WOODROFFE, J. F. *The Upper Reaches of the Amazon*. London, Methuen & Co. 1914. Disponível em <https://archive.org/embed/rsupperreachesofoowooduoft>. Acesso em 26/8/2022.

Memorialistas, estudiosos e outros

ALMANACH *Administrativo, Histórico, Estatístico e Mercantil da Província do Amazonas*. Manaus, Typ. do *Amazonas*, 1884. Disponível em <http://bndigital.bn.br/acervo-digital/almanach-administrativo/824259>. Acesso em 26/8/2022.

ANDRADE, M. *Manaus: ruas, fachadas e varandas*. Manaus, Umberto Calderaro, 1985.

____. "Manaus das catraias". *Jornal do Comércio*. Manaus, n. 39.436, 23/24 out. 2005.

ARAÚJO LIMA, J. F. de. "Capacidade mental e material do caboclo amazônico". *Jornal do Comércio*, Manaus, n. 13.423, 2 jan. 1944.

BARBOSA, L. & SAMPAIO, C. (ed.). *Assistência Pública e Privada no Rio de Janeiro (Brasil): história e estatística*. Rio de Janeiro, Typ. do *Annuario do Brasil*, 1922. (Biblioteca do IBGE/RJ).

BARBOSA, R. "O caso do Amazonas (1913)". *Obras Completas*, tomo IV, vol. XL: *Discursos parlamentares*. Rio de Janeiro, Ministério da Educação e Cultura, 1965.

BITTENCOURT, A. "Notas históricas sobre a navegação do Amazonas". *Boletim da Associação Comercial do Amazonas*. Manaus, Secção de Artes Gráficas da Escola Técnica de Manaus, 1949 (CCPA).

____. *Bacia Amazônica: vias de comunicação e meios de transporte*. Rio de Janeiro, INPA, 1957 (CCPA).

____. *Navegação do Amazonas & portos da Amazônia*. Rio de Janeiro, SPVEA, 1959 (CCPA).

____. *Corografia do Estado do Amazonas*. Manaus, ACA, 1985.

____. *Manaus*. Manaus, Governo do Amazonas/SEC, 2012.

REFERÊNCIAS

BITTENCOURT, U. *Raiz*. Rio de Janeiro, Copy & Arte, 1985.

BRAGA, G. *Nascença e vivência da Biblioteca do Amazonas*. Belém, INPA, 1957. (Biblioteca do Instituto Nacional de Pesquisa da Amazônia).

____. "Velhos lobos do rio-mar". *JC*. Manaus, n. 20.798, 12 set. 1971.

BURNS, B. *Manaus, 1910: retrato de uma cidade em expansão*. Manaus, Artenova, 1966.

CÂMARA dos Deputados. *Legislação Social*, vol. 2. Rio de Janeiro, Typ. do *Jornal do Comércio*, 1920. Disponível em <http://bd.camara.gov.br/bd/handle/bdcamara/32019>. Acesso em 19/9/2022.

CASTRO, M. de. *Síntese histórica da evolução de Manaus* [1948]. Manaus, Umberto Calderaro, s.d. (CDMAM).

CLUBE NAVAL. *Histórico do Clube Naval, de 12 de abril de 1884 a 11 de junho de 1968*. Rio de Janeiro, Baptista de Souza & Cia. 1968.

COSTA, A. *A Marinha Mercante no Brasil: estudos, projetos e reforma*. Rio de Janeiro, Liga Marítima Brasileira, 1910. (Biblioteca da Marinha/RJ).

____. *A Marinha Mercante (o problema da actualidade)*. Rio de Janeiro, Imprensa Nacional, 1917. Disponível em <http://memoria.org.br/pub/meb00000141/00253/00253000.pdf>. Acesso em 26/8/2022.

DEFFONTAINES, P. "Como se constitui no Brasil a rede de cidades". *Boletim Geográfico*, ano 2, n. 15, 1944.

DIRETORIA Geral de Estatística. *Recenseamento Geral do Império de 1872*. Rio de Janeiro, Leuzinger & Filhos, 1872.

____. *Boletim comemorativo da Exposição Nacional de 1908*. Rio de Janeiro, Typ. da Estatística, 1908.

____. *Recenseamento do Brasil, realizado em 1º de setembro de 1920*. Rio de Janeiro, Tipografia de Estatística, 1930, vol. IV.

FARIA E SOUZA. *A imprensa no Amazonas, 1851-1908*. Manaus, Typ. da Imprensa Oficial, 1908 (CDMAM).

FARIAS GAMA. *Scenographias de um país de águas e selvas (regionalismo)*. Belém, [s.n.], 1924 (CCPA).

MELLO, T. de. *Manaus: amor e memória*. Rio de Janeiro, Philobiblion, 1984.

MENDES, J. A. *A crise amazônica e a borracha*. Manaus, Valer, 2004.

MINISTÉRIO da Agricultura, Indústria e Comércio. *Recenseamento do Brasil*, vol. V, parte 1. Rio de Janeiro, Typ. da Estatística, 1927 (Biblioteca do IFCH/Unicamp).

MINISTÉRIO da Viação e Obras Públicas. *Portos do Brasil*. Rio de Janeiro, Empr. Ind. Ed. "O Norte", 1922. (Biblioteca do IBGE/RJ).

MONICA, J. G. "À classe operária". *Novo Rumo*, Rio de Janeiro, n. 1, 1º maio 1910.

MONICA, J. G.; RANGEL, P. R. & MARTINS, U. "Uma tentativa arrojada: apelo aos trabalhadores". *Novo Rumo*, Rio de Janeiro, n. 1, 1º maio 1910.

MORAIS, R. *Na planície amazônica*. Rio de Janeiro, Editora Nacional, 1939.

___. *Notas dum jornalista*. Manaus, Edições Governo do Amazonas, 2001.

NOGUEIRA DA MATA, J. *Flagrantes da Amazônia*. Manaus, Sérgio Cardoso, 1960.

___. *Crônicas da Amazônia*. Manaus, Umberto Calderaro, 1990.

___. *Antiqualhas manauaras*. Manaus, Umberto Calderaro, 1991.

OLIVEIRA, J. C. de. "A voz do passado através do JC: infausto homicídio". *Jornal do Comércio*, Manaus, n. 36.138, 22 ago. 1993.

RECLUS, E. *Estados Unidos do Brasil: Geografia, Etnografia, Estatística*. Rio de Janeiro, Garnier, 1900. Disponível em <http://www2.senado.leg.br/bdsf/handle/id/179494>. Acesso em 26/8/2022.

ROMERO, J. "A memória de Ferrer". *Ação Direta*. Rio de Janeiro, n. 106, maio 1956. Disponível em <https://bibdig.biblioteca.unesp.br/server/api/core/bitstreams/f0c50035-5c1f-4663-af3d-4f1b86287976/content>. Acesso em 26/8/2022.

SUPERIOR TRIBUNAL MILITAR. *Coletânea de informações*. Brasília, STM, 2019.

THE AMAZON River Steamship Navigation Company (1911) Limited. *The Great River: Notes on the Amazon and its Tributaries, and the Steamer Services*. London, Humpkin, Marshal, Hamilton, Kent & Co. 1904. Disponível em <https://hdl.handle.net/2027/txu.059173018462179>. Acesso em 26/8/2022.

THE INTERNATIONAL Rubber and Allied Trades Exhibition, Ltd. (org.). *Official Handbook and Catalogue*, Sept. 23 to Oct. 3, New York, 1912. Disponível em <https://archive.org/embed/brazillandofrubboobrazrich>. Acesso em 26/8/2022.

YPIRANGA MONTEIRO, M. *Comidas e bebidas regionais*. Manaus, Edições Governo do Amazonas, 2001.

___. *Histórias facetas de Manaus: anedotas envolvendo figuras amazonenses*. Manaus, Governo do Amazonas, 2012.

Bibliografia

AB'SABER, A. "A cidade de Manaus (primeiros estudos)". *Boletim Paulista de Geografia*, n. 15, 1953.

REFERÊNCIAS

ABREU, T. *"Nascidos no grêmio da sociedade": racialização e mestiçagem entre os trabalhadores na Província do Amazonas (1850-1889)*. Manaus, Instituto de Ciências Humanas e Letras, Universidade Federal do Amazonas, 2012 (Dissertação de mestrado).

AGUIAR, L. & SILVA, A. "Dramas e tramas na privatização do porto de Manaus, a situação do Booth Line". *Aboré*, n. 5, 2005.

ALBERTI, V. & PEREIRA, A. (org.). *Histórias do movimento negro no Brasil: depoimentos ao CPDOC*. Rio de Janeiro, Pallas/CPDOC/FGV, 2007.

ALBUQUERQUE, W. *O jogo da dissimulação: abolição e cidadania negra no Brasil*. São Paulo, Companhia das Letras, 2009.

ALMEIDA, A. J. de. "Sociedade armada: o modo senhorial de atuação no Brasil Império". *Anais do Museu Paulista*, vol. 23, 2015.

ALMEIDA, A. W. de. *A ideologia da decadência: leitura antropológica a uma história da agricultura do Maranhão*. Rio de Janeiro, Casa 8, 2008.

ALMEIDA, S. C. "A modernização do material e do pessoal da Marinha nas vésperas da revolta dos marujos de 1910: modelos e contradições". *Estudos Históricos*, vol. 23, n. 45, 2010a.

____. "Vidas de marinheiro no Brasil republicano: identidades, corpos e lideranças da revolta de 1910". *Antíteses*, vol. 3, n. esp. 2010b.

____. "Corpo, saúde e alimentação na Marinha de Guerra no período pós--abolição, 1890-1910". *Manguinhos*, vol. 19, 2012.

ALVES-MELO, P. "Superfaturamento e verba pública: como elite lucrou com abolição 'precoce'". *UOL*, 2022. Disponível em <https://noticias.uol.com.br/colunas/presenca-historica/2022/07/20/superfaturamento-e-verba-publica-como-elite-lucrou-com-abolicao-precoce.htm>. Acesso em 28/8/2022.

____. (org.). *O fim do silêncio: presença negra na Amazônia*. Curitiba, CRV, 2021.

ARAÚJO, M. *O grito dos trabalhadores: movimento operário, reivindicações e greves na Manaus da Grande Guerra (1914-1918)*. Manaus, Instituto de Ciências Humanas e Letras, Universidade Federal do Amazonas, 2018 (Dissertação de mestrado).

ARMITAGE, D. "Three Concepts of Atlantic History". *In*: ARMITAGE, D. & BRADDICK, M. J. (ed.). *The British Atlantic World, 1500-1800*. New York, Palgrave Macmillan, 2002.

ARNESEN, E. *Waterfront Workers of New Orleans: Race, Class, and Politics, 1863-1923*. Urbana, University of Illinois Press, 1994.

ASSUNÇÃO, M. R. "A memória do tempo de cativeiro no Maranhão". *Tempo*, vol. 14, n. 28, 2010.

AVELINO, A. *O patronato amazonense e o Mundo do Trabalho: a* Revista da Associação Comercial *e as representações acerca do trabalho no Amazonas (1908-1919)*. Manaus, Instituto de Ciências Humanas e Letras, Universidade Federal do Amazonas, 2008 (Dissertação de mestrado).

BALACHANDRAN, G. "Cultures of Protest in Transnational Contexts: Indian Seamen Abroad, 1886-1945". *Transforming Cultures eJournal*, vol. 3, n. 2, 2008.

BARBOZA, E. *A hidra cearense: rotas de retirantes e escravizados entre o Ceará e as fronteiras do Norte (1877-1884)*. São Paulo, Programa de Estudos Pós-Graduados em História, PUC/SP, 2013 (Tese de doutorado).

BARREIRO, J. C. "A formação da força de trabalho marítima no Brasil: cultura e cotidiano, tradição e resistência (1808-1850)". *Tempo*, n. 15, 2010.

BARROS, C. *Vozes operárias: os tipógrafos e a construção da identidade operária amazonense (1891-1914)*. Manaus, Instituto de Ciências Humanas e Letras, Universidade Federal do Amazonas, 2015 (Dissertação de mestrado).

BASSO, L. L. "Lavoro marittimo, tutela instituzionale e conflittualità sociale a bordo dei bastimenti della Repubblica di Genova nel XVIII secolo". *Mediterranea*, ano XII, apr. 2015.

BATALHA, C. *Le syndicalisme "amarelo" a Rio de Janeiro (1906-1930)*. Paris, Université de Paris I, 1986 (Tese de doutorado).

____. "Identidade da classe operária no Brasil (1880-1920): atipicidade ou legitimidade?". *Revista Brasileira de História*, vol. 12, n. 23/24, 1992.

____. "A difusão do marxismo e os socialistas brasileiros na virada do século XIX". *In*: MORAES, J. Q. de (org.). *História do marxismo no Brasil*, vol. III: *Os influxos teóricos*. Campinas, Editora da Unicamp, 1995.

____. "Vida associativa: por uma nova abordagem da história institucional nos estudos do Movimento Operário". *Anos 90*, n. 8, 1997.

____. *O movimento operário na Primeira República*. Rio de Janeiro, Zahar, 2000.

____. "Formação da classe operária e projetos de identidade coletiva". *In*: FERREIRA, J. & DELGADO, L. (org.). *O Brasil Republicano*, vol I: *O tempo do liberalismo excludente – da Proclamação da República à Revolução de 1930*. Rio de Janeiro, Civilização Brasileira, 2003.

____. "Cultura associativa no Rio de Janeiro da Primeira República". *In*: BATALHA, C.; FORTES, A. & SILVA, F. T. da (org.). *Culturas de classe: identidade e diversidade na formação do operariado*. Campinas, Editora da Unicamp, 2004.

BATALHA, C. "Os desafios atuais da História do Trabalho". *Anos 90*, vol. 13, n. 23/24, 2006.

REFERÊNCIAS

BEAN, R. "Employers' Associations in the Port of Liverpool, 1890-1914". *International Review of Social History*, vol. 21, n. 3, 1976.

BENCHIMOL, S. *Amazônia: um pouco-antes e além-depois*. Manaus, Umberto Calderaro, 1977.

____. *Navegação e transporte na Amazônia*. Manaus, Edição Reprográfica, 1995.

BENNET, M. J. *Union Jacks: Yankee Sailors in the Civil War*. Chapel Hill, University of North Carolina Press, 2004.

BESSA FREIRE, J. R. *Rio Babel: a história das línguas na Amazônia*. Rio de Janeiro, EdUERJ, 2011.

BETHENCOURT, F. *Racismos: das Cruzadas ao século XX*. São Paulo, Companhia das Letras, 2018.

BEZERRA NETO, J. M. *Por todos os meios legítimos e legais: as lutas contra a escravidão e os limites da abolição (Brasil, Grão-Pará: 1850-1888)*. São Paulo, Programa de Estudos Pós-Graduados em História, PUC/SP, 2009 (Tese de doutorado).

____. "Rios de liberdade: os escravos e suas fugas fluviais na Amazônia brasileira (século XIX)". *Revista do IHGP*, vol. 8, n. 2, 2021.

BILHÃO, I. "A construção da identidade operária brasileira: aspectos de uma trajetória historiográfica (do nacional ao local)". *Revista Mundos do Trabalho*, vol. 2, n. 2, 2010.

BIONDI, L. & TOLEDO, E. *Uma revolta urbana: a greve geral de 1917 em São Paulo*. São Paulo, Perseu Abramo, 2018.

BOLSTER, W. J. *Black Jacks: African American Seamen in the Age of Sail*. Cambridge, Harvard University Press, 1997.

BOXER, C. *O império marítimo português*. São Paulo, Companhia das Letras, 2002.

BOYER, V. "O pajé e o caboclo: de homem a entidade". *Mana*, vol. 5, n. 1, 1999.

BRASIL, E. "Moysés Zacharias: carnaval, cidadania e mobilizações negras no Rio de Janeiro (1900-1920)". In: ABREU, M. et al. (org.). *Cultura negra*, vol. 2: *Trajetórias e lutas de intelectuais negros*. Niterói, Eduff, 2018.

BRITO, R. *Vapores de Mauá: a Companhia de Navegação e Comércio do Amazonas (1852-1871)*. Manaus, Instituto de Ciências Humanas e Letras, Universidade Federal do Amazonas, 2018 (Dissertação de mestrado).

BUCHANAN, T. C. *Black Life on the Mississippi: Slaves, Free Blacks, and the Western Steamboat World*. Chapel Hill, University of North Carolina Press, 2004.

BURG, B. R. *Boys at Sea: Sodomy, Indecency, and Court Martial in Nelson's Navy.* Houndmills, Palgrave Macmillan, 2007.

CAMINHA, J. C. *História Marítima.* Rio de Janeiro, Biblioteca do Exército, 1980.

CANDIDO, R. "*Salve Aurora do dia 1º de Maio*": associativismo operário e gênero na cidade de Manaus durante a Primeira República (1890-1930). Curitiba, CRV, 2021.

CANFORA, L. *1914.* São Paulo, Edusp, 2014.

CAPELATO, M. H. & PRADO, M. L. C. "A borracha na economia brasileira da Primeira República". *In*: FAUSTO, B. (org.). *História geral da civilização brasileira*, vol. 8. 8. ed. São Paulo, Difel, 1995.

CARDOSO, A. I. *Nem sina, nem acaso: a tessitura das migrações entre a Província do Ceará e o território amazônico (1847-1877).* Fortaleza, Centro de Humanidades, Universidade Federal do Ceará, 2011 (Dissertação de mestrado).

____. *O Eldorado dos deserdados: indígenas, escravos, migrantes, regatões e o avanço ao oeste amazônico no século XIX.* São Paulo, Faculdade de Filosofia, Letras e Ciências Humanas, Universidade de São Paulo, 2017 (Tese de doutorado).

CARONE, E. *A República Velha*, vol. II: *Evolução política (1889-1930).* 3. ed. São Paulo, Difel, 1977.

CARUSO, L. *Embarcados: los trabajadores marítimos y la vida a bordo: sindicato, empresas y Estado en el puerto de Buenos Aires, 1889-1921.* Buenos Aires, Imago Mundi, 2016.

____. "O mutualismo, uma experiência em disputa: o caso da Sociedade Austro-Húngara de Socorros Mútuos e a empresa de navegação Mihanovich (Buenos Aires, 1878-1920)". *Revista Mundos do Trabalho*, vol. 13, 2021.

CARVALHO, M. "Os caminhos do rio: Negros canoeiros no Recife na primeira metade do século XIX". *Afro-Ásia*, n. 19-20, 1997.

CARVALHO JÚNIOR, A. D. "Índios cristãos no cotidiano das colônias do norte (séculos XVII e XVIII)". *Revista de História*, n. 168, 2013.

CASTELLUCCI, A. *Salvador dos Operários: uma história da greve geral de 1919 na Bahia.* Salvador, Faculdade de Filosofia e Ciências Humanas, Universidade Federal da Bahia, 2001 (Dissertação de mestrado).

CASTELLUCCI, A. "Classe e cor na formação do Centro Operário da Bahia (1890-1930)". *Afro-Ásia*, n. 41, 2010.

CASTELLUCCI, A. & SOUZA, F. A. e. "À margem dos grandes esquemas: o associativismo político-eleitoral dos trabalhadores de Pernambuco e da Bahia na Primeira República". *Estudos Históricos*, vol. 35, n. 75, 2022.

CAVALCANTE, Y. O. "Os xerimbabos: a vida de crianças indígenas e negras em tempos de escravidão (Brasil, Amazonas: séc. XIX)". *Transversos*, vol. 1, n. 1, 2014.

CHALHOUB, S. *Machado de Assis: historiador*. São Paulo, Companhia das Letras, 2003.

____. *Trabalho, lar e botequim: o cotidiano dos trabalhadores do Rio de Janeiro na* belle époque. 3. ed. Campinas, Editora da Unicamp, 2012.

CHALHOUB, S. & SILVA, F. T. da. "Sujeitos no imaginário acadêmico: escravos e trabalhadores na historiografia brasileira desde os anos 1980". *Cadernos AEL*, vol. 14, n. 26, 2009.

CONLEY, M. A. *From Jack Tar to Union Jack: Representing Naval Manhood in the British Empire, 1870-1918*. Manchester, Manchester University Press, 2009.

CONNELL, R. W. & MESSERSCHMIDT, J. W. "Masculinidade hegemônica: repensando o conceito". *Estudos Feministas*, vol. 21, n. 1, p. 424, 2013.

CONTRERAS, G. "La Confederación General de Gremios Marítimos y Afines y su proyección sindical en la coyuntura peronista (1947-1950)". *Prohistoria*, n. 20, 2013.

CORBIN, A. *The Lure of the Sea: the Discovery of the Seaside in the Western World, 1750-1840*. Berkeley/Los Angeles, University of California Press, 1994.

CORD, M. M. *Artífices da cidadania: mutualismo, educação e trabalho no Recife oitocentista*. Campinas, Editora da Unicamp, 2012.

COSTA, D. *Quando viver ameaça a ordem urbana: trabalhadores urbanos em Manaus (1890-1915)*. Manaus, Valer, 2014.

COSTA, F. P. *Para a chuva não beber o leite: soldados da borracha: imigração, trabalho e justiças na Amazônia*. São Paulo, Faculdade de Filosofia, Letras e Ciências Humanas, Universidade de São Paulo, 2014 (Tese de doutorado).

COSTA, H. *Cultura, trabalho e luta social na Amazônia: discurso dos viajantes – século XIX*. Manaus, Valer, 2013.

COSTA, J. S. *Por todos os cantos da cidade: escravos negros no mundo do trabalho na Manaus oitocentista (1850-1884)*. Niterói, Instituto de Ciências Humanas e Filosofia, Universidade Federal Fluminense, 2016 (Dissertação de mestrado).

COSTA, J. S. *Liberdade fraturada: as redes de coerção e o cotidiano da exploração na província do Amazonas (Brasil, século XIX)*. Campinas, Instituto de Filosofia e Ciências Humanas, Universidade Estadual de Campinas, 2022 (Tese de doutorado).

COSTA, Y. "Sociedade e escravidão no Maranhão do século XIX". *Revista Brasileira de História & Ciências Sociais*, vol. 10, n. 20, 2018.

COUSIN, J. *Extra-european Seamen Employed by British Imperial Shipping Companies (1860-1960)*. Paris, Sorbonne Université, 2018 (Tese de doutorado).

DAVENPORT-HINES, R. *Voyagers of the Titanic: Passengers, Sailors, Shipbuilders, Aristocrats, and the Worlds They Came From*. New York, HarperCollins, 2012.

DAVIS, A. *Mulheres, raça e classe*. São Paulo, Boitempo, 2016.

DE LA TORRE, O. *The People of the River: Nature and Identity in Black Amazonia, 1835-1945*. Chapel Hill, University of North Carolina Press, 2018.

DENING, G. *Islands and Beaches: Discourse on a Silent Land Marquesas, 1774-1884*. Honolulu, University of Hawai'i Press, 1980.

DESAI, D. *Maritime Labour in India*. Bombay, Servants of India Society, 1940.

DIAS, A. A. "Os 'fiéis' da navalha: Pedro Mineiro, capoeiras, marinheiros e policiais em Salvador na República Velha". *Afro-Ásia*, n. 32, 2005.

DOMINGO, E. *El trabajo en la marina mercante española en la transición de la vela al vapor (1834-1914)*. Barcelona, Departamento de Historia Contemporánea, Universidad de Barcelona, 2013 (Tese de doutorado).

____. "De 'gente de mar' a 'obreros del mar': los inicios de la reivindicación obrera en la marina mercante española (1870-1914)". *Historia Social*, n. 83, 2015.

DRINOT, P. *The Allure of Labor: Workers, Race, and the Making of the Peruvian State*. Durham/London, Duke University Press, 2011.

DRIVER, F. "Sea-Changes: Historicizing the Ocean, c. 1500- c.1900". *History Workshop Journal*, n. 51, 2001.

DUFFY, E. M. & METCALF, A. *The Return of Hans Staden: a Go-between in the Atlantic World*. Baltimore, Johns Hopkins University Press, 2012.

ELIAS, N. "Estudos sobre a gênese da profissão naval: cavalheiros e tarpaulins". *Mana*, n. 7, 2001.

ERTZOGUE, M. "Insubmissos e desertores: os barqueiros do Araguaia e a divisão do trabalho na navegação interprovincial – (Goiás-Pará – século 19)". *Revista Litteris*, n. 14, 2014.

FANON, F. *Os condenados da terra*. Lisboa, Ulisseia, 1961.

FARIAS, W. G. & PEREIRA, P. "A Marinha de Guerra na Amazônia: atuação e questões de modernização técnica (final do século XIX e início do XX)". *Navigator*, vol. 10, 2014.

FASSIN, D. "Nem raça, nem racismo: o que racializar significa". *In*: SCHWARCZ, L. & MACHADO, M. H. P. T. (org.). *Emancipação, inclusão e exclusão: desafios do passado e do presente*. São Paulo, Edusp, 2018.

FAUSTO, B. *Trabalho urbano e conflito social: 1890-1920*. São Paulo, Companhia das Letras, 2016.

FEITOSA, O. *A sombra dos seringais: militares e civis na construção da ordem republicana no Amazonas (1910-1924)*. São Paulo, Faculdade de Filosofia, Letras e Ciências Humanas, Universidade de São Paulo, 2015 (Tese de doutorado).

FERRERAS, N. *O cotidiano dos trabalhadores de Buenos Aires (1880-1920)*. Niterói, Eduff, 2006.

____. "As partes e o todo: a criação da Organização Internacional do Trabalho em 1919". *Anais do XXV Simpósio Nacional de História*. Fortaleza, ANPUH, 2009.

FIGUEIREDO, A. M. de; SARGES, M. de N. & BARROSO, D. (org.). *Águas negras: estudos afro-luso-amazônicos no Oitocentos*. Belém, Cátedra João Lúcio de Azevedo/UFPA, 2021.

FINK, L. *Sweatshops at Sea: Merchant Seamen in the World's First Globalized Industry, from 1812 to the Present*. Chapel Hill, University of North Carolina Press, 2011.

FONSECA, D. "O surto gumífero e a navegação na Amazônia". *Revista Veredas Amazônicas*, vol. 1, n. 1, 2011.

FONTES, E. *"Preferem-se português(as)": trabalho, cultura e movimento social em Belém do Pará (1885-1914)*. Campinas, Instituto de Filosofia e Ciências Humanas, Universidade Estadual de Campinas, 2002a (Tese de doutorado).

____. *O pão nosso de cada dia: trabalhadores, indústria da panificação e a legislação trabalhista, Belém, 1940-1954*. Belém, Paka-Tatu, 2002b.

FONTES, P. *Um Nordeste em São Paulo: trabalhadores migrantes em São Miguel Paulista (1945-66)*. Rio de Janeiro, FGV, 2008.

FORBES, E. *The Maritime Rights Movement, 1919-1927: a Study in Canadian Regionalism*. Montreal, McGill University Press, 1987.

FOUCAULT, M. *O corpo utópico: as heterotopias*. São Paulo, n-1 Edições, 2013.

FRAGA FILHO, W. *Mendigos e vadios na Bahia do século XIX*. Salvador, Faculdade de Filosofia e Ciências Humanas, Universidade Federal da Bahia, 1994 (Dissertação de mestrado).

FRANCO, M. S. de C. *Homens livres na ordem escravocrata*. São Paulo, Editora Unesp, 1997.

FROST, D. *Work and Community among West African Migrant Workers, since the Nineteenth Century*. Liverpool, Liverpool University Press, 1999.

FUNES, E. *Nasci nas matas, nunca tive senhor: história e memória dos mocambos do baixo Amazonas*. Fortaleza, Plebeu Gabinete de Leitura, 2022.

GATO, M. *Negro, porém republicano: investigações sobre a trajetória intelectual de Raul Astolfo Marques (1876-1918)*. São Paulo, Faculdade de Filosofia, Letras e Ciências Humanas, Universidade de São Paulo, 2010 (Dissertação de mestrado).

____. *O massacre dos libertos: sobre raça e república no Brasil (1888-1889)*. São Paulo, Perspectiva, 2020.

GILROY, P. *O Atlântico negro: modernidade e dupla consciência*. São Paulo, Editora 34, 2001.

GITAHY, M. L. *Ventos do mar: trabalhadores do Porto, movimento operário e cultura urbana em Santos, 1889-1914*. São Paulo, Editora Unesp, 1992.

GLENN, M. C. *Campaigns Against Corporal Punishment: Prisoners, Sailors, Women, and Children in Antebellum America*. New York, State University of NY Press Albany, 1984.

____. *Jack Tar's Story: the Autobiographies and Memoirs of Sailors in Antebellum America*. Cambridge, Cambridge University Press, 2010.

GOMES, F. "'No labirinto dos rios, furos e igarapés': camponeses negros, memória e pós-emancipação na Amazônia, c. XIX-XX". *História Unisinos*, vol. 10, n. 3, 2006.

GOMES, F. & NEGRO, A. L. "Além de senzalas e fábricas: uma história social do trabalho". *Tempo Social*, vol. 18, n. 1, 2006.

GONZALEZ, L. "O golpe de 1964, o novo modelo econômico e a população negra". *In*: GONZALEZ, L. & HASENBALG, C. *Lugar de negro*. Rio de Janeiro, Zahar, 2022.

GREGG, D. *The Exploitation of the Steamboat: the Case of Colonel John Stevens*. New York, Columbia University, 1951 (Tese de doutorado).

GREGÓRIO, V. *Uma face de Jano: a navegação do rio Amazonas e a formação do Estado brasileiro (1838-1867)*. São Paulo, Annablume, 2012.

GRIDER, J. T. "'I Espied a Chinaman': Chinese Sailors and the Fracturing of the Nineteenth Century Pacific Maritime Labour Force". *Slavery and Abolition*, vol. 31, n. 3, Sept. 2010.

HALL, M. & PINHEIRO, P. S. *A classe operária no Brasil, 1889-1930: documentos*, vol. 1: *O movimento operário*. São Paulo, Alfa-Ômega, 1979a.

____. *A classe operária no Brasil, 1889-1930*, vol. 2: *Condições de vida e de trabalho, relações com os empresários e o Estado*. São Paulo, Brasiliense, 1979b.

HARDMAN, F. F. *Nem pátria, nem patrão! Memória operária, cultura e literatura no Brasil*. 3. ed. São Paulo, Editora Unesp, 2002.

HARDMAN, F. F. & LEONARDI, V. *História da indústria e do trabalho no Brasil: das origens aos anos 20*. São Paulo, Global, 1982.

HARLAFTIS, G. *A History of Greek-Owned Shipping: the Making of an International Tramp Fleet, 1830 to the Present Day*. London/New York, Routledge, 2005.

HARRIS, M. *Rebelião na Amazônia: Cabanagem, raça e cultura popular no Norte do Brasil, 1798-1840*. Campinas, Editora da Unicamp, 2017.

HENRIQUE, M. C. & MORAIS, L. "Estradas líquidas, comércio sólido: índios e regatões na Amazônia (século XIX)". *Revista de História*, n. 171, 2014.

HYSLOP, J. "Steamship Empire: Asian, African and British Sailors in the Merchant Marine c. 1880-1945". *Journal of Asian and African Studies*, vol. 44, n. 1, 2009.

JAFFER, A. *Lascars and Indian Ocean Seafaring, 1780-1860: Shipboard Life, Unrest and Mutiny*. Woodbridge, Boydell Press, 2015.

JEHA, S. *A galera heterogênea: naturalidade, trajetória e cultura dos recrutas e marinheiros da Armada Nacional e Imperial do Brasil, c. 1822-c. 1854*. Rio de Janeiro, Centro de Ciências Sociais, PUC-Rio, 2011 (Tese de doutorado).

KENNERLEY, A. "The Seamen's Union, the National Maritime Board and Firemen: Labour Management in the British Mercantile Marine". *The Northern Mariner/Le Marin du Nord*, n. 4, vol. 16, 1997.

KIMELDORF, H. *Reds or Rackets? The Making of Radical and Conservative Unions on the Waterfront*. Berkeley, University of California Press, 1989.

KIRK, N. "Cultura: costume, comercialização e classe". *In*: BATALHA, C.; FORTES, A. & SILVA, F. T. da (org.). *Culturas de classe: identidade e diversidade na formação do operariado*. Campinas, Editora da Unicamp, 2004.

LACERDA, D. P. *Trabalho, política e solidariedade operária: uma história social do Arsenal de Marinha do Rio de Janeiro (c. 1860-c. 1890)*. Campinas, Instituto de Filosofia e Ciências Humanas, Universidade Estadual de Campinas, 2016 (Tese de doutorado).

LAND, I. "Customs of the Sea: Flogging, Empire, and the 'True British Seaman', 1770 to 1870". *Interventions*, vol. 3, n. 2, 2001.

LANDERS, J. *Atlantic Creoles in the Age of Revolutions*. Cambridge, Harvard University Press, 2010.

LARA, S. H. *Campos da violência: escravos e senhores na Capitania do Rio de Janeiro, 1750-1808*. Rio de Janeiro, Paz e Terra, 1988.

____."Escravidão, cidadania e história do trabalho no Brasil". *Projeto História*, n. 16, 1998.

LAURINDO JÚNIOR, L. C. *Rios de escravidão: tráfico interno e o mercado de escravos no Vale do Amazonas (1840-1888)*. São Paulo, Faculdade de Filosofia, Letras e Ciências Humanas, Universidade de São Paulo, 2021 (Tese de doutorado).

LEAL, L. A. P. *A política da capoeiragem: a história social da capoeira e do boi-bumbá no Pará republicano (1888-1906)*. Salvador, Edufba, 2008.

LEAL, V. N. *Coronelismo, enxada e voto: o município e o regime representativo no Brasil*. 7. ed. São Paulo, Companhia das Letras, 2012.

LIMA, A. "Belém dos imigrantes: espanhóis na capital paraense (1890-1920)". *Ofícios de Clio*, vol. 5, n. 8, 2020.

LIMA, F. *Soldados da borracha: das vivências do passado às lutas contemporâneas*. Manaus, Instituto de Ciências Humanas e Letras, Universidade Federal do Amazonas, 2013 (Dissertação de mestrado).

LINEBAUGH, P. "Todas as montanhas atlânticas estremeceram". *Revista Brasileira de História* (n. especial "À Lucta, trabalhadores!"). São Paulo, Marco Zero, 1984.

LINEBAUGH, P. & REDIKER, M. *A hidra de muitas cabeças: marinheiros, escravos, plebeus e a história oculta do Atlântico revolucionário*. São Paulo, Companhia das Letras, 2008.

LOUREIRO, A. *A grande crise (1908-1916)*. Manaus, Loureiro & Cia, 1985.

____. *História da navegação no Amazonas*. Manaus, Lorena, 2007.

MacDONALD, J. *Feeding Nelson's Navy: the True Story of Food at Sea in the Georgian Era*. London, Frontline Books, 2004.

MACHADO, M. H. P. T. *Raça, ciência e viagem no século XIX*. São Paulo, Intermeios, 2018.

MACIEL, L. "Imprensa, esfera pública e memória operária – Rio de Janeiro (1880-1920)". *Revista de História*, n. 175, 2016.

MARTINS, P. *Escravidão, abolição e pós-abolição no Ceará. Sobre histórias, memórias e narrativas dos últimos escravos e seus descendentes no Sertão cearense*. Niterói, Instituto de Ciências Humanas e Filosofia, Universidade Federal Fluminense, 2012 (Dissertação de mestrado).

MATA, I. M. *Os "Treze de Maio": ex-senhores, polícia e libertos na Bahia pós--abolição (1888-1889)*. Salvador, Faculdade de Filosofia e Ciências Humanas, Universidade Federal da Bahia, 2001 (Dissertação de mestrado).

MATTOS, H. "Laços de família e direitos no final da escravidão". *In*: ALENCASTRO, L. F. de (org.) *História da vida privada no Brasil*, vol. 2: *Império: a corte e a modernidade*. São Paulo, Companhia das Letras, 1997.

MATTOS, H. & RIOS, A. M. "O pós-abolição como problema histórico: balanços e perspectivas". *Topoi*, vol. 5, n. 8, 2004.

McCLINTOCK, A. *Couro imperial: raça, gênero e sexualidade no embate colonial*. Campinas, Editora da Unicamp, 2010.

MELLO, M. E. O *império comercial de J. G. Araújo e o seu legado para a Amazônia (1879-1989)*. Manaus, FIEAM, 2010.

MELUCCI, A. *Challenging Codes: Collective Action in the Information Age*. Cambridge, Cambridge Press, 1996.

MERGER, M. "Les mariniers au début du XXe siècle: 'des forains d'une espèce particulière'". *Le Mouvement Social*, n. 132, 1985.

METCALF, A. "Mapping the Traveled Space: Hans Staden's Maps in *Warhaftige Historia*". *e-JPH*, vol. 7, n. 1, 2009.

MIKI, Y. "Fugir para a escravidão: as geografias insurgentes dos quilombolas brasileiros, 1880-1881". *In*: GOMES, F. & DOMINGUES, P. (org.). *Políticas da raça: experiências e legados da abolição e da pós-emancipação no Brasil*. São Paulo, Selo Negro, 2014.

MORAES, R. R. *A navegação regional como mecanismo de transformação da economia da borracha*. Belém, Núcleo de Altos Estudos Amazônicos, Universidade Federal do Pará, 2007 (Tese de doutorado).

MOREIRA NETO, C. de A. *Índios da Amazônia: de maioria a minoria, 1750--1850*. Petrópolis, Vozes, 1988.

MOREL, E. *A Revolta da Chibata*. 6. ed. Rio de Janeiro, Paz e Terra, 2016.

MUNARO, L. "'As famosas Amazonas que deram nome ao rio': a elaboração de um conceito de Amazônia pelo padre intelectual João Daniel (1722-1776)". *Canoa do Tempo*, vol. 15, 2023.

MUÑOZ, M. "Mutualismo y previsión social entre los pescadores y marineros malagueños (1912-1940)". *Baética*, vol. 2, n. 19, 1997.

MUSTAKEEM, S. *Slavery at Sea: Terror, Sex, and Sickness in the Middle Passage.* Urbana, University of Illinois Press, 2016.

NAMIER, L. *The Structure of Politics At the Accession of George III.* London, Palgrave Macmillan, 1978.

NASCIMENTO, A. P. do. *Marinheiros em revolta: recrutamento e disciplina na Marinha de Guerra (1880-1910).* Campinas, Instituto de Filosofia e Ciências Humanas, Universidade Estadual de Campinas, 1997 (Dissertação de mestrado).

____. *Do convés ao porto: a experiência dos marinheiros e a revolta de 1910.* Campinas, Instituto de Filosofia e Ciências Humanas, Universidade Estadual de Campinas, 2002 (Tese de doutorado).

____. "Trabalhadores negros e o 'paradigma da ausência': contribuições à História Social do Trabalho no Brasil". *Estudos Históricos,* vol. 29, 2016.

____. *João Cândido: o mestre sala dos mares.* Niterói, Eduff, 2020.

NASCIMENTO, M. *Cor, racialização e sociedade: uma análise sobre a inserção de negros nas fileiras do oficialato da Marinha de Guerra do Brasil no pós--abolição (1908-1917).* Pelotas, Instituto de Ciências Humanas, Universidade Federal de Pelotas, 2019 (Dissertação de mestrado).

NELSON, B. *Workers on the Waterfront: Seamen, Longshoremen, and Unionism in the 1930s.* Chicago, University of Illinois Press, 1990.

OLIVEIRA, A. *Despontar, (des)fazer-se, (re)viver... a (des)continuidade das organizações anarquistas na Primeira República.* Uberlândia, Instituto de História, Universidade Federal de Uberlândia, 2001 (Dissertação de mestrado).

OLIVEIRA, C. *A kipá e o cocar: a rede intercomunitária judaica na estruturação urbana de Itacoatiara (1910-1920).* Manaus, Instituto de Ciências Humanas e Letras, Universidade Federal do Amazonas, 2019 (Tese de doutorado).

OLIVEIRA, J. P. de. *O nascimento do Brasil e outros ensaios: "pacificação", regime tutelar e formação de alteridades.* Rio de Janeiro, Contra Capa, 2016.

OLIVEIRA, V. P. *Sobre águas revoltas: cultura política maruja na cidade portuária de Rio Grande/RS (1835 a 1864).* Porto Alegre, Instituto de Filosofia e Ciências Humanas, Universidade Federal do Rio Grande do Sul, 2013 (Tese de doutorado).

OLIVEIRA, V. W. *Nas águas do Prata: os trabalhadores da rota fluvial entre Buenos Aires e Corumbá (1910-1930).* Campinas, Editora da Unicamp, 2009.

PAIÃO, C. G. *Para além das chaminés: memória, trabalho e cidade – a navegação a vapor no Amazonas (1850-1900).* Manaus, Instituto de Ciências Humanas e Letras, Universidade Federal do Amazonas, 2016 (Dissertação de mestrado).

PAIÃO, C. G. "Culturas de trabalho e associações de práticos em Manaus e Belém (anos finais do século XIX)". *Revista Mundos do Trabalho*, vol. 11, 2019.

____. "A identidade dos marinheiros de Manaus pelo mundo das histórias lidas e contadas na Primeira República". *Revista do IHGB*, vol. 486, 2021.

____. "Rumos da liberdade: geografia insurgente e trabalho marítimo na Amazônia pós-Cabanagem (1840-c. 1870)". *Revista Mundos do Trabalho*, vol. 14, 2022.

PECK, J. *Maritime Fiction: Sailors and the Sea in British and American Novels, 1719-1917*. New York, Palgrave Macmillan, 2001.

PENNINGTON, D. *Manaus e Liverpool: uma ponte marítima centenária – anos finais do Império/meados do XX*. Manaus, Edua, 2009.

PEQUENO, E. "Mura, guardiães do caminho fluvial". *Revistas de Estudos e Pesquisas*, vol. 3, 2006.

PEREIRA, M. *Navegar é preciso: a lógica e a simbólica dos usos socioambientais do rio*. Manaus, Instituto de Ciências Humanas e Letras, Universidade Federal do Amazonas, 2015 (Tese de doutorado).

PEREIRA, P. N. *A Marinha de Guerra na Amazônia: segurança e modernização (1890-1918)*. Belém, Instituto de Filosofia e Ciências Humanas, Universidade Federal do Pará, 2017 (Dissertação de mestrado).

____. *Os almirantes dos rios: relações sociais, poder e combate na Amazônia (1868-1924)*. Belém, Instituto de Filosofia e Ciências Humanas, Universidade Federal do Pará, 2020 (Tese de doutorado).

PESSOA, A. *Infância e trabalho: dimensões do trabalho infantil na cidade de Manaus, 1890-1920*. Manaus, Edua, 2015.

PETERSEN, S. "Cruzando fronteiras: as pesquisas regionais e a história operária brasileira". *Anos 90*, vol. 3, 1995.

____. "Ainda o movimento operário como objeto historiográfico". *Anos 90*, n. 8, 1997.

PINHEIRO, G. *Imprensa, política e etnicidade: portugueses letrados na Amazônia (1885-1933)*. Porto, Faculdade de Letras, Universidade do Porto, 2012 (Tese de doutorado).

PINHEIRO, L. B. "Lideranças estrangeiras entre os trabalhadores manauaras (1910-1930)". *Revista Mundos do Trabalho*, vol. 9, 2017a.

____. *Vozes operárias: fontes para a história do proletariado amazonense (1890--1930)*. Rio de Janeiro, Gramma, 2017b.

PINHEIRO, L. B. "Lugares de memória dos trabalhadores #24: Praça do Comércio, Manaus (AM)". *Laboratório de Estudos de História dos Mundos do Trabalho (LEHMT)*, 2019. Disponível em <https://lehmt.org/lugares-de-memoria-dos-trabalhadores-24-praca-do-comercio-manaus-am-luis-balkar-sa-peixoto-pinheiro/ >. Acesso em 19/12/2024.

____. "Dilemas da propaganda socialista em Manaus no alvorecer do século XX". *Projeto História*, vol. 67, 2020.

____. "Abissínios, engrossadores e cogumelos: Bento Aranha e o republicanismo radical no extremo Norte do Brasil, 1870-1910". *Oficina do Historiador*, vol. 14, n. 1, 2021.

PINHEIRO, L. B. & PINHEIRO, M. L. U. *Mundos do trabalho na cidade da borracha: trabalhadores, lideranças, associações e greves operárias em Manaus (1880-1930)*. Jundiaí, Paco, 2017.

PINHEIRO, M. L. U. "Migração, trabalho e etnicidade: portugueses e ingleses no porto de Manaus, 1880-1920". *Varia Historia*, vol. 30, n. 54, 2014.

____. *A cidade sobre os ombros: trabalho e conflito no porto de Manaus (1899-1925)*. 3. ed. Manaus, Edua, 2015.

PINTO, A. F. M. "Vicente de Souza: intersecções e confluências na trajetória de um abolicionista, republicano e socialista negro brasileiro". *Estudos Históricos*, vol. 32, n. 66, 2019.

PIO JÚNIOR, A. *O trabalho no Amazonas: o periódico* Tribuna Popular *como instrumento de "orientação das hostes trabalhistas"*. Manaus, Instituto de Ciências Humanas e Letras, Universidade Federal do Amazonas, 2016 (Dissertação de mestrado).

PIROLA, R. "O castigo senhorial e a abolição da pena de açoites no Brasil: Justiça, imprensa e política no século XIX". *Revista de História*, n. 176, 2017.

POLLETTA, F. & JASPER, J. "Collective Identity and Social Movements". *Annu. Rev. Sociol.*, vol. 27, 2001.

POPINIGIS, F. & TERRA, P. C. "Classe, raça e história social do trabalho no Brasil (2001-2016)". *Estudos Históricos*, n. 66, 2019.

PORTO, V. *Imprensa, imigração, trabalho e sociabilidades femininas na* Belle Époque *manauara, 1880-1920*. Manaus, Instituto de Ciências Humanas e Letras, Universidade Federal do Amazonas, 2016 (Dissertação de mestrado).

POZZA NETO, P. *Aves Libertas: ações emancipatórias no Amazonas Imperial*. Manaus, Instituto de Ciências Humanas e Letras, Universidade Federal do Amazonas, 2011 (Dissertação de mestrado).

QUEIRÓS, C. A. "Conflitos e sociabilidades: os bares e cabarés de Porto Alegre no contexto das greves da Primeira República". *História Revista*, vol. 21, n. 3, 2016.

RECORD, J. "The Rise and Fall of Maritime Union". *IRL Review*, vol. 10, n. 1, 1956.

REDIKER, M. *O navio negreiro: uma história humana*. São Paulo, Companhia das Letras, 2011.

____. *Outlaws of the Atlantic: Sailors, Pirates, and Motley Crews in the Age of Sail*. Boston, Beacon Press, 2014.

REIS, A. *A Amazônia que os portugueses revelaram*. Rio de Janeiro, MEC, 1956.

REIS, J. J. *Ganhadores: a greve de 1857 na Bahia*. São Paulo, Companhia das Letras, 2019.

RODRIGUES, J. *De costa a costa: escravos, marinheiros e intermediários do tráfico negreiro de Angola ao Rio de Janeiro (1780-1860)*. São Paulo, Companhia das Letras, 2005.

____. "Um perfil de cargos e funções na marinha mercante luso-brasileira, séculos XVIII e XIX". *Anos 90*, vol. 22, n. 42, 2015.

____. "Uma gentalha derramada pelas cidades: distúrbios em terra e deserções na marinha mercante luso-brasileira (segunda metade do século XVIII)". *Tempo*, vol. 27, 2021.

____. "'Na maior confusão e desamparo': um motim a bordo na marinha mercante portuguesa do século XVIII e suas motivações". *Revista Mundos do Trabalho*, vol. 14, 2022.

RODRIGUES, J. & SANTOS, F. "História Marítima e Portuária em revista". *Almanack*, n. 21, 2019.

ROEDIGER, D. R. "E se o trabalho não fosse branco e masculino? Recentrando a história da classe trabalhadora e estabelecendo novas bases para o debate sobre sindicatos e raça". *In*: FORTES, A. *et al.* (org.). *Cruzando fronteiras: novos olhares sobre história do trabalho*. São Paulo, Perseu Abramo, 2013.

ROLLANDI, M. S. "Persistenze e mutamenti: l'organizzazione del lavoro marittimo in Italia (1861-1939)". *Storia e Problemi Contemporanei*, n. 63, mag. 2013.

SAGER, E. "Seafaring Labour in Maritime History and Working-Class History". *International Journal of Maritime History*, n. 1, 1990.

____. *Ships and Memories: Merchant Seafarers in Canada's Age of Steam*. Vancouver, UBC Press, 1993.

SALLES, V. *O negro no Pará, sob o regime da escravidão*. Rio de Janeiro, FGV/UFPA, 1971.

SAMPAIO, G. *Nas trincheiras da cura: as diferentes medicinas no Rio de Janeiro imperial*. Campinas, Editora da Unicamp, 2001.

SAMPAIO, P. *Os fios de Ariadne: fortunas e hierarquias sociais na Amazônia, século XIX*. São Paulo, Livraria da Física, 2014.

SANTOS, R. *História econômica da Amazônia, 1800-1920*. São Paulo, T. A. Queirós, 1980.

SANTOS JÚNIOR, E. "Capitania do porto da corte e província do Rio de Janeiro, conflitos de interesses e jurisdições na capital do Império (1845-1855)". *In*: HONORATO, C. & OLIVEIRA JÚNIOR, A. de (org.). *Portos & cidades portuárias em questão*. Niterói, Polis UFF, 2020.

SANTOS JÚNIOR, J. J. dos. "Entre barcos e telegramas: a crise do asilo diplomático depois do fim da Revolta da Armada (1895)". *Antíteses*, n. 7, jan./jun. 2014.

SARGES, M. de N. *Belém: riquezas produzindo a Belle Époque (1870-1912)*. Belém, Paka-Tatu, 2000.

SCHMIDT, B. B. "Complexificando a interseccionalidade: perspectivas *queer* sobre o mundo do trabalho". *Revista Mundos do Trabalho*, vol. 10, n. 19, 2018.

SCOTT, J. *The Common Wind: Afro-American Currents in the Age of the Haitian Revolution*. New York, Verso, 2018.

SECCO, L. "O espaço técnico na Península Ibérica (1820-1914)". *Projeto História*, n. 34, 2007.

SILVA, A. H. da. *Portos de commercio: tecnologia, associacionismo e redes de sociabilidade: os desafios e as propostas modernizadoras de André Pinto Rebouças para o Brasil do Segundo Reinado (1850-1890)*. Rio de Janeiro, Instituto de História, Universidade Federal do Rio de Janeiro, 2019 (Tese de doutorado).

SILVA, F. B. da. *Acre, a "pátria dos proscritos": prisões e desterros para as regiões do Acre em 1904 e 1910*. Curitiba, Setor de Ciências Humanas, Letras e Artes, Universidade Federal do Paraná, 2010 (Tese de doutorado).

SILVA, F. T. da. *Operários sem patrões: os trabalhadores da cidade de Santos no entreguerras*. Campinas, Editora da Unicamp, 2003.

____. "Valentia e cultura do trabalho na estiva de Santos". *In*: BATALHA, C.; FORTES, A. & SILVA, F. T. da (org.). *Culturas de classe: identidade e diversidade na formação do operariado*. Campinas, Editora da Unicamp, 2004.

SILVA, F. T. da. "As cores do campo: trabalhadores rurais, direitos e 'raça' – Brasil, entreguerras". Texto inédito, 2022.

SILVA, L. G. *A faina, a festa e o rito: uma etnografia histórica sobre as gentes do mar (sécs. XVII ao XIX)*. Campinas, Papirus, 2001.

SILVA, L. O. *Movimento sindical operário na Primeira República*. Campinas, Instituto de Filosofia e Ciências Humanas, Universidade Estadual de Campinas, 1977 (Dissertação de mestrado).

SILVA, M. A. da. *Contra a chibata: marinheiros brasileiros em 1910*. São Paulo, Brasiliense, 1982.

SILVA, N. G. *Vivendo como classe: as condições de habitação e alimentação do operariado porto-alegrense entre 1905-1932*. Porto Alegre, Instituto de Filosofia e Ciências Humanas, Universidade Federal do Rio Grande do Sul, 2010 (Dissertação de mestrado).

SILVA, V. B. da. *A Companhia de Aprendizes Marinheiros do Pará: recrutamento, cotidiano e deserção – segunda metade do século XIX*. Manaus, Instituto de Ciências Humanas e Letras, Universidade Federal do Amazonas, 2020 (Dissertação de mestrado).

SKIDMORE, T. E. "Racial Ideas and Social Policy in Brazil, 1870-1940". In: GRAHAM, R. (ed.). *The Idea of Race in Latin America, 1870-1940*. Austin, University of Texas Press, 1990.

SLENES, R. W. "*Malungu ngoma vem*! África encoberta e descoberta no Brasil". *Revista USP*, n. 12, 1991/1992.

SOARES, C. E. L. *A capoeira escrava e outras tradições rebeldes no Rio de Janeiro (1808-1850)*. Campinas, Editora da Unicamp, 2004.

SOLANO, S. P. "De bogas a navegantes: los trabajadores del transporte por el río Magdalena, 1850-1930". *Historia Caribe*, vol. 3, 1998.

SOUZA, F. A. e. *Nas ruas: Abolicionismo, Republicanismo e Movimento Operário em Recife*. Salvador, Edufba, 2021.

____. "Huguenotes, ingleses, abacaxis: associativismo abolicionista e escravizados nas rotas de fuga entre Pernambuco e Ceará na década de 1880". *Topoi*, vol. 23, n. 50, 2022. STANZIANI, A. *Sailors, Slaves, and Immigrants: Bondage in the Indian Ocean World, 1750-1914*. New York, Palgrave Macmillan, 2014.

TELES, L. *Construindo redes sociais, projetos de identidade e espaços políticos: a imprensa operária no Amazonas (1890-1928)*. Porto Alegre, Instituto de Filosofia e Ciências Humanas, Universidade Federal do Rio Grande do Sul, 2018 (Tese de doutorado).

____. *A imprensa operária no Amazonas (1891-1920): algumas dimensões*. Manaus, Editora da UEA, 2020.

THOMPSON, E. P. *A formação da classe operária inglesa*, 3 vol. 4. ed. Rio de Janeiro, Paz e Terra, 1987.

____. *Costumes em comum*. 7. ed. São Paulo, Companhia das letras, 1998.

TOCANTINS, L. *Amazônia: natureza, homem e tempo*. Rio de Janeiro, Civilização Brasileira, 1982.

TOLEDO, E. *Travessias revolucionárias: ideias e militantes sindicalistas em São Paulo e na Itália (1890-1945)*. Campinas, Editora da Unicamp, 2004.

____. "Um ano extraordinário: greves, revoltas e circulação de ideias no Brasil em 1917". *Estudos Históricos*, vol. 30, n. 61, 2017.

VAN ROSSUM, M. "The Rise of Asian Sailor? Inter-asiatic Shipping, the Dutch East Indian Company and Maritime Labour Markets (1500-1800)". *In*: BHATTACHARYA, S. (ed.). *Towards a New History of Work*. New Delhi, Tulika Books, 2014.

VAN VALEN, G. *Indigenous Agency in the Amazon: the Mojos in Liberal and Rubber-Boom Bolívia, 1842-1932*. Tucson, University of Arizona Press, 2013.

VELASCO E CRUZ, M. C. "Tradições negras na formação de um sindicato: a Sociedade de Resistência dos Trabalhadores em Trapiche e Café, Rio de Janeiro, 1905-1930". *Afro-Ásia*, n. 24, 2000.

VIAUD, R. *Le syndicalisme maritime français: les organisations, les hommes, les luttes (1890-1950)*. Rennes, Presses Universitaires de Rennes, 2005.

VIEIRA, J. *Uma tragédia em três partes: o motim dos pretos da Laura em 1839*. Fortaleza, Centro de Humanidades, Universidade Federal do Ceará, 2010 (Dissertação de mestrado).

VISCARDI, C. *O teatro das oligarquias: uma revisão da "política do café com leite"*. Belo Horizonte, Fino Traço, 2019.

WEINSTEIN, B. *A borracha na Amazônia: expansão e decadência, 1850-1920*. São Paulo, Hucitec, 1993.

____. *A cor da modernidade: a branquitude e a formação da identidade paulista*. São Paulo, Edusp, 2022.

WILSON, K. *The Island Race: Englishness, Empire and Gender in the Eighteenth Century*. New York, Routledge, 2003.

WILSON, M. V. "The 1911 Waterfront Strikes in Glasgow: Trade Unions and Rank-and-File Militancy in the Labour Unrest of 1910-1914". *IRSH*, vol. 53, 2008.

WRIGHT, R. M. "História indígena no noroeste da Amazônia: hipóteses, questões e perspectivas". *In*: CUNHA, M. C. da (org.). *História dos índios no Brasil*. São Paulo, Companhia das Letras, 1992.

Título	Os lugares da marinhagem: racialização e associativismo em Manaus, 1853-1919.
Autor	Caio Giulliano Paião
Coordenação Editorial	Ricardo Lima
Secretário gráfico	Ednilson Tristão
Preparação dos originais	Laís Souza Toledo Pereira
Revisão	Luciana Moreira
Editoração eletrônica	Silvia Helena P. C. Gonçalves
Design de capa	Estúdio Bogari
Formato	16 x 23 cm
Papel	Avena 80 g/m² – miolo
Cartão supremo	250 g/m² – capa
Tipologia	Minion Pro
Número de páginas	440

ESTA OBRA FOI IMPRESSA NA GRÁFICA AS
PARA A EDITORA DA UNICAMP EM DEZEMBRO DE 2024.